한국사회의 다문화현상 이해

UNDERSTANDING OF MULTICULTURAL PHENOMENON IN KOREAN SOCIETY

한국사회의 다문화현상 이해

안진숙·조경자 공저

동문사

서 문

현대사회는 세계화, 단일경제화, 정보화, 교통·통신의 발달로 인하여 국제환경이 급격하게 변화하면서 사회문화적인 교류가 증대되었다. 다양한 문화의 결합과 이주민의 증가 및 사회구조의 변화에 따른 국가 간 장벽이 낮아지면서 하나의 거대한 지구공동체로 변화되고 있다. 많은 국가에서 이민, 노동력의 국제이동, 국제결혼, 유학, 난민, 망명 등의 다양한 인적 교류로 인해 다문화사회로의 변화가 진행되면서 정치·경제·사회·문화적 차원의 다문화사회 수용과 정착을 위한 정책적 대안에 대한 논의가 폭넓게 제기되고 있다.

이민자 유입의 확대 현상은 어느 한 국가에 한정되지 않고 전 세계적이고 보편적인 인구변동의 특징으로 자리 잡았으며, 국제이주는 종전에 비이주국가로 분류되던 국가들에서까지도 활발하게 전개되고 있다. 다문화사회는 새로운 이민자가 급증함에 따라 인구학적인 변화와 문화 간 충돌이 발생하고, 다문화사회에 대한 사회적 인식과 수용이 중요한 과제로 등장하면서 다수집단의 차별과 편견, 소수집단과의 갈등 및 분쟁 문제를 해결하기 위한 이론, 이념, 정책을 만들어 나갔다. 한 국가 내부에서 소수와 다수의 문화적 갈등을 해결하고, 서로의 인정과 공존을 위한 방향으로 사회정책을 수립하는 과정에서 다문화주의가 요구되었다.

다문화사회란 다양한 민족과 인종이 혼합되는 단순한 사회의 한 형태를 뜻하는 것이 아니라 타문화와 다양한 민족의 공존으로 인해 발생한 고통과 갈등의 과정을 거치며 서로의 타자성을 인정하고, 그 안에서 자신이 확장되는 경험을 통한 역동적인 변화가 발생하고 변화와 통합, 수용과 조화가 이루어지는 사회를 의미한다. 따라서 다문화사회를 민족·인종·국적 등이 다른 사람들과 서로의 문화 차이를 인정하고 대등한 관계를 구축하면서 문화다양성을 인정하고 개별문화의 정체성을 인정하며 공존하는 사회로 본다.

한국사회는 다문화사회로 접어들었으며, 다문화사회의 성공적인 정착을 위한 법적·제도적 틀을 마련하고 실행하는 것이 중요한 과제 중 하나로 등장하고 있다. 이민자사회 통합과 다문화사회의 수용을 위해서는 새로운 정책적 대안과 사회적 인식의 변화가 요구되는 상황이다.

세계화 시대의 다문화사회에서는 사회 구성원들이 인종, 민족, 언어, 종교, 성별, 계층, 장애 등 다양한 차이로 인해 개인과 집단이 차별받지 않도록 하며, 단순히 문화 간 이해 증진 교육을 넘어 평등(equity), 다양성(diversity), 정의(justice)를 핵심 가치로 수용하여 국가 차원을 넘어 전지구적인 문제해결을 위해 세계 전체의 연대와 협력을 통해 상호 공존과 협력의 세계를 만드는 것이 요구된다.

본 책은 다문화사회로의 변화를 수용하기 위한 한국사회의 요구를 반영하여 이를 효과적으로 이해하고 교육할 수 있는 대안을 마련해 보고자 하는 취지를 담아서 완성되었다. 한국사회의 다문화현상에 대한 총체적인 이해를 위해 최대한 다양한 주제와 이론, 최신 현황을 통해 다문화사회의 실체에 접근할 수 있도록 구성하고자 하였다.

첫째, 세계적인 국제이주와 다문화사회의 변화에 대한 실체적인 현상을 소개하는 것에서 시작하여 한국사회의 다문화의 현실을 담았다. 다문화에 대한 이론적 접근, 다문화사회에 대한 이해를 바탕으로 세계적인 이민·다문화사회의 현실과 배경에 이론적·실체적 접근을 진행하였다. 또한 이를 바탕으로 한국사회의 다문화 현상과 이에 따른 특징, 갈등과 문제점들을 분석하고, 현재 진행 중인 외국인·이민·다문화정책에 대한 검토를 진행하였다.

둘째, 다문화사회로의 변화를 이해하기 위한 이론적 접근을 시도하였다. 한국사회의 다문화 인식과 수용, 다문화 정체성과 문화간 감수성, 문화다양성과 세계시민성에 대한 이론을 검토하며, 다문화사회를 이해하기 위한 기본적인 이론적 배경을 구체적으로 제시하는 것에 중점을 두었다.

셋째, 다문화사회의 다양한 구성원들에 대한 이해를 시도하였다. 결혼이민자와 외국인근로자뿐만 아니라 난민, 북한이탈주민, 이주배경청소년, 유학생 등 한국사회의 다양한 이주민들에 대한 이해를 통해 다문화사회의 변화에 심층적으로 접근할 수 있도록 하였다.

넷째, 다문화사회로의 변화를 수용하기 위한 다문화교육과 다문화사회의 통합을 위한 대안을 제시하고자 하였다. 다문화교육의 방향성과 내용, 추진실태를 통해 상호문화교육과 세계시민교육으로 확장하기 위한 대안적 모델을 제시해 보고자 하였으며, 다문화사회 통합을 위한 정책과 대안에 대해 논의하는 계기를 제공하고자 하였다.

본 책은 학문적 관점에서 다문화사회를 이해하기 위한 학생들의 교재일 뿐만 아니라 다문화사회 전문가로 활동하고자 하는 실천가들을 위한 지침서로서의 역할을 수행하도록 구성하였다. 또한 우리 사회 다문화 구성원들의 현실과 요구를 담은 책이면서 실질적으로는 우리 사회의 다문화 인식을 확대하고 사회적·정책적 변화를 지향하는 데 도움이 될 수 있는 교육적 역할을 수행할 수 있도록 구성하였다.

본 책의 출간을 위해 수많은 학자와 연구자, 그들의 다양한 이론과 논문, 학술자료, 통계자료, 기사 등을 활용하고 검토하면서 많은 도움을 받았다. 우리 사회의 공존을 위한 연구와 실천을 위해 애써주신 선행 연구자분들께 무한한 존경과 감사를 드린다. 본 책을 통해 정리된 다문화 관련 내용들이 실제 정책과 교육에서 충실하게 반영되고 활용되어 새로운 다문화사회로의 변화를 위한 작은 도움이라도 되었으면 하는 바람이다.

2021년 2월

저자 일동

차 례

Contents

Chapter 01

다문화에 대한 이해

1. 문화와 다문화에 대한 이해

1) 문화의 개념[1)]

문화는 사전적으로 한 사회에서 개인이나 집단이 자연을 변화시켜 온 물질적·정신적 과정의 산물[2)]로 정의된다. 하지만 문화에 대한 담론이나 맥락에 따라 다양한 의미를 지니고 있다. '문화(culture)'라는 단어는 '밭을 경작하다'라는 뜻의 라틴어 'cultus'가 어원이다. 문화는 인간이 자연을 이용하는 과정 중에서 만들어 낸 물질적·정신적 산물을 포함하여 인간의 모든 생활양식을 포괄하는 개념으로 본다. 자연이 필연적·객관적으로 생겨나 존재하는 것이라면, 자연을 대상으로 목적의식을 갖고 행하여 변화시키거나 새롭게 창조한 모든 인간 활동 과정과 산물을 '문화'라고 할 수 있다. 문화는 자연 발생적이거나 선천적으로 타고난 특성과 생물학적 본능에 의해 발생한 행위나 사고라기보다 후천적으로 학습하고 발전시킨 문명화된 인간의 공통적인 생활양식을 의미한다고 본다.

문화는 물질 문화와 비물질 문화로 구분할 수 있다. 물질 문화란 기술적인 요소로 인간이 환경에 적응하고 기본적인 욕구를 충족시키기 위해서 물질을 활용·가공한 도구의 제작 및 기술 개발과 활용을 포함한다. 비물질 문화는 제도적인 요소와 관념적인 요소로 구분되는데, '제도적인 요소'는 규범 문화를 뜻하며 사회구성원들의 행위를 규제하거나 관계를 규정하는 규범이나 원리, 사

1) 한국민족문화대백과사전 https://encykorea.aks.ac.kr/문화
위키백과 https://ko.wikipedia.org/wiki/문화
에듀넷 www.edunet.net/문화
교육부 블로그/ 문화란 무엇인가?
https://m.blog.naver.com/PostView.nhn?blogId=moeblog&logNo=220394723290&proxyReferer=https:%2F%2Fwww.google.com%2F
교육부 블로그/문화를 이해하는 태도 https://if-blog.tistory.com/6293
이근매 외(2014)의 내용을 일부 발췌·인용함

2) 한국민족문화대백과사전

회 질서를 유지하고 전체로서의 사회를 운영하게 하는 제도와 습관을 포함한다. 정치제도, 경제제도, 법제도, 가족제도, 혼인제도, 친족제도, 교육제도 등 사회구성원들에게 행동의 기준을 제시하는 역할을 한다. '관념적 요소'는 상징문화를 의미하며 인간에게 삶의 방향을 제시하고 풍요로운 정신적인 삶을 위한 지식과 가치 및 태도를 포함한다. 철학, 문학, 신화, 종교, 예술, 윤리, 신앙 등 인간이 자신이나 자연, 사회 등에 대해 지닌 관념적인 것을 의미하며, 환경적인 제약을 극복하기 위해 필요한 용기와 의욕을 고취하고 인간이 살아가야 할 궁극적인 목표나 행위에 방향성을 제시하는 기능을 수행한다.

문화는 크게 4가지 개념으로 해석되기도 한다. 교양으로서 문화는 인간의 사고와 표현의 정수를 뜻하며, 이는 최상의 지적·미적 산물을 감상하고 판별할 수 있는 능력을 의미한다. 진보로서의 문화는 진화론적 패러다임에서 사회의 정신적·물질적인 발전 상태를 의미하지만 문화는 정신적인 발전 상태를, 문명은 물질적 발전 상태로 보는 경향이 있다. 또한 서구의 관점에서는 문화를 우열로 나누는 제국주의적 시각으로 왜곡되기도 한다. 정신적·지적·예술적 관점의 문화는 인간이 만들어낸 창조적인 정신적 산물을 의미하는 것으로 물질적 세계관과 차별화된 배타적인 영역으로 정의한다. 상징체계, 생활양식의 문화는 상징체계를 통해서 사회를 경험하고 인식하고 습득하며, 타인과의 상호작용과 의사소통을 통해 그 상징체계가 반영하고 있는 사회 질서와 규범, 생활양식을 따르게 된다는 것을 말한다. 따라서 문화를 상호작용과 의사소통 또는 그것의 기반이 되는 상징체계라고 할 때 단순히 정신적인 작용의 산물이 아니라 한 사회의 관습, 전통, 가치, 규범, 제도 등을 포괄하는 총체적 생활양식을 의미하게 되는 것이다(한국민족문화대백과사전).

문화의 기능은 본질적으로 사회의 재생산에 있다. 문화는 선천적으로 타고나는 것이 아니라 후천적으로 교육되고 습득되는 것이다. 사회구성원들을 사회체제에 편입시키면서 사회를 재생산한다는 점에서 문화가 이데올로기와 밀접한 관계가 있음을 의미한다. 다양한 문화적 기제들이 사회구성원들을 주어진 문화에 순응하게 함으로써 기존 사회 체제를 유지하고 재생산하는 기능을 한다. 하지만 역사의 발전 과정에서 주어진 문화를 거부하고 새로운 것을 추구하려는 사람들이 존재하고, 그들이 억압과 징벌을 극복하는 과정에서 문화 또한 변화한다. 문화의 변화는 끊임없는 균열과 새로운 창조를 일으키며 그만큼 사회도 변화하는 것이다.

여러 학자들의 이론과 연구에서 문화의 정의를 살펴보면, 테일러(Tylor, 1871)는 '문화는 신앙, 지식, 예술, 관습, 법률 등 인간이 사회구성원으로서 습득한 능력과 습관의 총체'라고 정의하였다. 린톤(Linton, 1936)은 '사회적 유산'으로 정의하였고, 로너(Rohner, 1984)는 문화를 '인간의 집단이나 확인가능하고 구분된 집단에 의해 유지되며, 한 세대에서 다음 세대로 전달되는 대등하고 현재 학습된 의미의 전체성'이라고 정의하고 있다. 트리안디스(Triandis, 1972)는 문화를 '도구처럼 문화의 객관적인 측면과 대비된 단어인, 공유하고 있는 태도와 신념, 규준, 규칙, 가치와 같은 주관적인 측면'으로 정의하였고, 야호다(Jahoda, 1984)는 문화를 '의미와 규칙뿐만 아니라 행동까지 포함하는 기술적 용어'라고 정의하였다. 마츠모토와 주앙(Matsumoto & Juang, 2004)은 '문화란 행동 태도, 신념, 가치, 규준을 포함하는 생존 보장을 위해 집단에 의해 형성되며, 집단 내의 각 특정 단위에 의해 다르게 가지고 있지만 집단이 함께 공유하고 있으며, 세대 간에 전달되고 있으며, 상대적으로 안정적이지만 시간이 지남에 따라 변화할 수 있는 잠재력을 가진 명시적이며 암시적인 규칙의 역동적 체제'라고 정의하고 있다. 제리와 제리(Jary, D. & Jary, J., 1991)는 문화를 '언어, 종교, 사상, 의상, 법, 의례, 도덕 등의 규범 및 가치관 등과 같은 개념들을 포괄하는 사회 전반의 생활양식'이라 정의하고 있다.

유네스코에서는 2001년 「유네스코 문화다양성(cultural diversity)」 선언을 통해 문화를 한 사회와 집단의 성격을 나타내는 정신적·지적·물질적·감성적 특성의 총체이며, 또한 문화는 예술이나 문자와 같은 형식뿐 아니라 함께 사는 방법으로써 생활양식, 인간의 기본권, 전통과 신앙, 가치 등을 포함하는 포괄적인 개념으로 정의하였다.

대한민국 「문화기본법」 제3조에서는 문화를 문화예술, 생활양식, 공동체적 삶의 방식, 가치 체계, 전통 및 신념 등을 포함하는 사회나 사회의 구성원이 가진 고유한 정신적·물질적·지적·감성적 특성의 총체로 정의하고 있다.

문화를 여덟 가지 범주를 나누어 제시하면 **표 1-1**과 같다(Matsumoto & Juang, 2004).

표 1-1 문화의 범주

일반적 특성	개인 활동과 가족 활동
음식과 옷	지역사회와 정부
주택과 기술	복지, 종교, 과학
경제와 교통	성과 생활 주기

출처: 이근매 외, 2014.

2) 문화의 특징[3]

(1) 공유성

한 사회의 구성원들은 다른 사회구성원들과 구별되는 그들만의 고유하고 독특한 문화를 공유한다. 공통된 사고방식과 행동방식을 지녔으며, 그 중 언어, 음식, 의복 등이 대표적 사례이다.

한 사회 내 지역 또는 개인의 차이에 따라 다르게 나타날 수도 있지만 큰 테두리 내에서 공유되는 문화가 존재한다는 것을 알 수 있다. 이처럼 문화에는 공유의 속성이 있기에 같은 문화권 내 구성원들 간에 상호 소통과 예측이 가능하다.

(2) 학습성

문화는 선천적인 것이 아니라 후천적으로 습득하는 특징이 있다. 한 사회의

3) 김영인, 설규주(2008), 구정화 외(2010), 나무위키(https://namu.wiki/w/문화)의 내용을 일부 발췌·인용함

구성원들 사이에서 공유되는 문화라고 해도 인간이라는 본성적인 측면보다는 후천적인 학습에 의해 습득되는 경우가 많다. 일란성 쌍둥이라도 각각 다른 사회에서 성장하면 서로 다른 생활양식을 갖게 되는 것도 학습성의 예이다. 따라서 인간의 사회화는 학습을 통해 이루어진다고 말할 수 있다.

(3) 축적성

학습을 통해서 쌓인 지식과 경험을 공유하는 것은 인간뿐만 아니라 동물에게도 찾아볼 수 있다. 그러나 학습을 통해 얻어진 결과물들이 세대와 시간 및 공간을 넘어 축적되고 전파되면서 발전·계승되는 과정이 없이 한정된 시간과 공간 안에서 유지된다는 점에서 이것을 문화라고 부를 수 없다. 문화는 전 세대로부터 물려받아 다음 세대로 전달되는 과정에서 새로운 기술과 지식이 축적되며 내용이 풍부해지고 더욱 발전하는 특징을 지니는데 이를 축적성이라고 한다.

(4) 변동성

문화는 불변하고 고정적인 것이 아니라 시대에 따라 얼마든지 변화 가능하다. 다양한 경험 및 학습이 축적되고 전수된 문화라도 새로운 발견이나 발명, 가치관과 신념, 법규의 변화 같은 내부적인 혁신과 타문화와의 접촉을 통한 외부적인 자극 등으로 변화하고 발전하며, 일부는 사라지기도 하고 수정되기도 한다. 문화가 형성되고 한 사회에 안착한 후에도 그 문화가 영원히 지속할 것이라는 보장을 할 수 없다. 이를 문화의 변동성이라고 한다.

(5) 전체성

문화는 정신적·물질적·제도적 차원의 다양한 요소들을 포함한다. 의식주, 언어, 종교, 예절, 도덕, 지식, 예술, 정치, 경제 등 매우 많은 문화 요소들이 독립적으로 존재하는 것 같아 보이지만 각각의 요소들은 서로 밀접하게 상호 영향을 준다. 예를 들어 인터넷의 발달로 인한 쇼핑과 근무방식, 학교 수업운영의 원격교육 도입 등과 같이 그 사회의 생활양식에 변화를 가져오게 한다. 이처럼 문화의 전체성은 각각의 요소들이 합쳐져 하나의 문화를 형성하는 특징을 지닌 것이다.

3) 문화를 이해하는 관점[4)]

문화를 이해하는 관점은 크게 세 가지가 있다. 첫째, 총체론적 관점은 인간의 생활양식인 문화는 가족, 정치, 법률 등 다양한 영역이 연결되어 있으므로 문화현상을 이해하기 위해서는 그 사회의 전체적인 맥락에서 다른 문화 요소들과의 상호 연관성을 파악하여 폭넓게 이해해야 한다. 둘째, 상대론적 관점은 문화를 이해하고 다양성을 존중하는 것에 주안점을 둔다. 한 사회의 문화를 이해하기 위해서 그 사회의 특수한 환경과 상황, 역사적 맥락을 고려해야 한다. 그 사회구성원들의 입장에서 문화를 봐야 하며, 어떤 절대적 기준으로 평가해서는 안 된다는 관점이다. 이와 같은 관점은 타문화에 대한 편견과 선입견을 없애야 올바로 문화를 이해할 수 있다고 보기 때문이다. 마지막으로 비교론적 관점은 한 사회의 문화가 지닌 특수성과 보편성을 타문화와 비교하여 파악하려는 태도이다. 이것은 문화가 보편성과 특수성을 동시에 지니고 있음을 전제로 하며, 이를 통해 자신의 속한 문화의 특징을 이해할 수 있고 문화에 대한 객관적인 이해가 가능하다.

4) 단일문화와 다문화의 개념[5)]

단일문화주의는 한 국가나 민족이 하나의 문화를 가지며 특정 문화권 내에서 동질적인 문화를 추구하고 순응하는 것을 의미한다. 민족이나 국가가 강력

---

4) 교육부 블로그(https://if-blog.tistory.com/6293 문화를 이해하는 태도)의 내용을 일부 발췌·인용함
5) 구정화 외(2009)의 내용을 일부 발췌·인용함

한 동질성을 가지고 있음을 전제로 단일민족주의, 순혈주의, 자민족중심주의 등의 특징을 보여준다. 전통적인 단일문화의 개념은 크게 세 가지의 특징을 지니고 있다(구정화, 박윤경, 설국주, 2009).

첫째, 사회적 동질화이다. 한 사회는 동일한 문화를 학습하고 축적된 산물을 공유함으로써 동질성을 유지하려고 한다. 둘째, 인종적·민족적 기반이다. 문화는 민족과 인종에 따라 구분되는 특성을 가지고 있다. 특정한 민족 문화로서 해당 민족만의 특성을 구체적으로 대표한다. 셋째, 상호 문화적 경계의 설정이다. 다른 공동체, 인종, 민족 등 외부에 대하여 분리주의적인 측면에서 특정한 민족의 문화는 타문화와 구별되는 경계를 설정한다. 그러므로 전통 개념으로 볼 때 문화는 삶의 형태 모든 것에 대한 포괄적인 개념이며 동시에 역사적인 동질성을 기반으로 하여 타문화공동체와는 독립적인 형태를 지닌다(최성환, 2008). 단일문화주의는 높은 수준의 동질성을 바탕에 두고 있으므로 한 국가나 민족이 하나의 문화만을 가진다는 전제가 있지만 현실적으로 현대 사회에서 소수 민족의 공동체를 제외하고는 이러한 사례는 거의 찾아보기 어렵다. 오히려 문화적 우월성을 강조하거나, 소수문화와 타문화를 인정하지 않고 주류문화에 통합시킬 수 있다는 점은 문화다양성의 관점에서는 부정적인 면으로 나타날 수 있다.

'다문화'라는 용어는 1957년에 스위스에서 사용되기 시작하였으며 1960년대 후반 캐나다에서 대중화되었다. 이후 미국, 호주, 뉴질랜드 등과 같이 이민자가 많이 거주하는 영어권 국가에서 확산되었다. 다문화주의의 사전적 정의는 '학교·기업·이웃·도시 또는 국가와 같은 조직적 수준에서 인종의 다양성과 운용상의 이유를 위하여 하나의 특정 장소의 인구학적 구성에 적용되는 다양한 인종 문화의 수용'이다(한국다문화교육연구학회, 2014).

'다문화(mlticulture)'라는 개념은 기존 사회의 단일문화와 대비되는 용어로써 기본적으로 다수의 또는 다양한 문화가 공존하는 사회를 말하며, 단일문화에 여러 다른 문화들이 통합되면서 한 사회 안에 각각의 집단들이 가진 문화가 혼재하는 상태를 말한다(김태원, 2012). 협의의 개념으로써 다문화는 자유민주주의에 대한 광범위한 지지 및 합의가 내포되어 있다는 전제하에 다양한 문화적 주체들 각자의 삶에 대한 권리의 제도적 보상을 뜻한다. 광의의 개념으로써 다문화는 성별, 연령, 국적, 문화적 배경, 인종, 체류자격, 계층적인 귀속감 등과는 상관없이 인간으로서 보편적 가치를 누리고 향유하는 것을 말한다(Kymlicka, 1995).

다문화에 관한 개념은 먼저 문화가 '사회구성원의 일반적인 모든 생활양식'으로 규정될 때, 개인과 개인, 집단과 집단의 생활양식에서 나타나는 차이를 모두 포함한다. 하지만 다문화가 소수집단 공동체의 고유 관습처럼 일종의 특수한 생활양식으로써 규정되면 이는 사회 내의 기존 다수집단과 특정한 소수집단 간의 문화적 차이를 의미한다(김태원, 2012).

다문화는 국제화의 시대 흐름 속에서 타문화가 서로 접촉을 통해 상호 영향을 주며 역동적으로 형성되어 왔다. 이러한 다양한 문화의 밀접한 관계로 인해 발생하는 여러 형태의 문제를 조화롭게 해결하기 위해 '다문화' 또는 '다문화주의'라는 용어가 생기게 되었다(장영희, 1997).

다문화란 서로 다른 각각의 문화를 연결하고 조화롭게 적용하기 위한 사회적 필요성에 의해 생긴 개념이다. 문화는 인류의 삶을 결정짓는 중요한 요소로써 집단, 사회, 민족, 인종에 따라 각각 독특하고 고유한 형태로 나타난다. 이러한 특징을 지닌 각각의 문화들이 조화롭게 이루어진 상태가 다문화이며, 시대가 흐를수록 대부분의 나라가 다문화를 공유하는 사회가 되었다고 할 수 있다(김홍운, 김두정, 2007; 이수미, 1999).

5) 문화에 대한 접근 태도[6)]

(1) 자기민족중심주의

자기민족중심주의(ethnocentrism)는 자신의 문화가 타문화보다 우월하다고 생각하고 자신의 문화를 기준으로 타문화를 판단하고 평가하는 것을 말한다. 자

6) 이정환(2010)의 내용 중 일부 발췌·인용함

기 민족이나 문화, 역사만을 우수한 것이라고 주장하고 대신에 타문화 및 인종, 종교 등을 비하하고 배척한다면 이를 자기민족중심주의 태도라고 말할 수 있다. 보통 자기민족중심주의는 상대적으로 전통 지향적이며 동질적이며 고립된 사회에서 쉽게 찾아볼 수 있다. 이런 사회의 사람들은 타문화와의 접촉이나 경험이 별로 없기 때문에 타문화가 지닌 문화의 독창성과 효용성, 문화의 형성 맥락을 이해하지 못하기 때문이다. 자기민족중심주의는 타문화의 독특성과 다양성을 인정하지 않는다는 측면에서 다양한 문화를 인정하는 문화적 상대주의와 반대되는 입장이다.

(2) 문화 사대주의

문화 사대주의는 자신의 문화를 경시하고 다른 문화를 무조건적으로 추종하며 동경하는 태도를 말한다. 특정한 외래문화를 숭상하고, 자신의 문화를 포함한 다른 문화들은 상대적으로 열등하다고 인식하고 행동하는 것이다. 문화 사대주의는 다른 사회의 문화 요소를 수용하는 데 도움이 된다는 긍정적인 측면이 있기는 하지만 자신의 문화 가치를 제대로 인정하기 않기 때문에 자신의 문화가 가진 고유성과 주체성을 발전시키는 데 어려움이 있다. 또한 무비판적으로 외래문화를 숭상하여 문화적으로 종속되는 결과를 초래할 수도 있다.

문화 사대주의는 다른 사회의 문화를 우월하게 여겨 숭상하고 그것을 기준으로 다른 문화를 판단하려고 하기 때문에 문화의 우열을 가릴 수 있다고 보는 문화 절대주의적 태도의 하나이다.

(3) 문화 상대주의

각 문화는 그 문화가 형성된 사회의 문화적 맥락으로 이해해야 한다는 태도나 믿음을 문화 상대주의(cultural relativism)라고 한다. 문화 상대주의 관점은 사람들이 자신의 문화를 기준으로 이질적인 타문화에 대해 이 세상 어떤 문화도 처음부터 좋거나 나쁘다고 말할 수 없고, 윤리적 판단을 유보하게 한다. 또한 비상식적이거나 익숙하지 않은 문화적 관행에 관해서도 관용과 존경을 가질 것을 제안한다. 보통 사람들은 다른 사회의 관습이나 가치, 규범, 행동을 자신이 속한 문화의 기준으로 평가한다. 평가에는 감정을 동반하기도 하면서 좋고 나쁨 또는 옳고 그름의 도덕적 의미까지 포함하고 있다. 이런 판단을 하는 행위를 제지하고 타문화에 관한 포용과 존중을 강조하는 태도가 문화 상대주의이다.

문화 상대주의는 문화를 독특한 환경과 사회적·역사적 맥락에서 이해해야 하며, 인간의 인식과 가치관은 문화에 따라서 다르고 다양하다고 보는 견해이다. 문화 상대주의의 등장 배경에는 서구 중심의 문화 이해 태도에 대한 비판적 반성이 깔려 있다.

문화 상대주의의 입장에 따르면 문화에는 어떠한 중심도 없으며, 어떠한 보편적 기준도 존재하지 않는다. 또한 각각의 문화는 특수성과 독자성을 가지고 있어 여러 개별 문화 사이에서 가치의 우열은 없다고 보는 것이다. 그러므로 각 집단의 특정한 문화를 이해하기 위해 관찰자의 관점이 아닌 문화 구성원의 관점으로 그들의 문화적 맥락에서 이해해야 하며, 정형화된 설명적·이론적 틀로 볼 것이 아니라 공감적 태도로 보아야 한다는 것이다.

이러한 문화 상대주의의 태도는 서구 중심의 문화관에서 벗어나 다양한 문화를 이해하는 데 기여하는 측면이 있다. 그러나 다문화를 문화 상대주의적 입장에서 이해할 경우에 각 문화의 고유한 특수성과 독자적 가치는 인정될 수 있지만 문화의 갈등이나 충돌이 일어날 경우에 문화 상대주의는 각 문화 간의 상대적인 존재 가치에 관한 근거를 충분히 제시할 수 없다는 비판이 제기될 수 있다.

(4) 문화 다원주의

문화 다원주의(cultural pluralism)는 한 사회 내에서 다양한 민족과 인종이 똑같은 지위를 갖고 자신들의 고유한 문화와 정체성을 유지해야 한다는 입장을 말한다. 또한 공존과 타문화에 대한 존중을 전체 문화를 특징짓는 주요한 가치로 삼고 있다. 다양한 문화가 공존하면서 서로 다른 문화를 인정하고 수용한다는 점에서 문화 다원주의는 다문화주의, 모자이크 모형, 샐러드그릇 모형과 유사한 개념으로 사용된다.

다문화주의와 유사한 개념인 문화 다원주의는 다양성을 인정하고 사회통합을 추구한다는 측면에서는 같지만, 전제 조건과 실현 방법이 다르다.

문화 다원주의는 미국에서 20세기 후반 대량으로 발생한 이민정책으로 인해 출발하였다. 소수가 존중되는 것은 바람직하나, 격리나 분리를 전제로 하면 안 된다는 것이다. 한편 다문화주의는 1970년대 후반 새로운 형태의 문화 다원주의를 설명하는 개념으로서 교육의 기회 균등을 실현하기 위해서 다양성을 존중해야 한다는 논리에서 출발했는데, 현재는 사회생활 전반에 걸쳐 다원적인 견해와 소수의 권리 보장을 위한 논리로 설명되고 있다.

문화 다원주의는 주류가 존재한다는 전제하에 문화의 다양성 및 다원성을 인정한다. 이에 대한 다문화주의적 관점은 주류의 존재를 인정하지 않으며, 다양한 문화가 평등하게 인정되어야 한다고 보는 것이다. 즉, 다문화주의는 모든 구성원이 동등한 자격을 가졌다는 것을 전제로 하는 것에 대해, 문화 다원주의는 주류 문화를 형성하는 지배사회를 인정하고 문화적 다양성을 수용하는 것이다. 예를 들면 호주, 캐나다에서는 다문화주의를, 유럽이나 미국에서는 문화 다원주의를 사회통합의 원리로 적용하고 있다.

6) 문화 관련 이론[7)]

(1) 문화접촉

문화접촉(cultural encounter)은 서로 다른 문화적 배경을 지닌 집단과 집단이 직접 혹은 간접적인 접촉을 통하여 문화의 내용이 변하는 것을 의미한다. 직접 접촉은 지리적 이주에 의해서 발생하는 문화의 접촉 혹은 신체의 물리적 이동이나 대면 만남 등을 의미한다. 간접 접촉은 접촉을 하지 않아도 외래문화의 내용이 전파되어 문화변용을 일으키는 것으로 문화 전파라고도 한다.

7) 김현미(2018), 박이분(2018), 이정환(2010)의 내용 중 일부 발췌·인용함

문화접촉은 내향적(inward) 접촉과 외향적(outward) 접촉으로 분류할 수 있는데, 문화접촉을 하는 주체와 대상과의 관계에서 누가, 어떻게 이동하여 접촉하느냐에 따라 구분된다. 외향적 접촉은 주체가 자신의 거주공간에서 이동하여 새로운 문화권의 대상을 접촉하는 것이며, 내향적 접촉은 주체의 생활공간 속으로 타문화권의 대상이 유입되는 것으로 인해 새로운 문화를 접촉하게 되는 것이다.

(2) 문화변용

문화변용(acculturation)의 이론과 개념은 이주, 식민지화 또는 다른 형태의 문화적 교류의 결과로 한 집단의 문화적 맥락에 익숙해진 개인이 어떻게 새로운 문화적 맥락에 적응하는지에 관하여 설명하는 것이다. 문화변용의 고전적 정의에 따르면 '변용'은 토착민과 이주민과 중 어느 한쪽만의 사안일 수도 있고 양쪽 모두에게 관련될 것일 수도 있다고 본다. 즉, 문화변용은 양쪽 모두에서도 일어날 수 있는 것이다. 그러나 실제로 문화변용은 어느 한 집단에 더 많은 변화를 유도하는 경향이 있다.

문화변용의 과정은 문화적 다원성을 전제로 한다. 다양한 문화적 배경을 지닌 사람들이 한 사회로 들어와서 함께 사는 다문화사회에 기반을 두고 있다. 이러한 다원적 사회에서는 집단과 집단 사이에서 존재하는 사회적 힘(power)의 차이로 인하여 주류집단(mainstream)과 소수자 집단(minorities) 또는 우세 집단(dominant group)과 비우세 집단(non-dominant group)으로 나눌 수 있다. 예를 들면 이민 국가인 미국에서 주류집단은 백인 코커스 인종의 유럽 이민자들을 말하며, 소수자 집단은 그 외의 인종 또는 민족 집단이 될 것이다. 한국에서는 한국인 외의 대규모 민족이나 인종 집단은 존재하지 않지만 동남아시아권의 외국인근로자 집단 혹은 결혼이민자 집단 등이 문화적 소수자 혹은 비우세 집단이 될 수 있다.

문화변용의 단계에서 나타나는 문화적응 전략(acculturation strategies)은 베리(Berry, 1980, 1997)에 의하여 잘 구조화되어 있다. 두 가지 차원인 고유한 문화 정체성의 유지와 주류 사회의 문화 수용 여부에 기반을 두었으며, 다시 이주민의 문화적응의 상황을 네 가지로 범주화하여 설명하고 있다. 자신의 문화적인 특성과 문화 정체성을 유지하면서 주류 사회의 문화를 수용하여 소화시키는 경우 통합의 범주에 속하고, 두 가지 차원에서 모두 그렇지 않은 경우는 주변화 범주로 매겨진다. 한편 자신의 문화적 정체성을 유지하지 못하고 주류 사회의 문화에 함몰되면 동화의 범주로, 주류 사회의 문화를 수용하지 않고 자신이 문화적 정체성만을 고집하면 분리의 범주로 나누었다. 자국의 문화적 정체성을 보존하려는 노력과 주류 사회 문화에 접촉하고 참여하려는 노력은 단절적인 것이 아니라 연속적인 것으로 보았기에 이 네 가지 범주가 분절적인 것은 아니다. 그리고 이러한 네 가지 범주와 관련된 태도와 그것을 실제로 표출하는 행동이 함께 합쳐져 개인적인 문화적응의 전략을 구성하게 된다. 이렇게 나뉜 범주는 이주민의 상황과 이주 시기, 이주 지역의 환경에 따라 결정되겠지만 주로 이민자들은 통합의 범주를 가장 선호하는 것으로 보인다.

(3) 문화 적용

적용(adaptation)은 문화변용을 경험하는 사람들이 일정 기간이 지난 후 새로운 문화에 익숙하게 되는 것을 의미한다. 이를 심리적 적용과 사회문화적 적용으로 구분하기도 하는데 심리적 적용은 일련의 내적이고 심리적인 결과를 의미하는 것으로 문화적·인성적 정체성의 명확한 감각을 갖추게 되는 것과 건전한 정신건강 상태와 새로운 문화에 개인적인 만족을 얻게 되는 것 등을 포함한다. 사회문화적 적용은 외적 심리적 결과를 의미하는 것으로 일상적 문제, 특히 가족생활, 직장, 학교 등에서의 문제를 처리할 능력을 갖게 되는 것을 말한다. 심리적 적용은 스트레스와 정신병리학적 접근에서 가장 잘 분석되는 반면에, 사회문화적 적용은 사회기술의 관점과 더 밀접하게 연관되어 있다.

한 개인의 이주 이후 적용에는 출신사회의 요소와 정착사회의 요소가 영향을 준다. 그리고 정치, 경제, 사회적 구조와 같은 집합적 차원의 변화가 발생하고 이러한 변화는 개인 수준의 문화변용 경험에 영향을 미친다. 개인 수준의 변화는 문화변용 스트레스, 행동적 전이, 정신병리적 현상으로 일어날 수 있다. 그리고 이러한 심리적 문화변용은 개인을 최종적인 적용으로 이끌고 간다. 이를 정리하면 **그림 1-1**과 같다.

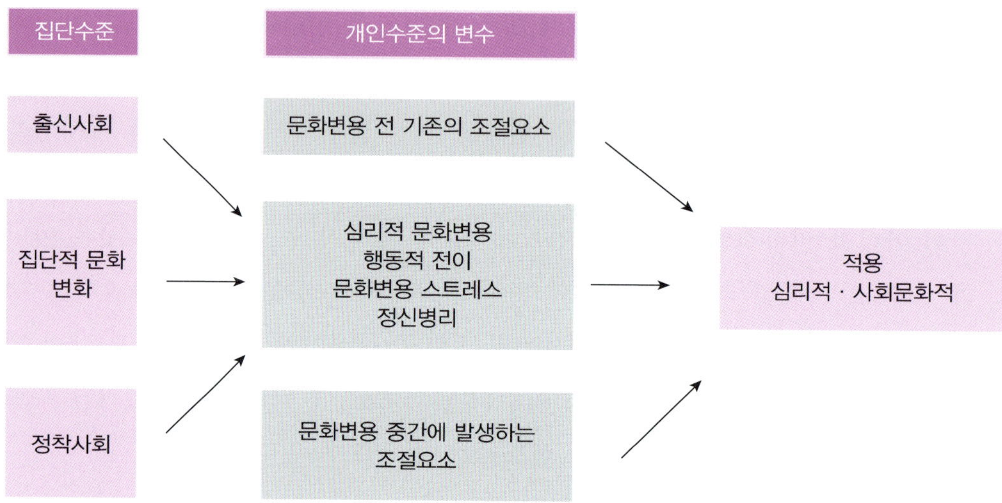

그림 1-1 문화변용 과정의 틀

출처: Berry, J. W. & Sam, D. L., 1997; 김현미, 2018 재인용.

문화변용과 적용의 과정에 영향을 미치는 주요 요소를 살펴보면 **표 1-2**와 같다.

표 1-2 문화변용과 적용 과정에 영향을 미치는 주요 요소

변수	세부 요소
출신사회 관련변수	민족지학적 특성(언어, 종교, 가치관 등) 정치적 상황(갈등, 내전, 정치적 억압) 경제적 상황(빈곤, 분리, 기아 등) 인구학적 요소(인구밀집에 의한 복잡함, 인구폭발)
정착사회 관련변수	이민역사(오랜 역사 vs. 최근 이민 수용) 이민정책(의도적 vs. 우연적) 이민에 대한 태도(우호적 vs. 비우호적)

변수	세부 요소
	특정집단에 대한 태도(우호적 vs. 비우호적) 사회적 지지(가용성, 유용성)
집단적 문화변용	문화변용 경험집단의 변화 - 물리적 변화(예, 시골에서 도시로) - 생물학적 변화(예, 영양 상태, 질병) - 경제적 변화(예, 지위의 상실) - 사회적 변화(예, 소외) - 문화적 변화(예, 의생활, 식생활, 언어)
문화변용 이전 조절요소	인구학적 요소(연령, 성별, 교육정도 등) 문화적 요소(언어, 종교, 거리감) 경제적 요소(지위 등) 개인적 요소(건강, 사전지식 정도) 이주 동기(흡인 요인 vs. 배출 요인) 기대감(과도함 vs. 현실적)
문화변용 과정의 조절요소	문화변용 전략(동화, 통합, 분리, 주변화) 접촉/참여 문화적 유지 사회적 지지(확인과 활용) 대응 전략과 자원 편견과 차별

출처: Berry, J. W. & Sam, D. L., 1997; 김현미, 2018 재인용.

(4) 동화

동화(assimilation)는 이주민이 자신의 고유한 문화와 언어, 사회적 특성을 버리고 현지의 기존 주류집단에 똑같아지는 것을 말한다. 파크와 버제스(Park & Burgess, 1924)는 동화를 '개인과 집단이 다른 사람 혹은 집단에 관한 기억, 정서, 태도를 습득하며 그들의 경험과 역사를 공유하는 방법으로 일상의 문화적 삶에서 그들과 함께 협력하고 상호침투하고 융합하는 과정'(Teske & Nelson, 1974)이라고 설명했다. 그러나 현실 사회에서 일어나는 동화는 '상호'라기보다는 '일방'인 경우가 많고, 문화적 약자가 강자의 문화를 수용하는 방식이다. 이주민은 이주하는 순간부터 정착사회에 적응하기 위해 자신에게 익숙하고 오래된 문화적 배경을 버리고 낯설고 새로운 문화 속에 어렵게 적응해야만 하는 문화적 약자로 그 입장이 변하기 때문이다. 한국의 경우 결혼이민자들의 대부분이 한국 사회에 적응하는 과정을 동화로 볼 수 있다.

(5) 주변화

어느 집단의 문화에도 속하지 못하고 수용되지 않는 형태를 주변화(marginalization)라고 한다. 주변화된 사람은 사회 중심, 즉 주류 사회로 진입하지 못할 뿐만 아니라 사회로부터 분리되어 사회의 주변부나 끝자락에 자리하게 된다. 결과적으로 주변화된 사람은 사회의 한 부분으로 인정받지 못한다. 이주민의 경우 출신국과 출신국의 문화는 물론 현지 사회의 문화와도 접촉하지 않으면서 어떤 집단에 대한 정체성이나 소속감도 갖지 못할 때 주변화가 발생한다. 제도적 차원에서 주변화는 특정 소수집단 또는 이민자 집단이 주류집단에 배척당하여 사회 주변부로 내몰리면서 사회에 자리잡지 못할 때 나타난다. 대부분 주변화된 사람이나 집단은 열등한 대우, 낮은 사회적 지위, 불평등한 차별의 대상이 된다.

(6) 격리

격리(segregation)는 특정 인종·민족 집단의 사람들이 공간적·사회적으로 나눠지는 것을 의미한다. 격리는 인종이나 민족에 따라 주거와 일터, 사회적 기능과 직업 등이 다양한 형태로 나타난다. 이주민의 경우 출신국과의 관계를 계속 유지하는 반면, 현지 문화와의 관계는 최소화하려고 할 때 격리가 발생할 가능성이 높다. 이주민들은 기존 집단에서 분리되어 사회·문화적 공간을 만들고 그 공간에서 안정감과 편안함을 느끼며 자신들만의 고유한 문화를 생활을 이어나간다.

(7) 통합

사회 내의 모든 집단들이 서로 다른 문화의 특성들을 인정하고 수용하면서 사회의 일부가 되어 가는 과정을 통합(integration)이라 한다. 이때 통합은 한 방향이 아닌 양방향의 상호교환 방식이다. 통합에 의해 소수집단의 사람들은 주류집단 사람들의 일상적 상호작용의 과정에 같은 자격으로 참여할 수 있다. 이주민이 출신국의 문화뿐만 아니라 현지 문화와의 관계도 동등하게 유지하고자 할 때 통합이 발생할 가능성이 높다. 통합의 결과로써 혼성문화(hybrid culture)가 발생하거나 서로 다른 집단 사람들 사이에 친밀한 친구관계나 혼인관계가 나타나기도 한다.

7) 문화적응과 동화의 비교[8)]

문화적응과 동화는 개인 또는 집단의 직접적 접촉의 결과물이다. 접촉으로 인한 환경의 변화와 그 대응의 결과물인 일종의 '적응'이다.

표 1-3 문화적응과 동화의 특징 비교

	문화적응(Acculturation)	동화(Assimilation)
1	역동적인 과정	
2	개인 혹은 집단의 과정	
3	직접적 접촉	
4	양방향으로 발생	단일방향으로 발생
5	(개인 혹은 집단의) 가치 변화를 요구하지 않음	(개인 혹은 집단의) 가치 변화를 요구함
6	준거집단 변화가 요구되지 않음	준거집단의 변화가 요구됨
7	내적 변화 요구되지 않음	내적 변화 요구됨
8	외부 집단 수용이 요구되지 않음	외부 집단 수용이 요구됨

출처: Teske & Nelson, 1974.

문화적응과 동화는 모두 이질적인 두 문화의 접촉으로 발생하지만 문화적응이 이질적인 두 문화가 동등한 지위에서 상호 영향을 주고받으면서 변화하고

8) 박이분(2018)의 내용을 일부 발췌·인용함

적응하는 반면에, 동화는 주류집단의 문화가 소수집단의 문화에 일방적 영향력을 행사함으로써 주로 소수문화 집단이 변화하고 적응한다. 테스케와 넬슨(Teske & Nelson, 1974)은 동화는 주류집단이 이주민 집단, 즉 외부 집단의 수용이 필수전제조건이고 이 요인이 문화적응과 동화를 구분하는 핵심으로 본다.

문화적응과 동화는 각각 세분화된 이론적 영역을 지닌다. 학자에 따라서 사실 문화적응과 동화가 혼용되는 면이 있다. 보가더스(Bogardus, 1949; Teske & Nelson, 1974 재인용)는 세 가지 형태의 문화적응(acculturation)을 제안한다. 보가더스(Bogardus)의 주장에 의하면 첫째, 인지하지 못 하고 있는 사이에 발생하는 문화적응(Blind Acculturation)이 있다. 이것은 각기 다른 문화를 가진 사람들이 바로 이웃에 살 때 발생한다. 둘째, 강요된 문화적응(Imposed Acculturation)은 타문화에 관한 억압을 의미하고 자신이 지닌 행위패턴과 사고의 수용을 강제하는 것을 뜻한다. 셋째, 민주적인 문화적응(Democratic Acculturation)은 두 문화의 개인 또는 집단이 다른 문화를 존경심을 갖고 바라볼 때 발생한다. 이 세 가지 문화적응 형태에서 첫째와 셋째는 서로 양방향적이고, 의미는 다르지만 서로 동등한 지배력을 행사하고 있다. 그러나 두 번째의 경우는 일방향적이고 한쪽의 압도적인 힘의 행사이다. 강요된 문화적응(Imposed Acculturation)의 개념은 일방향적인 동화(assimilation)와 다름이 없다.

베리(Berry)는 새로운 문화와 만날 때 발생하는 문화적응 스트레스에 대처를 하기 위해서 문화적응 전략을 구사하면서 개인과 집단은 새로운 문화를 수용 또는 배척하며 새로운 문화의 상황에 적응한다. 문화적응 전략에 따라 각각 그 결과는 다르게 나타나지만 결국에 문화적응의 일상화는 개인과 집단의 적응으로 이어진다. 문화적응에서 주목한 점은 특정 문화적 맥락 속에서 성장한 개인 또는 집단이 이주를 통해서 발생한 새로운 맥락에 어떻게 적응하는 지에 대한 것이었다.

특히 개인이 경험하는 문화적응의 최종 결과물로서 적응은 심리적 측면과 사회문화적 측면, 경제적 측면에서 확인할 수 있다. 두 개의 문화를 직접 체험한 개인 또는 집단은 자신이 체험한 문화적응을 평가한 결과로 다양한 행동변화가 발생한다고 보았다. 즉, 자신이 가진 문화를 전파하거나, 새로운 문화를 학습하거나 또는 문화 충돌을 야기한다고 하였다. 이 과정에서 개인 또는 집단에게는 문화적응 스트레스(acculturation stress)가 발생하는데 이주민이 스트레스에 대처한 결과물은 대부분 동화로 귀결된다. 왜냐하면 대부분의 이주민들은 문화적 소수자로서 그들이 가진 문화 세력은 주류 문화에 맞설 만큼의 세력이 되지 못하기 때문이다. 장기적인 관점에서 볼 때 적응은 완전히 적응한 것에서부터 적응 실패까지 높은 변이가 있다. 그러나 대체로 심리적인 문제는 접촉 이후 즉각 증가하지만 시간이 지남에 따라 함께 감소하고 사회문화적 적응은 시간이 지남에 따라 선형적으로 향상된다고 본다. 개인의 육체적인 건강까지 포함되는 심리적 적응과 개인이 정착국의 새로운 문화적 맥락에서 일상적 삶을 얼마나 잘 관리할 수 있는지를 알 수 있는 사회문화적 적응은 적응의 시간적 구간이 다르며, 경험적 예측 요소가 다르다는 점에서 개념상 구별되지만 두 적응은 어느 정도의 상관관계가 있다고 본다.

베리(Berry)는 심리적 적응과 사회문화적 적응에 비해서 경제적 적응에 관한 연구들은 좀 더 정교화할 필요가 있다고 언급한다. 이주의 동기, 상대적 박탈감에 관한 인식, 이주로 인한 지위 손실 등 경제적인 적응과 관련된 요소들이 다른 두 가지 측면의 적응과 어떤 상관관계가 있는지 또는 경제적 적응 요소 사이에도 어떤 관계가 있는지에 대한 정교한 경험 연구가 필요하다고 지적한다. 일반적으로 경제적 수입의 증가는 이주민의 적응도를 높인다고 알려져 있다. 그런데 스틸만 등(Stillman et al., 2015)은 뉴질랜드로 이주한 폴리네시아 제도의 소국인 통가(Tonga)인에 관한 연구에서 이주민들이 이주로 인하여 객관적인 측면의 수입은 분명히 증가했지만, 주관적 측면인 삶의 만족도, 정신건강 또는 행복감은 하락했다고 보고한다. 이주민들은 소득의 증가로 인한 경제적인 지위는 향상되었지만 이주민으로서의 사회적인 지위 하락과 정체성의 혼란 등으로 행복감은 저하되는 문제를 겪고 있다.

문화적응의 일상화에서 기인한 결과물로서 적응은 상호 유기적으로 연결된 심리적 적응, 사회문화적 적응, 경제적 적응으로 확인할 수 있다는 베리(Berry)

의 논의는 이 세 가지 측면의 적응을 모두 포괄하는 개념인 것이다.

2. 다문화 관련 이론

1) 다문화주의[9]

다문화주의(multiculturalism)는 문화다양성을 수용하고 인정하는 이념으로 1970년대 이후 서구 선진국에서 주로 사회통합이나 국민통합의 목적을 가지고 사용되는 개념이다. 주로 서구 국가들에서 인종정책으로 채택되었던 동화주의와 문화 상대주의에 대한 대안으로 다문화주의가 등장했다. 다문화주의는 일반적으로 한 사회 내 여러 인종집단들의 문화를 단일한 문화로 동화시키지 않고 서로 인정하고 존중하면서 공존하게 하는 데 그 목적이 있는 이념체계이다(윤인진, 2008a). 또한 다문화주의는 이민자들을 기존 사회 및 정치 공동체로 통합하고, 주류 사회에서 배제되었던 소수자 집단들을 국가 사회에서 인정하고 보호해주는 권리를 확대하는 것을 지향하는 철학, 이념, 정책 및 사회적 운동들을 지칭한다(Mitchell, 2004). 이러한 다문화주의가 잘 작동하고 있는 사회가 진정한 의미의 다문화사회이다. 한 국가 내에서 다양한 인종과 민족 출신이 함께 어우러져 서로 다른 인종과 민족이기 때문에 받는 사회적 차별 없이 시민 또는 국민으로서 기본적인 권리를 향유하는 사회를 다문화사회라고 할 수 있다(김혜순, 2008). 다문화사회는 특정 민족의 집단이 국가를 소유하는 것이 아니라 모든 시민 또는 국민에 속해 있는 것으로 인정하는 사회를 말한다. 이주민을 비롯한 소수 인종·민족 집단의 구성원을 주류 사회에 일방적으로 동화 또는 배제하려는 정책을 지양한다. 대신 집단별 차이와 다양성을 인정하고 현실에 존재하는 소수 인종·민족 집단에 대한 차별과 배제의 문제를 해결하기 위해서 소수 인

9) 송영호(2009), 강휘원(2006), 김성근(2013)의 내용을 일부 발췌 인용함

종·민족 집단의 문화적 권리를 보호하고, 소수 인종·민족 집단에게 적합하고 특수한 권리를 부여하는 정책을 추진하는 사회를 의미한다(Kymlicka, 2007).

같은 맥락에서 다문화주의는 사회문화적 다양성을 보호하고 인종, 민족, 국적에 따른 차별과 배제 없이 모든 개인이 공평하게 기회에 접근할 수 있도록 보장하는 정부의 정책과 실행과정으로 정의할 수 있다(Tropper, 1999). 이러한 정책기제로서의 다문화주의는 다문화주의 이념과 그러한 이념을 실현하기 위한 정책과 실천까지 포괄하여 문화적 다수집단이 소수집단을 동등한 가치를 가진 집단으로 인정하는 인정의 정치(politics of recognition)적인 맥락에서 이해할 수 있다(Taylor, 1994). 다문화정책은 단순하게 다양한 문화의 상호공존만을 다루는 것이 아니라 새로운 문화적 정체성을 제시하는 패러다임의 전환에 대한 문제이다. 사회적 취약계층으로서의 이주자나 소수 인종·민족 집단만을 대상으로 하는 정책이 아니라, 이주자와 선주민을 포함하는 범국민적 포괄성을 갖는 정책이라고 이해할 수 있다(홍기원, 2008).

근대주의(modernism)의 사회 유형인 산업사회의 생산양식이 소품종 대량 생산이었다면, 탈근대주의(post-modernism)의 사회 유형인 정보사회의 생산 양식은 다품종 소량 생산이라 할 수 있다. 다문화주의(multiculturalism)는 포스트모더니즘에 대한 관심이 높아짐에 따라 부상된 개념이다. 이 개념의 등장 배경은 민주주의의 확산과 다양한 인종의 정체성이 복잡하게 얽혀 있는 국가에서 국민통합 이념으로서 그 필요성을 시사한다.

다문화주의는 국가나 인종, 민족 등의 거시적인 차원에만 국한된 것이 아니라 사회 내의 소외 계층이나 소수 인종, 또는 세대 간 갈등과 성역할의 차이 등과 같은 미시적 문제를 포함하는 매우 광범위한 주제이기 때문에 하나의 의미로 정의를 내리는 것은 불가능하다(이용승, 2004).

다문화주의라는 용어는 체계적인 이론이나 조직적인 운동이라기보다는 특정 사회의 지배적 문화의 억압으로 실현되지 못한 다양한 문화적인 차이에 대한 인식 또는 그 차이를 인정하고 포용할 수 있는 감수성을 배양하고, 이러한 목적을 달성하기 위한 일련의 행위와 전략을 가리킨다고 했다(정상준, 1995). 또한 다문화주의가 몇몇의 인접한 소수집단의 단위문화가 주류 사회의 단위문화를 배경으로 점점이 박혀 있는 '모자이크(mosaic)'가 아니라(Vertovec, 1996), 다양한 구성요소가 상호 공존하며 각자의 색과 향 그리고 고유의 개별성을 그대로 유지하면서도 조화롭게 또 다른 통합성을 이루는 '샐러드그릇(salad bowl)'을 의미한다고 보았다. 이는 다양한 문화가 상호이해와 존중, 대화와 신뢰를 바탕으로 전체를 관통하는 다문화 정체성을 수립하는 것이다. 다문화 정체성은 배제와 강제와는 양립할 수 없는 개념이며, 공존을 가치로 삼는 다원적인 국민성을 뜻한다. 반면 다문화주의가 내포할 수 있는 허상(虛像)을 비판적 관점에서 바라보기도 한다(Zizek, 1997). 어느 나라든지 다문화사회의 핵심 문제인 인종문제는 단순하게 주류 사회의 인종과 소수 인종 간의 갈등이라는 이분법으로 규정할 수 없으며, 단순히 문화적인 다양성만을 옹호하고 차이만을 포용하는 입장은 한계가 있다고 주장한다.

다문화주의는 주류 사회의 문화나 전통, 관습에 기반을 둔 다수집단의 정체성과 이에 포함되지 않는 소수집단의 정체성 사이에 평화와 공존을 추구하는 것이라고 볼 수 있다. 다른 존재나 가치에 대한 '反(anti-)'으로서 자신의 정체성을 구성하는 것은 사회에서 긍정적인 역할을 할 수 없으며, 그 반대의 대상이 되는 집단의 정체성에 대해 감정적 대응을 야기하며 사회의 악순환만을 조장할 뿐이다. 다문화사회에서 발생할 수 있는 인종의 문제는 인종의 차이로 인해 발생하는 사회문제인 정치·경제·사회·문화·종교 등의 전 분야에서 생기는 분쟁이나 혼란을 의미한다. 따라서 진정한 다문화주의는 차이와 다양성의 포용이 중요하다. 이는 지금까지 지속되어 온 특정 문화의 지배를 종결짓고, 소외당하거나 주변에 머물러 있던 다른 소수집단의 정체성을 존중하고 그들의 고유문화가 독자적으로 자리 잡을 수 있는 시·공간을 인정하고 수용하는 것이다.

위와 같은 다양한 정의를 통하여 다문화주의는 문화의 다양성과 그 다양성에 근거하는 삶의 방식, 관점, 실천을 의미하는 특정 문화 주체의 정체성을 인정해야 한다는 면에서 일관성을 발견할 수 있다.

다문화주의라는 개념이 사용되는 맥락을 구분해 보면 다음과 같은 5가지 정도로 구분할 수 있다(김욱동, 1998). 첫째, 다문화주의는 경험적인 사실을 묘사하는 단어이다(Inglis, 1996). 한국사회에서도 주로 이런 의미로 사용하는 경우가 많은데, 결국 어느 사회가 다문화주의사회라고 말하는 것은 그 사회가 인종적·문화적으로 점점 더 다양화되고 있다는 의미이다. 한국사회에서는 다문화주의 혹은 다문화사회라는 개념과 단어가 널리 사용되기 시작한 것은 결혼이민자와 외국인근로자의 유입이 급격하게 증가한 시점 이후이다. 이러한 의미에서 '다문화주의'라는 개념을 사용하는 경우가 가장 많다고 생각할 수도 있을 것이다. 다문화사회란 언어, 인종, 민족, 종교, 관습, 가치관, 국적 등 다양한 문화적인 배경을 지닌 이민자 등이 사회구성원으로 참여하여 이루어진 사회라는 정의를 내어놓은 것도 같은 맥락이라고 할 수 있다(장지표, 2008). 둘째, 다문화주의는 소수의 권리와 국가 전체의 이익 간의 균형 유지를 목적으로 하는 일련의 생각들과 규범적인 이상들을 가리키는 말로 사용되는데, 이념적 지향으로써의 다문화주의의 정의를 따르면 다문화주의란 민족적·문화적 다양성이 사회를 이루는 기본적인 원리로 인정되는 상황을 말한다고 볼 수 있다(김이선, 황정미, 이진영, 2007). 셋째, 다문화주의는 정책적인 측면에서 한 국가의 공식적인 정책의 틀을 가리키는 개념이다. 캐나다는 법에 자국이 다문화사회라는 것을 밝히고 있기 때문에, 관련된 제도는 모두 다양한 문화를 가진 사람들에게 서로 영향을 미치는 점을 고려하도록 되어 있다. 이에 캐나다는 다문화주의를 지향하는 사회라고 할 수 있다. 넷째, 다문화주의는 정책실행과 관련되어 쓰일 때도 있다. 이 경우에 다문화주의는 실제로 정책 현장에서 여러 행위자들이 정책을 어떻게 적용하고 상호작용하는가에 초점을 맞추어 정의한다. 만약 정책 현장에서 소수집단이 다수집단과 충분한 의사소통을 통하여 정책 집행에 순응하고 있다면 다문화주의가 잘 실현되고 있다고 말할 수 있다. 마지막으로 '반 패권 사회운동'으로서의 다문화주의를 정의하는 경우이다. 이는 우리나라의 경우와는 크게 관련이 없으나 주로 서구 국가들에서 기존 유럽 중심의 인종주의적 기초에 도전하는 사회운동을 '다문화주의' 운동이라고 지칭하는 경우를 말한다.

이러한 다양한 분류 속에서도 다문화주의를 연구하는 학자들은 다음 3가지 측면을 강조하고 있다. 인구학적 다양성, 다양성의 가치를 존중하고 인정하는 사회 이념(김혜순, 2007; 류시조, 2010; 정상기, 2009), 소수자의 권리를 보장하기 위한 정부의 정책과 프로그램의 존재이다(원숙연, 2008; 윤인진, 2008a; Kymlicka, 1995, 2004; Tropper, 1999). 학자들은 다문화주의를 정의할 때 현상과 이념에 그치지 않고 정책이라는 국가의 실천적인 개입이 수반되는 차원에서 다문화주의를 정의하고 있다(박진경, 2012). 따라서 다문화주의란 과거에는 지리적으로 확연히 구분되었던 여러 민족이 점점 더 같은 장소에서 살아가는 일이 많아졌다는 것을 의미하는 단어이며, 다양성의 가치를 존중하고 소수집단들의 고유한 문화를 조화롭게 공존시키고자 하는 사회적 이념이며, 이러한 이념을 실질적으로 가능하도록 하는 프로그램과 정책을 지칭하는 개념이다.

2) 다문화주의의 유형[10)]

국가는 한 국가의 자체적 정체성을 위한 정치이념으로서 민주주의 또는 전체주의, 경제이념으로는 자본주의 또는 공산주의를 선택할 수 있다. 또한 각각의 이념에 따라서 국가의 운영 방향과 목표가 설정되게 된다. 같은 맥락에서 보면 다문화주의도 국가의 한 이념으로서 채택되면 국가정책의 방향 전환을 초래하게 된다. 정부나 사회적 주류가 다문화정책을 시행하는 여러 가지 유형에 초점을 맞추어 다문화주의를 자유주의적·조합적·급진적 유형으로 구분하고 있다(関根政美, 1996).

첫째, 자유주의적 다문화주의는 사회통합을 위하여 문화적 다양성을 허용하여 인종 집단의 존재를 인정하지만, 공적 생활과 시민생활에서는 이를 인정하지 않고 주류 사회의 언어, 문화, 사회관습을 따르도록 한다. 공적 생활에서는 자유, 평등, 신앙의 자유, 개인주의, 능력주의 등과 같은 보편주의적인 근대 시민적·합리적 가치, 규범이나 기본적 인권이념의 준수를 강조한다. 차별을 금지하고 사회참여를 위한 기회의 평등만 확보된다면 주류 사회와 소수집단과의

10) 김희원(2006)의 내용을 일부 발췌·인용함

불평등과 차별의 구조는 소멸할 것이라고 가정한다. 국가가 소수집단의 사회참여를 위하여 공용어 교육이나 사회제도에 대한 교육에 적극적이며, 소수민족 공동체에 대한 원조를 하는 것도 주류 사회에의 적응을 돕기 위한 방편이다.

둘째, 조합적 다문화주의는 자유주의적 다문화주의보다 다양성의 포용이 조금 더 보장될 수 있다. 자유주의적 다문화주의가 단지 기회의 평등을 지향한다면, 조합적 다문화주의는 차별 금지에 그치지 않고 사회적 소수자의 경쟁 상에서의 불이익을 인정하여 이들의 사회참여를 위해서 적극적인 재정적·법적 지원을 통해 결과의 평등(equality of result)을 유도한다는 것이 가장 큰 차별점이다. 따라서 조합적 다문화주의는 문화다양성을 존중하고 소수집단이 부딪힐 수 있는 구조적 불이익을 극복하기 위하여 공적 영역에서도 다문화교육, 다언어 문서, 다문화방송, 다언어 사용환경 등 다양한 측면에서 정책적 배려를 시도한다.

셋째, 급진적 다문화주의는 소수집단이 자결(自決)원칙을 내세우고 문화적 공존을 넘어서 소수집단만의 공동체를 지향하는 경향이 매우 강한 경우를 들 수 있다. 물론 소수집단의 자결은 공동체의 분리 독립이라는 높은 수준에서부터 자신들과 관계된 교육, 복지 등의 생활부문에서 정책 결정의 자결권을 요구하는 수준까지 그 범위가 다양하다.

그런데 위의 분류 유형은 특정 사회 내에서의 소수집단들도 다양한 인종적 형태를 띠고 있으며, 동일한 인종적 소수집단일지라도 그 연원이나 문화가 다양할 수 있다는 것과 그들이 요구하는 다문화주의의 수준과 범위 또한 상이할 수 있다는 점을 간과하기 쉽다(이용승, 2004). 킴리카(Kymlicka, 1995)는 다양한 소수집단의 입장에서 몇 가지 다문화주의의 모델을 구분하였다. '사회적 문화(societal culture)'로의 통합을 증진시키는 과정에서 차별과 불이익을 받는 사회적 소수집단에게는 네 가지 선택이 놓여 있다고 본다(이용승, 2004). 첫째, 대규모 이민이다. 특히 그들 주변에 대규모 이민을 받아줄 만한 우호적이고 경제적으로 발전된 국가가 있는 경우이다. 둘째, 공정하고 좀 더 나은 통합의 조건을 협상하면서 주류문화로의 통합 수용이다. 셋째, 자신들의 사회적 문화를 유지하기 위해 필요한 일종의 자치권력의 추구이다. 넷째, 사회 주변부에서 단순히 간섭

받지 않기를 바라면서 영구적 주변화(marginalization)를 받아들이는 경우 등으로 분류된다. 이러한 선택에 직면한 각각의 소수 인종 집단들은 상이한 대응방식을 취하게 된다.

3) 다문화사회의 정책 유형[11)]

다문화사회의 정책 유형은 용광로이론, 모자이크이론, 샐러드그릇이론으로 구분하여 설명하고 있다. 이는 다시 동화주의, 통합주의, 다문화주의와 결합하는 방식으로 이해할 수 있다.

용광로 모형(melting pot model)은 한 사회 내에서 다양한 인종과 민족 집단들이 지닌 생활방식, 문화, 종교, 신념의 차이들이 혼합되면서 하나의 공통된 사회·문화적인 형태를 만든다는 관점이다. 이러한 개념은 여러 가지 금속들을 고온에서 녹였을 때 이전보다 강하고 많은 장점을 가진 새로운 혼합물로 만드는 용광로에 비유하여 생겨났다. 용광로 모형은 한편으로 이질적인 요소들로 형성된 사회가 보다 동질적인 요소를 가진 사회로 변화하면서 다른 한편으로는 각기 다른 요소들이 함께 자연스럽게 섞여 공통된 문화를 만들어내는 하나의 조화로운 사회의 모습을 말한다. 다양한 인종과 민족, 문화적 배경을 가진 구성원들이 하나의 공통된 문화와 정체성을 이끌어 낸 미국사회를 용광로 모형의 대표적인 사례라고 할 수 있다. 이상적인 용광로 모형은 공통 문화를 이루는 데 있어 각각의 집단 문화가 기여하도록 하지만 현실적으로는 각각의 집단이 같은 지위가 아닌 상황으로 인해 소수집단이 기존의 주류 사회에 흡수되어 동화되는 경향을 나타낸다.

용광로이론은 동화주의의 관점에서 다문화정책을 실시하는 것이다. 한 국가의 주류집단인 다수 민족이나 인종의 문화와 소수 인종 및 민족의 문화를 용광로에 모두 녹여서 새로운 문화를 만들어 사회를 통합하려는 정책이다. 용광로이론은 동화주의의 관점에서 다문화정책을 추진하기 때문에 사실상 소수 인종

11) 서윤호(2012), 이정환(2010)의 내용을 일부 발췌·인용함

과 민족이 자신의 언어, 관습, 종교 등을 포기하고 그 사회의 주류집단의 문화에 동화되도록 강요하여 소수 인종과 민족의 문화와 인권이 침해되고 주류집단과 소수 인종 및 민족 사이에 갈등을 심화시킬 수 있다.

다양한 민족과 인종의 문화가 공존하는 상태에서 한 사회의 전체 문화를 형성하는 모자이크 모형(mosaic model)은 개별 문화들이 구성요소가 되고 이 구성요소가 유기적으로 잘 맞추어져 하나의 통합된 전체 문화를 만들어낸다는 것을 의미한다. 여러 색깔의 조각들을 이어 붙여 만든 다양하고 조화로운 전체를 표현한 모자이크에 비유될 수 있다. 모자이크에서 각각 조각들의 모양과 색이 그대로 유지되는 것처럼 모자이크 모형에서도 각 집단이 지닌 고유한 문화의 모습과 특성이 통합된 전체 문화에서 그대로 유지된다. 이주민들은 새로운 정착지에서도 자신의 출신국과 지속적으로 연결하며 출신국의 문화를 발전시키고 계승하기 위한 다양한 활동을 할 수 있으며, 정착지 사회도 이주민의 활동을 적극적으로 장려한다. 문화의 다양성을 인정하고 수용한다는 측면에서 모자이크 모형은 문화 다원주의, 다문화주의, 샐러드그릇 모형과 유사한 개념으로 사용되고 있다.

모자이크이론은 통합주의의 관점에서 다문화정책을 추진한다. 주류집단의 문화뿐만 아니라 소수민족과 인종이 자신의 문화를 유지하도록 허용하여 다양한 소수집단의 문화가 공존하는 것을 인정하는 정책이다. 모자이크이론에서는 소수 인종과 민족의 문화를 허용하기에 문화의 다양성이 충분히 보장되는 것처럼 보이지만, 다수의 인종과 민족이 누리는 문화를 주류집단의 문화로 인정한 상태에서 부수적으로 소수 인종과 민족의 문화를 허용한다. 결국 소수 인종과 민족의 문화는 주류집단의 문화에서 소외되어 주변문화로 전락하게 되는 문제를 안고 있다.

샐러드그릇 모형(salad bowl model)이란 한 사회 내에서 각각 다른 민족과 인종들이 자신만의 고유한 문화를 간직한 채 모여서 전체의 문화를 만들어내는 모습을 나타낸다. 샐러드그릇 모형은 샐러드그릇 안의 재료들은 각각의 모습과 특성을 그대로 유지한 채 하나의 샐러드 요리를 만들어내는 형태에 비유된다.

이는 이주민들이 용광로 모형과 같이 자신들의 고유한 문화를 포기하고, 주류 문화에 흡수되는 것이 아니고 자신들의 고유문화를 버리지 않고 전체 문화의 통합에 이바지한다는 것을 의미한다. 통합된 하나의 문화는 각각의 민족과 인종의 집단 문화가 나란히 상호공존하면서 연결된 모습을 보여준다. 샐러드에서 각 재료를 확인할 수 있는 것과 같이 통합된 전체 문화에서도 각각의 문화가 지닌 고유성과 독특한 개별성을 그대로 발견할 수 있다. 샐러드그릇 모형은 문화의 다양성을 인정하고 수용한다는 측면에서 문화 다원주의, 다문화주의, 모자이크 모형 등과 유사한 개념이다.

샐러드그릇이론은 다문화주의에 기반을 두고 다문화정책을 추진한다. 이는 다문화주의에 따라서 주류집단의 문화와 소수집단의 문화를 동등한 가치를 가진 것으로 인정함으로써 그 문화적 다양성과 정체성을 인정하고 보존하는 정책을 의미한다. 샐러드그릇이론은 여러 민족, 인종, 집단의 문화를 녹여서 새로운 문화를 만드는 것도 아니며, 단순히 여러 인종, 민족, 집단의 문화를 나열해 놓은 것도 아니다. 여러 민족, 인종, 집단의 문화를 결합하지만 각 집단의 정체성과 고유성을 유지하면서 전체 사회의 통합을 유지하는 정책을 지향한다. 이에 다문화정책은 문화의 다양성을 중요한 가치로 인정하고, 여러 인종, 민족, 집단의 문화적 다양성이 동등하게 공존할 수 있도록 소수 인종과 민족을 적극적으로 지원하는 것에 초점을 맞춘다.

Chapter 02

다문화사회에 대한 이해

1. 세계화와 국제이주에 따른 다문화사회의 형성

1) 이주의 증가[1)]

이주의 역사는 인류의 역사와 함께 해왔다고 해도 과언이 아니다. 인류는 보다 나은 삶을 위해 더 많은 기회를 찾기 위해서 이주를 했다. 다양한 요인에 의해서 이주현상이 복합적으로 발생하지만 대부분은 임금, 가족 결합, 주거환경 등 삶의 질적 향상을 위한 목표로 이주자 본인이 자발적으로 선택을 한다. 그러나 이주자의 의지와 상관없이 이주를 강요당하는 경우도 있다. 이주는 국경을 넘었거나 혹은 특정 국가 안에서 집단이나 사람이 이동하는 것을 뜻하며, 개인이나 집단이 단기 체류나 영구적으로 정착하기 위해 주권국가의 영토 내에서 다른 지역으로 이동(국내이주)하거나, 국경을 넘어서 다른 국가로 이동(국제이주)하는 모든 행위를 말한다. 그 기간 및 구성과 원인에 상관없이 어떤 형태의 인구이동이든 포괄하는 개념으로서 경제적 이주자, 가족재결합, 난민, 이재민 등의 목적을 위해서 이동하는 사람들을 포함한다(IOM, 2010).

이주의 원인은 크게 경제적인 요인, 인구학적인 요인, 환경적인 요인, 국가 행정적인 요인, 분쟁, 다국가적인 네트워크로 나눌 수 있다.[2)] 첫째, 경제적인 요인으로 국가별로 삶의 질과 임금의 격차가 이주자들을 정착국으로 끌어들이는 자석과 같은 역할을 한다. 둘째, 인구학적인 요인으로 선진국의 저출산과 고령화 현상에 따른 노동력 부족과 개발도상국의 노동력 과밀이 맞물려 인구의 이동이 일어난다. 셋째, 환경적인 요인으로 산업재해, 지진이나 가뭄 및 홍수 등으로 인하여 이주가 발생한다. 환경적인 요소로 인해 발생하는 이주는 주로 국내 이주가 많지만 최근에는 기상이변으로 인한 국제 환경난민도 발생하고 있다. 넷째, 국가 행정적인 요인으로 부패하고 빈약한 정부, 교육과 건강 관련

1) IOM(http://iom.or.kr/)의 내용을 일부 발췌·인용함

2) IOM(http://iom.or.kr/)

시스템이 부재한 사회에서는 국제이주가 촉진된다. 다섯째, 분쟁 요인으로 개인의 자유를 제한하는 분쟁이나 내전, 인종·종교 등에 따른 차별로 인하여 자유를 되찾고자 하는 욕구에 따른 이주가 일어난다. 여섯째, 다국가적인 네트워크 요인으로 해외에 살고 있는 가족과 친지들의 이주를 용이하게 하는 데 촉매 역할을 하여 이주를 촉진한다.

IOM[3]에서는 이주의 성격도 이주의 주체, 지속기간, 범위, 크기, 권리 보호 정도, 계획 여부에 따라 **그림 2-1**과 같이 구분된다.

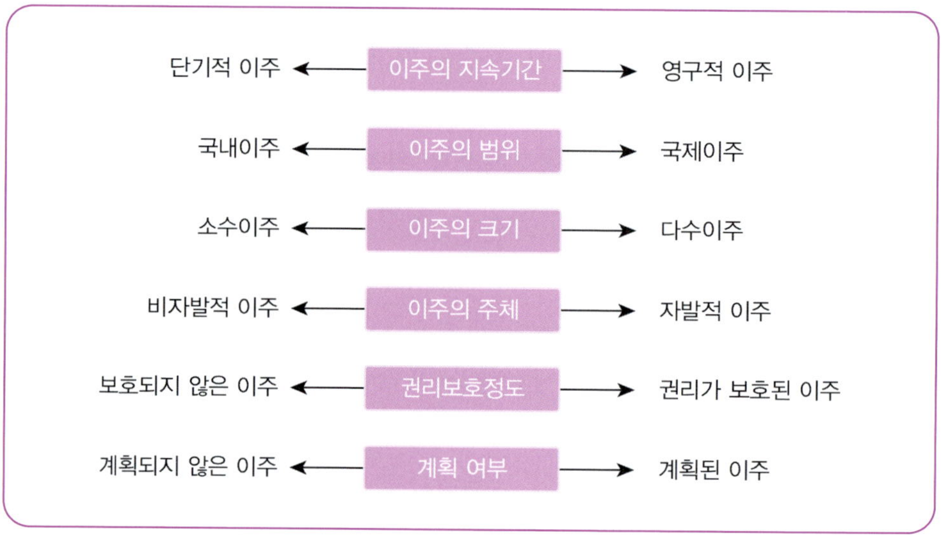

그림 2-1 이주의 성격별 구분

출처: IOM 홈페이지, http://iom.or.kr/

3) 1951년 설립된 유엔 국제이주기구(International Organization for Migration: IOM)는 이주 분야에 있어 선도적인 정부 간 기구이다. 회원국 정부와 이주민 모두에게 다양한 서비스와 정책 제안을 제공함으로써 인도적이고 질서 있는 이주를 증진해왔으며 이주관리에 관한 국제협력을 장려하고, 이주문제에 대한 실무적인 해결책을 추구하며, 외국인근로자들은 물론 이재민, 난민, 휴먼 트래피킹(인신 매매) 피해자 등 어려움을 겪는 모든 이주자에게 도움을 제공하고 있다.

2) 이주의 특징[4)]

현재 세계가 주목하고 있는 이주의 최신 경향을 정리하면 다음과 같다(Miller & Castles, 2013). 첫째, 이주의 전 지구화이다. 많은 국가들이 이주 흐름에 의해 결정적 영향을 받고 있다. 더 나아가 이민 유입국들은 사회적·경제적·문화적 배경이 다른 국가에서 온 다양한 이주자를 받아들이는 경향이 있다. 둘째, 이주의 가속화이다. 현재 거의 모든 주요 지역에서 국제이주의 규모가 커지고 있다. 이러한 이주의 양적인 팽창은 정부 정책의 시급성과 어려움을 초래하고 심화시켰다. 정부의 정책은 국제이주를 감소시키거나 막을 수 있으며 이주자를 송환시킬 수도 있다. 셋째, 이주의 차별화이다. 대부분 국가들은 노동이주, 영주이주, 난민이주 등과 같은 이주 유형 중 어느 하나에 치우치지 않고 여러 유형이 동시에 존재한다. 이주의 차별화는 국내 및 국제 정책을 수립하는 데 있어 주요 장애물로 작용하고 있다. 넷째, 이주의 여성화이다. 과거 대부분의 노동이주와 난민이동은 남성이 주도했고, 여성은 단지 가족 재결합의 범주에서 다루어졌을 뿐이다. 하지만 1960년대 이후 여성은 노동이주에서 중요한 역할을 해왔고 다양한 이주의 유형에 여성이 다수를 차지하고 있다. 인신매매의 일부 연결망과 일부 난민이동에서도 여성이 다수를 차지한다. 다섯째, 이주의 정치화이다. 전 세계 많은 국가들의 지역관계, 국내정치, 양국관계, 안보정책이 국제이주의 영향을 점점 더 많이 받고 있다. 이주 정책 문제를 해결하기 위해서는 전 지구적 거버넌스는 물론이고, 유입국과 경유국, 송출국의 협력이 필요하다는 것에 인식을 같이 하고 있다. 여섯째, 이주변천의 확산이다. 이는 전통적 이민 송출국이 경유국이나 이민 유입국으로 전환될 때 발생하는 현상이다. 이민의 증가는 이민자의 수적 증가는 물론이고 이민자 유입국가의 확대로도 이어져 왔다. 미국, 캐나다, 호주, 뉴질랜드 등 과거 전통적인 이민국가들뿐만 아니라 서유럽 및 남유럽의 국가들도 역시 오늘날에는 선발적 이민유입국으로 분류되고 있다. 또한 한국, 일본, 대만 등의 동아시아 국가들을 비롯하여 태국, 싱

4) 허준영(2017), 신지원(2011)의 내용 중 일부 발췌·인용함

가포르, 말레이시아 등의 몇몇 주요 동남아시아 국가들까지도 이민 유입국으로 부상하였다(이규용 외, 2015). 이들 아시아 국가들은 종전에는 이민자 송출국으로서의 경향을 보여 왔으나, 최근에 증가한 아시아 내에서의 인구이동으로 점차 이민자 유입국으로서의 지위를 확보해가고 있다(송유진, 2008). 특히 최근에 고소득 국가로 유입된 이민자의 다수는 중간소득 국가에서 이주한 것이며, 상당수의 아시아 출신 이민자가 다른 아시아 국가로 이주하고 있다. 전체 이민자의 과반수가 고소득 국가로 이주한다는 측면에서 이들 아시아 출신 이민자들 역시 아시아 내의 고소득 국가로 옮겨가는 경향성이 높다는 것을 알 수 있다. 그 결과 이민자 유입의 확대 현상은 어느 한 국가에 한정되지 않고 전 세계적·보편적인 인구변동의 특징으로 자리 잡았으며, 국제인구이동은 종전에 비이주국가로 분류되던 국가들에서까지도 활발하게 전개되고 있다(설동훈, 2013; 이규용 외, 2015).

다문화사회는 제3세계 출신의 새로운 이민자가 급증함에 따라 인구학적인 변화와 사회, 경제, 정치적인 변화에 관한 다수집단의 차별, 편견, 소수집단과의 갈등 및 분쟁 문제를 해결하기 위해 다문화주의라는 이론, 이념, 정책을 만들어 나갔다. 결국 한 국가 내부에서 소수와 다수의 문화적 갈등을 해결하고 서로의 공존과 인정을 위한 방향으로 사회 정책을 수립하는 과정에서 다문화주의가 요구되었다. 최근 이민, 노동력의 국제이동, 국제결혼, 유학, 난민, 망명 등의 다양한 인적 교류에 의해 발생하는 문화갈등을 극복하고 세계화를 촉진시키는 이론으로 다문화주의가 주목받고 있다. 또한 인구이동의 활성화 흐름에 발맞추어 세계 각국은 다양한 국제인권협약을 체결해왔다. 한국 역시 국제사회에서의 높아진 위상에 맞게 핵심인권협약에 가입하는 등 인권 측면의 약자를 보호하기 위한 법적·제도적 틀을 마련하고 실행하는 것이 중요한 과제 중 하나로 등장하고 있다.

3) 다문화사회의 형성[5)]

오늘날 교통·통신의 발달과 세계의 단일경제화, 세계화 및 정보화를 통한 글로벌 국제환경이 급격하게 변화하고 사회문화적인 교류가 증대되었다. 이로 인해 다양한 문화의 결합과 인구 증가 및 사회구조의 변화에 따른 경제적인 측면의 인구 이동 등과 같은 큰 변화가 일어났다. 세계화로 인해 국가 간 장벽이 낮아지면서 서비스와 상품의 교류가 증가해왔을 뿐 아니라 인간의 이주 역시 가속화되고 있다(박채복, 2007). 세계는 국가 간의 인적·물적 교류를 증대시키면서 다양한 다문화사회를 경험하게 되었다. 서구사회의 저출산과 고령화 현상은 노동력 부족을 초래하고, 새로운 이주노동력의 필요성은 제3세계로부터 다수의 이민 수용정책을 펼치게 하였다. 이에 불법체류 외국인근로자, 난민의 대거 유입이라는 문제도 발생하였다. 1900년대 인권운동의 영향으로 소수 인종·민족 집단과 내국인 간의 권리의식이 증진되었고, 냉전이 끝난 이후 지정학적으로 안정이 확대되고 국가나 민족 간의 교류 및 소수 집단에 대한 통제와 억압이 불필요해지면서 다양한 문화가 교류하고 공존할 수 있는 토대가 마련되었고, 자유민주주의의 확산과 경제적인 관점에서 상호 인적 교류의 필요성이 확대되면서 다문화사회가 등장하였다.

세계는 교통과 통신수단의 발달로 인해 사람·재화·자본 등이 국경을 넘어서 역동적으로 이동하고 있다. 이러한 현상은 지구공동체를 하나의 거대한 문화권으로 만들어냈다. 경제 분야도 신자유주의 체제에 따라 국가단위의 분업이 일어났으며, 초국적 기업과 정부 차원의 대규모 무역 거래가 이루어지고 있다. 이러한 배경으로 인해 자본가 엘리트 계층과 일자리를 찾는 노동자 계층의 국제적 이주가 증가하게 되었다. 지구공동체에는 세계화 흐름의 당연한 결과로 다문화사회가 확산되기 시작하였다. 다문화사회는 전문가의 연구나 학자 또는 이론적인 주장으로 나타난 현상이 아니라 인간이 국경을 넘어 이동하는 현실에 합리적인 대응을 위해 확산되었다. 인간의 이동은 과거에도 늘 있어왔지만,

5) 허준영(2017), 신지원(2011), 김수진(2019)의 내용 중 일부 발췌·인용함

현대 기술력의 발달이 이동의 속도와 정도를 가속화하고 다문화사회를 확대시켰다(김수진, 2018). 다문화사회의 형성과정은 자유주의 사상과 매우 밀접한 관련이 있다. 자유주의는 다문화주의 수용의 사상적인 기반이라고 할 수 있다. 자유주의는 자유를 인간의 천부적인 권리로서 천명하고 사회구성원 모두에게 절대적으로 보장되는 사상이다. 모든 정치사상의 기초이며 휴머니즘의 정점으로 인식되는 자유주의사상은 근본적으로 다원주의의 성향을 지니고 있으며, 이는 다문화주의와 밀접하게 연관되어 있다(김선규, 2015). 자유주의사상의 관점으로부터 인간은 누구나 자유롭게 이동할 수 있다는 권리가 도출되었고, 경제 활동, 종교 활동, 때로는 생존을 위하여 인류가 이동을 하면서 세계의 문명은 발전해왔다. 오늘날 이주민들의 국제 이동도 이러한 세계 인류사의 한 과정이며, 오랜 과거부터 지속적으로 이루어져 왔던 현상이다(김수진, 2018).

다문화사회의 발생을 구체적으로 살펴보면 크게 세 가지 유형으로 구분할 수 있다. 첫째, 이주노동으로 인한 다인종 사회로의 진입이다. 대표적으로 독일은 부족한 노동력을 확보하기 위해 1960년대 스페인, 포르투갈 등의 출신 노동자들을 방문노동자 형식으로 초청하면서 다인종 사회로 진입하였다. 둘째, 이민에 의한 다인종 사회로의 진입이다. 미국, 캐나다, 호주는 부족한 노동력을 보완하기 위해 전 세계로부터 영구적 이민의 확대 정책을 폈고, 그 결과 다인종 사회로 변화하였다. 셋째, 구식민지와 포스트 식민주의 상황에 의한 다인종 사회로의 진입이다. 영국, 프랑스 등이 대표적인 예로, 많은 유럽의 국가는 구식민지 국가 출신들이 이들 국가로 유입되면서 다인종 사회로 변화되었다(지종화 외, 2009; 홍기원 외, 2006).

오늘날 국제교류의 증가 및 국가 간의 빈부격차와 임금격차가 커지면서 국가 간 양극화 현상이 생겨나고 있다. 이는 많은 사람들이 좋은 직업과 좀 더 나은 삶을 찾아서 부유한 국가로 이동하게 만들고 있다. 이주자 유입 국가는 노동인력이 필요로 하고 이주자는 취업 등을 원하기 때문에 결국 외국인 인력이 필요한 국가의 수요와 맞아떨어진 것이다(김판준, 2013).

많은 국가가 다인종·다문화사회로 변화하는 현실이 일반적인 점을 고려할 때 이제는 지구촌의 시대라고 말할 수 있다. 과거에는 가족이나 집단이 전쟁이나 내전을 피해 인접 국가로 대거 이동하는 경우가 많았지만 지금은 직업, 삶의 질 향상, 개성적 차원의 이유로 이동하는 경우가 많다. 이들은 자신의 전문성을 활용하여 직업을 선택하고 변경하면서 희망하는 국가로 이동한다. 이들의 기술과 노하우를 비롯한 문화가치가 유입국으로 이전되어 다문화 환경을 조성하는 동시에 유능한 해외 인재의 영입으로 국가 혹은 기업의 경쟁력을 제고시킨다. 따라서 다문화사회는 국가발전과 공동체의 번영을 촉진하고 다양성을 제공한다고 볼 수 있다(김판준, 2013). 한국사회 역시 다문화사회로 진입하고 있고, 체류외국인 증가에 따른 정치·경제·사회적 변동에 대한 논의가 폭넓게 제기되고 있다.

2. 다문화사회의 이해

1) 다문화사회의 개념[6)]

다문화사회는 사전적 의미로 다양한 또는 다수의 문화가 함께 공존하는 사회를 의미한다. 현대사회에서 하나의 문화만이 존재하는 것은 불가능하다. 문화를 언어, 종교, 사상, 의상, 법, 의례나 도덕 등의 규범 및 가치관 등과 같은 것들을 포괄하는 인간 사회 전반의 모든 생활양식(Jary, D. & Jary, J., 1991)으로 정의한다면 현대 사회에서 모든 구성원들이 단일한 삶의 방식을 공유한다는 것은 어려운 일이다. 다문화사회의 의미는 문화의 수(數)에 의미를 두는 것이 아니라 한 사회 내에서 다양한 문화의 공존형식에 관해 다루어야 하며 이해되어야 한다(이용재, 2010). 다문화란 여러 유형의 익숙하지 않은 문화와 주변문화를 제도권 안으로 수용하면서 형성된 문화를 의미하며, 다문화사회의 형성은 다문

6) 이용재(2010), 이근매 외(2014), 김수진(2019), 김태원(2012)의 내용을 일부 발췌·인용함

화주의라는 철학적 배경에 의한 것이며, 그 철학적 배경은 현대사회의 경제적·정치적 변화에 의해 형성되게 되었다(Storey, 1996).

다문화사회란 일반적으로 동일한 문화와 혈통을 추구하는 단일문화에 다른 문화들이 유입되어 다양한 문화가 공존하는 상태를 말한다. 국제적으로 인적·물적 교류가 활발해지고 다양한 문화와 민족 및 인종과 접촉 빈도가 증가하면서 다문화사회로 진입하게 된다. 다문화사회의 구성원은 외국인근로자, 결혼이민자 등 체류외국인과 국제이주자를 포함하며 더욱 다양해지고 있다(전해영, 2010). 다문화사회는 국민으로서 누릴 수 있는 사회, 정치, 경제, 문화적 권리를 보장받고 행사하는 데 있어 인종·민족·종교에 따른 차별이 허용되지 않는 사회이다(임동진, 2011; 김혜순, 2007). 다문화사회의 개념을 더욱 확장시켜 정의하면 협의의 다문화사회는 여성결혼이민자의 증가에 따라 변화하는 한국사회의 문화 지형을 의미하고, 중의의 다문화사회는 외부에서 국내로 유입된 소수 이주민들의 정체성과 문화적 다양성을 한국사회가 정식으로 존중하고 인정하는 것을 의미하며, 광의의 다문화사회는 다문화의 본질을 한 국가사회에 공존하는 다양한 소수자의 문화 세력의 표출을 그 사회 자체의 문화적 특성으로 이해하는 것이다(임동진, 2011; 전영평, 2008).

다문화사회는 문화의 다양성이 전제된 사회로서 특정한 문화가 지배문화가 되어 다른 문화들을 열등하다고 인식하는 것이 아니라, 이질적 문화 그 자체를 하나의 문화로 인정하고 서로 다른 문화들이 상호 의존하면서 조화롭게 공존하는 사회로 정의된다(임동진, 2011; 정상기, 2009). 또한 시민으로서 누릴 수 있는 사회적·문화적·정치적·경제적 권리를 각자가 향유하며, 인간으로서 문화, 언어, 인종, 종교 등에 의해 차별받지 않으며 평등하게 살 수 있는 통합된 공동체 사회를 의미한다(김학태, 2015). 따라서 다문화사회는 다민족으로 구성된 사회 또는 다른 지역에서 이주한 인종에 의해서 이루어진 다인종사회라고 설명하며, 대부분의 국가나 집단들이 이러한 범주에 포함되기에 우리 대다수가 다문화사회에 살고 있다고 본다(김수진, 2018; 김태환, 2015; Kymlicka, 1995).

다문화사회는 문화적 배경이 다양한 사람들이 함께 집단을 이루고 그 사회를 구성하고 있다. 문화적인 차이는 크게 볼 때 인종적·민족적 차이에 의해 나타나지만 미시적으로 같은 인종이나 민족이라도 성별, 지역 그리고 성장 배경 등에서도 차이가 있을 수 있다. 따라서 다문화사회는 여러 하위문화 집단으로 나눌 수 있으며, 이들의 이질적 문화가 각 사회의 중요한 특징을 만들고 있는 사회이다(김홍운, 김두정, 2007). 이러한 사회는 각각의 하위문화 집단마다 자기 문화 중심의 사고방식이 존재하고 있고, 이는 서로 다른 문화와의 의사소통에 있어 장애물로 작용하여 갈등의 원인이 되기도 한다(조기제, 2002).

인구 통계학적으로 한 나라의 총인구 가운데 체류 외국인이 차지하는 비중이 5% 이상일 때 다문화사회라고 본다. 다문화사회는 국민 또는 시민으로서 누릴 수 있는 사회·문화·경제·정치적 권리를 보장받고 향유하는 데 있어 개인의 인종과 민족으로 인해 차별을 받지 않는 사회라고 할 수 있다. 이러한 개념 규정 아래에서 이주 배경을 가진 사람들은 인종, 민족, 국적에 상관없이 인권을 보호받고 문화적 향유권을 누리고, 사회의 전 영역에서 최대한 차별적인 요소를 배제할 수 있기 때문이다. 따라서 다문화사회를 민족·인종·국적 등이 다른 사람들이 서로의 문화 차이를 인정하고 대등한 관계를 구축하면서 사회의 구성원으로서 더불어 살아가는 사회로 본다.

현대는 다문화의 시대로 규정할 수 있고 문화다양성이 다문화의 가치이며, 동시에 개별문화의 정체성에 관한 요구가 강해져 획일적으로 변화하는 것이 아니며 각 문화의 고유성을 바탕으로 한 세계문화의 다양성을 추구하며 발전하는 것이라고 본다(우현정, 1998). 비슷한 관점으로 다문화주의에 관해 다양한 민족 집단의 정체성이 어떠한 모습으로 유지되는가에 대해 동화(assimilation), 분쟁(conflict), 다원화(pluralism)의 개념을 적용하는 것이라고 보았다. 20세기 후반 서구철학인 포스트모더니즘의 핵심적인 사상으로 나타난 다원주의는 1960년대 프랑스 철학자들을 중심으로 논의되었다. 이에 다문화사회의 이론적 바탕은 포스트모더니즘에 있고, 결국 다문화사회란 다양한 가치관의 공존을 의미한다. 다문화사회를 사회갈등 중심으로 바라보는 시각에서, 다문화사회는 한 사회에서 다른 사회로의 이주의 결과이며 인종·국적·종교 등에 의해 발생되는 사회적 갈등에 주목하고 있는 반면, 철학적인 시각에서는 포스트모더니즘에 기초한 다원주의를 기반으로 하는 다양한 가치관의 공존을 의미한다. 따라서 기존 선주민과 이주민과의 문화적 갈등에 의해 발생하고 있는 사회갈등보다 다양한 가치관의 대립으로 발생할 수 있는 사회갈등에 더 주목한다(김욱동, 1998). 따라서 다문화사회는 주류 사회와 이민자 사회들, 또는 다양한 문화 공동체가 서로의 문화와 가치를 존중하면서 평화롭게 사는 사회가 아닌 서로의 문화적, 경제적 외연과 영향력을 확대하기 위해서 갈등하고 경쟁하는 사회로 규정하였다(이용일, 2007).

다문화사회에서 발생하는 사회갈등의 양상에 따라서 다문화사회의 형태를 두 가지로 분류할 수 있다(김남국, 2005). 첫째, 프랑스, 영국, 독일과 같이 비교적 동질적 문화를 가졌던 국민국가들이 노동과 자본의 세계화에 따라 외국인근로자와 타문화, 새로운 종교를 수용하고 더불어 다문화사회의 도전에 직면하고 있는 형태이다. 둘째, 미국과 캐나다와 같이 건국 초기시기부터 다양한 문화와 인종으로 구성된 이민자의 나라 형태이다. 상대적으로 이 국가들은 다문화사회의 도전에는 익숙하지만 여전히 사회통합의 문제는 심각한 문제로 남아있다. 이와 같이 다문화사회는 다각적으로 규정하는 것이 가능하다. 하지만 문화 간 갈등 혹은 공존이라는 상반된 시각이 존재하더라도 다문화사회는 문화 중심의 시각을 가지고 있다. 따라서 인간 행동이 사회적인 맥락 위에 위치한다는 점에서 문화적인 행위라고 한다면, 다문화사회는 자기와 타자의 관계가 성립되는 좁은 곳에서부터 존재하는 것이며, 결국은 인간이 서로 만나는 모든 것이 다문화적이라고 할 수 있다. 다문화사회란 특정한 경제적 및 정치적 상황에서 다양한 민족과 인종이 혼합되는 단순한 사회의 한 형태를 뜻하는 것이 아니라 이질적 문화와 민족의 공존으로 인해 발생한 고통과 갈등의 과정을 거치며 서로의 타자성을 인정하고, 그 안에서 자신이 확장되는 경험을 통한 역동적인 변화가 발생하고 변화와 통합, 수용과 조화가 이루어지는 사회를 말하는 것이어야 한다.

2) 다문화사회로의 변화에 대한 평가

다문화사회로의 변화는 이민 증가로 인한 노동력 공급 확대로 국내 인력난 해소를 통한 경제 성장에 도움이 되고, 새로운 일자리 창출과 내수 시장의 성장이 이루어진다. 또한 다양한 문화의 유입으로 사회 개방성 확대와 문화다양성의 확보가 가능하다는 측면에서 긍정적이다.

하지만 저소득 비숙련 노동자의 유입은 기존 국내 노동자와의 일자리 경쟁으로 인한 갈등을 야기하고, 이주민들로 인한 실업률과 범죄율의 증가 등과 같은 사회문화적인 갈등과 불안 요소를 증가하게 한다. 이들의 적응과 정착 과정에서 사회비용의 증가가 예상되고 사회통합 비용이 증가하게 된다는 측면에서는 부정적으로 본다.

3. 다문화사회의 특징[7)]

1) 다양성과 특수성

근대사회에서는 대부분 국가와 민족은 사회구성원들이 특정한 영토 안에서 동일한 언어와 문화를 바탕으로 동질적인 삶을 추구하는 경향이 강하였다. 국가의 구성원들은 국민으로서의 정체성을 지니고 문화나 경제 측면에서 효과적인 정치구조를 구축하기 위해서는 국가와 민족의 일치가 바람직하다는 가치관을 갖게 되었다. 하지만 다문화사회는 기존의 동질성과 단일성에 변수로 등장하게 되었고 이민자의 유입과 함께 토착민의 분화 등으로 다양성과 특수성이 발생하였다.

7) 구정화 외(2010), 강희원(2006)의 내용 중 일부 발췌·인용함

2) 다문화사회의 욕구 충돌과 집단 간 갈등

다양한 언어, 민족, 인종, 종교, 계층을 가진 집단들이 공존하는 다문화사회에서는 집단 간의 욕구 충돌로 인해 갈등이 발생한다. 특히 이주민의 유입으로 다문화 현상이 표출되는 사회에서 기존 집단과 새로운 유입 집단 사이에서 갈등 양상이 나타날 수 있다. 다문화사회에서 생길 수 있는 욕구 충돌의 4가지 유형(김남국, 2005)은 첫째, 사회적인 주류인 기존 시민들의 입장에서는 새로운 이주자들에 의해 발생하는 노동시장의 경쟁 심화, 일상생활에서 겪는 충격이나 전통문화에 미치는 영향을 우려한다. 그리고 이주자들이 선택한 새로운 사회의 규칙, 생활양식, 관습 등을 존중하고 적응해 나갈 것을 기대하는 보존의 욕구를 지니고 있다. 동시에 이주자들이 잘 정착하기를 바라고 도우려는 인간적인 노력과 정서·심리적 유대감을 통해 이민자들이 주류 사회에 잘 녹아들기를 바라는 동화욕구를 지니고 있다. 둘째, 이주자들도 두 가지 욕구를 가지고 있는데, 우선 이주자들은 주류 사회로부터 자신들의 문화나 인종에 상관없이 주류 사회의 시민들과 같은 자격을 갖는 보편적 개인으로서 자신들만의 능력으로 평가받기 원한다. 따라서 새로운 사회 내의 주류집단에 참여하고 성취하기를 바라는 동화욕구를 갖고 있다. 반면에 이들은 새로운 사회 내에서도 소수집단의 한 구성원으로서 자신들의 문화 정체성을 인정받고, 자신들의 문화와 전통을 유지하려는 보존욕구를 가지고 있다. 이러한 욕구들은 표 2-1과 같이 요약할 수 있다.

표 2-1 다문화사회의 욕구충돌 4가지 유형

	주류 사회 시민	새로운 이주자
동화 욕구	이주자들에게 정서·심리적 유대감과 주류 사회에 빠르게 적응 및 동화하도록 정착을 도우려는 인간적 동정과 노력을 보임	주류 사회 시민으로부터 자신들의 인종과 문화에 상관없이 한 개인으로서 인정받기를 원하며, 주류집단에 참여하며 성취하기를 원함
보존 욕구	이주자들이 선택한 새로운 주류 사회의 생활양식, 관습, 규칙을 존중하고 적응해 나갈 것을 기대	소수집단의 일원으로서 자신들의 문화와 정체성을 인정받기를 원하며, 자신들만의 문화와 전통을 유지하고자 함

출처: 강휘원, 2006.

3) 유입 집단에 대한 고정관념

다문화사회에서 기존 집단은 새로운 유입 집단에 대해 고정관념을 가지고 있다. 이런 고정관념은 유입 집단에 대한 왜곡된 인식을 바탕으로 '문제화', '신비화'를 통해 실제와는 다르게 이해하고 타자화하려는 모습이 보인다. 다문화사회에서의 고정관념은 새로운 유입 집단의 이주자 개인 또는 전체에 대한 문화 및 인종 갈등의 원인을 제공하기도 하며 제도적·의식적 차별로 이어질 가능성이 크다.

4. 한국의 다문화사회 변화요인[8)]

한국의 다문화사회 변화는 거시적인 관점에서 볼 때 여러 요인이 있다. 첫째는 국제적인 요인, 둘째는 국내적인 요인으로 살펴볼 수 있다. 먼저 국제적인 요인은 21세기의 특징과 관련된 인구이동이다. 과거 산업화시대에는 농촌에서 도시로의 인구이동이었다면, 현재는 한 국가에서 다른 국가로의 이동으로 국경을 넘나드는 양상을 보인다. 이는 20세기 말 동구공산권의 몰락으로 인해 나타난 신자유주의적 경제 질서의 영향이기도 하다. 또한 자본의 이동에 따라 경제부국으로 노동력이 이동하는 현상과 연관이 있다. 주로 경제적으로 취약한 국가 출신의 여성들이 이주 현상의 심화로 인해 생긴 현상을 '이주의 여성화(feminization of migration)'라고 하기도 한다. 또 하나는 세계화(globalization)의 추세이다. 과학기술의 놀라운 발전이 가져온 교통·통신의 발달 등과 깊은 관련이 있다. 세계는 점차 일일생활권으로 좁아졌으며 미지의 장소들에 관한 정보도 쉽게 얻을 수 있는 정보홍수의 시대가 되었다. 이는 세계가 하나의 공동체로서 새롭게 구성되는 현상과 밀접한 관계가 있다. 국제 사회는 현대로 넘어오면서

8) 정미경(2010)의 내용을 일부 발췌·인용함

세계 공동체가 되어 공간(지역)에 기초한 국가의 의미가 점차 축소되는 반면, 정보와 미디어를 중심으로 하는 관계가 전면에 부상되면서 세계 전체가 하나의 공동체로 나아가고 있다(김왕근, 1999). 이렇듯 국가는 폐쇄된 단위에서 개방된 단위로 변화하며 국가와 국가 간 상호 경쟁과 상호 협력의 방안을 동시에 모색하고자 한다. 이러한 현상들이 세계 인구의 이동을 더욱 촉진시켰다.

이러한 거대한 세계 흐름과 관련하여 생기는 다문화사회로의 변화들 가운데 국내적인 요인은 첫째, 한국의 급속한 경제 성장이다. 특히 동남아시아 노동자들의 '코리안 드림(Korean dream)'으로 외국인근로자가 증가하게 된 계기가 되었다. 이는 한국의 노동자들이 3D(Dirty, Difficult, Dangerous) 업종을 기피하는 현상과 관련이 있는데, 국내 노동자들의 교육수준 향상과 고임금 문제, 단지 빈곤 해결을 위한 노동이 아닌 삶의 질을 향상하기 위해 노동을 하는 의식의 전환 등과 같은 복합적인 요인을 포함한다. 둘째, 저출산 문제와 고령화사회에 대한 국가적인 위기상황과 연관이 있다. 현재 한국사회는 결혼 적령기 남녀의 독신인구가 점차 증가하고, 출산율의 급격한 감소로 인하여 국가적 위기 상황에 봉착했다. 한국은 출산율이 전 세계적으로 최하위권인 상황에서 정부는 해외동포를 포용하고 이들의 출입국은 물론 방문 취업과 귀화를 받아들이는 등의 정책을 펴고 있다. 셋째, 오랫동안 이어진 남아선호사상으로 인하여 생긴 남·녀 성비의 불균형 문제와 관련이 있다. 특히 결혼 적령기를 놓친 농촌 총각들과 도시의 가난한 청년들이 결혼을 못하는 현상이 지속적으로 증가하게 되었다. 한편 그 이면에는 여성의 높은 교육수준과 사회진출, 경제활동 등으로 인하여 농촌을 기피하고, 독신을 즐기는 사람들이 점차 증가한 사회의 변화도 하나의 원인이 되었다. 국내의 남성들이 결혼할 신부를 얻지 못하는 현상이 사회문제로 대두되어 이를 위한 문제해결의 방안으로 결혼이민자를 받아들이는 정책을 실시하였다. 넷째, 국가의 경쟁력 강화를 위하여 외국인의 활발한 투자환경을 조성하고 우수인재를 유치하기 위한 노력과도 관련이 있다. 전문인력을 위해 가족초청, 가족의 경제활동 범위, 체류기간 등에 우대혜택을 제공하고, 유학생 등의 유치를 확대하기 위한 장학제도, 취업, 정주 인프라 구축 등의 정책적 지원을 강화하고 있다. 다섯째, '86아시안 게임과 '88올림픽의 성공적인 개최 등을 통해서 국가적 위상이 높아지고, 동남아시아 지역의 한류열풍도 주요한 역할을 했다. 한류(韓流)는 한마디로 '동아시아 사회에서 한국 대중문화가 유행하는 현상 또는 그와 유사한 종류'의 넓은 의미를 갖고 있는데, 이로 인해 동아시아 지역의 사람들에게는 한국이 동경의 대상이 되었다.

5. 한국 다문화사회에 대한 담론9)

1) 한국사회 다문화 담론의 특징

한국 다문화사회에 관한 담론은 세 가지 특징을 가지고 있다. 첫째, 서유럽식 다문화주의와 정책을 한국에도 도입하려는 시도가 존재하지만 실제로 한국 다문화사회는 서유럽과 다르게 민족주의적 성격을 갖고 있다는 점이다. 서유럽식 다문화주의는 과거 식민지 지역 출신의 이주민이 증가하면서 이들을 통합시키고자하는 우파의 의도와 과거 제국주의에 대한 반성으로부터 출발한 좌파의 문화 상대주의(cultural relativism)의 영향을 받아 형성되었다. 반면 한국의 다문화사회는 서유럽과는 달리 민족주의적인 특징을 가지고 있다. 한국의 다문화사회 이주민 구성은 재중동포와 결혼이주민, 북한이탈주민이 대다수를 차지한다. 전쟁과 분단을 통해 민족적 디아스포라(diaspora)를 경험한 그들의 2, 3세대인 재중동포와 북한이탈주민이 한국으로 재이주하는 형태라 볼 수 있다.

결혼이주민 역시 가족 결합을 통하여 한국사회와 한민족에 결합하는 형식으로 이주했다는 면에서 민족주의적 성격을 갖는다. 다문화사회의 또 다른 구성원인 외국인근로자는 제도적으로 단기 거주만 허용했기 때문에 정주를 하기 위한 시민권이나 영주권을 취득하기가 사실상 쉽지 않으며 이들이 정주이주민

9) 송샘, 이재묵(2018), 김희석(2017)의 내용을 일부 발췌·인용함

이 되기는 어렵다. 외국인근로자에 대한 수요가 증가하자 정부는 2007년부터 구소련과 중국의 동포를 대상으로 하는 '방문취업제'를 실시하여 외국인근로자정책도 동일민족 출신이 유리하도록 하였다. 이처럼 한국 다문화사회의 특징에 대한 충분한 이해가 없이 서유럽의 정책을 비교하고 도입하려는 시도는 문화적·역사적·제도적 배경 차이를 간과하는 것이므로 민족주의적 성격이 강한 한국 상황에 맞는 새로운 담론이 필요하다.

둘째, 다문화사회 정책과 담론이 결혼이주민과 다문화가정에 집중되어 있다. 결혼이주민과 다문화가정이 늘어나고 결혼이주여성과 국제결혼가정의 자녀에 대한 차별과 편견이 사회문제로 부상하면서 한국사회 안에서 '다문화사회담론'이 본격화되었다. '다문화사회'와 '다문화주의' 담론이 형성되는 시기에 정부는 미래 노동인구 감소의 대응책으로 적극적인 '다문화정책'을 추진하기 시작한다(조지영, 서정민, 2013; Kim, 2011). 정부의 정책적인 다문화 접근은 대부분 결혼이민자와 다문화가정의 자녀를 대상으로 하였다. 이에 다문화정책을 담당하는 공무원 역시 정책 대상자를 결혼이주민과 다문화가정으로 인식하고 있으며 정책예산도 이들에 집중되어 있다(정기선 외, 2012a, 2012b).

그리고 다문화사회의 정책을 대상으로 하는 집단에 북한이탈주민은 포함되어 있지 않다. 한국 다문화사회의 주요 구성원 집단임에도 불구하고 다문화사회의 정책 대상자를 외국인 유형으로만 대상화하였기 때문에 북한이탈주민 집단이 제외된 것이다. 이는 다문화사회의 구성원을 이주민이 아닌 외국인으로 한정하고 있음을 보여준다. 지방자치단체 외국인주민 현황과 같은 조사 결과 또한 외국인근로자, 결혼이민자, 외국국적동포, 유학생, 외국인주민 자녀 등 외국인주민만을 대상으로 분류하고 있다. 다문화정책을 '외국인 주민' 혹은 '외국 출신 주민'으로 한정할 경우 북한이탈주민이 배재될 수 있으므로 최근 북한이탈주민의 특수한 지위를 고려하여 '외국인주민'이 아닌 '이주민' 개념으로 다문화정책 대상에 포함시키고 있다.

셋째, 다문화사회의 통합과 이주민 대상 정책에 관한 논의는 '시민'이 아닌 '한국인'에 초점이 맞추어져 있다. 이주민에 대한 교육과정과 지원도 '시민'이 아닌 '한국인' 양성을 목표로 하여 프로그램을 진행하고 있으며, 한국어교육과 한국사회에 대한 소개에 그치는 수준이며 정치적 재사회화와 시민교육에는 관심이 부족한 현실이다. 이는 한국의 다문화사회가 민족주의적 성격을 지니고 있다는 점도 영향을 미친 것으로 볼 수 있다. 서유럽이나 북미의 다문화사회와 다르게 동일한 민족 출신이 다수를 차지하는 한국 다문화사회는 사회통합과 갈등 양상도 다르게 나타날 수 있다. 서유럽 다문화사회의 갈등 원인이 인종과 종교의 차이와 차별에서 비롯된 것이라면 한국사회에서는 동족 이주민 출신의 기대 배반이 그 원인이 될 수 있다. 재중동포나 북한이탈주민은 한국사회와 한국인에 기대하는 것이 더 크기 때문에 이것이 배반되면 더 큰 실망감과 상실감, 심리적 이반으로 이어질 수 있다. 이러한 심리적 이반은 북한이탈주민(양계민, 이우영, 2016)과 재중동포 이주민을 통해서도 발견되고 있다(정기선 외, 2012).

한국의 다문화사회는 이러한 특성을 고려한 갈등관리와 통합정책이 필요하다. 현재의 정책공급자 위주의 다문화정책, 통합정책의 추진만으로는 사회통합 효과를 기대하기 어렵다. 이주민의 시민되기와 정치참여를 통하여 이들이 시민으로서 권리와 의무를 다할 수 있도록 해야 이주민의 한국사회에 대한 소속감이 증진된다. 더불어 일반 시민의 이주민에 대한 인식의 변화를 통해서 통합과 갈등관리가 가능해질 수 있다.

2) 반다문화주의 담론

한국의 다문화사회 특징은 서구와 달리 단일민족이라는 높은 동질성과 짧은 기간에 걸쳐 다문화사회로 전환되는 역사를 갖고 있고, 다문화공동체의 규모도 아직은 작은 편이다. 이에 다문화사회에 대한 반대 시위나 표출된 큰 갈등은 없는 상태이다. 하지만 일각에서는 다문화사회 자체에 대한 반감과 사회통합 정책의 쏠림현상에 관한 여론이나 비판 활동 등이 거론되고 있다. 반다문화주의 담론에 대한 쟁점은 다음과 같다.

① 민족적 정체성 혼란과 그에 따른 국가 결속력 저하 ② 국적이나 이주 목적에 따라 외국인을 차별적으로 바라보는 한국인의 인종적·민족적 배타성('선량한 이주민' 대 '불량한 이주민') ③ 문화적·종교적 갈등 우려 ④ 기업 이윤 확대를 위한 신자유주의 차원의 노동력 유치 ⑤ 정부의 일방적인 다문화정책 추진 ⑥ 다문화정책의 혼선과 과잉·중복의 문제점 ⑦ 외국인 범죄를 비롯한 치안과 안보에 대한 우려 ⑧ 외국인·이주민에 대한 복지부담 증가와 그에 따른 내국인 역차별 ⑨ 일자리 잠식 ⑩ 외국인근로자의 본국 송금으로 인한 국부 유출 ⑪ 부정확하고 불명확한 '다문화' 용어 남용 ⑫ 서구 다문화주의 무비판적 수용

출처: 심양섭, 2016.

반다문화주의 담론에 대한 쟁점들을 살펴보면 지나치게 미시적 관점에서 사회 현상을 해석하는 것과 오해에서 비롯된 것이거나 우리 사회 다문화정책의 미비점으로 인해 발생한 내용들이다.

3) 다문화사회 정책과 담론이 나아가야 할 방향

다문화정책과 담론이 지향해야 할 방향에 대해서는 시민됨(citizenship) 개념을 활용할 수 있다(Kim & Yang, 2013). 여기서 시민됨이란 법적-제도적 권리에 국한되지 않고 태도적-행위적 차원에까지 시민의식이 확장되는 것을 의미한다(송샘, 이재욱, 2018). 이것을 다문화 및 이주민 담론에 적용시켜 보면 표 2-2와 같이 구분된다.

표 2-2 다문화사회, 다문화주의, 이주민의 시민됨 개념 비교

다문화사회 (Multicultural society)	사회구성원의 인종, 종교, 가치관, 출신 지역과 문화가 다양한 사회
다문화주의 (Multiculturalism)	다문화사회에서 문화 상대주의를 바탕으로 사회구성원이 어느 문화권을 택하든 존중하자는 담론
이주민의 시민됨 (citizenship)	이주민이 그 사회시민으로서 법적 차원의 시민권을 획득하는 것에 그치는 것이 아니라 시민으로서 태도와 행위를 가짐

출처: Kim & Yang, 2013.

한국 다문화사회에 대한 다문화 및 이주민 담론을 통해 다음과 같은 논의가 가능하다(송샘, 이재묵, 2018).

첫째, 한국 다문화사회는 서유럽과 다른 다문화사회의 특징을 가지고 있으므로 '다문화주의(multiculturalism)'가 아닌 '이주민의 시민됨(citizenship)' 개념으로 접근해야 한다. 다문화주의와 '이주민의 시민됨' 개념을 비교해 보면 다문화주의는 정주의사, 거주기간, 시민권 취득 의사를 고려하지 않는다. 문화 상대주의를 기초로 형성된 담론이기 때문에 현 사회의 문화와 가치관을 이들에게 강요하지 않는다. 하지만 역설적으로 이런 태도가 차별과 분리의 바탕이 되기도 한다. 문화 상대주의의 지나친 강조는 이주민들을 계속 타자로 살아가게 한다. 반면에 '시민됨'의 개념은 법적–제도적 차원(legal-institutional dimension)에 한정된 '시민권' 개념을 넘어서 태도적–행위적 차원(attitudinal-behavioral dimension)을 포괄하여 이주민이 시민으로서의 태도를 갖는 것을 목표로 한다(Kim & Yang, 2013). '이주민의 시민됨' 개념으로 접근할 경우 이들은 한국사회에 정주할 목적이 있으며, 장기 거주가 예상되는 집단이기 때문에 사회의 시민으로서 재사회화하는 것이 중요한 사회과제이다. 이주민은 새로운 사회에서 정주하는 것을 목적으로 하기 때문에 이미 영주권 또는 시민권을 취득하였거나 취득의사를 갖고 그 사회의 시민으로서 권리와 의무를 행사하고자 하는 의지가 있다. 이주민은 출신 문화에 머물러 있는 이방인이 아니라 적극적인 시민으로서 정치에 참여하기를 원하고 좀 더 적극적인 태도를 보인다. 이주민 출신이 아닌 일반 시민들도 자신을 타자화하는 이주민보다는 참여적이고 적극적인 이주민을 긍정적으로 바라보기 때문에 '이주민의 시민됨'은 이주민에 관한 인식 개선과 갈등관리, 사회통합에 긍정적인 영향을 미친다.

둘째, '외국인 주민'이 아닌 '이주민' 개념으로 접근해야 한다. 정부에서 작성한 통계자료나 연구보고서를 보면 북한이탈주민은 다문화정책 대상에서 제외되어 있다. 분단 상황이라는 특수성을 고려한다면 북한이탈주민을 '외국인'으로 규정하기 어렵기 때문일 것이다. '외국인'이 아닌 '이주민' 개념으로 다문화정책을 추진해야 북한이탈주민도 다문화정책 대상에 포함될 수 있다. 이는 민족주의적인 성격이 강한 한국 다문화사회 특성에도 적합하다. 재이주한 재외동포는 외국 국적을 가지고 있지만 같은 민족이라는 특성도 갖고 있다. 하지만 정책적 대상으로 '외국인'으로 먼저 분류되고 관리된다면 이로 인해 차별의식과 분리의식을 가질 수 있다. 한국 다문화사회 특징과 분단의 특수성을 고려해서 '외국인 주민'이 아닌 '이주민' 개념으로 접근하고 북한이탈주민과 동족 출신인 재외동포 등 다양한 출신 집단을 포함하여 다문화정책을 추진하고 통합하여 관리하고 있다.

마지막으로 결혼이주민과 다문화가정에 집중되어 있는 담론과 정책을 이주민 집단 전체로 범위를 확대해야 한다. 한국 다문화사회의 담론이 결혼이주민과 다문화가정에서 출발한 배경에서 이들이 담론과 정책의 주요 대상이 되었다. 다문화정책을 집행하는 담당 공무원들도 역시 정책의 대상자를 결혼이주민과 다문화가정으로 한정하여 인식하고 예산이 이들에 집중되어 있다. 하지만 각각의 출신 집단이 정책적으로 지속적으로 배제되고 예산 편성과 집행에서도 소외된다면 이로 인해 이주민그룹 안에서도 차별과 갈등 문제가 발생할 수 있다. 다문화정책과 담론이 시혜정책에 집중되어 있어 반발이 더 커질 수 있고, 결혼이주민과 자녀에 대한 오히려 이주민그룹 안에서 차별과 갈등을 공고화할 수 있으므로 결혼이주민과 자녀 외에 북한이탈주민, 재외동포와 외국인근로자까지 확대하는 정책이 추진 중에 있다.

6. 한국 다문화사회에 대한 이론적 접근[10)]

1) 민족주의의 강조

한국은 역사적으로 민족의 화합과 자긍심을 고취하고자 하는 의도로 단일민족국가와 한 핏줄이라는 순혈주의를 강조하였다. 한국에서는 민족주의를 국가와 국민의 정체성에 입각하여 인식하는 불변적인 요소라고 생각하고 있지만, 서구에서는 민족주의를 근대의 자본주의 발전과정에서 발생한 역사적 산물로 인식하고 있다. 특히 현대 민족주의는 유럽 왕조의 독재주의에 대한 반발에서 시작된 것으로 보며(Leone, 1993), 일련의 역사와 상징이 축적되어 민족이라는 상상의 공동체를 구현했다고 본다(Edensor, 2008). 한국의 민족주의는 가부장적이며 배타적인 성격을 가지고 있는데 법률적인 차원에서 속지주의와 속인주의의 차이와 비슷하다. 속인주의를 강조하는 한국인의 인식구조는 강한 공동체 의식과 동질적 정체성을 강조하는 반면에, 이질적 집단에 대한 거부감과 배제성을 갖고 있다는 것도 사실이다.

표 2-3 속인주의와 속지주의

	속인주의	속지주의
의미	자국영역의 내외를 불문하고 국적을 기준으로 하여 모든 자국민에 대해 법을 적용하는 원칙	자국민과 타국민을 불문하고 자국영역을 기준으로 하여 그 영역 내에 있는 모든 사람에 대하여 법을 적용하는 원칙
국적	- 태어난 장소에 상관없이 부모국적에 따라 결정 - 국적자의 자녀, 배우자 등 인적 관계를 기준으로 국적 허용	- 태어난 장소에 따라 국적이 결정 - 국적자가 아니더라도 자국 내 출생자의 국적 취득 허용
예	- 모든 한국인에 대하여 거주 국가에 관계없이 대한민국의 법을 적용	- 국적에 관계없이 한국에 있는 모든 사람에게 대한민국의 법을 적용

10) 임형백 외(2009), 송샘, 이재묵(2018)의 내용을 일부 발췌·인용함

	속인주의	속지주의
	- 한국에서 태어나고 교육을 받았어도 부모가 한국 국적이 아닌 경우 한국 국적을 취득할 수 없다.	- 프랑스에서 태어나 교육받으면, 인종, 민족, 혈통, 출신에 관계없이 프랑스인이 될 수 있다.
적용 국가	한국, 독일, 일본, 대부분의 서구 국가	프랑스, 미국

출처: 임형백, 2009a.

속인주의에서 나타나는 순혈주의와 단일민족에 관한 한국인들의 인식은 단기간에 다문화를 수용하기 어렵다는 문제점이 내재되어 있다.

2) 다문화사회의 진입 유형

한국은 여러 사회적·역사적 특성으로 인해 이민에 대해 호의적인 국가가 아니었다. 한국은 민족주의와 속인주의의 성격이 강한 편이며 아직도 '단기 노동력의 유입'과 '정주허용금지 원칙'을 고수하고 있다. 이민자들의 유입을 위해서 사회통합을 포함한 다양한 이민문제를 다루는 정책보다는 단지 잠시 머물다 돌아가는 외국인들을 위한 외국인 정책에 비중을 두고 있다. 한국보다 더 빨리 다인종사회로 진입한 국가들의 유형을 분류해 보면 서구 국가들은 다인종사회로 진입하지만 한국의 다문화사회 진입의 유형은 표 2-4에서 나타난 유형에 해당되지 않는다.

표 2-4 인구의 국제이동의 원인을 기준으로 살펴본 다인종사회로의 진입 유형

유형	예	비고
이주노동(contract worker)에 의해 다인종 사회로 진입	독일 (사회통합적 다문화주의)	- 1960년대 스페인, 그리스, 터키, 포르투갈 출신의 노동자를 방문노동자(Gastarbeiter) 형식으로 초청 - 1973년 방문노동자 정책을 포기했지만, 가족 초청 등의 형식에 의해 독일에 거주하는 소수 인종집단은 지속적으로 증가하여 4백여만 명에 이름

유형	예	비고
이민(immigration)에 의해 다인종 사회로 진입	미국 (다원적 다문화주의), 캐나다, 호주	- 부족한 노동력을 메우기 위해 전 세계로부터 다양한 인종의 영구이민을 확대 - 캐나다는 영국문화에의 동화를 강요하다, 프랑스계의 퀘벡(Quebec) 분리주의 등장 이후 '이중문화주의' 입장 견지 - 호주도 1973년 백호주의(White Australia Policy)의 포기 이후, 비유럽이민자들이 급증하고, 특히 1988년과 1989년에는 전체인구증가의 54.4%를 이민인구가 차지
구식민지와의 포스트 식민주의 상황에 의해 다인종 사회로 진입	영국, 프랑스 (사회통합적 다문화주의)	- 구식민지 국가 출신들이 이주 - 프랑스 이민자의 대부분은 무슬림이며 이민자의 22%가 알제리 출신 - 영국은 개방정책(open door policy)을 펴오다 1962년 이후 이민을 엄격히 제한하지만, 다양한 형태의 이민으로 현재 영국 인구의 7.85%가 인종적 소수집단

출처: 홍기원 외, 2006 참고하여 수정; 임형백 외, 2009. 재인용.

서구사회는 자국에게 이익이 되는 사람들 가운데 일정 정도의 자격을 갖춘 사람을 수용하여 정주를 허용하며, 가족 단위의 대규모 이민이 이루어지지만 한국은 단일민족의 동질성에 새로운 집단이 이주해오면서 다문화사회가 진행되고 있다. '정주허용금지 원칙'에 의해 대규모 이민이 아닌 단기 거주 노동자와 결혼이민자를 통해 다문화사회가 진행된다는 측면에서 서구국가의 다문화사회와 진입과 차이가 있다.

7. 한국 다문화사회에 대한 이해[11)]

1) 단일민족과 순혈주의

한국의 역사를 살펴보면 오랜 기간 단일민족국가, 한 핏줄(순혈주의) 사상이 자리 잡고 있었으며, 이는 민족의 화합과 자긍심을 심어 주려는 의도가 있었다. 하지만 최근 국내에 체류하는 외국인이 급증하고 이주민의 형태도 다양해지고 있다. 이러한 사회현상을 반영한다면 더 이상 한국을 단일민족이라고 개념화하기 어려운 실정이다. 유엔 인종차별철폐위원회(CERD, Committee on the Elimination of Racial Discrimination)는 한국사회가 다민족적인 성격을 인정하고, '단일민족국가'라는 이미지를 극복해야 한다고 지적했다. 인권위에서도 '혼혈인'이라는 표현을 '다문화결혼자녀'로 변경하고, 교과서에서도 한국을 '단일민족으로 구성된 국가'로 표현된 부분을 '다민족·다문화사회로 구성된 국가'로 바꾼 것도 변화된 시대상을 반영한 결과로 볼 수 있다.

단일민족와 순혈주의에 대한 강한 정서를 내포하면서 다문화사회를 맞이하는 한국사회의 특징을 정리하면 다음과 같다(정미경, 2010).

첫째, 한국인은 한 민족 또는 같은 혈통이란 차원에서 강한 연대감을 갖는다. 한국의 민족주의는 서구와 다른 인식구조를 가졌으며, 속인주의와 속지주의의 차이로 설명할 수 있다. 한국은 속인주의를 택하고 있으며, 태어난 장소에 상관없이 부모 국적에 따라 국적이 결정되며 국적자의 자녀, 배우자 등과 같은 인적관계를 기준으로 국적이 허용된다는 점이 강조된다.

둘째, 국제결혼을 할 때 외모의 차이가 확연한 결혼이민자보다 외모나 문화가 비슷한 결혼이민자를 선호하는 특징이 있다. 이는 결혼이민자가 가족 구성원들로부터 '우리'로 받아들여져야 한다는 생각들이 반영되었기 때문이다. 결혼이민자의 출신 국가 비율은 중국 동포와 중국인이 전체에서 절반 이상 차지

11) 정미경(2010), 송샘, 이재묵(2018), 임형백 외(2009)의 내용을 일부 발췌·인용함

하고 있다. 국제결혼을 하기 위해 국가를 고려할 때 한국인과 외모가 유사한 나라들을 선호하는 경향이 강하게 있다는 것을 알 수 있다.

셋째, 한국인과 외국인 사이에서 출생한 '혼혈인'에 대한 태도에 새로운 변화가 일어나고 있다. 현실적으로 순수한 인종은 존재하지 않으며 단지 분석의 개념으로만 존재하는데도 불구하고 한국은 단일민족을 유지하는 방편으로 혼혈인을 배제해 왔다. 이들을 해외입양이나 해외취업을 통해서 한국의 경계 밖으로 보내는 것에 초점을 맞추어 왔음을 부인할 수 없는 사실이다. 그러나 이제 한국은 혼혈인을 배제할 수 없는 상황에 놓여있다. 세계화의 흐름도 거세고 우리 사회에 체류하는 외국인이 증가하고 우리 사회의 필요 요구에 의해 결혼이민자를 받아들이게 된 현실과 밀접한 관계가 있다.

한국사회에서 민족적인 긍지로 여겨온 '단일민족국가', '한 핏줄(순혈주의)'과 같은 개념을 단지 다민족·다문화라는 용어로 대체하는 것으로 단기간에 변화를 기대하기는 어렵다. 따라서 용어의 변경 및 사용뿐만 아니라 우리에게 적합한 다문화사회의 모습을 적극적으로 발굴하는 것이 필요하다. 따라서 국가 내부의 결속을 다지기 위해 주창된 단일민족와 순혈주의에 대한 환상을 버리고 다문화사회에 대한 인식의 전환과 방향설정이 요구된다.

2) 가부장적 가족구조

한국 다문화사회의 특징을 가부장적 가족구조에서도 찾을 수 있다. 이는 '부계부권의 가족중심주의'로도 표현되는데, 다문화 담론이나 정책들이 결혼이주여성을 중심으로 삼고 있음에 주목할 필요가 있다. 전통적인 가부장적 사고에 의하면 부인이나 자식이 모두 가부장의 소속으로 여겨지기에 당연히 한국 사람이라 생각한다. '단일'과 '순혈'은 의미가 흐려지더라도 부계는 강화될 수 있다. 이러한 측면에서 결혼이주여성들은 사실상 한국에 적응하고 통합되도록 요구받는다. 한국인의 정서로 볼 때 이주의 목적에 따라 노동, 유학, 사업, 관광은 '타인'의 일이지만, 한국인과 결혼해서 가정을 꾸리는 것은 '우리'라는 공동체의 일로 받아들이는 것을 통해 가족 중심주의적이라는 것을 알 수 있다.

3) 이민 정책의 부재

한국사회는 사회변화와 요구를 반영한 선제적인 이민정책이 부재하다. 이는 급속하게 증가하는 다문화인구의 유입으로 생기는 사회변화에 뒤따라가면서 정책을 펼치고 있다고 볼 수 있다. 서구 사회에서는 자국의 이익에 우선하여 영구적인 사회구성원으로 받아들이는 정책을 펼치는 반면, 한국은 실정법상 이주자의 정주를 허용하지 않는 원칙을 고수하고 있다. 그러나 국내 체류하는 외국인근로자들과 결혼이민자, 동포의 귀환 등으로 이주민의 수가 증가하고 체류의 유형 또한 다양해지는 양상으로 다문화사회가 진행되는 특징이 있다.

한 사회에서 외국인의 정착을 받아들이는 정책의 유형을 살펴보면 표 2-5와 같다.

표 2-5 한 사회에서 외국인의 정착을 받아들이는 정책의 유형

유형	내용	비고
차별적 포섭/배제 모형	• 국가가 특정 경제 영역에만 외국인(이민)을 받아들이고, 복지 및 여러 정치·문화·사회적 영역에서는 받아들이지 않음으로써 원치 않는 외국인의 정착을 원천적으로 차단한다. • 즉, 이주집단에 따라서 공식적인 권한을 인정하기도 하고 부인하기도 하는 이중적 접근을 취한다. • 대부분의 이주민은 '사회의 일부'가 아닌 '손님'으로 여겨질 뿐 정책의 대상으로 통합되지 않는다. 반면 엄격한 조건을 통과해 공시적인 권한을 부여받은 이민자들은 자국의 제도와 문화에 적응 내지 동화되어 가는 것을 당연한 과정으로 받아들임으로써 문화적 단일성을 유지해나가는 데 초점을 두는 경향이 강하다.	• 한국, 일본, 독일 등 단일 민족을 강조해 온 국가
동화 모형	• 이민자(외국인)가 출신국의 언어·문화·사회적 특성을 완전히 포기하여 주류 사회의 일원이 되는 것을 목표로 한다.	• 프랑스 • 1960년대까지의 미국의 "용광로(Melting Pot) 정

유형	내용	비고
	• 주류 사회가 자국 사회의 일원이 되기를 원하는 이민자에게 문화적 동화를 대가로 "사회의 일원"으로 인정하는 정책이며, 주류 사회의 언어를 습득할 수 있도록 돕고, 이민자의 자녀를 정규학교에 취학하는 것을 지원함으로써 동화가 순조롭게 이루어질 수 있도록 한다.	책"
다문화주의 모형	• 이민자가 그들만의 문화를 지켜가는 것을 인정하고 장려하며, 정책의 목표를 소수민족의 주류 사회로의 동화가 아닌 공존에 둔다. 예) Salad Bowl, Ethnic Mosaic, Rainbow Coalition	• 영·미 계통 국가

출처: 임형백, 2009b; 정미경, 2010 재인용.

우리나라의 현재까지 진행된 이주민에 대한 정책은 정주를 금지하는 기조를 유지하고 있으며, 이에 따른 이주민의 대한 차별적 태도를 지니고 있음을 표 2-6을 통해 알 수 있다.

표 2-6 다문화정책대상에 따른 정책적 차별화

지역	대상	국적	정책	비고
도시지역	외국인 근로자	외국인	외국인 정책	• 일정기간 체류 후 출신국가로 돌아감 • 단, 한국에서 체류하는 기간 동안, 정책(policy means)과 정책집행(policy implementation)면에서 다문화주의 모형과 유사
	결혼 이민자	한국인	다문화정책 (동화 모형)	• 한국의 개별가족의 구성원으로 편입
	귀화인	한국인	다문화정책 (다문화주의 모형)	• 한국사회의 구성원으로 편입 • 서구국가의 이민에 해당되는 영주자격자
농촌지역	외국인 근로자	외국인	외국인 정책	• 일정기간 체류 후 출신국가로 돌아감 • 단, 한국에서 체류하는 기간 동안, 정책(policy means)과 정책집행(policy implementation)면에서 다문화주의 모형과 유사
	결혼 이민자	한국인	다문화정책 (동화 모형)	• 한국의 개별가족의 구성원으로 편입

지역	대상	국적	정책	비고
	귀화인	한국인	다문화정책 (다문화주의 모형)	• 한국사회의 구성원으로 편입 • 서구국가의 이민에 해당되는 영주자격자

출처: 임형백, 2009c, 내용 일부 수정; 정미경, 2010 재인용.

한국은 이민 정책으로 다문화사회를 형성한 것이 아니라 국가적인 필요에 의해 이주민이 자연스럽게 유입됨으로써 진행되었다는 특징을 지닌다. 그러므로 한국사회의 다문화특성에 대한 고려와 동시에 미래 다문화사회의 바람직한 방향성과 변화를 제시하기 위한 노력과 이를 실현하기 위한 정책이 마련되어야 하는 시점이다.

4) 문화 융합적 관점에서의 다문화 수용

한국은 잦은 외부의 침략을 받아왔던 민족이지만 특이한 점은 그 속에서 진행된 외부의 영향과 교류를 그대로 수용하지 않고 우리의 것으로 새롭게 만들어 냈다는 것이다. 한국 역사 속에서 나타나는 다양한 이민자의 수용, 외래 문화를 바탕으로 한 새로운 창조를 통해 발전을 추구해 온 다양한 사례들이 존재한다. 특히 과학, 문화, 종교, 음식 등 다양한 문화적 업적의 배경에는 다양한 문화들을 수용하고 융합하는 다문화적 인식이 바탕을 이루고 있었고, 다양한 외부 인재의 수용이나 문화 교류에도 적극적인 태도를 보였다. 이를 통해 국가적 위기를 극복하거나 새로운 변화의 동력으로 활용한 점이 두드러진다.

한국은 이제 다양한 문화·언어·종교를 가진 이주민을 수용하기 위한 국가적 전환점의 시기에 있다. 다양한 이주민들을 편견과 차별없이 우리 사회에 수용하여 미래 성장을 위한 동력으로 활용하고 새로운 문화를 융합해 나갈 수 있도록 준비해야 한다. 다문화사회는 우리에게 문화 융합을 위한 새로운 계기를 마련해 주고 있다는 점에서 주목해 볼 필요가 있다.

Chapter

03

한국사회의 다문화 현황

1. 세계와 한국의 인구현황과 전망[1)]

1) 세계의 인구 현황과 전망

2019년 세계 인구는 77억 1천만 명으로, 2000년보다 1.3배 증가하였고, 이러한 추세로 볼 때 2067년에는 103억 8천만 명에 이를 전망이다. 한국의 인구는 2019년 5천 2백만 명에서 2028년까지 소폭 증가한 후 감소하여 2067년에는 3천 9백만 명에 이를 전망이다.

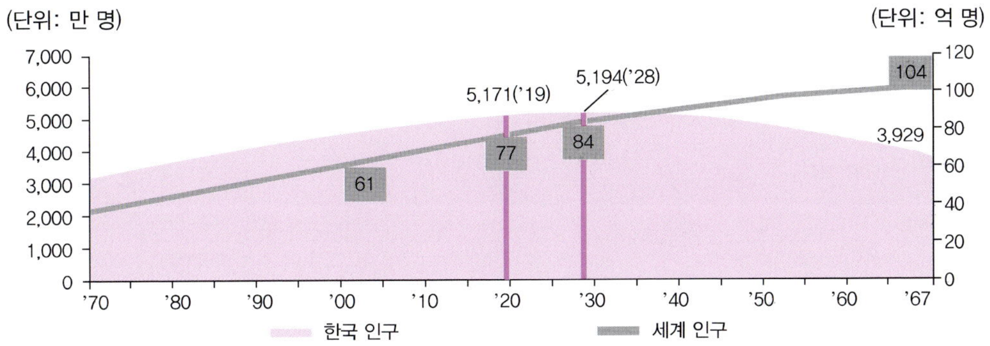

그림 3-1 세계와 한국의 인구 추이

출처: 통계청, 2019.

2019년 대비 2067년 대륙별 인구 수는 아프리카(2.4배), 라틴아메리카(1.2배), 북아메리카(1.2배), 아시아(1.1배)는 증가하는 반면, 유럽(0.9배)은 감소할 전망이다. 2015~2020년 세계와 한국의 인구성장률은 각각 1.1%, 0.3%로 한국이 세계의 4분의 1 수준이다. 2030~2035년에는 세계 0.8%, 한국 −0.1%, 2060~2065년에는 세계 0.3%, 한국 −1.2% 수준이 될 전망이다.

1) 2019년 장래인구특별추계를 반영한 세계와 한국의 인구현황 및 전망(2019, 통계청).

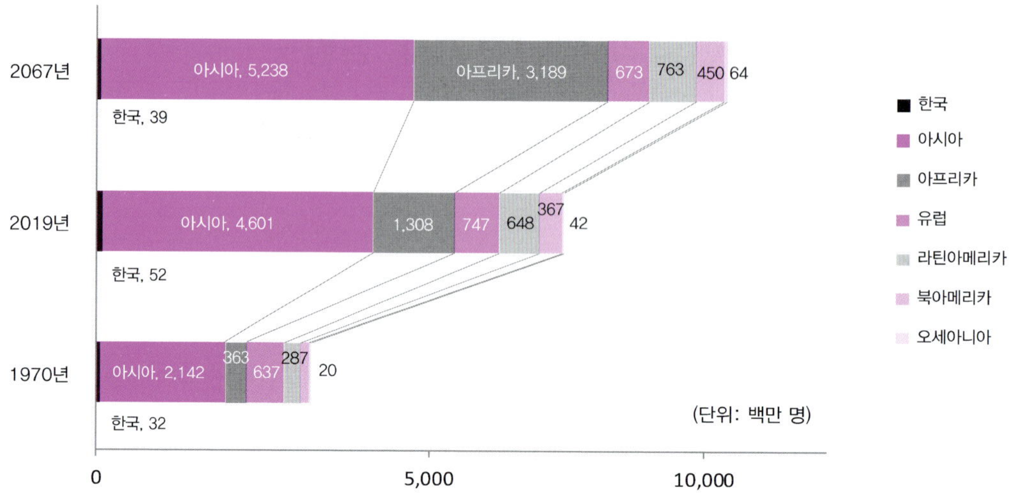

그림 3-2 대륙별 인구규모

출처: 통계청, 2019.

그림 3-3 세계와 한국의 인구성장률(연평균) 추이

출처: 통계청, 2019.

2019~2067년 기간 중 세계와 한국의 유소년인구 구성비는 각각 6.0%p, 4.3%p 감소하고, 생산연령인구도 각각 3.5%p, 27.3%p 감소할 전망이다. 반면, 고령인구 구성비는 각각 9.5%p, 31.6%p 증가할 전망이다.

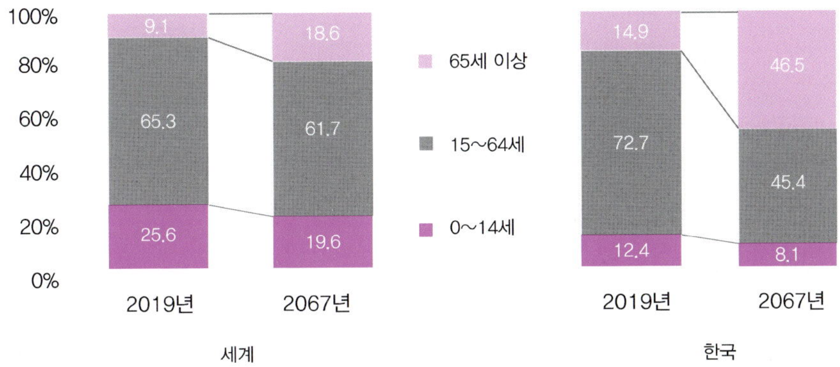

그림 3-4 세계와 한국의 인구구조

출처: 통계청, 2019.

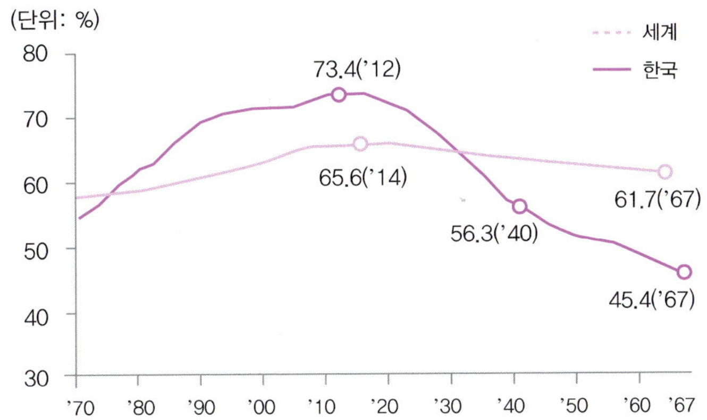

그림 3-5 세계와 한국의 생산연령인구 구성비 추이

출처: 통계청, 2019.

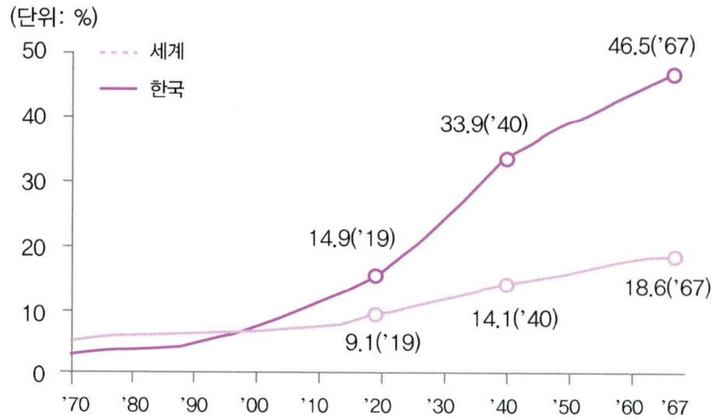

그림 3-6 세계와 한국의 고령인구 구성비 추이

출처: 통계청, 2019.

세계의 합계출산율은 2015~2020년 2.47명으로 1970~1975년 4.47명에 비해 2.0명 감소한 수준이다. 한국의 합계출산율은 2015~2020년 1.11명으로 1970~1975년 4.21명에 비해 3.1명 감소한 수준이다.

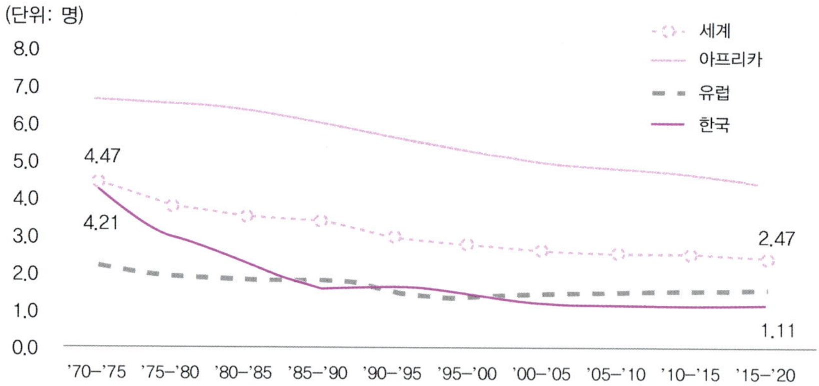

그림 3-7 세계와 한국의 합계출산율(연평균) 추이

출처: 통계청, 2019.

세계의 기대수명은 2015~2020년 72.3세로 1970~1975년 58.1세에 비해 14.2세 증가하였다. 한국의 기대수명은 2015~2020년 82.5세로 1970~1975년 63.1세에 비해 19.4세 증가하였다.

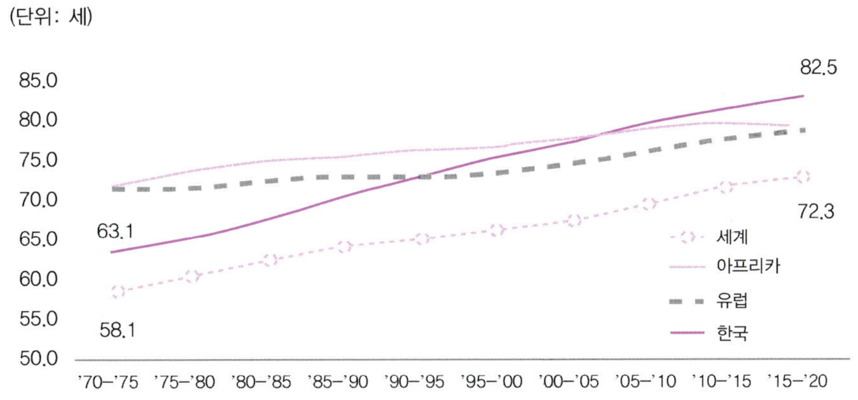

그림 3-8 세계와 한국의 기대수명(연평균) 추이

출처: 통계청, 2019.

국제인구이동은 2015~2020년 아시아, 라틴아메리카, 아프리카에서는 인구가 순유출되고, 유럽, 북아메리카 등에서는 순유입되는 것으로 추정된다. 한국은 2005~2010년 연평균 5만 2천 명씩 순유입이며, 점차로 증가하여 2015~2020년에는 연평균 9만 7천 명씩 순유입되고 있다.

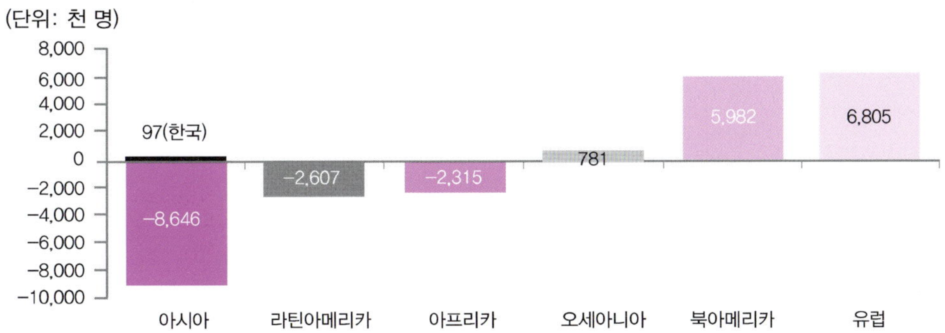

그림 3-9 2015~2020년 대륙별 국제인구이동(연평균)

출처: 통계청, 2019.

2) 한국의 인구현황과 전망[2]

(1) 총 인구 및 인구성장률[3]

한국의 2020년 총인구[4]는 5,178만 명에서 증가, 2028년 5,194만 명을 정점으로 하여, 2040년 5,086만 명 수준으로 감소할 것으로 전망되고 있다. 2020년 총인구 중 내국인은 5,005만 명으로 전체의 96.7%, 외국인은 173만 명으로 전체의 3.3%를 차지한다. 2040년 내국인은 4,858만 명으로 전체의 95.5%, 외국인은 228만 명으로 전체의 4.5%를 차지, 2020년 대비 외국인의 구성비는 1.4배 높아질 전망이다.

표 3-1 총인구 (단위: 만 명, %)

	'17	'20	'25	'30	'35	'40
총인구	5,136	5,178	5,191	5,193	5,163	5,086
내국인	4,994	5,005	4,992	4,980	4,942	4,858
구성비	97.2	96.7	96.2	95.9	95.7	95.5
외국인	142	173	199	213	221	228
구성비	2.8	3.3	3.8	4.1	4.3	4.5

출처: 통계청, 2020.

2) 「2019년 장래인구특별추계를 반영한 내·외국인 인구전망: 2017~2040년」(2020, 통계청)은 2019년 장래인구특별추계 결과(중위 추계)를 내국인과 외국인으로 분리하여 2040년까지 내·외국인 인구를 전망한 결과이다. 이 자료는 연금·복지, 외국인, 다문화교육·가족 등 정책 대상별 인구 전망 자료를 제공하기 위해 2020년 처음으로 작성하였다.

3) 장래인구추계 국내 총인구를 본인과 부모의 국적에 따라 구분하여 내·외국인 인구 전망 및 이주배경인구(본인과 부모 중 적어도 한 명이 출생 시 또는 현재 외국 국적인 사람) 전망을 제공함

국적유형별	내국인			외국인
인구유형별	출생	귀화	이민자 2세	외국인
이주배경별		이주배경인구		

4) 대한민국에 3개월 이상 거주하는 내국인과 외국인의 합

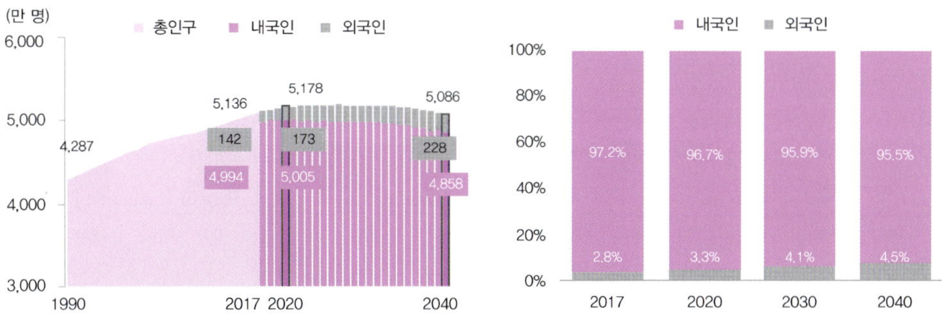

그림 3-10 총인구 및 구성비

출처: 통계청, 2020.

내국인(출생[5])은 2020년 4,956만 명에서 2040년 4,734만 명 수준으로 지속적으로 감소할 것으로 전망된다. 내국인(귀화[6])은 2020년 21만 명에서 2040년 54만 명 수준으로 증가할 것으로 전망된다. 내국인(이민자 2세[7])은 2020년 28만 명에서 2040년 70만 명 수준으로 증가할 것으로 전망된다.

표 3-2 내국인 인구 및 구성비 (단위: 만 명, %)

		'17	'20	'25	'30	'35	'40
내국인		4,994	5,005	4,992	4,980	4,942	4,858
출생		4,955	4,956	4,925	4,893	4,835	4,734
	구성비	99.2	99.0	98.7	98.3	97.8	97.5
귀화		17	21	29	37	46	54
	구성비	0.3	0.4	0.6	0.8	0.9	1.1
이민자2세		23	28	38	50	61	70
	구성비	0.5	0.6	0.8	1.0	1.2	1.4

출처: 통계청, 2020.

5) 본인과 부모 모두 출생에 의한 대한민국 국민인 자
6) 출생 시 외국 국적이었으나 기준 시점에는 한국국적 취득자
7) 내국인 중에서 부 또는 모가 적어도 한 명이 귀화자이거나 외국인인 경우

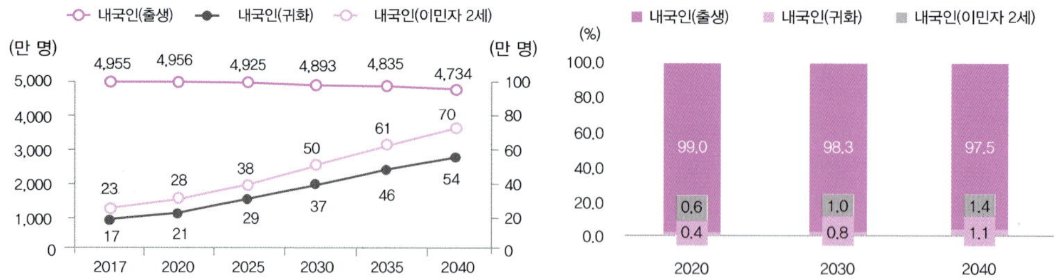

그림 3-11 내국인 인구 및 구성비

출처: 통계청, 2020.

한국의 인구성장률은 2020~2025년의 기간 연 0.05%에서 2035~2040년 연 −0.3%로 감소할 것으로 전망된다. 한국의 인구성장[8]은 2020~2025년 기간 연 2만 5천 명 증가에서 2030~2035년 기간 감소로 전환되어, 2035~2040년 동안 연 15만 5천 명 감소할 전망이다. 내국인 인구성장률은 2020~2025년 연 −0.05%에서 2035~2040년 연 −0.34%로 감소율이 증가할 것으로 전망된다. 외국인 인구성장률은 2020~2025년 연 2.77%에서 2035~2040년 연 0.59%로 증가율이 낮아질 것으로 전망된다.

표 3-3 국적유형별 인구성장률[9] (단위: 만 명, %)

	국적	'17~'20	'20~'25	'25~'30	'30~'35	'35~'40
인구성장	계	14.0	2.5	0.4	-5.9	-15.5
	내국인	3.2	-3.4	-3.2	-8.6	-17.7
	외국인	10.8	5.9	3.6	2.6	2.2
인구 성장률	계	0.27	0.05	0.01	-0.11	-0.30
	내국인	0.07	-0.05	-0.05	-0.16	-0.34
	외국인	6.57	2.77	1.35	0.81	0.59

출처: 통계청, 2020.

8) 인구성장 = 자연증가(출생−사망) + 국제순이동
9) 해당 기간에 대한 연평균

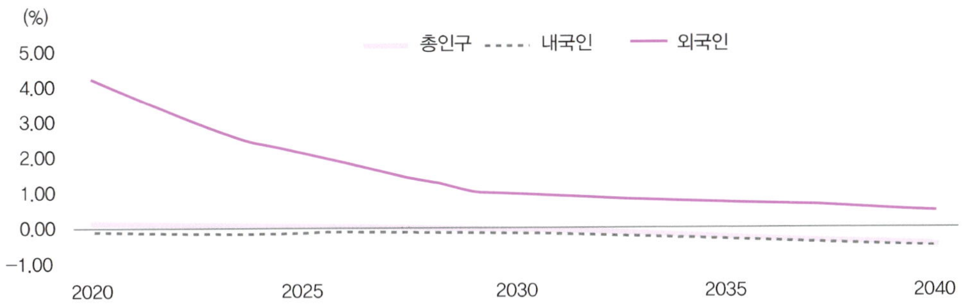

그림 3-12 인구성장률

출처: 통계청, 2020.

(2) 인구 변동요인

한국의 내국인 출생아수는 2020~2025년 연 29만 7천 명, 외국인 출생아수는 2020~2025년 연 6천 명 수준이다. 내국인 사망자수는 2020~2025년 연 33만 7천 명에서 2035~2040년 연 49만 3천 명으로 증가, 외국인 사망자수는 2020~2025년 연 5천 명에서 2035~2040년 연 1만 3천 명으로 증가될 것으로 보인다. 출생에서 사망을 제외한 자연증가는 내국인은 2020~2025년 연 4만 명 자연감소, 외국인은 2025~2030년부터 연 1천 명 자연감소할 것으로 보인다.

국제순이동에 의한 인구증가는 2020~2040년 기간 중 내국인은 연 6천 명 내외, 외국인은 연 3만 1천 명~5만 7천 명 수준으로 예상된다.

표 3-4 인구변동요인별 인구10) (단위: 만 명, %)

	구분	'17~'20	'20~'25	'25~'30	'30~'35	'35~'40
자연증가	계	2.3	-3.9	-4.0	-9.7	-19.3
	내국인	2.1	-4.0	-3.9	-9.2	-18.4
	외국인	0.2	0.1	-0.1	-0.5	-0.9

10) 해당구간의 시작년도 7월에서 끝년도 6월까지 발생건수에 대한 추계치의 연평균

	구분	'17~'20	'20~'25	'25~'30	'30~'35	'35~'40
출생	계	32.7	30.4	35.2	34.7	31.3
	내국인	32.1	29.7	34.6	34.2	30.9
	외국인	0.6	0.6	0.6	0.5	0.4
사망	계	30.4	34.2	39.2	44.4	50.6
	내국인	30.0	33.7	38.5	43.5	49.3
	외국인	0.4	0.5	0.7	1.0	1.3
국제 순이동	계	11.7	6.4	4.5	3.7	3.8
	내국인	1.1	0.6	0.7	0.6	0.7
	외국인	10.6	5.7	3.7	3.1	3.1

출처: 통계청, 2020.

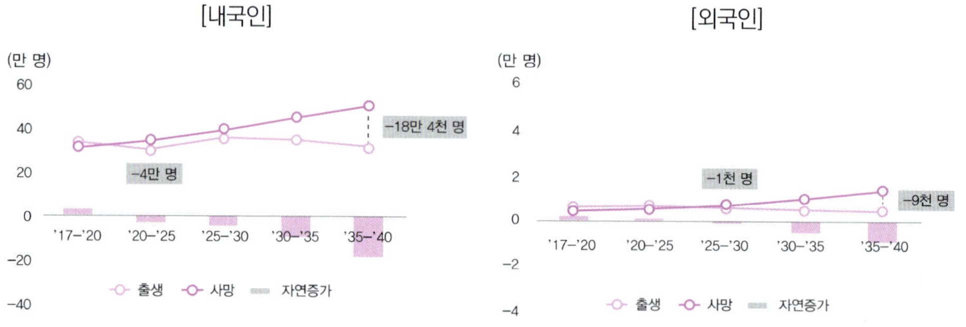

그림 3-13 출생·사망·자연증가

출처: 통계청, 2020.

(3) 연령계층별 인구

2020~2040년 기간 총인구 중 생산연령인구는 871만 명 감소, 유소년인구는 131만 명 감소, 고령인구는 910만 명 증가할 전망이다. 2020년 내국인 생산연령인구 구성비는 71.5%(3,579만 명), 고령인구는 16.1%(803만 명), 유소년인구는 12.4%(623만 명)에서 2040년의 생산연령인구 구성비는 55.6%, 유소년인구는 10.1%로 감소하고, 고령인구는 34.3%로 증가할 것으로 예상된다. 2020년 외국

인 생산연령인구 구성비는 90.6%(157만 명), 고령인구는 5.3%(9만 명), 유소년인구는 4.1%(7만 명)이나 2040년 생산연령인구 구성비는 71.2%로 감소, 고령인구는 24.7%로 증가할 것으로 예상된다.

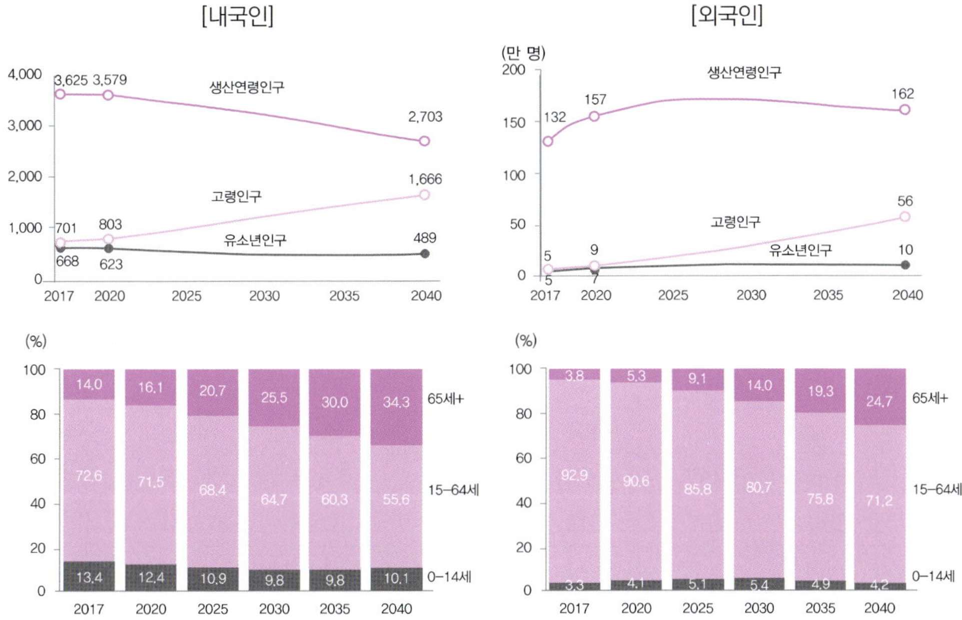

그림 3-14 연령계층별 인구 및 구성비

출처: 통계청, 2020.

내국인 생산연령인구는 베이비붐 세대('55~'63년생)가 고령인구로 진입하는 2020년대에는 연 36만 명 감소, 2030년대에는 연 52만 명 감소할 전망이다. 내국인 생산연령인구 중 15~24세 구성비는 2020년 대비 2040년 15.7%에서 11.7%로, 25~49세는 50.6%에서 49.9%로 감소, 50~64세는 33.7%에서 38.4%로 증가할 것으로 전망된다.

내국인 65세 이상 고령인구 구성비는 2020년 전체의 16.1%에서 2030년 25.5%, 2040년 34.3%까지 빠르게 증가할 것으로 전망된다. 85세 이상 초고령인구는 2020년 77만 명(전체의 1.5%)에서 2040년 226만 명(4.6%)까지 증가할 전망이다. 고령인구 성비도 지속적으로 높아져 65세 이상 고령인구의 성비는 2020년 76.1명에서 2040년 85.2명으로 증가할 전망이다.

내국인 학령인구(6~21세)는 2020년 772만 명에서 2040년 508만 명으로 향후 20년간 263만 명 감소할 것으로 전망된다. 초등학교 학령인구(6~11세)는 2020년 269만 명에서 2040년 204만 명으로 향후 20년간 65만 명 감소할 전망이다. 중학교 학령인구(12~14세)는 2020년 135만 명에서 2040년 99만 명으로 향후 20년간 36만 명 감소할 전망이다. 고등학교 학령인구(15~17세)는 2020년 137만 명에서 2040년 89만 명으로 향후 20년간 48만 명 감소할 전망이다.

표 3-5 연령계층별 인구 및 구성비 (단위: 만 명, %)

		'17	'20	'25	'30	'35	'40
전체		5,136	5,178	5,191	5,193	5,163	5,086
인구	0~14	672	630	554	500	494	498
	15~64	3,757	3,736	3,585	3,395	3,145	2,865
	65+	707	813	1,051	1,298	1,524	1,722
구성비	0~14	13.1	12.2	10.7	9.6	9.6	9.8
	15~64	73.2	72.1	69.1	65.4	60.9	56.3
	65+	13.8	15.7	20.3	25.0	29.5	33.9
내국인		4,994	5,005	4,992	4,980	4,942	4,858
인구	0~14	668	623	544	489	483	489
	15~64	3,625	3,579	3,415	3,223	2,978	2,703
	65+	701	803	1,033	1,268	1,481	1,666
구성비	0~14	13.4	12.4	10.9	9.8	9.8	10.1
	15~64	72.6	71.5	68.4	64.7	60.3	55.6
	65+	14.0	16.1	20.7	25.5	30.0	34.3
외국인		142	173	199	213	221	228
인구	0~14	5	7	10	11	11	10
	15~64	132	157	170	171	168	162
	65+	5	9	18	30	43	56

		'17	'20	'25	'30	'35	'40
구성비	0~14	3.3	4.1	5.1	5.4	4.9	4.2
	15~64	92.9	90.6	85.8	80.7	75.8	71.2
	65+	3.8	5.3	9.1	14.0	19.3	24.7

출처: 통계청, 2020.

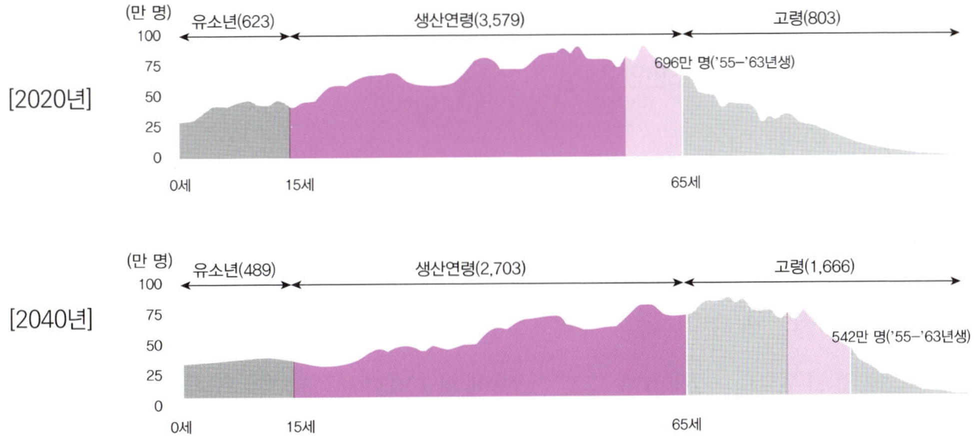

그림 3-15 주요 연령별 인구와 베이비붐 세대

출처: 통계청, 2020.

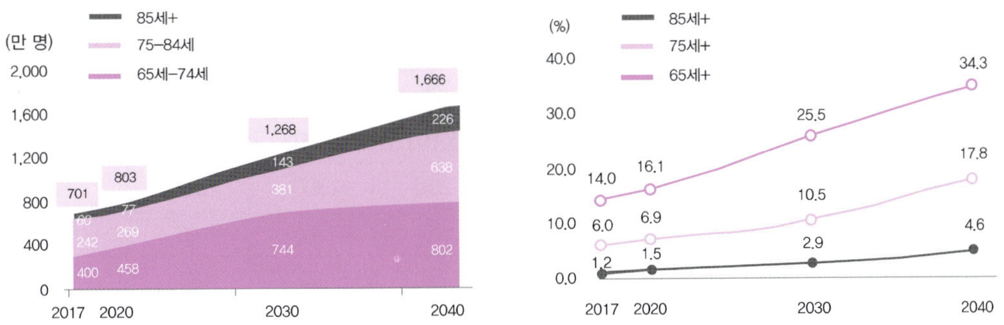

그림 3-16 내국인 고령인구 및 구성비

출처: 통계청, 2020.

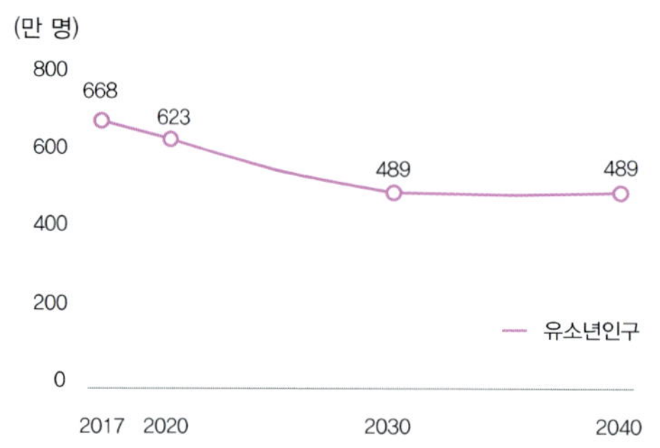

그림 3-17 유소년인구

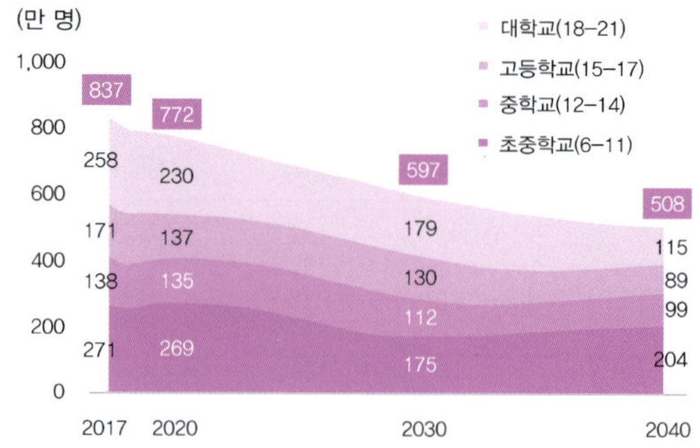

그림 3-18 학령인구

출처: 통계청, 2020.

3) 이주배경 인구 전망

(1) 이주배경인구 추이

이주배경인구[11]는 2020년 222만 명에서 2031년 300만 명을 넘고, 2040년 352만 명까지 증가할 것으로 전망된다. 내국인(귀화)은 2020년 21만 명에서 2040년 54만 명으로, 내국인(이민자 2세)은 2020년 28만 명에서 2040년 70만 명으로 각각 2배 이상으로 증가할 것으로 전망된다.

표 3-6 이주배경인구 (단위: 만 명)

	'17	'20	'25	'30	'35	'40
총인구	5,136	5,178	5,191	5,193	5,163	5,086
이주배경인구	181	222	265	300	328	352
내국인(귀화)	17	21	29	37	46	54
내국인(이민자 2세)	23	28	38	50	61	70
외국인	142	173	199	213	221	228

출처: 통계청, 2020.

11) 이주배경인구 = 내국인(귀화) + 내국인(이민자 2세) + 외국인

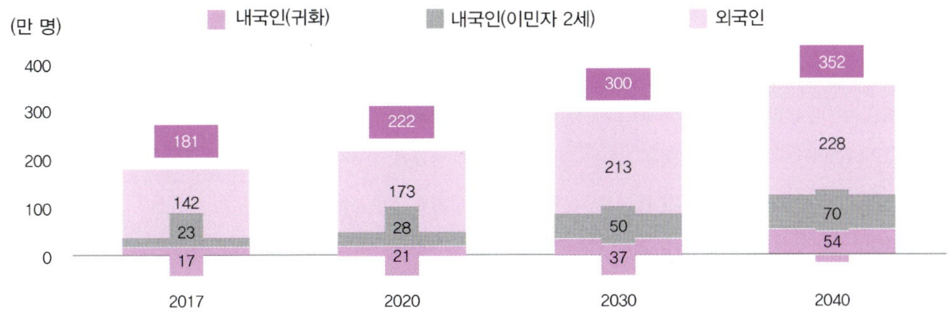

그림 3-19 유형별 이주배경인구

출처: 통계청, 2020.

총인구에서 차지하는 이주배경인구 구성비는 2020년 4.3%에서 2040년 6.9%까지 지속적으로 증가할 것으로 전망된다. 2020년 대비 2040년 내국인(귀화)은 0.4%에서 1.1%로, 내국인(이민자 2세)은 0.5%에서 1.4%로 늘어날 전망이다. 총인구 중 외국인이 차지하는 구성비도 2020년 3.3%에서 2040년 4.5%까지 꾸준히 늘어날 전망이다.

표 3-7 총인구 대비 이주배경인구 구성비[12]　(단위: %)

	'17	'20	'25	'30	'35	'40
총인구	100.0	100.0	100.0	100.0	100.0	100.0
이주배경인구	3.5	4.3	5.1	5.8	6.3	6.9
내국인(귀화)	0.3	0.4	0.6	0.7	0.9	1.1
내국인(이민자 2세)	0.4	0.5	0.7	1.0	1.2	1.4
외국인	2.8	3.3	3.8	4.1	4.3	4.5

출처: 통계청, 2020.

12) 이주배경인구 = 내국인(귀화) + 내국인(이민자 2세) + 외국인

표 3-8 이주배경인구 유형별 구성비 (단위: %)

	'17	'20	'25	'30	'35	'40
이주배경인구	100.0	100.0	100.0	100.0	100.0	100.0
내국인(귀화)	9.2	9.3	10.8	12.5	14.0	15.3
내국인(이민자 2세)	12.5	12.7	14.3	16.6	18.5	19.8
외국인	78.3	77.9	74.9	71.0	67.5	64.8

출처: 통계청, 2020.

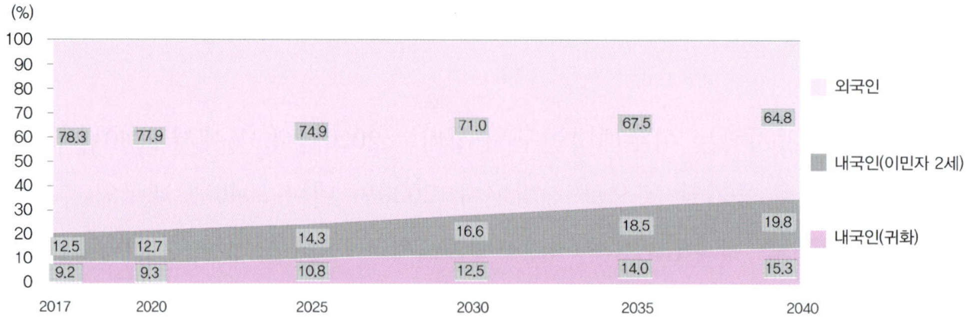

그림 3-20 이주배경인구 유형별 구성비

출처: 통계청, 2020.

(2) 연령계층별 이주배경인구

2020년 총인구 해당연령 중 이주배경인구 구성비는 유소년인구 32만 명(5.0%), 생산연령인구 180만 명(4.8%), 고령인구 10만 명(1.3%)에서 2040년 유소년인구는 43만 명(8.7%), 생산연령인구 238만 명(8.3%), 고령인구 70만 명(4.1%)으로 전 계층에서 증가될 것으로 전망된다.

표 3-9 연령계층별 인구구조 (단위: 만 명, %)

		'17	'20	'25	'30	'35	'40
이주배경 인구	계	181	222	265	300	328	352
	0~14	25	32	38	43	45	43
	15~64	150	180	206	221	231	238
	65+	6	10	21	35	52	70
총 해당연령 인구 대비 구성비	계	3.5	4.3	5.1	5.8	6.3	6.9
	0~14	3.7	5.0	6.9	8.6	9.1	8.7
	15~64	4.0	4.8	5.8	6.5	7.3	8.3
	65+	0.9	1.3	2.0	2.7	3.4	4.1
귀화자	계	17	21	29	37	46	54
	0~14	1	1	1	1	2	1
	15~64	15	19	25	30	35	39
	65+	1	1	3	6	9	14
이민자 2세	계	23	28	38	50	61	70
	0~14	20	24	27	30	33	32
	15~64	3	5	11	19	28	37
	65+	0	0	0	0	0	0
외국인	계	142	173	199	213	221	228
	0~14	5	7	10	11	11	10
	15~64	132	157	170	171	168	162
	65+	5	9	18	30	43	56

출처: 통계청, 2020.

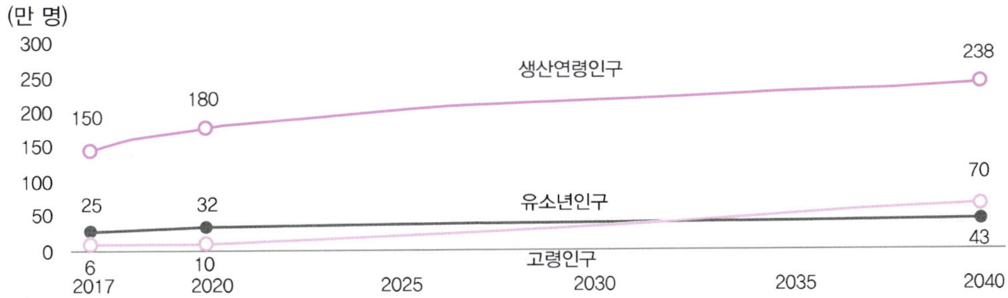

그림 3-21 연령계층별 이주배경인구

출처: 통계청, 2020.

(3) 이주배경인구 학령인구

이주배경 인구 가운데 유소년인구(0~14세)는 2020년 32만 명에서 2040년 43만 명으로 향후 20년간 12만 명 증가할 전망이다. 이주배경 인구 학령인구(6~21세)는 2020년 27만 명에서 2040년 49만 명으로 향후 20년간 22만 명 증가할 전망이다.

표 3-10 이주배경인구 학령인구 (단위: 만 명)

		'17	'20	'25	'30	'35	'40
이주배경인구		181	222	265	300	328	352
유소년인구(0~14)		25	32	38	43	45	43
학령 인구 (6~21)	계	21	27	34	41	46	49
	초(6~11)	10	13	15	17	19	19
	중(12~14)	2	4	7	8	8	10
	고(15~17)	2	2	6	7	8	9
	대(18~21)	7	8	7	9	10	12

출처: 통계청, 2020.

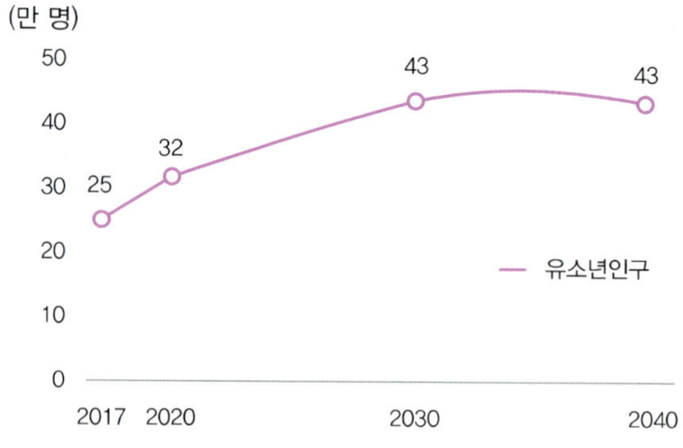

그림 3-22 유소년인구

출처: 통계청, 2020.

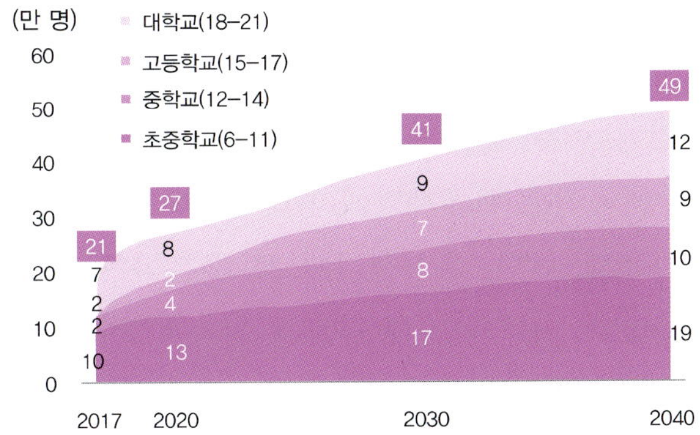

그림 3-23 학령인구

출처: 통계청, 2020.

2. 국내 체류 외국인 현황[13)]

1) 국내 체류 외국인[14)]의 증가 추세

2020년 6월말 현재 국내에 체류하는 외국인은 200만 명을 넘어선 것으로 집계되며 이는 우리나라 전체 인구의 3.9%에 달하는 수치이다. 2007년 100만 명을 돌파한 국내 체류 외국인 숫자가 불과 10여 년 만에 두 배 늘어난 것으로, 체류 외국인 300만 명 시대가 곧 다가올 것을 예측할 수 있다.

국내에 거주 외국인 규모가 빠른 속도로 증가하면서 한국은 다문화사회로 진입하였다. 외국인 거주자의 유형도 다양화되는 추세이다. 현재 한국에는 많은 국제이주자들이 결혼, 이민, 노동, 유학, 방문, 망명 등의 다양한 목적으로 모국을 떠나 체류하면서 양국의 정치, 경제, 사회, 문화에 큰 영향을 미치고 있다.

13) 통계개발원(2008, 2017, 2019), 출입국, 외국인정책본부(2020)의 내용을 일부 발췌·인용함

14) 출입국관리법 제31조의 규정과 재외동포의 출입국과 법적지위에 관한 법률 제6조의 규정에 따라 입국한 날부터 90일을 초과하여 체류할 목적으로 출입국·외국인관서의 장에게 외국인등록이나 국내거소신고를 한 자 및 90일 미만 체류할 목적의 단기체류외국인을 포함한 총 국내 체류외국인을 의미함

앞으로도 한국사회는 국제결혼의 증가, 저출산·고령화와 생산직종의 기피로 인한 노동력 부족, 동포 대상 입국문호 확대 등으로 결혼이민자, 외국인근로자, 외국국적 동포와 같은 이주자가 지속적으로 증가할 것으로 예상된다.

국내에 거주하는 외국인은 체류자격에 따라 결혼이민자, 이주배경청소년, 외국인근로자, 국적취득자, 난민, 유학생 등으로 구분되며, 이들의 전체 규모는 지속적으로 커지고 있다. 이들의 전체 규모는 지속적으로 커지고 있다. 외국인의 유형별 규모로는 단순기능인력이 가장 많고, 증가율로는 유학생과 영주자격 외국인이 상대적으로 높다. 유학생의 증가와 더불어 재외동포 자격대상의 확대와 영주자격 신청의 증가에 따라 장기체류 외국인도 증가하고 있다.

결혼이민자의 경우는 누적 규모는 지속적으로 증가하였으나 2005년 이후 국제결혼의 감소 추세로 인하여 전체 체류 외국인에서 차지하는 비중은 점차 줄어들고 있다. 국제결혼가정의 자녀는 꾸준히 증가하였으나 국제결혼의 감소 또는 안정세 유지로 국제결혼가정 자녀의 증가 속도는 점점 줄어들 것으로 예측된다.

국적취득자 수는 2009년 정점에 도달하였으며, 2010년부터 외국 국적 동포의 영주자격 취득이 가능해지면서 감소하고 있다.

고용허가제를 통해 국내에 취업 중인 외국인의 대부분은 제조업에 종사하고 있다. 최근에는 농어촌의 일손 부족으로 인하여 농축산업과 어업 종사자가 증가하는 추세이다(통계개발원, 2017).

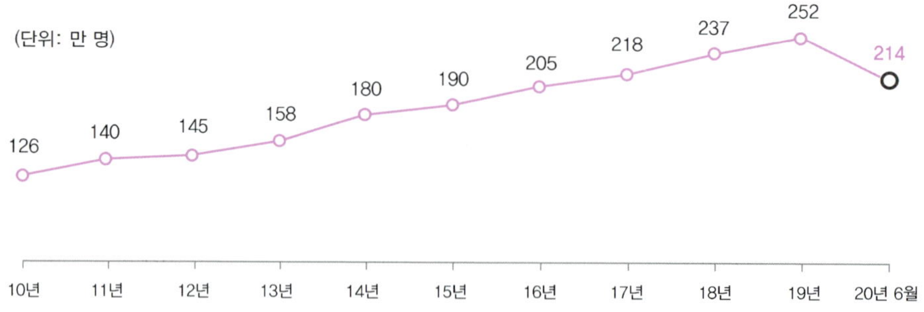

그림 3-24 체류외국인 증감추이

출처: 출입국·외국인정책본부, 2020년 6월.

체류외국인 중 외국인등록자는 1,220,228명, 외국국적동포 국내거소신고자는 460,226명, 단기체류외국인은 455,235명이다.

표 3-11 체류외국인 연도별 현황

연도	총계	장기체류			단기체류
		소계	등록	거소신고	
2009년	1,168,477	920,887	870,636	50,251	247,590
2010년	1,261,415	1,002,742	918,917	83,825	258,673
2011년	1,395,077	1,117,481	982,461	135,020	277,596
2012년	1,445,103	1,120,599	932,983	187,616	324,504
2013년	1,576,034	1,219,192	985,923	233,269	356,842
2014년	1,797,618	1,377,945	1,091,531	286,414	419,673
2015년	1,899,519	1,467,873	1,143,087	324,786	431,646
2016년	2,049,441	1,530,539	1,161,677	368,862	518,902
2017년	2,180,498	1,583,099	1,171,762	411,337	597,399
2018년	2,367,607	1,687,733	1,246,626	441,107	679,874
2019년	2,524,656	1,731,803	1,271,807	459,996	792,853
2020년 6월	2,135,689	1,680,454	1,220,228	460,226	455,235

출처: 출입국·외국인정책본부, 2020년 6월.

표 3-12 체류외국인 연도별·국적(지역)별 현황

구분	2016년	2017년	2018년	2019년	2020년 6월
총계	2,049,441	2,180,498	2,367,607	2,524,656	2,135,689
중국[15]	1,016,607	1,018,074	1,070,566	1,101,782	943,540
한국계	627,004	679,729	708,082	701,098	678,200
베트남	149,384	169,738	196,633	224,518	214,774
태국	100,860	153,259	197,764	209,909	189,249
미국	140,222	143,568	151,018	156,982	146,608
우즈베키스탄	54,490	62,870	68,433	75,320	71,329

구분	2016년	2017년	2018년	2019년	2020년 6월
러시아(연방)	32,372	44,851	54,064	61,427	53,907
필리핀	56,980	58,480	60,139	62,398	53,416
몽골	35,206	45,744	46,286	48,185	46,339
캄보디아	45,832	47,105	47,012	47,565	43,378
네팔	34,108	36,627	40,456	42,781	41,971
인도네시아	47,606	45,328	47,366	48,854	38,354
카자흐스탄	11,895	22,322	30,717	34,638	32,295
미얀마	22,455	24,902	28,074	29,294	27,338
일본	51,297	53,670	60,878	86,196	26,905
스리랑카	27,650	26,916	25,828	25,064	24,071
캐나다	26,107	25,692	25,934	26,789	22,673
(타 이 완)	34,003	36,168	41,306	42,767	20,037
방글라데시	15,482	16,066	16,641	18,340	18,106
파키스탄	12,639	12,697	13,275	13,990	13,753
인도	10,515	11,244	11,945	12,929	11,187
오스트레일리아	13,870	13,008	14,279	15,222	8,215
키르기즈	5,005	5,790	6,385	6,618	6,374
말레이시아	9,484	12,516	12,227	14,790	6,178
기타	95,372	93,863	100,381	118,298	75,692

출처: 출입국·외국인정책본부, 2020년 6월.

표 3-13 체류외국인 자격별 현황

구분	'20년 3월	'20년 4월	'20년 5월	'20년 6월	전월 대비	'19년 6월	전년 대비
총계	2,203,209	2,176,725	2,143,804	2,135,689	-0.4%	2,416,503	-11.6%
사증면제 (B-1)	197,725	195,788	193,397	190,755	-1.4%	234,681	-18.7%
관광통과 (B-2)	56,713	56,346	56,192	57,170	1.7%	146,252	-60.9%

15) 한국계 포함

구분	'20년 3월	'20년 4월	'20년 5월	'20년 6월	전월 대비	'19년 6월	전년 대비
단기방문 (C-3)	136,935	132,881	129,765	128,426	-1.0%	237,581	-45.9%
단기취업 (C-4)	973	948	1,205	1,750	45.2%	3,134	-44.2%
유 학 (D-2)	123,347	111,639	101,486	100,986	-0.5%	110,696	-8.8%
기술연수 (D-3)	1,877	1,873	1,770	1,796	1.5%	2,301	-21.9%
일반연수 (D-4)	57,163	55,810	53,635	54,018	0.7%	62,811	-14.0%
종 교 (D-6)	1,526	1,515	1,478	1,462	-1.1%	1,573	-7.1%
상사주재 (D-7)	1,329	1,324	1,245	1,225	-1.6%	1,410	-13.1%
기업투자 (D-8)	5,907	5,849	5,715	5,699	-0.3%	6,010	-5.2%
무역경영 (D-9)	2,198	2,149	2,083	2,090	0.3%	2,297	-9.0%
교 수 (E-1)	2,227	2,188	2,146	2,139	-0.3%	2,237	-4.4%
회화지도 (E-2)	14,351	14,144	13,425	13,381	-0.3%	13,944	-4.0%
연 구 (E-3)	3,225	3,175	3,028	3,016	-0.4%	3,094	-2.5%
기술지도 (E-4)	210	213	207	212	2.4%	229	-7.4%
전문직업 (E-5)	587	578	568	567	-0.2%	603	-6.0%
예술흥행 (E-6)	3,505	3,454	3,391	3,426	1.0%	3,616	-5.3%
특정활동 (E-7)	20,758	20,760	20,529	20,392	-0.7%	21,676	-5.9%

구분	'20년 3월	'20년 4월	'20년 5월	'20년 6월	전월 대비	'19년 6월	전년 대비
비전문취업 (E-9)	267,594	264,959	261,109	258,078	-1.2%	276,553	-6.7%
선원취업 (E-10)	17,423	17,129	17,036	17,120	0.5%	16,977	0.8%
방문동거 (F-1)	122,372	120,522	117,887	116,639	-1.1%	120,086	-2.9%
거주 (F-2)	44,132	44,205	44,096	44,053	-0.1%	41,678	5.7%
동반 (F-3)	22,699	22,179	21,626	21,534	-0.4%	22,252	-3.2%
재외동포 (F-4)	465,647	464,560	463,139	461,798	-0.3%	455,324	1.4%
영주 (F-5)	155,212	155,652	156,166	156,363	0.1%	146,985	6.4%
결혼이민 (F-6)	132,744	132,988	132,832	132,976	0.1%	127,520	4.3%
방문취업 (H-2)	218,448	214,856	209,766	206,746	-1.4%	245,452	-15.8%
기타	126,382	129,041	128,882	131,872	2.3%	109,531	20.4%

출처: 출입국·외국인정책본부, 2020년 6월.

2) 국민의 배우자(결혼이민자)[16] 체류현황

국민의 배우자(결혼이민자)는 2020년 6월 현재 167,834명으로 전년 166,025명보다 증가하였다. 국적별·성별 현황을 살펴보면 여성의 경우 중국계가 가장 많은 비중을 차지하고 있음을 알 수 있으며, 거주지별로는 경기, 서울, 인천 순으로 외국인 거주 비중이 높다는 것을 알 수 있다. 혼인 귀화자의 경우도 매해 그 수치가 증가하고 있다.

16) 국민의 배우자: 2009년 이전(F-1-3, F-2-1), 2010년 이후(F-2-1, F-5-2), 2011년 12월 이후((F-2-1, F-5-2, F-6)

표 3-14 연도별 증감 추이 (단위: 명)

연도	2015년	2016년	2017년	2018년	2019년	'19년 6월	'20년 6월
인원	151,608	152,374	155,457	159,206	166,025	162,582	167,834
전년대비 증감률	-	0.5%	2.0%	2.4%	4.3%	-	3.2%

출처: 출입국·외국인정책본부, 2020년 6월.

표 3-15 국적별·성별 현황 (단위: 명)

구분 \ 국적	계	중국[17]	한국계	베트남	일본	필리핀	태국	캄보디아	미국	기타
전체	167,834	60,430	22,760	44,657	14,299	12,043	5,514	4,701	4,024	22,166
	100%	36.0%		26.6%	8.5%	7.2%	3.3%	2.8%	2.4%	13.2%
남자	29,604 (17.6%)	13,651	8,146	2,964	1,219	484	103	417	2,894	7,872
여자	138,230 (82.4%)	46,779	14,614	41,693	13,080	11,559	5,411	4,284	1,130	14,294

출처: 출입국·외국인정책본부, 2020년 6월.

표 3-16 거주 지역별 현황[18] (단위: 명)

계	경기	서울	인천	경남	충남[19]	경북	부산	전남
166,017	49,249	28,239	11,181	10,796	9,704	8,095	7,432	6,773
	전북	**대구**	**충북**	**강원**	**광주**	**대전**	**울산**	**제주**
	6,070	5,614	5,515	3,857	3,736	3,487	3,498	2,771

출처: 출입국·외국인정책본부, 2020년 6월.

17) 한국계 포함

18) 국민의 배우자 중 등록외국인의 지역별 현황임(미등록자 제외).

19) 세종특별자치시 819명 포함

표 3-17 혼인귀화자(누계)

연도	2014년	2015년	2016년	2017년	2018년	2019년	'20년 6월
혼인귀화자 (전체누계)	101,560	108,526	114,901	121,339	129,028	135,056	137,495

출처: 출입국·외국인정책본부, 2020년 6월.

3) 외국인 유학생[20] 체류현황

외국인 유학생은 2015년부터 꾸준한 증가 추세를 보였으나, 2020년 6월 153,426명으로 전년 180,131명보다 감소하였다. 2019년 6월과 2020년 6월의 유학생 인구수를 비교해도 그 수가 감소하였다는 것을 볼 수 있다.

표 3-18 연도별 증감 추이 (단위: 명)

연도	2015년	2016년	2017년	2018년	2019년	'19년 6월	'20년 6월
합계	96,357	115,927	135,087	160,671	180,131	171,714	153,426
유학(D-2)	66,334	76,040	86,875	102,690	118,254	110,696	100,986
한국어연수(D-4·1)	30,017	39,873	48,208	57,971	61,867	61,006	52,432
외국어연수(D-4·7)	6	14	4	10	10	12	8
전년대비 증감률	11.5%	20.3%	16.5%	18.9%	12.1%	-	-10.7%

출처: 출입국·외국인정책본부, 2020년 6월.

4) 외국국적동포[21] 체류현황

2020년 6월말 현재 외국국적동포는 850,211명으로 전체 체류외국인(2,135,689명)의 39.8%를 차지하고 있다.

자격별로는 재외동포(F-4) 461,798명, 방문취업(H-2) 206,744명, 영주(F-5)

20) 외국인 유학생: 2009년 이전(D-2전체 및 D-4-4), 2010년 이후(D-2전체 및 D-4-1), 2014년 5월 이후 (D-2전체 및 D-4-1, D-4-7)

21) 재외동포(F-4) 및 기타체류외국인격 외국국적동포의 합

103,066명, 방문동거(F-1) 35,081명 등의 순이다.

국적별로는 중국이 695,348명으로 전체의 81.8%를 차지하였고, 미국 44,179명(5.2%), 우즈베키스탄 35,785명(4.2%) 등의 순이다.

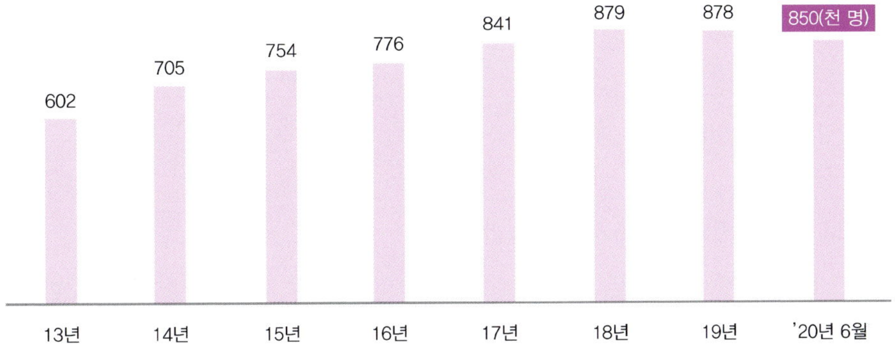

그림 3-25 연도별 추이

출처: 출입국·외국인정책본부, 2020년 6월.

표 3-19 국적별 체류현황

(단위: 명)

계	중국	미국	우즈베키스탄	러시아	캐나다	카자흐스탄
850,211	695,348	44,179	35,785	27,701	15,578	14,406
	오스트레일리아	키르기즈	우크라이나	타지키스탄	투르크메니스탄	기 타
	4,618	2,811	2,560	307	293	6,625

출처: 출입국·외국인정책본부, 2020년 6월.

표 3-20 체류자격별 현황

(단위: 명)

계 \ 자격	재외동포 (F-4)	방문취업 (H-2)	영주 (F-5)	방문동거 (F-1)	기타
850,211	461,798	206,744	103,066	35,081	43,522

출처: 출입국·외국인정책본부, 2020년 6월.

표 3-21 재외동포(F-4) 자격 소지자 국적별 현황 (단위: 명)

계	중 국	미 국	러시아	캐나다	우즈베키스탄	카자스흐탄
461,798	346,896	43,795	26,117	15,416	11,761	5,174
	오스트레일리아	**키르기즈**	**우크라이나**	**타지키스탄**	**투르크메니스탄**	**기 타**
	4,563	983	382	144	145	6,422

출처: 출입국·외국인정책본부, 2020년 6월.

표 3-22 영주(F-5) 자격 소지자 국적별 현황 (단위: 명)

계	중 국	러시아	미 국	우즈베키스탄	캐나다	오스트레일리아
103,066	101,607	405	376	271	162	54
	카자흐스탄	**키르기즈**	**우크라이나**	**타지키스탄**	**투르크메니스탄**	**기 타**
	25	10	2	0	0	154

출처: 출입국·외국인정책본부, 2020년 6월.

표 3-23 방문취업(H-2) 자격 소지자 국적별 현황 (단위: 명)

계	중 국	우즈베키스탄	카자흐스탄	우크라이나
206,744	176,490	19,614	7,320	1,623
	키르기즈	**타지키스탄**	**투르크메니스탄**	**기 타**
	1,435	122	122	18

출처: 출입국·외국인정책본부, 2020년 6월.

3. 체류 외국인 증가와 다문화사회[22)]

다문화사회는 국가 간 자본과 자원의 이동뿐만 아니라 인력 이동도 자연스럽게 증가한다. 한국사회는 다른 국가와 다르게 결혼이민자와 단순노무에 종사하는 저숙련 노동자의 유입으로 인해 이민자가 증가해왔다. 한국사회에는 이들에 대한 차별과 편견이 여전히 존재하지만 이들이 한국사회에 기여한 바를 과소평가할 수는 없다. 외국인근로자는 3D 산업에 종사하므로써 중소기업의 노동력 부족 문제를 해소하고, 결혼이주여성은 고령화·저출산으로 인구 구조에도 변화가 생기는 시기에 결혼과 출산을 통해 사회적인 안정성에 기여하고 있기 때문이다.

다문화사회의 장점으로는 사회가 다원화되면서 서로 다른 문화가 접목해서 시너지 효과를 창출할 수 있다는 점이다. 문화적 다양성을 글로벌 경쟁력 및 자산으로 끌어올릴 때 다문화사회의 장점은 더욱 극대화되며, 외국인들의 언어와 문화가 새로운 국가경쟁력을 위한 동력으로 활용될 수 있다.

그러나 다문화사회는 긍정적인 기대효과도 있지만 새로 유입되는 구성원과 기존 구성원간 잠재적인 갈등이 표출될 수 있다는 문제를 안고 있다. 사회통합을 위협하는 사건이 발생하면 외국인 범죄에 대한 두려움이 커질 수 있으며, 외국인이 많이 사는 지역은 슬럼화가 될 수 있다. 특히 경제 침체기에 외국인근로자 수가 크게 증가함에 따라 일자리 경쟁도 치열해지고, 반다문화정서도 커지고 있는 양상이다.

한국사회는 외국인의 증가에 따른 시대변화에 맞춰 다른 문화를 이해하고 수용하려는 개방성을 갖추고 공존하는 법을 배우는 것이 필요하다. 또한 문화다양성의 인정으로 끝나는 것이 아니라 실질적으로 다양한 이주자들의 강점을 끌어내 주는 실질적인 정책들이 필요하다. 다문화에 대한 반감을 완화하고 우

---

22) 김태종. "외국인 150만명시대 가속화하는 다문화사회 明과 暗". 연합뉴스. 2013년 06월 10일의 내용을 일부 발췌·인용함

리 사회가 지속 가능할 수 있도록 결혼이민자, 외국인 동포, 외국인근로자 등을 포용할 수 있는 균형잡힌 정책을 마련해야 한다.

Chapter

04

다문화사회의 갈등과 문제점

1. 다문화사회와 다문화 갈등

1) 국제이주와 다문화 갈등[1)]

국제이주는 경제적 요인, 환경적 요인, 인구학적 요인 등 다양한 원인으로 발생하나 기본적으로 노동력의 이동을 통해 이루어진 것이 대부분이다. 역사적으로 개인의 선택에 의한 이주가 진행되었지만 대규모의 이주는 유럽의 식민지 개발과 지배 과정에서 발생한 노예무역에서 시작되었다. 18세기 식민지 개척 과정의 노동력 부족을 해소하기 위한 아프리카인의 매매를 통한 강제 이주가 진행되었으나 산업혁명과 인구증가, 특히 미국의 노예해방으로 인해 기존의 강제 이주는 사라지게 되었다. 대신 식민모국으로의 유입과 세계대전 등으로 인한 강제 이동이 증가하였다.

이후 유럽의 공업화와 과잉인구, 미국의 성장과 노동 수요 증가로 인해 각국별로 노동인구의 격차가 발생하게 되어 대규모의 외국인근로자가 발생하게 되었고, 기존 선진국 이외에 중동국가와 아시아 일부 국가까지 산업화에 성공하면서 자국 내 노동력 부족을 해소하기 위해 이주를 적극 수용하게 되었다.

제2차 세계대전 이후 유럽에서는 외국인근로자들의 입국을 장려하였다. 그 배경으로는 제국주의 시대 식민지였던 국가의 주민들은 정당성을 갖고 부채의식에 사로잡혀 있던 유럽에 들어올 수 있었기에 유럽의 입장에서는 인도주의적 가치를 실현함과 동시에 노동력의 부족 문제를 해결하는 수단으로 이민을 수용하였다.

이민의 물결은 먼저 정착한 이주자들의 뒤를 이어 가족들이 이주하면서 점차 하나의 흐름이 되었다. 유럽의 정치인들은 제국주의의 역사를 뛰어넘어 인도주의 강대국으로, 또한 좀 더 평등하고 다양한 문화의 대륙으로 변화하는 데

1) 최진우(2012), 추왕훈. "다문화사회는 유럽의 '자살'인가". 매일경제, 2020년 03월 20일의 내용을 일부 발췌·인용함

이민의 물결이 도움이 될 것이라 생각했다. 그러나 2015년에 시리아 난민 사태 이후 유럽의 이민자 인구는 통제가 힘들 정도로 급증했고 중동, 동아시아, 북아프리카로부터 유입된 이주민은 수백만 명에 이르렀다. 그때부터 이민자 수를 예측하기 어려웠으며 유럽의 이민 정책은 사회 혼란으로 이어졌다. 이민과 다문화에 대해 어떤 관점으로 접근할 것인가와 상관없이 무슬림 중심의 대규모 이민으로 유럽은 급격한 인구 변동과 범죄 증가, 사회 전체의 이슬람화를 초래하게 되었다는 것은 부인하기 힘든 상황이 되었다.

이러한 사회적 동향과 정치적 분위기를 반영해 볼 때 유럽의 다문화주의는 심각하게 후퇴하고 있다는 진단과(Joppke, 2004) 다문화사회의 갈등과 긴장을 해결하기 위해 다문화주의에 대한 대안을 모색해야 한다는 제안도 꾸준히 제기되고 있다(Vertovec, 2010; Alibhai-Brown, 2000, 2004). 하지만 다문화주의가 실패했다는 선언이나 후퇴하고 있다는 주장은 사실과 다르다는 견해도 있다. 실제 다문화주의 정책은 유럽의 다수 국가에서 꾸준히 증가하였으며, 다문화주의 정책에 따른 사회통합 효과도 긍정적이었다는 것이다(Kymlicka, 2012). 다문화주의의 성공과 실패 및 발전과 후퇴에 대한 평가에 대해서는 보다 면밀한 검토가 수반되어야 하겠지만 적어도 이민자의 증가로 인해서 다문화 관련 쟁점이 과거에 비해 훨씬 더 정치화되고 있으며, 이러한 현상에 대한 반감과 다문화주의에 대한 비판적인 인식의 표출이 증가하고 있음을 부인하기 어렵다.

서유럽 국가들은 이미 1990년대 전반에 이민과 이민자와 관련한 문제가 가장 가시적이며 논란이 많은 정치적 쟁점으로 등장했다. 정치적인 저항 및 시위의 3분의 1 가량이 이민 문제와 관련된 것으로 이는 실업과 같은 노동 관련 쟁점이나 민주주의, 환경, 전쟁과 평화와 같은 쟁점에 비해서도 정치적 갈등을 야기하는 빈도가 높은 것이다(Koopmans et al., 2005).

다문화사회의 위기를 증폭시키고 다문화주의에 관한 반감을 격화시키는 요인으로는 여러 가지가 있다(Kymlicka, 2012).

첫째, 이민 문제의 '안보화(securitization)'이다. 이민이 사회정책적 범주에서 논의되는 쟁점이 아니라 안보정책적 범주에서 다루어지는 쟁점이 되는 순간 이민자의 수용과 통합을 지향하는 다문화주의 정책은 거부감이 증폭될 수 있다. 이민자가 바로 안보 위협이 될 수 있다고 보기 때문이다.

둘째, 이민자들이 자신들의 문화에 집착하고 이민 수용국의 인권과 민주주의의 가치에 배치되는 행동을 할 때 다문화주의에 관한 거부감이 높아진다. 다문화주의에 대한 최근의 비판적인 견해는 상당한 부분이 무슬림 공동체가 개인의 자유와 인권을 인정하지 않는다는 인식의 영향이 크다.

셋째, 국경의 통제가 느슨하다고 느낄 때 다문화주의에 대한 반감이 커진다. 국경 통제가 제대로 안 되거나, 누구의 이민을 허용해 줄 것인지에 관한 기준이 명확하지 않아 난민이나 불법 이민자와 같은 원하지 않는 다수의 이민자가 유입될 가능성이 많아지면 다문화주의에 대한 거부감이 커진다.

넷째, 이민자 집단이 매우 '다문화적'일 때 다문화주의에 대한 거부감이 줄어든다. 이민자의 출신 국가와 문화적 배경이 다양할수록 다문화주의 정책에 관한 지지가 상승한다. 반면, 특정 국가 출신이나 특정 종교 집단에 속한 이민자의 규모가 커질수록 주류 문화에 위협이 될 수도 있다고 인식하여 다문화주의 정책에 대한 회의론이 커진다.

다섯째, 국가 경제에 대한 이민자의 기여도가 높다고 생각할수록 다문화주의 정책에 관한 호감도가 상승하는 반면에, 이민자는 국가의 경제 발전에 기여하는 부분이 없이 복지 예산만을 축내는 존재인 것으로 간주하게 되면 다문화주의 정책에 대한 반감이 커진다.

2) 다문화갈등의 이론적 접근[2)]

다문화사회의 갈등에 관한 대표적인 이론적 관점은 '인정의 정치(politics of recognition)'와 '재분배의 정치(politics of redistribution)'이다. 우선 '인정의 정치'란 다문화사회에서의 갈등에 대해 이주해 온 인구집단이 주류 사회의 한 구성원으로서 인정받는 과정에서 나타나는 갈등 현상에 주목하는 시각이다. 이에 따

2) 김성근(2013)의 내용을 일부 발췌·인용함

르면 다문화사회가 조화로운 상태로 도달하는 과정은 결국 문화적 다수집단이 소수집단을 동등한 가치를 지닌 집단으로 보고 인정하는 형태여야 하며, 이러한 과정이 두 행위자에게 있어 어떤 정치적 행위로 나타나야만 한다(강휘원, 2006; 오경석, 2007, 2009; 한승준, 2008; Taylor, 1992). 이러한 과정에서 한 사회 내의 여러 문화집단들이 상호 인정하고 존중하면서 공존하려는 노력도 중요하지만 그러한 노력의 결정체로서 정부의 정책과 실행 프로그램이 더욱 필수적이라는 주장도 있다(윤인진, 2008b; Tropper, 1999). 일각에서는 지배적 문화의 억압을 경계하는 동시에 다양한 문화적 차이에 대한 관용과 일련의 전략들에 중점을 두기도 하는데(강휘원, 2006; 오경석, 2009; 지종화, 정명주, 김도경, 2009), 어느 쪽이든 간에 결국 다수 문화가 소수 문화를 하나의 독립된 주체로 인정해야 한다는 점을 강조한다는 측면에서 같은 입장이라고 할 수 있다(장미혜 외, 2008).

반면에 다문화사회의 갈등을 '재분배의 정치'에서 나타나는 것으로 보는 입장에서는 문화가 인종갈등의 직접적인 원인이 아니기 때문에 해결책이 될 수 없다는 의견을 내면서 보다 직접적인 갈등, 즉 부나 소득의 재분배 또는 계급과 같은 현실적 문제에 접근하는 것이 우선이라고 한다. 현실적인 문제를 외면한 채 문화라는 심리적이고 추상적인 인정에만 주력하는 다문화주의 프로그램으로는 인종 간에 발생하는 갈등을 해결하기 어렵다는 것이다(문경희, 2008).

서구사회에서 인종갈등과 같은 구조적인 불평등이 지속되는 원인에 대해 여러 소수집단의 '인정'이라는 면에서는 어느 정도 진전이 있었지만, '재분배'의 영역에서는 여전히 답보상태에 머물기 때문이라고 보고 있다.

결국 다문화주의의 정립을 위해 재분배의 정치와 인정의 정치가 동시에 고려되어야 하고 실천적으로도 두 가지를 통합하려는 프로그램의 지향이 필요하다고 강조하고 있다. 이 과정에서 소수자 권리에 관한 인정과 그들에게 동등한 정치·경제적 권리를 부여하는 일이 복합적으로 이루어져야 한다는 점을 밝히고 있는 것이다(김정규, 2010; 최종렬, 2009; 최종렬 외, 2008).

3) 상호 문화적응과 갈등[3)]

상호 문화적응 모형(Interactive Acculturation Model)은 주류 사회의 문화적응 성향이 이민자들의 문화적응 성향에 큰 영향을 준다고 가정하고 있다(Bourhis et al., 1997). 표 4-1과 같이 주류집단과 이민자 집단 간의 문화적응 성향이 일치하는 경우에는 '조화로운' 관계가, 일치하지 않는 경우는 '문제 있는' 혹은 '대립적인' 관계가 나타난다고 하였다(임동진, 2011 재인용). 이를 통해 주류집단과 이민자 집단 사이에 유사한 문화적 성향이 상호 간 문화적응과 조화로운 관계 형성에 있어서 아주 중요하다는 것을 알 수 있다.

표 4-1 상호 문화적응 성향과 갈등 관계

주류집단 문화적응 성향	이민자 집단의 문화적응 성향				
	통합주의 integration	동화주의 assimilation	분리주의 separation	소외주의 materialization	개인주의 individualism
통합주의 integration	조화로운 harmonious	문제 있는 problematic	대립적인 conflictual	문제 있는 problematic	문제 있는 problematic
동화주의 assimilation	문제 있는	조화로운	대립적인	문제 있는	문제 있는
분리주의 separation	대립적인	대립적인	대립적인	대립적인	대립적인
차단주의 exclusionism	대립적인	대립적인	대립적인	대립적인	대립적인
개인주의 individualism	문제 있는	문제 있는	문제 있는	문제 있는	조화로운

출처: Bourhis et al., 1997; 임동진, 2011 재인용.

상호 문화적응 모형의 관점에서 보면, 사회통합은 단순히 법, 정치, 제도적 측면의 통합뿐만 아니라 주류집단과 이주민 집단의 생활방식, 경제, 국가정체성, 교육, 문화와 같은 사회적 측면의 통합도 의미한다고 볼 수 있다. 사회통합

3) 박미정(2015)의 내용을 일부 발췌·인용함

정책은 이주민의 주류 사회에 대한 적응만을 목적으로 하는 것이 아니라 변화된 사회에 대한 주류집단의 적응도 동시에 추구해야 하는 것이다. 그러므로 조화로운 다문화사회를 이루기 위해서 국민과 이주민 모두 공존할 수 있는 사회통합의 원칙을 찾아내는 것이 앞으로의 중요한 과제이다.

2. 한국 다문화사회의 갈등

1) 한국사회 다문화 갈등의 배경4)

한국 다문화사회의 특성으로 고려해 볼 때 한국사회는 민족주의, 순혈주의를 강조하면서 단일 민족국가라는 것을 교육해왔다. 이러한 배경으로 인해 이주자와 타문화에 대한 배타적인 입장이 강한 반면, 저출산과 고령화 사회로 진입한 한국사회가 안고 있는 문제를 해결하기 위한 방안으로 외국인근로자와 결혼이민자를 받아들일 수밖에 없는 상황이다.

이주자들은 다양한 목적으로 한국으로 이주하였고 자국의 문화와는 다른 이질적인 문화를 접한다. 한국사회는 이주자의 출신국이나 인종 등에 따라 차별적으로 선호하는 경향이 있는데 선진국 출신 이주자에 대해서는 보다 우호적인 태도로 적극적으로 호의를 베푼다. 그러나 동남아 국가 출신이나 저개발 국가 출신의 이주자에 대해서는 무시하거나 경계하는 태도를 보인다. 무시나 차별을 경험한 이주자들은 한국인에 대해 부정적 또는 견제를 하는 심리적 자세를 취하게 된다.

한국은 2000년 이후 다양한 이유로 외국인근로자가 증가했는데 이들에 대한 차별이 여전하다. 한국도 국제인권규약에 가입한 상황임을 비추어 볼 때 인종, 국적, 종교 등의 이유로 차별을 해서는 안 되는 책임과 의무가 있다. 하지만 현

4) 김판준(2013)의 내용을 일부 발췌·인용함

실에서 빚어지는 차별적 대우나 무시와 편견으로 갈등이 심화될 수도 있다.

문화의 다양성을 가진 다인종의 이주자들이 원주민과의 조화를 이루지 못할 경우에는 갈등이 발생하기 쉽다. 이주자가 급격히 증가하면서 정부는 그들에 대한 효과적인 관리가 어려워지고, 특히 원주민과 동등한 지위를 부여해야 하는 법적·제도적 보장에 부담을 안게 된다. 더구나 글로벌 시대에는 국제경쟁의 통합과 무국경화 현상에 대응하여 사업의 영역을 세계로 확대해야 하는(황인태, 2008) 상황에서 국제이주자들의 이동이 증가추세에 있는 것은 피할 수 없는 현실이다. 이에 바람직한 대응을 위한 방안을 모색하는 것이 한국사회의 과제이다.

2) 한국사회의 다문화 갈등의 요인[5)]

한국사회에서 다문화사회의 차별과 갈등을 초래할 수 있는 원인과 대응은 다양하게 나타난다. 다문화사회의 차별은 문화와 제도, 인권 침해의 차별적 태도와 행위 등으로 다양한 차원의 영역에서 일어난다. 한국 다문화사회에서 다문화 차별과 관련된 구체적인 내용들을 정리하면 표 4-2와 같다(황갑진, 2015).

표 4-2 다문화 차별과 관련된 내용 구분

분류		내용
원인	제도	산업연수생 제도, 노동허가제와 고용허가제, 재한외국인 기본법, 외국인 고용에 관한 보호 법률, 재외동포법, 방문취업제, 미등록 노동자 정책, 국적법 개정(헌법 위배), 차별금지법, 국제협약 비준, 다문화가족 지원법, 조례, 각종 기념일 제정, 기구 설립과 축소, 최저임금법 개악, 제도의 획일성 등
	문화·태도	피부색 편견, 비백인 편견, 범죄자 인식, 사회불안 요인, 약자 탄압, 혼혈 거부, 일자리 축소 편견, 도구적 의식(상품화, 씨받이, 노동력 등), 인권실태조사 내용, 배제와 차별 태도, 한민족 단일문화, 전통적 여성상 강조, 상업적 문화(결혼알선업체), 다양성의 권리, 집단주의, 난민불인정 등
	인권·차별	제도적 차별, 인종차별, 외모 차별, 폭언과 폭력, 성추행, 임금체불, 장시간노동과 강제

5) 황갑진(2015)의 내용을 일부 발췌·인용함

분류		내용
		노동, 여권압류, 미등록 노동자 비인간적 단속과 추방, 열악한 작업과 거주 환경 등
	종교	종교 편향성

출처: 황갑진, 2015. 수정 후 재작성.

다문화사회의 차별과 갈등에 연관된 주요 내용들을 분류하여 보면 인권과 차별을 언급한 내용이 가장 많았고, 다음으로는 제도, 문화·태도에 관한 순으로 많은 반면에 종교에 대한 언급은 거의 없었다. 사회운동이 차별의 결과라는 면을 감안하면 다문화사회의 차별 및 갈등과 가장 연관이 있는 요인은 인권과 차별 의식, 제도, 사회구성원의 문화와 태도를 들 수 있다. 한국 다문화사회 관련 제도와 문화, 태도와 의식은 다문화적 차별과 갈등을 발생시키는 주요 요인인 것이다. 이는 한국사회는 다문화사회에 적합한 제도와 문화, 태도와 의식, 특히 인권과 평등의식이 부족하다는 의미로 해석할 수 있다. 그러나 한국의 경우 아직은 종교적 요인은 다문화사회의 차별과 관련이 적은데 앞으로 그 추이에 집중해 볼 필요가 있다.

사회운동은 사회적 차별에 관한 집단적 해결을 위한 노력을 의미하며, 행사와 교육 그리고 지원은 차별이나 갈등 해결을 위한 대안적 노력이 될 수 있다. 다문화사회의 차별 관련 요인으로 분류된 제도, 문화와 태도, 인권과 차별 영역의 구체적인 내용들은 한국 다문화사회에서 차별의 원인을 구체적으로 이해하는 데 매우 중요하다.

(1) 제도적 원인

제도적 측면에서 이주자에 대한 차별의 대표적인 사례는 2007년 위헌 결정된 산업연수생제도와 2003년 제정된 고용허가법이다. 산업연수생제도는 실질적으로 중소기업의 인력난을 해소하기 위한 제도였으나 산업연수생이라는 이유로 노동자로서 권리가 보장되지 못하여 저임금, 장시간 노동, 산재보험도 미적용하는 문제가 있었다. 이들의 다수는 여권압류와 임금체불, 감금노동과 폭행 및 폭언, 협박과 같은 사업주에게 횡포를 당하는 경우도 많았다. 이러한 문제로 산업연수생제도가 폐지되고 노동허가제 혹은 고용허가제의 도입에 대한 논의를 하게 되었다. 이주노동 관련 단체들의 지속적인 폐지 주장에도 불구하고 중소기업협동중앙회, 재계 그리고 일부 국회의원들의 반대 때문에 산업연수생제도는 2007년에 위헌 결정이 나서 폐지되었다. 고용허가제는 외국인근로자를 공식적으로 노동자로 인정하고 노동권을 보장하기 위해 2004년부터 실시되었으나, 근로계약은 기본 3년과 추가 1년 10개월로 제한[6]되고, 노동 3권은 제한되는 경우가 많다. 또한 사업주의 권한으로 노동자의 직장 이동의 선택이 제한되는 문제점이 있다. 직장을 변경하기 위해서는 사업주의 허가를 받아야 하고, 사업장 변경에 대한 허가를 받더라도 3개월 이내에 취업해야 한다. 고용허가제는 일반 노동자와 다르게 매년 계약 갱신의 권리나 직장을 그만두거나 옮길 권리, 원하는 동안 일할 권리, 가족의 재결합이나 만날 수 있는 권리가 부여되지 않았다. 산업연수생제도와 고용허가제의 문제점들로 인해 미등록 외국인근로자가 양산되었으며, 미등록 외국인근로자의 증가로 인한 단속·추방 과정에서 심각한 인권문제가 발생하는 등 여러 갈등 요인이 있다.

미등록 외국인근로자 발생의 원인을 크게 세 가지로 정리하면 다음과 같다(황갑진, 2015). 첫째, 1990년대 초 한국정부가 3D 산업의 노동력 부족 문제를 해결하기 위해 산업연수생으로 불러들이고는 연수생이라는 이유로 노동 3권을 보장하지 않은 것이다. 그래서 이들은 회사에서 이탈하고 미등록 체류자가 되었다. 둘째, 산업연수생 제도의 문제를 인지하고 관광비자로 입국하여 일하는 외국인근로자가 증가했다는 것이다. 셋째, 자본주의 사회에서 이윤 추구만을 목적으로 하는 고용시장이 원인이다. 정부는 국내의 노동력 부족을 해결하기 위해 수만 명의 외국인근로자들을 고용허가제로 불러 투입하고 있으나, 사람의 인권에는 관심이 없고 이윤 추구와 통제에만 집중해서 외국인근로자의 불만이 점점 커지고 있다.

---

6) '성실외국인 재입국 특례제도'로 요건이 충족되는 자에 한해 재입국 고용허가를 신청한 경우 추가 1회에 한해 4년 10개월 체류가 가능해졌다.

이러한 산업연수생과 고용허가제의 문제점과 미등록 외국인근로자에 대한 비인간적인 단속은 외국인 고용관련법, 차별금지법, 국제협약 비준 등에 관한 논의를 촉발시켰다.

또한 우리나라는 유엔 인권이사회, 유엔 경제·문화·사회적 권리위원회 등에서 차별금지법 채택 권고 및 촉구를 받았지만 포괄적인 차별금지법을 채택하지 못하고 있다. 국적, 인종, 종교, 성적 지향 등에 대한 차별금지법을 채택하는데 있어 여러 장벽에 부딪히고 있는 실정이다.

국제결혼과 관련한 제도를 보면 국제결혼가정의 빈곤, 문화 차이, 언어 문제, 세대 차이와 같은 다양한 요인으로 발생하는 가정 폭력은 시급히 개선해야 될 문제이다. 여성가족부 산하 이주여성긴급지원센터의 상담실적은 매년 증가하고 있으며 가정폭력 피해상담도 최근 몇 년간 계속 늘어나고 있다. 문제는 결혼이주여성의 체류에 관한 남편의 선택과 영향력이 크게 작용한다는 부분이다. 체류기간 연장 과정에서 남편의 신원보증제도가 폐지되었지만 현실적으로는 남편의 조력이 필요하고, 가정폭력 피해 입증도 어려워 남편에게 종속되는 부당한 상황에 처해 있는 경우도 많다. 이러한 현 제도는 남성 중심적이며 이주여성의 인권을 침해한다는 점에서 개선이 요구되고 있다.

(2) 문화·태도와 다문화사회의 차별

문화와 태도 측면에서 많이 언급되는 내용은 한국인의 인종차별적 태도이다. 한국인은 역사적으로 수많은 위기를 함께 극복하는 과정에서 단일민족으로서의 강한 연대감을 형성하였다. 이는 민족 단합과 발전을 위한 긍정적인 동력으로 작용하기도 했지만 타민족이나 타문화에 대한 부정적 인식과 차별로 이어지기도 했다. 특히 일제 식민의 경험과 6.25 전쟁을 거치면서 경제 발전의 초기에는 서구 문화에 대한 선호도가 높고 백인에 대한 열등의식을 가졌던 것에 반해 경제 성장을 통해 선진국에 진입한 현재는 오히려 발전이 늦은 개발도상국의 이주민들에 대해 무시하는 경향을 보이고 있다.

한국인의 이러한 이중적 태도는 단일민족주의와 천민자본주의에 기인한 인종차별적인 의식에 기인하고 있다고 볼 수 있다. 결혼이민자나 외국인근로자를 인간으로 대하기보다 수단이나 상품으로 취급하여 인격적으로 무시하는 행위는 다문화사회를 맞이하는 자세로 부적절하다. 세계화시대의 다문화 사회통합을 실천하기 위해서는 다문화사회의 수용과 문화다양성에 기반한 인식의 전환이 요구되고 있다.

(3) 인권·차별의식과 다문화사회의 차별

아직도 한국사회는 인권의식의 부족과 차별의식으로 이주자의 인권을 무시하고 차별을 하는 행위들이 많이 발생하고 있다. 다문화가족구성원들이 경험하는 한국의 인종차별주의는 대부분 가부장적 혈통주의, 국가별 경제력 차이에 따른 차별과 결합되어 나타난다.

외국인근로자와 관련된 산업연수생제와 고용허가제로 인해 발생한 인권침해와 차별에 대한 사례는 매우 많다. 고용허가제는 외국인근로자의 직장이동 허가권을 사업주에게 주어 외국인근로자의 직장이동의 자유를 제한하고 있다. 외국인근로자들은 열악한 작업환경에서 저임금, 강제 노동, 차별적 임금과 임금체불, 폭언과 폭행, 성희롱, 높은 산업재해와 질병, 퇴직금 미지급 등 많은 차별문제와 인권침해를 경험하고 있다.

고용허가제의 문제점으로 인해 많은 외국인근로자는 위험하더라도 자유롭고, 임금도 많고, 편하게 살 수 있는 미등록 체류자의 길을 택하고 있다. 그러나 미등록 이주노동자 단속을 진행하는 과정에서 인권침해는 여전히 큰 사회문제로 남아 있다. 미등록 외국인근로자의 단속 및 강제추방정책은 인권적인 면에서 많은 문제점을 노출하고 있다.

(4) 종교 갈등[7)]

다문화사회로의 변화는 다양한 인종과 문화가 공존하는 사회를 만들어 가는 과정이다. 따라서 사회통합의 과정에서 종교는 사회의 지배적인 규범과 가치를

7) 박성호(2012a), 성해영(2012)의 내용을 일부 발췌·인용함

정당화하면서 사회구성원들에게 공통된 집단의식을 형성하게 하며 이를 통해 사회질서와 통합을 가능하게 한다.

특히 종교는 이주민들에게 확고한 정체감을 부여하여 낯선 문화와 공간에 자연스럽게 통합되도록 돕는다. 이타적 인간애에 기초하여 성립된 종교의 조직은 이주민들의 삶에 필요한 여러 가지 정보를 제공하고 어려움을 서로 도와 이겨내도록 하는 상호 부조의 기반이 된다. 또한 종교 조직은 내국인들과 이주민들이 종교적 교리에 입각한 친밀한 인적관계를 형성하게 만들어 편견과 선입견을 없애도록 돕고 사회 통합의 초석을 놓기도 한다.

그러나 종교는 절대신념체계이자 구조적 세계관으로, 절대신념체계는 다른 신념체계와 만나면 갈등을 유발하게 되므로 다종교사회의 사회통합은 복잡한 양상을 보인다. 한국은 세계에서 그 유래를 찾기 어려울 정도로 다종교사회이다. 유교, 불교, 카톨릭, 개신교, 원불교, 이슬람교 등이 서로 영향을 미치며 공존하고 있다. 현재 한국사회에서 종교간 갈등이 전혀 없는 것은 아니지만 사회통합을 위협할 만한 문제는 아직 발생하지 않았다. 하지만 다문화사회가 심화될수록 다양한 인종과 종교가 공존하게 되면서 종교 간의 갈등이 심화될 수도 있다.

다문화사회는 불가피하게 종교 다원화 현상을 초래할 수밖에 없다. 하지만 특정 종교의 사람들은 다른 종교와 평화적인 공존을 거부한다. 일부 외국인들은 한국 내에서도 자신들의 문화와 종교를 고집하고, 게토를 형성하며 종교적·문화적 우월감을 갖고 한국문화에 적응하기를 거부하고 있다. 특히 현재 유럽에서는 반 이슬람주의를 내세운 극우파와 이슬람 과격 세력 간에 충돌과 테러 위협이 일상화되고 있다. 이슬람은 정교분리를 인정하지 않으며, 일부 이슬람주의자들은 종교적 이데올로기와 가치관을 전도를 통한 설득으로 확산하기보다는 폭력적 수단으로 강요한다. 결과적으로 많은 국가들이 이슬람교의 무슬림들로 인해 갈등을 겪고 있는 것이다. 하지만 모든 무슬림들이 다 이와 같이 과격한 것은 아니다. 온건 무슬림들은 대체로 거주 국가의 문화와 사회에 적응하려고 노력하고 있다. 이에 무슬림에 대한 무조건적인 차별과 편견의 태도는 지양해야 한다.

한국사회에서도 서구사회에서 발생한 이슬람의 문제로 인하여 이슬람에 대한 공포와 혐오를 통한 편견을 갖게 되었고, 이를 배척하려는 종교적 갈등의 조짐도 보이고 있다. 특히 이들이 보여주는 종교와 문화의 단편들이 한국사회의 일반적인 문화와 기본적 인식과 많은 차이를 보이면서 차별적인 태도를 형성하게 만들었다. 한국도 다문화사회에서 종교가 오히려 갈등과 분열의 주요 원인이 될 수도 있다는 점을 시사한다.

하지만 예로부터 한국은 유·불·선 통합사상 등 타종교에 대한 관대성, 종교간 화합을 중시하는 전통과 문화가 있다. 이주민들을 포용할 수 있는 정책 마련을 위해 종교에 대한 명확한 인식과 수용을 바탕으로 한 종교 갈등에 관한 대안을 제시하는 것이 중요하다.

3. 한국사회의 다문화 갈등의 실제

1) 갈등의 원인[8)]

다문화사회의 문제는 기존의 우리 사회가 겪은 사회문제들과는 완전히 다르다. 그것은 우리 사회가 다문화사회의 구성원인 외국인들의 자격과 권리에 대해 명확한 입장을 갖고 있지 않다는 데에 기인한다. 현재까지 한국사회에서 외국인은 사회적 소수집단의 한 구성원으로서 인정되지 않으며, 그들의 자격과 권리와 관련된 문제들은 주류 사회에 심각하게 받아들여지지 않는 상황이라는 것이다. 구체적으로 살펴보면 외국인근로자는 단기순환 정책과 외국인 정주화 방지 원칙에 기반하여 일시적 노동력으로만 존재할 뿐, 노동자로서 권리나 의무에 관한 보장을 받지 못하고 있다. 결혼이민자들은 가부장적 가족 체계에 개

8) 김성근(2013)의 내용을 일부 발췌·인용함

별적으로 동화되어야 할 대상으로만 인식되었다. 이에 최대한 빨리 한국어를 배우고 한국문화에 적응하는 것이 강조될 뿐이었다. 지금까지 다문화사회와 관련된 사회문제는 단순한 '사회문제'로만 존재할 뿐 '다문화사회의 사회문제'로 인식되고 있지는 않았다. 아직 우리 사회가 이주민들을 하나의 소수자로 인정하지 않아도 그들이 겪는 문제들이 사회적으로 큰 반향을 일으키지 않고 있으나 그들의 수가 늘어나 본격적인 사회적 소수자로 인정해야 하는 시기가 오면 그들이 현재 겪는 사회문제들은 소수자 무시라는 측면에서 사회갈등에 직접적인 영향을 주는 요소로 작용하게 될 것이다. 이주민들은 한국사회에서 소수자 무시와 편견과 차별에 목소리를 내기 시작했다고 볼 수 있다. 이런 측면에서 볼 때 한국의 다문화정책이 이주 당사자들의 입장을 고려하지 않고 계획되고 집행된다는 비판을 받는 것이고(서문기, 2004; 오경석, 2009), 한국의 다문화주의 논의가 문화적인 다양성을 고려하기보다는 보편적 한국문화에 적응을 하기 위한 사회통합의 양상으로 진행되어 이주민을 온정주의적으로 대상화하는 면이 강하다(박경동, 2007).

앞으로의 인구구조 변화를 고려하여 볼 때 한국사회가 경험하고 있는 저출산·고령화 현상에 대한 대책은 현실적으로 외국인들의 이민을 허용할 수밖에 없기 때문에 외국인의 증가는 사회적 갈등의 요인으로 작용할 것이다(강휘원, 2006; 김범수, 2008; 최종렬 외, 2008).

2) 다문화가정의 갈등과 문제점[9]

(1) 국적 취득 및 인권문제

결혼이민자의 국적 취득 문제는 정착과 인권에 관련된 중요한 사항이다. 결혼이주여성의 경우 결혼 후 한국 국적 취득 시 긴 시간이 요구되고, 국적 취득 과정에서 불합리한 요소들, 특히 남편의 동의를 반드시 필요로 하는 요건 등으로 인하여 많은 어려움을 겪었다.

9) 김현미(2018), 김성근(2013), 김미정(2011)의 내용을 일부 발췌·인용함

최근 들어 불합리한 요소들이 시정되면서 법적으로는 조건이 개선되고 있으나 결혼이주여성에게 국적 취득 과정은 기본적 인권문제라는 점에서 정책적 배려가 지속적으로 요구된다. 또한 결혼이주여성의 경우 인신매매성 국제결혼 중매, 결혼 후 가정폭력 및 학대의 문제들이 빈번하게 제기되는 것은 중대한 기본적인 인권침해로 볼 수 있다. 따라서 결혼이주여성의 기본권을 보장을 위한 대책이 요구된다(지은구 외, 2015).

한국의 국제결혼의 대부분은 브로커를 통한 중매혼인으로 이루어진다. 이 중매결혼 과정이 동등한 개인 간의 애정에 기반한 사회적 결합이라기보다 신부를 사고판다는 식의 부정적 인식이 강하다. 이러한 인신매매성 국제결혼에 관한 이주여성들의 인권차원 문제가 지속적으로 제기되고 있다. 결혼이주여성의 남편과 시댁은 이들을 소유물로 간주하고, 간섭과 통제의 대상으로 여긴다. 결혼한 후에도 이러한 여성의 '물화'가 끝나는 것이 아니다. 결혼이주여성이 나쁜 친구들과 어울리거나 잘못된 정보교환으로 통해 가출이나 도주로 이어질지도 모른다는 생각으로 남편이나 시댁이 결혼이주여성의 외부출입을 제한하거나 억압하는 경우도 있다(김민정, 2012). 기본적으로 한국으로 이주한 결혼이주자들, 특히 동남아시아에서 이주한 결혼이주여성들의 경우 소수자로서의 약점과 사회적인 물화의 피해를 동시에 경험하고 있다. 여기에 대부분 이들이 결혼하게 되는 사람들의 경제적 지위가 그렇게 높지 않다는 점을 생각해 보면(박경동, 2007; 이혜경, 2012; 임형백, 2009b), 동남아시아 출신 결혼이주여성들은 매우 복잡한 갈등상황에 놓여 있다는 것을 알 수 있다.

(2) 저소득 및 빈곤

결혼이주여성이 국제결혼을 선택하는 주요한 이유 중의 하나는 개인의 경제적 안정, 결혼을 통해 본국의 가족을 부양할 수 있다는 기대를 하기 때문이다(김이선, 김민정, 한건수, 2006; 김이선, 마경희, 선보영, 최호림, 이소영, 2010; 김이선, 황정미, 이진영, 2007; 박경동, 2007). 또한 결혼중개업자들도 경제적 원조를 중요한 홍보수단으로 활용하고 있다. 이러한 배경에서 출발한 다문화가정의 결혼이 서로의 사랑을 전제로 하는 것이 아니라 경제적 목적을 이루기 위한 것일 경우 부부관계가 원만하지 못할 가능성이 높다(김수희, 전성희, 2012).

현실적으로 농촌과 도시 하류층의 남성들과 결혼을 하여 심각한 경제적 어려움을 겪는 경우도 많은 것으로 나타난다(김이선, 정해숙, 이정덕, 2010; 임형백, 2009b; 최홍 외, 2010). 언어문제를 제외한다면 결혼이주여성이 겪는 가장 큰 어려움은 경제적 문제이다. 결혼이주여성은 언어습득 이전에라도 취업을 원하고 있으며, 이러한 경제적 어려움은 주로 국제결혼 한국남성의 경제력이 약하다는 점을 시사한다. 이렇게 한국인 배우자가 원하는 경제적 도움을 주지 못한다는 사실은 부부갈등의 주요 원인이 되기도 한다(박경동, 2007; 박미경, 엄정애, 2007; 설동훈, 이혜경, 조성남, 2006). 대다수의 결혼이주여성들이 친정에 송금하고 있는 것으로 나타났는데, 남편이나 시댁은 대체적으로 친정으로 송금하는 것을 용인하면서도, 정기적으로 하거나 남편의 소득으로 송금하는 것에 대해서는 꺼리는 것으로 나타났다(김민정, 2012). 결혼이주여성들의 남편들도 대부분 경제 사정이 좋지 않기 때문에 처가에서 주택을 구입하거나 병원비를 이유로 송금을 요청하는 경우에 당황하기도 하는 것으로 나타났다(김유순, 오영숙, 안현화, 2012). 한편 결혼을 결정할 때 경제적 동기가 강할수록 한국에서 취업하기를 희망하고 아이를 갖는 것을 꺼려하여 자녀를 원하는 남편과 결국 이혼을 선택하는 경우도 있다(김민정, 2012).

결혼이주여성은 경제활동에 참여 시 개인적 생활의 문제, 가족이나 사회관계의 어려움 등 장기적인 갈등에 적응하면서 많은 문제 상황에 직면한다. 결혼이주여성은 경제활동 참여시 의사소통 문제, 저임금과 장시간 노동, 일-가정의 양립 등 다양한 문제점이 나타난다. 다문화가족의 경제적 상황은 일반 가족과 비교하여 평균적으로 매우 낮은 노동시장 지위, 경제적 수준의 삶을 살고 있다(전숙자 외, 2009). 저소득 및 빈곤으로 인해 결혼이주여성들은 구직활동을 하게 된다. 그러나 이들이 취업하는 일이 쉽지만은 않다. 이들은 여성 노동자 일반이 겪는 어려움인 일과 가정의 양립, 취업정보의 부족과 함께 한국어 능력 부족, 한국 문화에 대한 이해 부족, 이주로 인한 사회적 지위와 자아 정체감 혼란과 같은 이주민으로서의 어려움도 함께 해결해야 하기 때문이다(장서영 외, 2009).

결국 결혼이주여성들이 경험하는 저소득, 빈곤 등의 문제들은 단순히 개인적 차원에서 가정불화나 이혼으로 끝나는 문제를 넘어 집단으로서 결혼이주여성의 노동시장 참여와 관련하여 이들에게 이중의 갈등요소를 경험하게 한다는 점을 확인할 수 있다.

(3) 다문화가정 자녀의 갈등과 문제

결혼이주여성들은 자녀양육과 교육문제에서 많은 어려움을 겪고 있다. 또한 이주여성들이 자녀를 양육하는 데 있어서 언어습득과 의사소통의 어려움도 큰 문제로 작용한다. 다문화가정의 자녀들은 어릴 때부터 한국말이 서투른 외국인 어머니로부터 교육을 받으며 성장하기 때문에 비다문화가정의 자녀에 비해 언어발달이 느리고, 상급 학교에 진학하고 나서도 수업에 대한 이해도 저하 및 학습 부진으로 이어진다고 한다(강성률, 2009). 어머니의 한국어실력이 좋을수록 자녀의 학교생활 적응이 높게 나타난다는 점을 통해 국제결혼 여성의 한국어 능력이 자녀의 생활에 영향을 미친다는 것을 알 수 있다(김수희, 전성희, 2012). 다문화가정 자녀들은 이렇게 비다문화가정과는 다른 특수한 환경에서 오는 다양한 문제들에 의한 심리적·정서적 갈등을 겪으며 성장할 가능성이 높기 때문에 부모-자녀의 관계에서도 어려움을 경험할 가능성이 크다(김수희, 전성희, 2012). 특히 다문화가정의 자녀들은 다문화가정에 속해 있다는 이유만으로 학교에서나 친구와의 관계에서 갈등과 어려움을 겪는 사례가 많은 것으로 나타났다. 다문화가정의 자녀들은 어려서부터 주위의 놀림과 집단 따돌림, 왕따, 냉대, 편견 등을 경험하며 정서적인 충격을 받게 되는 경우가 많고(김유순 외, 2012; 오성배, 2005; 이영주, 2007; 조영달, 윤희원, 박상철, 최인영, 2006), 이러한 가치관 발달·성장 과정에서의 정서적 혼란과 가치관 형성의 어려움은 다문화가정 자녀들의 사회적응과 취업, 혹은 사회적 소외나 범죄 문제까지 광범위한 영향을 미치게 될 가능성이 높다. 다문화가정의 자녀들이 사회적 소수집단으로 인정될 정도로 늘어난 경우를 가정해 보면 이들은 사회로부터 여러 가지 개인적 차별을 경험하고 동시에 교육의 부족으로 인하여 경제활동 참여 과정에서 배제나 실패를 경험할 가능성도 높기 때문에 이들과 관련된 사회갈등문제도 심화될 것으로 보인다.

(4) 문화적 갈등

문화적 갈등은 문화적 배경의 차이에서 오는 문제이다. 결혼이주여성들은 한국문화와 한국적인 생활방식을 강요하는 남편과 시댁 식구들과의 갈등으로 인해 고통을 받고 있다. 가부장적 권위의 남편과 시댁 문화에서 문화 갈등을 경험하게 된다. 한국의 가부장적 문화에 결혼이주여성들이 무조건 편입되기를 강요하면서 결혼이주여성 출신국의 문화와 생활방식을 전혀 이해하려는 노력이 부족하고 자국의 문화와의 차이로 인해 혼란과 어려움을 경험하고 있다. 유교적 문화, 남존여비사상, 시부모와의 관계에 대한 몰이해, 관혼상제의 미숙, 한국요리의 어려움, 종교와 가치관의 차이, 음주와 사생활의 차이 등으로 갈등이 빚어질 수 있다(최선화 외, 2014). 또한 지역사회의 문화적 대응력 부족의 문제이다. 다문화에 대한 지역주민의식의 인식 부족과 부재, 문화적 접촉의 증가에 따른 문화 충격과 갈등에 대한 공식적·제도적 대응책이 부재한 상황에서 지역사회 내에서 발생하는 다문화적 상황으로 인한 갈등이 발생하게 된다. 특히 지역사회에 통합되지 못한 결혼이주여성 가정과 지역사회 사이의 갈등이 사회문제의 원인으로 작용할 수 있다.

(5) 사회적 관계의 어려움

결혼이주여성들은 사회적 관계 형성에 어려움이 있다. '사회적 관계'는 결혼이주여성이 주변 사람들과 맺는 관계를 의미한다. 한국에 정착하는 외국인은 한국의 가부장적 가족중심주의, 연고주의, 지역주의, 혈연주의 등 폐쇄적인 구조의 사회 연결망 속에서 사회 적응은 물론 관계 형성에 어려움을 겪고 있다.

결혼이주여성들이 겪고 있는 사회적 갈등을 해소하기 위해서는 그들의 한국사회에 적응과정에서 나타나는 사회적 관계망의 특징을 알아 볼 필요성이 있다(김민정, 2012). 결혼이주여성들에게 있어서 사회적 관계망은 중요한 사회적 자본으로 작용하기 때문이다. 그러나 결혼이주여성들은 사회적 관계의 형성 과정에서 많은 어려움을 겪고 있다. 대부분의 결혼이주여성들은 남편이나 가족을 제외하고는 일상에서 가까운 관계를 유지하는 한국인들이 거의 없고, 주로 본국에서 온 가족이나 같은 출신국 친구들에게 어려운 일이 있을 때 도움을 청하거나 친밀성을 나누면서 정서적 안정을 꾀하고 있다. 자녀교육에 관한 정보를 교환하는 경우에도 동일국가 출신 이주여성들과 긴밀한 유착관계를 형성하여 정보를 교환하며, 갑자기 어려움에 처하거나 위급한 상황이 발생했을 때에도 한국가족보다는 본국출신 이주여성에게 도움을 요청하고 있음을 알 수 있다. 이를 통해 한국어에 능통한 결혼이주여성의 경우에도 마찬가지로 한국어 능력이 향상되고 취업이나 사회참여가 늘어났음에도 불구하고 사회적 네트워크는 강화되지 못하고 있다는 것을 알 수 있다.

이들이 원활한 사회적 관계를 유지하지 못하는 이유 가운데 하나는 결혼이주여성에 대한 선입견과 편견을 들 수 있다. 자신들에 대한 지나친 관심과 주로 경제적인 이유로 한국 남성과 결혼했다는 선입견을 갖고 있다는 것을 부담스러워 한다. 특히 상대적으로 경제수준이 낮은 출신국에 대한 무시도 이들을 불편하게 만든다. 결혼이주여성들이 사회적 관계에서의 문제는 대부분 그들의 문화 및 정체성 등에 대한 한국사회의 무시와 편견의 태도 때문이라고 해석할 수 있다.

(6) 언어와 자녀 교육 문제

결혼이주여성들은 언어의 소통이 자유롭지 못하여 가족들에게 자신의 의사와 감정을 표현하고 전달하는 것에 많은 어려움을 겪고 있다. 대다수 결혼이주여성들이 한국어 습득의 기회를 갖기도 전에 출산과 가사를 책임져야 하는 상황으로 일상생활 적응에 어려움을 겪고 있다. 가부장적인 한국 문화와 정서로 인해 부부갈등, 고부간의 갈등을 겪는 경우가 많다. 뿐만 아니라 한국의 전통문화와 가치관, 전통을 따르기를 강요받는 사례도 나타난다. 한국어 능력 부족은 이웃과 공동체와의 교류에도 영향을 끼칠 수 있는데, 결혼이주여성들 가운데 한국어가 능숙하지 못한 경우 자녀들 유치원 또는 초등학교의 학부회, 선생님과 상담, 남편 친구모임 참석 등에 적극적으로 참석하기 어려운 경우가 많다(김민정, 2012).

다문화가정 자녀의 교육문제도 심각하다. 한국말이 서툰 외국인 어머니의 교육으로 인해 자녀들이 언어를 습득하는 가장 결정적 시기인 영·유아기에 언어발달이 늦어지고 사회성 발달에도 영향을 줄 수 있어 자녀가 성장 과정 동안 양질의 양육환경을 제공하는데 어려움이 있다(김미정, 2011). 결혼이주여성인 어머니와의 소통 및 모국어의 습득에 어려움이 있어 자녀가 발달성 언어장애를 겪는 경우가 있으며, 고학년으로 갈수록 아동의 학습에 문제가 발생할 수 있다(최선화 외, 2014). 한국사회에서 다문화가정 학생들은 학교 내에서 또래들의 놀림과 소외를 당하거나 폭력과 따돌림의 대상이 되기도 하며, 학교부적응, 학습부진, 학업 중도 탈락, 낮은 진학률과 취업률 등 심각한 상황에 놓여 있다(김범수 외, 2010). 자녀교육문제에 대해 전문적으로 도와주는 사람이나 단체·기관도 부족하다. 한국사회의 배타적 민족주의 문화 때문에 주변의 부정적 시선, 집안 식구로부터 배척 등으로 다문화가정의 부모와 자녀들은 가정과 사회로부터의 소외감, 정신적 긴장감, 고독과 긴장을 경험하며 살아가게 된다. 부모의 가치관과 생활태도가 다른 이중문화적 성격을 지닌 국제결혼가정으로부터 태어난 다문화자녀들은 성장하면서 많은 문화적 갈등과 가치관의 혼돈을 겪게 된다. 따라서 이들에 대한 교육과 지원 정책이 반드시 요구되는 것이다.

결론적으로 결혼이주여성의 한국어 습득은 자녀의 성장과 교육에도 큰 영향이 있으며 제대로 된 의사소통의 부재로 인해 자녀는 부모의 국적·문화 간 차이로 정체성의 혼란을 경험한다(최명민 외, 2015). 이로 인해 다문화가정 자녀도 한국사회 내에서 소외계층으로 차별을 받으며 살아갈 가능성이 있다.

(7) 결혼이주여성의 가정폭력 경험

결혼이주여성들은 가정폭력의 가능성에 노출되어 있는 경우가 많지만 실제 남편에게 폭력을 당하는 경우 이 문제를 해결할 수 있는 방법이 많지 않은 것이 현실이다. 가정폭력과 같은 극단적인 갈등이 지속해서 존재할 경우 이혼 또는 신고가 현실적인 대안이 될 수도 있지만 결혼이주여성이라는 특수한 지위가 이러한 결정을 어렵게 만드는 것이 사실이다. 결혼이주여성은 여성이며 이민자라는 이중적 지위를 지녔다고 할 수 있지만 실상은 이들이 우리나라 여성이 겪고 있는 사회적인 불평등에 더하여 문화적 정체성을 인정받기 어려운 이민자이자 여성이라는 이중의 불평등 속에 존재한다는 점을 고려해야 한다. 이들은 자녀에 대한 책임감, 배우자에 의존하고 있는 체류자격, 본국에 있는 가족들의 부양 책임감 등으로 인해 신고나 이혼을 선택하는 것이 어렵다는 점에서 이중의 불평등을 여실히 보여준다(김이선, 마경희 외, 2010; 설동훈 외, 2005; 정기선 외, 2007). 또한 실제 다문화가정 내에서 벌어지는 폭력 문제가 형사 처분 등 법적 제재로 진행된 경우는 그리 많지 않다. 따라서 이러한 이중의 불평등이 지속해서 결혼이주여성에게 적용될 경우 개인적인 차원의 문제가 사회적 차원에서의 갈등문제로 확대될 가능성이 높다. 하지만 이혼의 선택이 어려운 현실 가운데에서도 다문화가정의 이혼이 계속 지속되고 있다는 점에서 만약 다문화가정 이혼이 일정 수준 이상으로 증가한다면 지금보다는 더 큰 갈등이 표출되고 확대될 수 있을 것이다.

(8) 배우자와의 의사소통

결혼이주여성들의 적응 및 정착을 위해 가장 중요한 요소는 가족과의 정서적·심리적 결합이다. 이들은 초기 입국하여 가장 많이 의지하는 사람이 배우자이며, 가족을 통해서 한국사회의 문화, 가치관, 생활방식을 익히게 된다. 이를 원활하게 하기 위한 필수 전제가 한국어 습득이다. 그러나 한국어 습득은 단시간에 이루기 어려운 과제이며, 개인차가 있다. 결혼이주여성의 한국어 능력이 부족한 경우 가족 구성원들과의 의사소통 부재로 연결되어 부부 간의 오해가 생기고 심각할 경우 가정의 파괴로도 이어질 수 있다.

그러나 결혼이주여성의 한국어 능력 향상이 꼭 의사소통 증가로 이어지는 것은 아니다. 자신이나 집안에 어려운 일이 발생했을 때 의논할 상대가 없는 결혼이주여성이 많으며, 자국 출신의 이주여성들과의 소통을 통해서 문제를 해결하고자 하는 경우가 많다.

이에 배우자와의 의사소통 문제는 1차적으로 결혼이주여성의 한국어능력에 있다고 볼 수 있지만 그 이면을 살펴보면 소통을 위한 부부간의 의지와 노력이 중요하다는 것을 알 수 있다. 한국어 프로그램의 적극적인 활용과 지역주민과의 모임 및 행사에 부부가 함께 참여할 수 있도록 하는 것도 필요하다.

(9) 가족해체 문제

국제결혼 부부의 높은 이혼율이 사회문제로 대두되고 현실이다. 국제결혼 부부의 이혼건수는 2000년 1,498건에서 2011년 11.495건으로 최고치를 기록하다 2019년 기준 6,899건으로 다소 하향되었다. 하지만 전체 총 이혼 중 6.2%를 차지하면서 다문화가정의 해체가 중요한 사회 이슈로 등장하게 되었다(통계청, 2020).

'2019 다문화 인구동태 통계'에 따르면 다문화가정의 경우 남편과 아내의 나이 차이가 10살 이상 나는 다문화 부부는 전체 40.9%에 해당될 정도로 큰 비중을 차지한다. 특히 결혼 중개업체를 통해 이루어진 결혼 비중이 높은 다문화가정의 특성상 한국인 배우자는 '결혼·출산'과 같은 자신의 관심사에만 관심을 가질 뿐 외국인 배우자를 위해 출신국가의 언어와 문화를 습득하는 것에는 무관심한 경우가 많다. 따라서 다문화가정 내에서 결혼이주여성은 나이 차이에서 오는 세대 갈등, 한국어 능력의 부족, 문화적 갈등으로 인해 배우자와의 의사소통 부재로 이어져 부부 간의 오해가 생기고 심각할 경우 가정의 파괴로도 이어질 수 있기 때문이다. 부부간의 이해 부족은 가족 관계의 악화로 이어지고 많은 경우에는 배우자에게 언어적·물리적 폭력을 행사하는 경우로 나타난다.

이혼·별거 등으로 인한 가족의 해체는 당사자뿐만 아니라 자녀에게 정서적

· 경제적 고통을 준다. 특히 이혼의 경우 부부는 물론이고 자녀들까지 가족 해체로 인해 극심한 정서 불안을 주게 된다. 또한 해체된 다문화가족은 대다수가 경제적 어려움과 주거 불안을 호소하고 있다. 이혼한 결혼이주여성은 취업이나 사회활동에서 기회의 배제나 차별대우를 경험한 비율도 훨씬 높으며, 건강이나 생계유지 등에서도 열악한 조건에 있으며, 특히 자녀를 양육하고 있는 결혼이주여성의 경우는 더욱 어려운 상황이라 주요 복지 수혜 계층으로 새롭게 부각되고 있는 것이 현실이다.

3) 외국인근로자의 갈등과 문제점[10)]

결혼이주여성들은 국민의 배우자로서 한국사회의 사회통합 대상으로 인식되는 것과는 다르게 외국인근로자들은 처음 외국인근로자 관련 정책을 만들 때부터 언젠가 자국으로 돌아갈 사람이라는 기본적인 가정하에 수용되었다. 이후 정책적인 변화들도 이를 전제로 하여 거의 변화가 없었다(김남국, 2005; 김희정, 2007; 임형백, 2009b).

우리 사회의 저출산·고령화의 문제로 말미암아 외국인근로자의 수용은 어쩔 수 없는 현실이 되었으나 외국인 정책 예산 중 다문화가족지원이 대부분을 차지하고 외국인근로자에 대한 예산과 지원은 고려되지 않고 않는 실정이다.

그러나 외국인근로자와 관련한 사회갈등이 문제가 될 가능성은 결혼이민자보다 높다고 볼 수 있으며, 기존 정책을 한국사회의 다문화 인구구성에 입각하여 외국인근로자를 위한 정책으로 확장해야 한다. 외국인 정책에서의 균형을 맞추는 일은 사회갈등의 관리 측면에서 보면 매우 시급하다고 할 수 있다.

(1) 인권침해

국가는 국익을 증진하고 사회 전체의 통합을 이루는 것을 목표를 하고 있으며, 이를 개별 외국인의 인권과 특수상황보다 우선시하는 경향이 있다. 더불어

10) 김성근(2013), 홍규호(2016)의 내용을 일부 발췌·인용함

다문화가정 지원을 중심으로 진행되고 있는 기존의 다문화정책은 외국인근로자의 인권이라는 측면을 보장하는 데 한계를 가지고 있다.

인권침해의 한 형태로서 외국인근로자에 대한 사내 폭행 및 폭언도 큰 문제로 지적되고 있다. 외국인근로자는 산업연수생, 고용허가제와 같은 노동자의 권리를 보장 받기 어려운 현실 속에서 직장 내 차별, 폭행, 폭언 등을 경험한 바 있으며 자유롭지 못한 직장의 선택이나 비자 문제로 인해 인권 침해에 대해 본인들의 목소리를 내지 못하고 있다. 현행 제도에 따르면 직장 변경의 사유가 신체적인 폭력을 당한다 해도 이를 증명할 수 있을 만큼 명백한 경우에만 이직이 가능하고, 은밀하게 이루어지는 언어폭력이나 성폭력의 경우 현실적으로 피해를 구제할 방법이 없다는 점에서 제도적 대책이 시급히 필요하다(김영주, 2009).

특히 여성외국인근로자의 경우는 노동자로서의 어려움과 여성으로서 겪는 성추행, 성폭력과 같은 위험에도 노출되어 다층적인 인권침해의 여지가 있다.

현재 이주민들의 인권침해를 판단하고 그 구제책을 결정하는 권한이 정부 관계자나 그들이 위임한 한국인들에게 배타적으로 주어져 있는데, 외국인근로자에게 참여의 기회를 전혀 주어지지 않는 현실 자체가 인권침해의 상황이라고 볼 수 있다.

사실상 인권침해는 외국인근로자들에 대한 문화적 무시, 경제적 배제, 그리고 사회적 물화라는 세 갈등의 영역이 공통적으로 작용하기 때문에 이에 대한 대처 방안을 강구하는 일은 매우 어려울 것으로 보인다.

(2) 노동기준법에 어긋나는 관행

외국인근로자는 지리적인 여건상 입국 전에 당사자 간 직접적인 근로계약 체결이 불가능하다는 것을 악용하여 사업장 측에서 외국인근로자들이 입국한 이후에 근로계약을 바꾸는 경우가 상당히 많다. 실제 근무내역과 입사 당시 작성한 근로계약서가 일치하지 않은 경우도 있으며, 이러한 근로계약 위반은 시간이 지날수록 심각해지는 상황이다.

근로계약 내용 중 근로시간을 위반하는 경우와 월급규정과 휴게시간 및 휴일을 위반하는 경우 등이 많으며 근무시간과 보수라는 가장 기본적인 계약내용이 제대로 이행되지 않음을 확인할 수 있다. 또한 한국인 근로자보다 노동시간이 많고 노동 강도가 높다는 측면에서 이들은 차별을 받고 있다.

임금의 절대적인 수준이 낮을 뿐 아니라, 임금을 체불하는 경우가 많다는 심각한 문제로 드러났다. 임금 체불은 이들에게 생계유지와 소득보장을 어렵게 하는 요인으로 작용하고 있다.

작업장 환경이나 산업 안전 준수 측면에서도 외국인근로자들은 취약한 입장에 처해 있다는 알 수 있다. 현저히 높은 재해율과 사망률이 외국인 산업재해의 경우 고용주가 보험료 인상을 꺼려하여 산재신청을 하지 않는 경우가 많고, 외국인근로자가 미등록자 체류자인 경우에는 신분노출의 위험부담으로 신고를 기피하기 때문에 실제로는 은폐된 산재 건수가 상당하다는 점이 지적된다.

(3) 열악한 노동조건

외국인근로자들은 대부분 고도의 기술을 요구하지 않는 단순 노무직이나 일용직 또는 대부분의 한국인들이 기피하는 직무를 수행하는 경우가 많다. 3D 업종의 노동력 부족을 외국인근로자의 유입으로서 해결하려 했던 우리나라의 정책 기조를 고려하면 당연한 현상이라 할 수 있는데(오경석, 2007; 원숙연, 2008; 한경구, 한건수, 2007), 그 결과로 우리나라에 체류하는 외국인근로자의 상당수는 한국인들의 선호가 낮은 중소기업을 선택할 수밖에 없게 된다(신동준, 2012). 우리나라 국민들의 소득증가 및 고학력화 등으로 인해 제조업과 소규모 영세사업장의 경우 외국 인력에 의존하는 경향이 갈수록 심해지는 상황이어서 외국인근로자 없이는 사업운영이 불가능하고, 이에 따라 여전히 많은 소규모 기업들이 외국인의 추가적인 고용을 원하고 있기 때문이다(박진경, 2012; 최희석, 이종화, 2020).

문제는 이렇게 중소기업을 선택한 외국인근로자들이 곧 열악한 근무환경 또한 받아들여야만 한다는 사실이다.

외국인근로자들은 낮은 임금, 열악하고 위험한 근무조건, 긴 노동시간 등을 감수해야만 하는 것으로 나타나고 있다. 또한 제대로 된 의료 보호나 숙식 공간을 제공받지 못하며, 직장에서도 외국인으로서의 차별이나 불합리한 통제를 묵인할 수밖에 없는 현실에 있다.

(4) 외국인근로자에 대한 편견

외국인근로자의 유입이 증가하면서 이들의 범죄 발생 비율도 증가하고, 범죄 유형도 다양화·조직화되고 있으며, 현재 추세대로라면 앞으로 큰 사회문제로 발전할 가능성을 배제할 수 없다. 특히 외국인 범죄의 경우 신원파악이 어렵고 범죄가 발생했을 때 검거하기 힘들기 때문에 내국인이 저지르는 범죄보다 더 큰 주의를 필요로 한다.

외국인 범죄의 증가는 아직도 '단일민족'이라는 관념을 가진 한국 사람들 입장에서는 외국인의 범죄에 대해 배타적 태도를 지니기가 쉽기 때문에 외국인들에 대한 극단적인 인종주의적 태도를 불러일으킬 여지가 많은 것이다.

또한 매체를 통해 유럽에서 이민 증가가 범죄율 상승으로 연결되는 것을 접하면서 외국인 혐오나 기피를 넘어 오히려 내국인에 의한 범죄의 피해자가 될 가능성이 높아진다.

이렇게 이주민 집단이 가진 문화나 종교의 차이가 부정적으로 부각될 때마다 이들에 대해 일종의 '두려움의 문화(the culture of fear)'를 형성하여 외국인근로자들에 대한 편견을 심어줄 가능성이 높다.

(5) 의료 서비스에서 배제된 외국인근로자 가족

합법체류 외국인근로자 가족의 경우 건강보험 서비스를 이용할 수 있다. 그러나 미등록 외국인근로자 가족의 경우 불법 체류자라는 신분으로 인해 건강보험 서비스를 이용할 수 없다. 이들은 몸이 아프면 참거나 매우 비싼 비용을 지불하면서 병원진료를 받아야 한다. 또한 시군에서 제공하는 건강 상담이나 건강증진 프로그램에 참여할 수 없으며, 응급 상황 시에도 119 서비스를 이용하기 쉽지 않다. 당연히 이들 자녀들도 건강보험 서비스를 이용할 수 없다. 한국은 1989년에 유엔아동권리협약에 비준했다.「유엔아동권리협약」제24조, 제25조는 아동 건강권에 대해 언급하고 있다. '당사국은 아동이 최상의 건강 수준을 유지할 권리와 질병치료 및 건강회복을 위한 시설을 이용할 권리를 인정하며, 이와 관련해 보건의료서비스 이용에 관한 아동의 권리가 침해 되지 않도록 노력해야 한다'고 명시하고 있음에도 한국 정부는 미등록 이주아동에게 건강보험을 이용할 수 있는 권리를 허락하지 않고 있다.

건강보험이 없는 미등록 이주아동의 경우 지자체에서 제공하는 무료접종 서비스조차도 이용하기 어려운 상황이다. 이와 같이 미등록외국인근로자 가족과 이들의 자녀들은 불법체류자라는 이유만으로 인간으로서 당연히 보장 받아야 할 건강권을 보장받지 못하면서 생활하고 있다.

(6) 교육 서비스에서 배제된 외국인근로자 가족

「유엔아동권리협약」제2조와 제28조는 차별 없이 모든 아동의 교육권을 보장해야 한다고 규정하고 있고, 우리「헌법」제6조2항은 '외국인은 국제법과 조약이 정하는 바에 의하여 그 지위가 보장된다'고 명시하고 있다. 이와 더불어「헌법」제31조는 누구나 평등하게 교육 받을 권리를 명시하고,「교육기본법」제8조(의무교육)는 국가가 모든 국민에게 초등교육과 중등교육을 보장해야 할 의무가 있음을 규정하고 있다. 불과 몇 년 전 까지도 미등록 이주아동의 경우 정규 학교에 입학하는 거의 불가능했다. 다만 학교장의 재량에 따라 입학이 가능했다. 최근 초중등교육법 시행령이 개정되면서 미등록 이주 아동들도 의무교육인 중학교 까지 입학이 가능해졌다. 그러나 고등학교나 대학교를 진학 하는 것은 여전히 제도적으로 불가능하다. 어린이집의 경우 내국인 아동은 무상 교육을 받고 있다. 그러나 이주아동의 경우 체류 자격과 상관없이 교육비 지원을 받을 수 없다. 이는 임금 수준이 높지 않은 외국인근로자 가장에게 큰 부담이 된다. 이러한 상황 때문에 어린이집에 가야 할 많은 이주 아동들은 어린이집에 가지 못하고 있는 상황에 놓여 있다. 앞에서 언급한 실태조사에도 많은 수의 이주아동들이 비용 부담으로 인해 어린이집에 가지 못하는 것으로 나타났다.

따라서 외국인근로자가족이 복지사각지대에서 벗어나 인간으로서의 존엄성과 인권을 보장 받기 위한 대안을 시급히 마련해야 한다.

(7) 가족동반 문제

외국인 고용허가제가 시행된 후 정부는 '재입국 희망자 특별한국어시험 제도' 또는 '성실근로자 재입국제도' 등을 통해 체류기간을 계속 늘려와, 이제는 9년 8개월까지 체류한 외국인근로자가 생겨났다. 이처럼 외국인근로자의 취업기간이 장기화되었음에도 불구하고, 그들이 가족을 동반하여 한국에서 같이 생활하는 것은 허용되지 않는다.

대한민국 헌법 제36조 제1항은 '혼인과 가족생활은 개인의 존엄과 양성의 평등을 기초로 성립되고 유지되어야 하며, 국가는 이를 보장한다'고 하여, 국민이 가족생활을 유지할 권리와 국가가 그것을 보장할 의무를 명시하고 있다. 대한민국 헌법은 모든 인간이 누리는 보편적 권리와 대한민국 국민만 누리는 배타적 특권을 구분하고 있지는 않으나, 가족생활을 유지할 권리를 대한민국 국민의 특권으로 해석할 여지는 거의 없다고 본다. 그러한 점에서 국내에서 합법적으로, 그것도 장기간 취업하는 외국인근로자의 가족생활을 보장하지 않는 것은 문제라고 본다.

정부가 외국인근로자에게 가족동반권을 허용하지 않는 이유는 그들의 정착 가능성을 우려하기 때문이라고 보는 견해가 많은데, 이처럼 장기간에 걸친 단신 취업만 허용하는 논거로는 충분하지 않다고 본다. 장기취업 외국인근로자의 가족 동반권은 그들의 인권 측면에서 '가족생활권'과 직결된 사안이다. 단기체류자에 한해서 가족동반권을 제약하는 것은 정책적으로 고려가 가능한 선택지일 수 있겠으나, 장기체류자의 경우 가장 기본적인 복지 차원의 문제라고 할 수 있다. 이러한 사안의 심각성을 깊이 인식하고, 정부는 외국인근로자의 취업기간과 가족 동반권에 대한 진지한 논의를 거쳐 적절한 대안이 강구되어야 한다.

4) 북한이탈주민의 갈등과 문제점[11)]

남북한 주민은 한민족으로서 단일문화를 가지고 있다고 하지만 분단 이후 수십 년 동안 각기 다른 체제와 환경에서 살아오면서 삶의 방식과 문화적 차원에서 상당한 이질적인 격차가 발생했다. 북한이탈주민은 한국 정착과정에서 어릴 때부터 습득한 모든 문화적 틀과 지침들이 더 이상 적용되지 못할 때 경험하는 방향감각의 상실과 삶을 영위하던 모든 기준들이 허물어질 때 오는 혼동과 두려움, 분노를 경험하면서 문화충격을 받게 된다. 자본주의 체제와 한국의 문화에 적응해야 하는 이중고를 겪게 되는 과정에서 문화충격을 극복할 경우 한국사회에 잘 정착할 수 있지만, 그러지 못할 경우에 개인적으로는 문화갈등에 의해 사회적·심리적 장애를 경험하게 된다. 특히 최근에는 탈북 동기가 이전처럼 단순히 북한의 경제난으로 인한 생계형 탈북이 아니라 한국사회에 대한 동경과 좀 더 나은 삶을 영위하기 위한 탈북 경향이 늘어나고 있는 점을 감안할 때, 탈북 당시의 한국에 대해 가진 긍정적 인식이 실제 입국 이후 격차가 심한 경우 문화충격의 강도는 더욱 높아질 수밖에 없다.

(1) 문화적 갈등

북한이탈주민의 경우 한민족으로 인식하여 다른 외국인보다 쉽게 한국 문화에 정착할 것이라는 기대감과 선입견이 있다. 하지만 실제 이들이 정착과정에서 경험하는 문화적 격차는 매우 크게 나타난다. 외국인이 한국에서 느끼는 문화적 차이처럼 북한이탈주민들도 다양한 문화의 차이를 경험하게 된다. 특히 초기 적응 과정에서 언어에 어려움을 느낀다. 남북한 언어가 현격한 차이가 있으며, 무엇보다 외래어에 쉽게 적응하지 못하고 있는 것으로 나타났다. 언어소통의 어려움은 곧 대인관계 형성 장애로 이어지고 사회로부터 고립되는 현상을 낳게 된다.

아울러 문화적 측면에서 볼 때 자신들이 상대적으로 차별받는다는 인식과

11) 강동완(2007)의 내용을 일부 발췌·인용함

한국사회의 편견과 시선으로부터 문화적 갈등이 비롯된다고 할 수 있다. 일부 핵심 탈북계층의 경우는 한국에서 경제적 극빈층 전락, 사회적 존재감 상실 등으로 인해 자신의 삶을 한탄하며 오히려 북한에서의 삶이 더 좋았다고 인식하기도 한다.

문화적 차원보다 더욱 심각한 것은 정체성의 혼란 문제라 할 수 있다. 새로운 환경 속에서 정치·문화적 차이에서 발생하는 자아 및 국가정체성에 심각한 혼란을 경험하면서 자신을 새롭게 정의해야 하는 혼란과 갈등을 경험하게 된다.

(2) 경제적 갈등

북한이탈주민은 초기 정착 과정에서 정부로부터 수혜 받는 정착금으로 경제적인 어려움 없이 생활을 시작하게 된다. 하지만 자본주의 사회를 경험하고, 생계유지에 대한 고민을 하게 되면서 경제적 문제의 중요성을 인식하게 되고 돈을 벌어야 한다는 욕구를 가지게 된다. 하지만 돈을 벌어야겠다고 시도하는 순간 북한이탈주민은 그동안 드러나지 않던 부적응의 문제를 경험하게 된다.

자본주의에 대한 이해가 부족하고 경제 관념이 부족하기 때문에 돈에 대한 관리나 생계 유지에 대한 전략적 접근이 어렵게 느껴진다. 또한 취업, 직업, 생계유지의 어려움을 겪으면서 점차 자신이 갖고 있던 기대감이 절망감으로 변하게 되는 시기를 맞게 된다. 자신이 가진 능력이나 문화적 배경이 취업으로 이어지기에 부족하다는 점을 느끼게 되고, 새로운 도전을 위한 준비가 이루어지지 않은 상황에서 심각한 갈등을 경험하게 된다.

북한에서의 직업경험이나 노동능력은 한국에서 연계되지 않고 분절되어 취업을 할 수 없는 문제가 발생한다. 설사 직장을 구한다 해도 전문직 혹은 상대적으로 좋은 직업에 취업하는 것이 힘들어 정체성과 자존감의 상실을 경험하게 되며, 북한에서의 생활을 그리워하기도 한다.

또한 북한이나 중국 등 제3국에 가족이 있을 경우 브로커비를 마련하여 가족을 데려와야 한다는 중압감을 느끼며, 실제 현실에서 목돈을 구할 수 있는 방법이 그다지 많지 않다는 것을 알고 절망하게 된다. 이러한 정착과정의 어려움

속에서 정착지원금이 대부분 소진되고 심리적·정신적 고통과 함께 경제적인 어려움을 경험하게 된다.

(3) 사회적 갈등

북한이탈주민은 기존의 사회구성원들로부터 자신들의 탈북이력과 문화에 상관없이 보편적인 한 개인으로 인정받기를 원한다. 한국인들과 동등한 자격을 갖는 한 개인으로서 오직 자신들의 능력에 의한 평가를 받고, 그 결과에 따라 새로운 사회의 주류집단에 참여하고 성취하기를 원하는 것이다. 하지만 탈북자라는 부정적 인식이 지속되고 있는 상황에서 본인 스스로도 한국인으로서 정체성을 갖추는 것에 어려움을 겪으면서 적응 과정에서 갈등을 경험하게 된다.

자신만의 정체성을 유지하면서도 한국사회의 인정을 받는 것이 어렵기 때문에 국가적·사회적 지원을 활용하거나 개인적으로 교육이나 사회적 경험을 통해 적응을 시도하고 있으나 격차를 해소하는 것이 쉽지는 않다. 이들은 사회적으로 인정을 받을 수 있는 다양한 시도가 좌절되면서 사회적 갈등을 경험하게 되고, 사회적 욕구의 충족을 위한 다양한 정책적 지원을 요구하기도 한다.

Chapter 05

외국인 · 이민 · 다문화정책

1. 외국인·이민·다문화정책에 대한 이해

1) 외국인정책과 이민 정책[1)]

(1) 외국인정책과 이민정책의 개념

세계화와 이민이 보편적 현상으로 자리잡았음에도 불구하고 아직 한국인들의 인식 속에서 이민은 국내이민보다는 해외이민, 일정 기간 해외로 이주하는 한시적 이민보다는 이주한 국가에서 영주권 또는 시민권을 얻어 계속 사는 영주이민이 일반적인 인식이다. 이러한 인식 때문에 저출산·고령화로 인한 인구문제해결에 이민정책을 활용하자는 것을 영주이민을 받아들이자는 뜻으로 오해하고, 민족적·문화적 배경이 다른 이민자를 다루는 이민정책에 대해 부정적 인식을 가지고 있다.

한국은 2008년 처음으로 외국인의 출입국과 체류 및 통합문제를 종합적으로 다루기 위한 5개년 국가정책(외국인정책 기본계획)을 수립하면서 '이민'에 대한 일반 국민의 인식을 고려하여 정책 명칭을 '외국인정책'으로 명명하였다. 외국인정책 기본계획을 수립하면서, 외국인정책을 개념상 '대한민국으로 이주하고자 하는 외국인과 그 자녀 등에 대해 영구적 또는 일시적 사회구성원 자격을 부여하거나 국내에서 살아가는 데 필요한 제반 환경 조성에 관한 사항을 종합적인 관점에서 다루는 정책(법무부, 2018)'이라고 정의하면서, 이는 국제사회에서 통용되는 '이민정책(Immigration policy)'과 사실상 일치한다고 설명하였다. 이때 정책 대상인 외국인은 '대한민국의 국적을 가지지 아니한 사람'(「출입국관리법」 제2조 제2항)을 말한다.

국제적으로 통용되는 이민정책의 대상인 이민자는 국제연합(United Nations)의 정의에 따르면 통상적인 거주 국가, 즉 일상생활을 영위하는 국가를 변경한 사람으로서 1년 이상 거주지를 옮겨야 하는 사람(장기이민자)을 말한다. 그리고 해

1) 정기선(2016), 이창원(2017), 이규용 외(2015)의 내용을 일부 발췌·인용함

외 체류기간이 3개월 이상 1년 미만인 경우에는 '단기 이민자'로 본다. OECD나 IOM 등에서 포함하는 이민자는 외국인(단기이민자, 장기이민자)뿐만 아니라 귀화자까지를 포함하는 해외출생인구로 확장되며, 특히 이민자 통합문제를 다룰 때는 이민 1세대와 부모 중 적어도 한 사람이 해외출생 이민 1세대인 국내출생자, 즉 이민 2세대를 모두 포괄하는 이주배경인구를 대상으로 한다(정기선, 김혜진, 2015). 1950~60년대 이민자를 받아들였던 유럽 국가들이 1990년대 후반부터 이민자 2, 3세대의 사회부적응이 사회문제로 대두되면서 이민정책 영역 안에 이민자의 유입 및 체류관리뿐만 아니라 이민자 통합을 포함시키면서 이민정책의 대상도 한시적 이민자, 영주이민자, 귀화자뿐만 아니라 이민자 2, 3세대, 그리고 국민(내국인)까지를 포함하는 것으로 확장되었다(이혜경 외, 2016).

한국은 국내에 거주하는 외국인을 지원하기 위한 법적 근거가 되는 「재한외국인처우기본법」에서 '대한민국의 국적을 가지지 아니한 자로서 대한민국에 거주할 목적을 가지고 합법적으로 체류하고 있는 자'인 재한 외국인과 한국 국적을 취득한 날부터 3년이 경과하지 않는 귀화자를 정책대상으로 한다(「재한외국인처우법 제1조, 제2조, 제15조」)고 되어 있다. 하지만 「재한외국인처우법」에 따라 매5년마다 수립되는 외국인정책기본계획에서는 외국인 이민자와 귀화 이민자뿐만 아니라 외국인 관광객도 정책대상으로 포함하고 있다. 2차 외국인정책 기본계획에는 내수활성화에 기여할 외국인 관광객(외래관광객) 유치가 정책과제로 포함되어 있다. 소비주체로서 외국인 유입을 촉진하는 정책을 추진하면서 한국을 방문하는 일반 관광객뿐만 아니라 한국을 거쳐서 제3국으로 가는 환승 관광객, 의료 관광객 등의 유치가 이민정책의 한 요소로 포함되면서 이를 활성화하기 위한 목적으로 다양한 정책과 사업이 계획·추진되고 있다. 이런 측면에서는 현행 외국인정책의 명칭을 국제사회에서 통용되는 이민자를 다루는 이민정책으로 대체하기에는 현재 추진되는 정책적 취지가 제대로 반영되지 못하는 한계가 있다. 따라서 '외국인정책' 또는 '이민정책'으로 따로 구분하기보다 '외국인·이민정책'으로 통합하는 것이 바람직하다고 본다.

(2) 외국인력정책으로서의 접근

현재 우리나라 노동시장에서 노동력 수요·공급 현황을 감안할 때 아직까지는 우리나라는 국가정책으로 '이민정책'이 아니라 '외국인력정책'으로 제한적으로 이루어지는 것으로 볼 수 있다. 일반적으로 이민정책은 국내 노동시장에서의 부족한 인력 확보를 위해 '영주이민자'를 받아들이는 정책으로 이해되고 있으나 현재 우리나라에서 추진되고 있는 외국인력에 대한 수요·공급 정책은 노동시장의 불균형을 해소하기 위한 한시적 인력정책이라는 점에서 진정한 이민정책으로 볼 수 없다.

외국인력정책 또는 취업이민정책은 외국인의 국내 유입을 허용하는 명목이 그들의 노동력 활용을 위한 고용을 전제로 하며, 노동력으로서 외국인의 유입, 체류, 귀환, 영주허용 등을 관장하는 정책으로 볼 수 있다.

외국인력정책은 외국인력의 유입 및 활용 정책을 포괄하는 이민정책의 중요한 정책 영역으로 볼 수 있으나 자칫 외국인력정책과 이민정책을 너무 협의로 정의함으로써 두 정책 간의 상호관계를 제대로 보지 못하게 할 우려가 있다.

(3) 인구정책으로서의 접근

이민정책은 국가가 내국인과 외국인의 이출과 이입을 관리함으로써 인구이동의 양과 질을 통제하는 정책이란 관점에서 인구정책과 이민정책이 상호 연계되어 있음을 알 수 있다. 특히 한국에서는 저출산·고령화로 인한 인구문제를 해결하기 위해 활용하는 여러 정책 방안들 중 하나로 이민정책이 논의된다는 점을 주목할 필요가 있다.

저출산의 여파로 인한 인구절벽 현상이 예상되고, 인구 감소가 노동시장에 본격적으로 반영되면서 지금까지의 외국인 활용과는 차원이 다른 이민정책 활용 전략을 준비해야 한다는 정책적 요구가 등장하고 있다. '이민정책'은 정주형 이민자 또는 영주이민자를 받아들이는 이민정책을 의미한다. 하지만 이민정책에 대해 영주이민자를 받아들이는 정책으로 좁게 정의하면 인구정책의 일환으로 이민정책의 활용도를 지나치게 좁게 해석하는 우를 범할 수 있다. 이민정책은 영주이민자를 유입·활용하는 정책뿐만 아니라 한시적 이민자를 유입하고 활용하는 정책도 포괄하고 있으며, 인구정책으로서의 이민정책은 한시적 이민자와 영주이민자의 유입 및 활용 모두를 포괄하는 의미로 이해하는 것이 타당하다.

현재의 저출산 추세에 획기적인 변화가 없는 한 생산연령인구 감소 저지를 위해서 2025년 213만 명, 2030년 414만 명, 2035년 452만 명의 이민자를 받아들여야 할 것으로 추산하고 있다(전광희, 2014; 정기선 외, 2011). 이때 이민자는 한시적 이민자, 영주이민자를 모두 포함하는 수치이다. 따라서 우리나라가 인구적인 문제로 이민자 유입이 절실한 시점에 우리가 원하는 이민자를 선별하여 영주이민자로 수용하기 위해서는 한시적 이민자를 유입하여 우리 사회, 국민과의 상호적응과정을 거치는 것이 필요할 것이며, 이러한 기반조성을 위해서는 인구정책으로서 이민정책의 활용은 이미 시작되었기 때문에 앞으로 더욱 정교하게 한국형 이민정책으로 개발해 나가는 것이 요구된다. 이와 더불어 경쟁력 있는 이민자를 유치하기 위한 노력이 선행되어야 하며, 이들을 대상으로 하는 사회통합정책의 추진도 병행되어야 한다.

(4) 유입정책과 편입정책

이민정책은 유입정책과 편입정책으로 크게 구분할 수 있다. 유입정책은 이민자를 받아들이는 과정을 관리하는 것으로, 누구를 얼마나 어떤 방식으로 유입 또는 제한할 것인가와 누구를 어떻게 유치할 것인가와 관련이 있다. 편입정책은 유입된 이민자들을 수용국 사회에 어떻게 어느 정도로 편입시킬 것인가와 관련된다고 볼 수 있다. 유입정책과 관련된 것으로는 이민자 수를 제한하는 쿼터제, 받아들일 대상에 대한 선정이나 우선순위를 부여하는 제도, 이민자의 특성에 점수를 부여하여 그 점수를 기준으로 받아들이는 점수제 등이 있다. 편입정책은 유입된 이민자를 수용국 사회에 편입시키는 방식을 관리한다. 유럽연합과 경제협력개발기구(OECD) 등의 국제사회에서는 영주권 또는 국적 취득, 취업, 주거, 정치 참여, 교육서비스나 공공서비스 이용, 자국민을 대상으로 한 반

차별정책 등을 편입정책에서 중요한 영역으로 보고 있다.

이민정책은 국가마다 이민자 유입 배경이나 특성에 따라 다양한 형태로 정책적 대응이 추진된다. 전통적 이민국가는 이민자에 의해 수립된 나라라는 특성을 지닌 동시에 광활한 영토에 비해서 인구가 부족했던 환경에서 이민정책이 수립되었기 때문에 이민, 특히 가족 초청에 개방적 정책이 추진되었다고 볼 수 있다. 이에 비해 유럽의 국가들은 국민국가의 형태로 유지되다가 20세기 중반 이후에 경제발전에 따른 노동력의 부족으로 인해 이민자를 받아들이거나, 인도주의적 차원에서 난민을 수용하게 되었다. 하지만 EU 회원국 내 인구이동이 자유로운 것이 취업이민자 유입에 매우 폐쇄적인 원인이 될 수 있다. 한국과 일본 등은 노동력 부족 문제가 발생해도 인근 국가로 자유롭게 이동할 수 있는 인구가 없기 때문에 노동력, 특히 단순노무 직종에서의 노동력 부족 문제를 해결하기 위해 정부가 개입하여 외국인근로자를 적극적으로 유입하는 정책을 쓰고 있다.

국제 이민정책은 지리학적·역사적 배경에 따라 다른 모습을 보이지만 세계화 속에서 국가 간의 경쟁이 심화되면서 이민정책에 대한 목표와 대응이 명확해지는 경향이 나타나고 있다. 특히 비전문직 외국인근로자에게는 점차 제한적이고 엄격해지는 데 비해서 전문직 외국인근로자에게는 더욱 개방적인 모습을 보인다. 국가 발전에 도움이 되는 전문 인력의 유입에 적극적으로 정책을 추진하면서도, 자국의 특정 직종 노동력 부족에 대해서만 제한적인 정책을 추진하고 있다.

생산가능 인구의 확충이라는 측면에서 이민자 유입정책이 중요하지만 국내 노동시장의 여건 등을 고려하여 접근하고 있다. 또한 이민자 유입이 저출산·고령화 문제를 해소하는 데 기여하지만 적극적인 해소 방안은 될 수 없기 때문에 출산장려정책이 병행되어야 하며, 이민자의 정주화에 따른 사회적 문제를 고려할 때 외국인력 활용정책의 개선이 요구되고 있다.

2) 다문화정책

(1) 다문화정책의 개념[2)]

한 사회 내에서 이주민이 증가함에 따라서 발생하는 문제들은 정치, 경제, 인권, 주거, 사회, 문화에 이르기까지 매우 다양하다. 정부와 시민사회는 주류 사회 내에서 이주 외국인들이 겪게 되는 다양한 어려움과 문제를 파악하고, 이를 해결하거나 극복할 수 있는 정책적 대안을 마련하고 있다. 이주민들이 주류 사회에 성공적으로 정착하지 못할 경우에 장기적으로 주류 사회의 안녕을 해치고 국가적인 손실을 초래할 수 있기 때문이다. 다문화정책이란 다문화시대의 사회문제를 해결하기 위한 정책적인 대안을 의미하며, 특정 소수자 집단이 무시되거나 차별받는 것을 막고 차이에 근거한 정치, 경제, 사회적 갈등을 해소하며, 인간으로서의 보편적 권리를 향유하도록 하는 것을 목적으로 하는 정부의 제도적인 개입이라 할 수 있다.

(2) 다문화정책의 다양한 모형[3)]

우리 사회에서 논의되고 있는 다문화사회 지향 정책에 대한 논의는 캐슬과 밀러(Castle & Miller, 2003)의 논의를 빌어 정책을 차별 배제 모형, 동화 모형, 다문화주의 모형으로 구분하고, 여기에 비추어 한국이 어떠한 방향으로 진행하는 것인가를 살펴보는 것이다(박진경, 2010a; 원숙연, 2008; 이혜경, 2007; Castles & Miller, 2003; Kymlicka, 1995). 한국사회는 차별 배제 모형에서 시작하여 동화 모형을 거쳐 다문화주의 모형으로 변화하고 있다는 것이 일반적인 논의이다. 이와 같은 내용을 정리하면 **표 5-1**과 같다. 그러나 이러한 변화 양상은 선형적이지 않고, 여러 가지 모형이 혼합되어 나타나는 것이 일반적이다. 따라서 우리 사회의 다문화정책을 파악하기 위해 개별 모형에 대해서 살펴볼 필요가 있다.

---

2) 온라인행정학사전. https://www.kapa21.or.kr/epadic/print.php?num=612/다문화정책

3) 이수철(2014)의 내용을 일부 발췌·인용함

표 5-1 다문화 관련 정책의 변화 양상

방향성	차별 배제 모형	동화 모형	다문화주의 모형
기본 방향	주류 사회가 원하지 않은 이민자의 영주 가능성을 막고 내국인과 차별적 대우를 유지	'국민됨'을 전제로 주류 사회로의 조속한 동화를 지원하고, 형식적(제도적)으로는 내국인과 평등하게 대우	이주외국인의 소수자로서 동등한 가치를 인정하고, 소수 문화의 유지를 지원하는 것을 넘어 일정한 우대조치
정책 목표	인종적 소수자의 제거 및 최소화	소수자 주류 사회 동화	다양성 인정과 공존을 통한 사회통합
국가역할	적극적 규제	제한적 지원	적극적 지원
이주민에 대한 시각	이방인, 위협적 존재	주류 사회의 동화를 전제로 부분적 인정	상호존중과 관용
평등에 대한 관점	차별의 정당성 강조	사회보장 및 기회의 평등	기회의 평등을 넘어 결과의 평등 확보
법적 수단	단속 및 추방	비차별의 제도화	제반 권리의 허용
국적 부여 조건	속인주의, 엄격한 조건	속지주의, 느슨한 조건	속지주의, 이중국적 허용
정체성	이질화	동질화	이질화

출처: 이수철, 2014.

차별 배제 모형은 이주 유입국의 필요에 따라 전문적인 지식과 숙련된 기술을 가진 노동력 또는 사회에 필요한 3D 업종에 종사하는 소위 '선한 이민자'를 수용하는 정책 모형이다. 그러나 이들에게 쉽게 시민권을 제공하지 않는 정책유형을 말한다. 한국사회에서는 이 모형을 넘어서고자 하지만, 실질적으로 현재까지는 문화적으로나 제도적으로 지배적인 정책유형이다.

동화 모형과 다문화주의 모형은 차별 배제 모형과는 다른 사회통합적 정책유형이다. 동화 모형은 이주민들이 출신국의 문화를 포기하고 이주한 국가의 시민이나 국민됨을 전제로 하여 조속한 사회동화를 위해서 정책적인 지원을 하는 모델이다. 한국의 경우 결혼이민자들을 주요 대상으로 이와 같은 정책이 전개되고 있다.

한편 다문화주의 모형은 문화적 다양성을 바탕으로 이주민들이 출신국의 문화적 특성을 간직하면서 전체 사회와 조화롭게 공존하는 것을 지원하는 정책 모형이다. 한국의 경우 2000년대 중반 이후 선언적으로 합의된 정책 모형으로 자리 잡게 된다. 이러한 다문화주의 정책 모형으로의 패러다임 전환은 '다문화 지향'이라는 전 세계적인 추세를 반영하는 것이라 할 수 있다(이혜경, 2007). 그러나 그 내용을 보면 실질적 다문화주의 정책 모형을 실천한다기보다는 선언적 구호 수준에 머물러 있고, 필요에 따라서는 이 세 가지 정책방향이 혼합된 정책이 펼쳐지고 있다.

다문화정책의 문제에 있어 한국사회가 급격하게 다문화정책으로 패러다임을 전환하는 것과 함께 중요하게 논의되는 것은 다문화주의를 추진하는 주체의 문제이다. 일반적으로 한국의 다문화주의 정책은 국가주도, 관주도의 다문화주의로 평가받고 있다(Watson, 2010; 김희정, 2007). 그러나 이는 다문화정책 현장의 외부에서 보는 시각이라는 비판이 존재하기도 한다(한경구, 한건수, 2007). 그러한 비판세력들은 우리 사회 현실에서 다문화정책이 입안되고 추진되는 과정에서 시민사회의 역할이 중요하게 작용했다고 주장한다. 이러한 주장의 핵심은 1990년대 이후 외국인근로자 관련 사회운동이 NGO 주도적인 운동이었듯이 2000년대 이후 정부의 다문화주의 정책 표방은 세계적인 추세와 시민사회의 영향이 반영된 것으로 파악해야 한다는 것이다(윤인진, 2007; 이혜경, 2007).

이 같은 주체에 대한 논의를 살펴보면 우리 사회의 다문화주의 정책은 관주도 혹은 국가주도의 정책이지만, 이는 시민사회와 정부의 협력적 관계에서 이루어진 것으로 이해할 수 있다. 그러나 우리의 다문화정책의 주체를 논의할 때 쉽게 간과되는 것이 이주민의 목소리가 빠져 있는 '타자화된 정책'(이혜경, 2007)이라는 점이다. 다문화정책의 주요 대상인 '이주민에 대한 인정'(심보선, 2007; 이선미, 2010)이 수반되지 않는 '주체 없는 정책'에 불과하다는 비판을 받을 수 있다.

이와 더불어 우리 사회의 다문화정책은 보편성과 특수성이 만나 상호 조정되고 발현되는 지역(지방)에 대한 고려가 없는 중앙중심의 정책이라는 비판이 존재한다(김혜순, 2007; 윤인진, 2007; 이혜경, 2007). 지역사회는 정책의 대상이면서 정책의 요구자인 이주민들이 거주하고 한국 선주민과 만나서 교류하는 실질적 삶의 공간이다. 따라서 다문화주의 정책이 효과적으로 실현되기 위해서는 지방이 단순한 중앙정부 정책의 전달자가 아니라 지역의 이주민과 선주민의 실질적 정책의 요구를 파악하고, 이를 중앙정부와 교류하여 정책의 방향성을 결정하는 데 중요한 매개자로서 역할을 수행해야 한다.

현재 한국사회에서 지배적인 다문화와 관련된 담론에서 '다문화사회', '다문화주의'와 같은 개념들은 사회적 합의를 거치지 않았으며, 사회적 맥락을 고려하지 않은 채 추상적이고 선언적 차원의 가치 규범으로 자리잡고 있다. 이러한 규범을 지향점으로 삼아 시행되는 정책도 그 실천적 소임을 다하기 어려운 실정이다. 따라서 한국사회의 주류 다문화정책으로 표명되는 다문화주의 정책 모형은 차별 배제 모형과 동화 모형이 혼합된 형태의 정책 모형이고, 실제 정책의 주요 대상이 되는 이주민의 목소리가 배제된 정책이다. 그들의 삶의 공간인 지역사회의 모습이 제대로 반영되지 않은 정책일 가능성이 높다. 한국사회의 다문화 양상을 이해하기 위해서는 이 모든 것을 종합적으로 검토해야 한다.

2. 외국인·이민·다문화정책 환경 분석[4)]

1) 세계적 이민 다문화 환경과 경향

국가 간 인구이동은 전 지구적이고 역사적인 현상이며 복잡·다양해지고 있다. 역사적으로 이민을 촉진하는 환경적 요소가 증대되어 왔지만 유입국의 사회·경제적 여건 변화나 정치적 이유 등으로 인해 이민에 대한 규제도 함께 이루어져 왔다. 이민은 21세기의 중요한 글로벌 현상으로 세계 각국은 국익증대와 부작용 방지를 위한 종합적이고 체계적인 이민정책을 추진하기 위해서 국가 간 협력을 강화하고 있다. UN은 '이주에 관한 글로벌 콤팩트'라는 국가 간 비구속적 국제규범 마련을 통해서 이민 관련 국제공조 강화를 위해 노력하고

4) 법무부(2018), 이규용 외(2015)의 내용을 일부 발췌·인용함

있다. 전통적인 이민국가와 많은 유럽 국가, 저출산·고령화 사회인 한국, 일본도 우수인재 유치와 경제활동 주체(생산·소비·부가가치 창출자)를 확보하는 차원에서 이민 문호 개방을 추진 중이다. 이민자의 증가로 인해서 사회 갈등, 국민 일자리 침해 논쟁, 반이민 정서 확산으로 미국(보수적 이민정책), 영국(브렉시트), EU(난민 제한) 등에서는 국가 안보와 국민 일자리를 강조하는 정책이 시행되고 있다.

전세계적인 이주 경향은 다음과 같은 특징5)을 보이고 있다.

첫째, 이민 유입국가의 확대이다. 미국, 캐나다, 뉴질랜드, 호주 등은 전통적 이민국가로서 대규모 이민으로 국가가 형성된 나라이다. 유럽의 이민 국가들인 영국, 프랑스, 독일과 같은 선발 이민국가에 이어 그리스, 스페인, 이탈리아 등의 남유럽국가들도 이민 유입국이 되었으며, 최근 들어서는 헝가리, 체코, 폴란드도 이민자들을 수용하는 국가로 변화하고 있다. 동아시아 국가들인 한국, 일본, 대만, 홍콩도 이민 유입국이며, 동남아시아의 경우는 싱가포르, 태국, 말레이시아 등도 이민 유입국으로 바뀌고 있다.

둘째, 1970년대까지 대량의 이민자 유입 요인은 육체적 노동력 확보 중심이었고, 이들의 유입배경에는 경제적 동기가 주된 요인이었다. 하지만 최근 육체적 노동력의 대량 유입이 중단되거나 이주자 유입구조가 변화하는 배경에는 경제구조의 변화, 국제 분업구조의 재편, 고용구조의 변화 등이 있다. 기술혁신에 따른 육체 노동력의 수요가 감소하고, 선진국의 자본수출이 증가함에 따라 국제 분업구조가 형성되고, 고숙련 근로자와 저숙련 근로자를 동시에 필요로 하는 서비스 부문의 확장, 내국인 노동시장의 고용 불안정성의 증가 등이 요인으로 작용하였다.

1990년대 이후 이주의 국제화는 더욱 빠르게 진행되고 있다. 전통적 서유럽 국가들에 대량의 이민자 유입은 감소하였으나, 단기취업 외국인근로자 정책, 가족결합의 확대, 남부 및 중부 유럽국가, 아시아 국가, 중동의 산유국 국가들의 외국인력 수요가 확대되고, 일시적 이주와 영구 이주에서 발견되는 전문인

5) Miller, M. J., & Castles, S. 한국이민학회 역(2013).

력 국제이동의 확대 등의 현상이 나타나고 있다. 저숙련 인력에 대한 수요의 충당을 단기취업 프로그램이나 암묵적으로 불법적인 체류자로 활용한 것 등도 특징 중의 하나라고 볼 수 있다.

이민 환경의 변화에서 나타나는 특징을 정리하면 다음과 같다(이규용 외, 2015).

첫째, 거의 모든 OECD 국가에서 이민자 규모가 증가한 것은 이민자 유입의 확대가 선진국의 보편적인 인구변동의 특징이라는 점이다.

둘째, 고령화가 진행될수록 OECD 국가들에서 이민자 유입비율이 커지고 있어서 이민자의 유입이 인구변동에 대한 대응으로서 이루어지고 있다는 점이다.

셋째, 이민자 유입비율의 결정은 자국의 실업률을 고려하여 이루어지고 있어, OECD 국가들이 이민자 유입규모를 결정할 때 내국인 노동시장의 여건을 반영하고 있다는 사실이다.

넷째, 이민자의 인구분포는 내국인에 비해 상대적으로 생산가능인구의 비중이 높지만 이러한 이민자의 유입이 고령화를 낮추는 데 크게 기여한다고 볼 수는 없고, 고령화의 지연효과는 있을 수 있지만 절대적인 대안은 아니다.

다섯째, 이민자의 유입 확대는 생산가능인구를 증가시킴으로써 고용률 제고에 기여하고 있다는 사실이다.

2) 한국의 이민 다문화 환경

국내 체류외국인은 2007년 100만 명에 도달한 후, 2020년 210만 명[6]을 넘어설 정도로 가파르게 증가하는 추세이고, 상주 외국인 기준으로 외국인 경제활동인구는 2019년 91만 명[7] 수준으로 69.1%에 이르는 등 경제활동에 종사하는 외국인 규모도 확대되고 있다.

한국사회는 인구감소, 저출산·고령화 등에 대응하기 위해서 향후에는 보다 개방적인 이민정책이 필요하다는 목소리가 증가하고 있지만 저임금 이민자 증

6) 출입국·외국인정책 통계월보 2020년 6월 기준

7) 2019년 이민자 체류실태 및 고용조사

가 등에 따른 치안·환경 악화 및 일자리 침해 우려, 일부 이민자에 대한 시혜적인 지원으로 인하여 국민 역차별 논란, 이민자 인권보호 강화 요구 등의 문제점도 제기되고 있다. 높은 청년 실업률, 양질의 일자리 부족 등에 따른 적극적인 국민 일자리 보호 정책에 대한 사회적 수요도 증가되고 있다.

한국사회는 교육 수준이 높고 성숙한 민주시민 의식을 가지고 있어서 한국에 거주하는 외국인과 상생·화합할 수 있는 인식을 가지고 있지만, 일부 왜곡된 정보로 인해 외국인에 대한 편견과 우려를 갖고 있기 때문에 이를 개선해야 하는 과제를 안고 있다.

3) 한국의 이민 다문화 미래 전망

(1) 생산가능인구 감소 및 부양비 증가

한국사회는 저출산·고령화 현상에 따라 생산가능인구가 감소하고 부양비가 증가하며 그로 인한 성장동력 및 내수시장 축소에 대한 지속적 경고가 제기되고 있다. 총인구는 2031년 5,296만 명을 정점으로 하여 2065년 4,302만 명에 이를 전망이고, 생산가능 인구는 2016년 3,763만 명을 정점으로 2020년대는 연 30만 명 이상 급감하여 2065년 2,062만 명 수준이 될 전망이다.

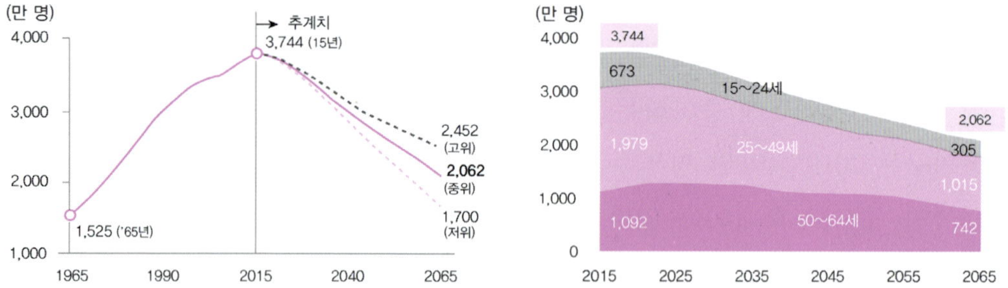

그림 5-1 생산가능인구 추계

출처: 통계청, '장래인구추계: 2015~2065', 2016.

생산가능인구 1백 명당 부양할 인구(유소년, 고령인구)인 총부양비는 2015년 36명에서 매년 증가하여 2059년 100명을 넘어설 전망이다.

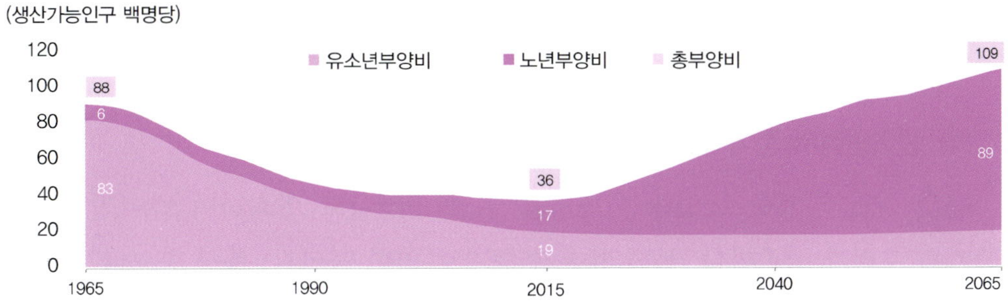

그림 5-2 부양비 추계

출처: 통계청, '장래인구추계: 2015~2065', 2016.

(2) 학령인구 감소

학령인구(6~21세)는 2015년 892만 명에서 2065년 459만 명으로 감소할 전망으로, 교육관련 인적·물적 인프라 과잉 문제 발생이 우려된다.

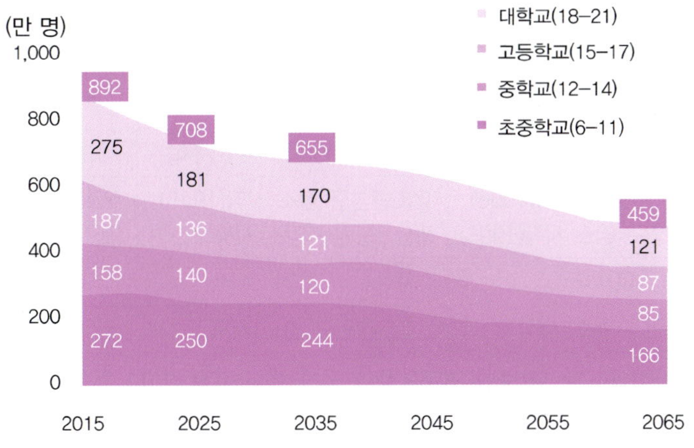

그림 5-3 학령인구 추계

출처: 통계청, '장래인구추계: 2015~2065', 2016.

(3) 체류외국인 정주화에 따른 비용 증가

체류외국인 증가와 이들의 정주화·고령화에 따른 복지지원, 갈등관리 등 사회적 비용 증가가 예상된다. 국내 이민자 2세의 성장 및 이민자의 가족결합 등으로 인한 2차 이민의 증가로 다양한 사회적 갈등 발생할 가능성도 높다.

(4) 반이민정서 증가 우려

높은 청년 실업률로 인해 이민자를 취업 경쟁자로 인식하여 반이민정서가 증가될 우려가 상존한다. 불법 체류자 증가로 인한 불안감, 특정 종교나 인종에 대한 차별적 인식으로 인한 갈등이 부각될 소지도 있다.

(5) 한·중·일 저출산·고령화

동북아 3국의 저출산·고령화로 국가간 외국인재 유치경쟁이 더욱 심화될 전망이다.

표 5-2 한·중·일 인구 변천 시기와 기간

	일본	한국	중국
전기	~1955	~1972	~1964
	유소년인구 증가, 생산가능인구 증가	유소년인구 증가, 생산가능인구 증가	유소년인구 증가, 생산가능인구 증가
중기	1956~2010(44년간 지속)	1973~2030(57년간 지속)	1965~2025(60년간 지속)
	유소년인구 감소 시작(1956), 생산가능인구 감소 시작(1996)	유소년인구 감소 시작(1973), 생산가능인구 감소 시작(2017)	유소년인구 감소 시작(1965), 생산가능인구 감소 시작(2011)
후기	2011~	2031~	2026~
	총인구 감소 시작	총인구 감소 시작	총인구 감소 시작

출처: 한국보건사회연구원, '한중일 인구동향과 국가 인구전략', 2013.

4) 향후 이민 다문화정책 수립을 위한 시사점

(1) 제3차 외국인정책 기본계획 기간(5년)을 선순환적 이민환경 마련을 위한 최적의 준비 시기로 활용

이민자 유입이 국민 일자리, 사회 안전 등을 침해하지 않고 국가경제와 문화 발전에 도움이 되는 정책 환경을 조성하는 것이 필요하다. 우수하고 발전가능성 있는 이민자를 유입하여 미래의 사회통합 부담을 최소화해야 한다. 이민자가 우수인재로 성장할 수 있도록 미래 지향적 이민 환경을 조성하는 것이 요구된다.

(2) 상생과 화합의 이민정책 추진을 위한 신뢰 기반조성 및 사회통합 강화

장기체류외국인을 사회구성원으로 처우하여 '자립과 참여'의 책임을 부여하고, 이들의 정착과 통합 지원 서비스를 확대해야 한다. 또한 체계적인 이민자의 인권보호 및 문화다양성 정책을 강화하는 것이 필요하다.

(3) 시민사회·지방자치단체 등과의 협력으로 지속 가능한 외국인정책 추진체계 구축

국민과 재한외국인, 중앙부처와 지방자치단체가 함께 참여하여 종합적이고, 체계적인 외국인정책을 수립하고 시행해야 한다. 외국인정책에 대한 올바른 판단을 할 수 있도록 풍부한 정보를 제공하기 위한 통계 및 연구기반을 강화하는 것이 요구된다.

3. 외국인정책 기본계획

1) 외국인정책 기본계획의 내용

「외국인정책 기본계획」은 「재한외국인처우기본법」 제5조에 법적 근거와 절차를 두고 법무부장관이 5년마다 관계부처의 기본계획(안)을 종합하고, '외국인정책위원회(위원장 : 국무총리)'의 심의·의결을 거쳐 확정한다. 현재 제3차 외국인정책 기본계획(2018~2022년)이 시행 중이다.

「외국인정책 기본계획」은 대한민국 이민정책에 관한 범정부 차원의 국가계획이자, 정책지침서이며, 진행 차수별 5년간의 정책추진에 관한 기본설계도이다. 외국인정책은 그 특성상 관련 분야가 많고 정책환경이 빠르게 변화하므로 소관 부처별 개별적인 정책추진보다는 국가 차원에서 중장기 정책 방향을 미리 설정하고 종합적·체계적으로 추진할 필요가 있다.

우수인재 유치, 이민자와 2세의 사회통합, 다문화가족 지원, 문화다양성 제고, 재외동포 교류지원 등 범정부적으로 추진되는 이민과 관련된 다양한 정책을 외국인정책위원회를 통해 심의·조정하여 진행한다. 정부 부처별 해당 행정체계를 살펴보면 그림 5-4와 같다.

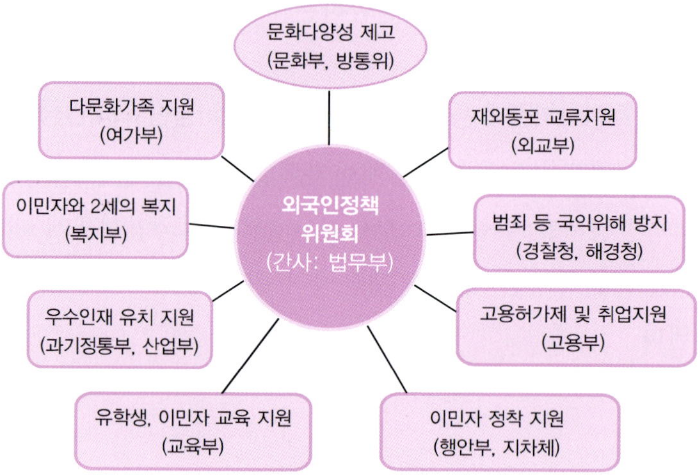

그림 5-4 정부 부처별 외국인정책 행정체계

출처: 법무부, '제3차 외국인정책 기본계획', 2018.

2) 현재까지의 외국인 정책 평가

(1) 추진 개요

2007년 7월 제정된 「재한외국인처우기본법」에 따라 2008년부터 2012년까지 ‘제1차 외국인정책 기본계획’, 2013년부터 2017년까지 ‘제2차 외국인정책 기본계획’이 수립·시행되었다.

2009년부터 2017년까지 매년 각 부처 및 지자체에서 연도별 시행계획을 수립·추진하고 그 추진실적에 대한 평가결과를 외국인정책위원회에서 심의·의결하였다.

표 5-3 제1차 외국인정책 기본계획 비전 및 목표

구분	내용
비 전	외국인과 함께하는 세계 일류국가
정책 목표	1. 적극적인 이민 허용을 통한 국가경쟁력 강화 2. 질 높은 사회통합 3. 질서 있는 이민행정 구현 4. 외국인 인권 옹호
중점 과제	1-1. 우수인재 유치를 통한 성장동력 확보 1-2. 국민경제의 균형발전을 위한 인력 도입 1-3. 외국인에게 편리한 생활환경 조성
	2-1. 다문화에 대한 이해 증진 2-2. 결혼이민자의 안정적 정착 2-3. 이민자 자녀의 건강한 성장환경 조성 2-4. 동포의 역량 발휘를 위한 환경 조성
	3-1. 외국인 체류질서 확립 3-2. 국가안보 차원의 국경관리 및 외국인정보 관리 3-3. 건전한 국민확보를 위한 국적업무 수행
	4-1. 외국인 차별 방지 및 권익보호 4-2. 보호 과정의 외국인 인권 보장 4-3. 선진적 난민 인정·지원 시스템 구축

출처: 법무부, '제3차 외국인정책 기본계획', 2018.

표 5-4 제2차 외국인정책 기본계획 비전 및 목표

비전	세계인과 더불어 성장하는 활기찬 대한민국	
정책목표 및 중점과제	정책목표	중점과제
	1. 개방 경제활성화 지원과 인재유치	① 내수 활성화 기여 외래관광객 유치 ② 국가와 기업이 필요한 해외 인적자원 확보 ③ 미래 성장동력 확충을 위한 유학생 유치 ④ 지역 균형발전을 촉진하는 외국인 투자 유치
	2. 통합 대한민국의 공동가치가 존중되는 사회통합	① 자립과 통합을 고려한 국적 및 영주제도 개선 ② 체계적인 이민자 사회통합프로그램 운영 ③ 국제결혼 피해방지 및 결혼이민자 정착 지원 ④ 이민배경자녀의 건강한 성장환경 조성 ⑤ 이민자 사회통합을 위한 인프라 구축
	3. 인권 차별방지와 문화다양성 존중	① 이민자 인권존중 및 차별방지 제도화 ② 다양한 문화에 대한 사회적 관용성 확대 ③ 국민과 이민자가 소통하는 글로벌 환경조성
	4. 안전 국민과 외국인이 안전한 사회구현	① 안전하고 신뢰받는 국경관리 ② 질서 위반 외국인에 대한 실효적 체류관리 ③ 불법체류 단속의 패러다임 다변화 ④ 외국인에 대한 종합적인 정보관리 역량 제고
	4. 협력 국제사회와의 공동발전	① 이민자 출신국, 국제기구 등과의 국제협력 강화 ② 국가 위상에 부합하는 난민정책 추진 ③ 동포사회와의 교류, 협력 확산

출처: 법무부, '제3차 외국인정책 기본계획', 2018.

(2) 정책 목표별 주요 추진성과

경제활성화 지원과 인재유치 측면에서의 성과는 첫째, 출입국 심사 서비스 고도화, 비자제도 개선 및 환승관광·의료관광 활성화 등으로 외국인 관광객 유치 증대에 기여하였다(자동출입국심사 확대, 비자신청대행서비스 운영, 한국방문 우대카드 제도 도입 등). 둘째, 공익사업 및 부동산 투자이민제도를 도입·추진하여 외국인 투자 유치를 통한 국내 경기 활성화를 도모하였다. 셋째, 외국인의 국내 유학을 활성화하고 생활 여건을 개선하였고, 우수 유학생에 대한 국내 취업 연계 등

유치·활용 기반을 구축하였다(국제장학프로그램 시행, 일·학습연계비자 도입, 유학생 채용 박람회 개최 등). 넷째, 우수 외국인재 유치를 위한 온라인 시스템 도입 및 국적·사증체계를 개편하였다(전자비자 제도 도입, Contact Korea 운영, 우수인재 특별귀화 및 제한적 복수국적 허용 등).

대한민국의 공동가치가 존중되는 사회통합 측면에서 성과는 첫째, 이민자의 입국 초기 사회 적응을 위한 조기적응프로그램을 시행하였다. 둘째, 한국어·한국사회이해교육 등을 시행하는 사회통합프로그램을 수준별·단계별로 체계화하고 참여를 촉진시켜 이민자의 안정적인 한국사회 정착을 지원하였다. 셋째, 비자 제도 개선 및 결혼중개업체 관리감독 등 국제결혼 관련 법·제도를 정비하였다(국제결혼 비자심사기준 강화, 결혼중개업의 관리에 관한 법률 제정, 위장결혼 방지를 위한 체류관리 강화 등). 넷째, 결혼이민자에 대한 맞춤형 지원을 시행하고, 특히 경제적 자립 역량 강화를 위해 일자리 참여 및 취업교육 등을 시행하였다(다문화가족 사례관리사업 시행, 사회통합프로그램 온라인 교육 시행, 결혼이민여성 인턴제 운영, 취업성공패키지 및 내일배움카드제 시행 등). 다섯째, 이민배경 자녀의 건전한 성장을 위해 한국어 교육, 공교육 진입 강화, 진로·직업교육 지원 등을 시행하였다(다문화 예비학교 지정 및 한국어 교육 시행, 이민배경 자녀의 공교육 진입 강화, 다솜학교 개교, 직업교육 지원기관 운영, 다문화 중점학교 확대 등). 여섯째, 이민자의 사회참여 확대를 위해 정책 결정 과정 참여, 자조모임 형성 지원 등 다양한 정책을 시행하였다(이민자 네트워크 활동 촉진, 지자체별 외국인주민 지원협의회 구성·운영 등).

차별방지와 문화다양성 존중 측면에서의 성과는 첫째, 재한외국인과 그 자녀에 대한 차별방지 및 인권옹호를 국가 및 지방자치단체의 책무로 규정하였다(「재한외국인처우기본법」 제10조 재한외국인 등의 인권옹호). 둘째, 조사, 보호 등 취약한 상황에서의 인권보호를 강화하고, 불법체류 아동의 학습권을 보호하며, 교육·의료·범죄피해 관련 공무원의 불법체류 외국인 통보의무를 면제[8]하였다. 셋째,

8) 제92조의2(통보의무의 면제)

1. 학교에서 외국인 학생의 학교생활과 관련하여 신상정보를 알게 된 경우
2. 공공보건의료기관에서 담당 공무원이 보건의료 활동과 관련하여 환자의 신상정보를 알게 된 경우
3. 그 밖에 공무원이 범죄피해자 구조, 인권침해 구제 등 업무 수행 과정에서 해당 외국인의 피해구제가

각종 의료보장제도(건강보험 등)에 의해서 의료혜택을 받을 수 없는 외국인에 대해서도 인도적인 차원의 의료 서비스를 제공하였다(외국인근로자 등 의료지원 사업 등). 넷째, 결혼이민자 등에 대한 상담, 쉼터 제공, 법률 지원 등을 시행하였다. 다섯째, 문화다양성 교육 프로그램을 확충하고, 학생·교사·공무원 등에 대한 문화다양성 이해 역량 강화를 실시했다. 대중에 대한 전파성이 높은 방송 등 미디어를 활용한 문화다양성 이해 증진 및 외국인에 대한 인식 개선 추진 활동을 진행했다. 여섯째, 외국인 집중거주지역에 대한 종합·체계적 지원 및 특화 발전을 유도하여 환경 개선 및 인식 제고를 위한 노력을 실시했다.

국민과 외국인이 안전한 사회구현 측면에서의 성과는 첫째, 탑승자 사전확인 시스템 도입, 유기적 밀입국 방지 대책 수립, 출입국 심사 강화 등 국경 안전 제고를 위한 정책을 실시하였다(이민특수조사대 및 광역 단속팀 운영, 관계부처·지자체 합동 단속, 브로커 및 불법 고용주 제재 강화 등을 통해 불법체류 발생 억제 등). 둘째, 외국인 체납 정보등을 공유하여 체류허가 시 반영하고, 법질서 교육 및 집중거주지역 치안 활동 등 체류외국인 법질서 확립을 추진하였다.

이민협력을 통한 국제사회와의 공동발전 기여 측면에서의 성과는 첫째, 국제이주기구(IOM), 경제협력개발기구(OECD), 유엔난민기구(UNHCR) 등 다자협의체 및 각국 이민당국과 협력을 강화했다. 재정착난민 수용 시범사업을 시행하고 난민법 제정 및 난민심사관·난민위원회 제도 도입 등 체계적 난민심사 시스템을 구축했다. 둘째, 외국국적 동포의 자유왕래 및 경제활동 보장을 확대하고 재외동포 사회와 교류를 강화했다.

(3) 정책 추진의 문제점 및 한계

우수 외국인재 유치 미흡 및 단순 기능인력의 장기 거주 진행의 측면에서 첫째, 우수 외국인재 유치를 위한 노력에도 불구하고 취업자격을 보유한 외국인 대비 전문직 종사자 비중은 여전히 낮은 수준[9]이다. 둘째, 고용허가제를 통하

우선적으로 필요하다고 법무부장관이 인정하는 경우

9) 2020년 6월 기준 취업자격 체류외국인 526,827명 중 전문인력은 44,884명으로 8.5% 수준이다.

여 입국한 비전문직 외국인근로자들의 국내 장기 체류가 진행[10]되어 가족동반 요구 등 정주화에 수반되는 사회적 부담 발생이 우려된다.

외국인 유입 증가에 따른 국민 일자리 침해 우려 측면에서 건설업 등 단순기능인력 분야를 중심으로 외국인근로자 증가에 따른 국민 일자리 침해 우려가 제기되고 있다.

결혼이민자 위주의 정책으로 인해 그 이외의 재한외국인 지원과의 형평성 문제 제기 측면에서 부처와 지자체의 사회통합 사업이 결혼이민자와 그 자녀의 지원에 편중됨에 따라 그 외 이민자[11]에 대한 지원은 상대적으로 취약하다는 평가가 있다.

외국인 인권보호를 위한 구체적 실행 체계 부족 측면에서 재한외국인 차별 및 인권침해 행위에 대한 정의, 판단기준, 구제방법 등에 대한 구체적 규정이 미흡하다는 지적이 있고, 농축산어업과 예술흥행분야 등 취약분야 인권 실태의 지속적 모니터링 및 보호 체계가 부족하다는 평가가 있다.

이민자 증가 등에 따른 사회불안 요인에 대한 체계적 대비 부족 측면에서 정부의 사회통합 정책 및 문화다양성 제고 정책에도 불구하고 이민자의 지속적 증가에 대한 국민적 우려가 존재하고, 외국인에 대한 부정적 인식을 표출하는 사례까지 발생하고 있다. 특히 외국인 강력범죄에 대한 국민적 불안감 증대 및 불법체류 외국인 증가에 대한 종합적인 대응 인프라 구축이 미흡하다는 지적이 있다.

이민정책 관련 위원회 및 중앙·지자체·민간 협력 부족 측면에서 외국인정책위원회, 다문화가족정책위원회, 문화다양성위원회, 외국인력정책위원회 등 이민정책 관련 위원회간 연계 강화가 요구된다. 실효적 이민정책 추진을 위해서는 중앙정부뿐만 아니라 지방자치단체 및 시민사회의 현장 밀착형 사회통합 정책 추진이 중요하나 중앙·지방·시민사회의 협업 및 연계 시스템 구축이 미흡하고, 외국인정책의 주요 사업에 대해 지자체 및 시민사회와 함께 심층분석

10) '03년 도입한 고용허가제에 따라 국내에 입국한 비전문직 외국인근로자의 장기체류(최장 9년8개월) 가능

11) 우수인재, 영주자격자, 국내 체류 동포 등

및 평가하고, 평가 결과를 차년도 정책 형성에 반영할 수 있는 평가 및 환류 시스템이 부족하다.

3) 제3차 외국인정책 기본계획(2018~2022년)

(1) 비전 및 정책 목표

표 5-5 제3차 외국인정책 기본계획 비전 및 정책 목표

비전	국민 공감! 인권과 다양성이 존중되는 안전한 대한민국
핵심 가치	〈상생〉 〈통합〉 〈안전〉 〈인권〉 〈협력〉

정책 목표	중점 과제
1. 국민이 공감하는 질서 있는 개방	1. 우수인재 유치 및 성장지원 강화 2. 성장동력 확보를 위한 취업이민자 유치·활용 3. 관광객 및 투자자 등 유치를 통한 경제 활성화 4. 유입 체계 고도화 및 체류·국적 제도 개선
2. 이민자의 자립과 참여로 통합되는 사회	1. 이민단계별 정착 지원 및 사회통합 촉진 2. 이민배경 자녀 역량 강화 3. 이민자 사회통합을 위한 복지지원 내실화 4. 이민자의 지역사회 참여 확대
3. 국민과 이민자가 함께 만들어가는 안전한 사회	1. 안전하고 신속한 국경관리 체계 구축 2. 체류외국인 관리 체계 선진화
4. 인권과 다양성이 존중되는 정의로운 사회	1. 이민자 인권보호 체계 강화 2. 여성·아동 등 취약 이민자 인권증진 3. 문화다양성 증진 및 수용성 제고 4. 동포와 함께 공존·발전하는 환경 조성 5. 국제사회가 공감하는 선진 난민정책 추진
5. 협력에 바탕한 미래 지향적 거버넌스	1. 이민 관련 국제협력 증진 2. 중앙부처·지자체·시민사회 협력 강화 3. 이민정책 및 연구기반 구축

출처: 법무부, '제3차 외국인정책 기본계획', 2018.

(2) 기존 정책과의 차별성

상생과 화합의 외국인정책을 통해 정책의 국민 수용성 제고 및 지속 발전 가능한 체계 구축 측면에서 차별성은 다음과 같다.

표 5-6 제1,2차 정책과의 차별성

제1·2차 정책		제3차 기본계획
▸ 이민의 양적 확대 중심의 개방적 이민 허용	⇨	▸ 이민의 양적 확대 및 질적 고도화를 병행한 적극적 이민정책
▸ 사회통합 체계 마련 및 참여 증진	⇨	▸ 사회통합 체계와 체류·영주·국적 연계 강화

출처: 법무부, '제3차 외국인정책 기본계획', 2018.

첫째, 우수하고 발전가능성 있는 외국인을 유입하고, 외국인이 자립·성장할 수 있는 사회환경을 조성한다.

둘째, 이민자 유입의 경제·고용·사회·문화적 영향을 분석하고 유입 원칙과 우선 순위를 설정하는 등 종합적인 이민자 유입체계를 고도화한다.

셋째, 사회통합 체계와 체류, 영주, 국적의 연계를 강화하여 재한외국인이 사회구성원으로서 자질을 갖출 수 있도록 유도한다.

넷째, 저출산·고령화 사회에 상응하는 국적·체류제도를 개선한다.

다섯째, 귀화자 병역의무 부여 여부 및 현실적 이행방안 등을 장기적으로 검토한다.

재한외국인의 자립을 촉진하는 미래 지향적 외국인정책 추진 측면에서 차별성은 다음과 같다.

표 5-7 미래 지향적 외국인정책 추진

지난 10년간 정책		제3차 기본계획
▸ 우수 유학생 및 외국 인재 유입에 중점	⇨	▸【유입 → 자립 → 성장 → 기여】의 미래 지향적 정책 추진

출처: 법무부, '제3차 외국인정책 기본계획', 2018.

첫째, 유학생의 학습 및 적응에 대한 지원을 강화하고 국내 연수 및 유학을 취업과 창업으로 연계하여 재한외국인의 성장을 촉진한다.

둘째, 이민배경 아동의 이중언어 교육 체계를 고도화하고 유아·학령기 등 성장주기별 지원을 강화한다.

체계적 인권증진 및 차별방지 정책 추진 측면에서 차별성은 다음과 같다.

표 5-8 '체계적 인권증진 및 차별방지' 정책

지난 10년간 정책		제3차 기본계획
▸추상적·선언적 인권 옹호	⇨	▸구체적 인권보호 제도 마련 ▸인권보호를 위한 인프라 확충
▸아동 등 취약한 상황에 있는 외국인에 대한 정책 부족	⇨	▸아동 등 취약한 상황에 있는 외국인 실태파악 및 인권증진 정책 마련

출처: 법무부, '제3차 외국인정책 기본계획', 2018.

첫째, 차별방지를 위한 구체적 규정을 마련하고 외국인 권익 옴부즈만 도입, 인권증진 및 권익보호 협의회 강화, 난민심판 전문기관 설치를 추진·검토한다.

둘째, 취약한 상황에 있는 외국인 아동에 대한 실태조사, 보호방안 강구 등 종합적 인권증진 방안을 마련한다.

셋째, 농축산어업, 예술흥행분야 등 취약한 상황에 놓여 있는 이민자에 대한 적극적인 인권보호를 추진한다.

중앙부처·지방자치단체·시민사회의 협업 증진 측면에서 차별성은 다음과 같다.

표 5-9 '중앙부처·지방자치단체·시민사회'의 협업

지난 10년간 정책		제3차 기본계획
▸ 이민관련 위원회간 협력 부족	⇨	▸ 이민관련 위원회간 연계 강화
▸ 지자체 및 시민단체의 외국인정책 참여 체계 미흡	⇨	▸ 지자체와 협의체 구성, 컨설팅 제공 등 협력체계 구축 ▸ 정책수요자 참여형 외국인정책 추진

출처: 법무부, '제3차 외국인정책 기본계획', 2018.

첫째, 부처별로 분산 운영되어 온 이민관련 위원회간 연계를 강화한다.

둘째, 중앙·지자체 협의체 구성, 컨설팅 제공 등 지방자치단체와 협력 체계를 구축하고 지방자치단체의 이민정책 인프라를 강화한다.

셋째, 외국인정책 기본·시행계획 수립 시 정책수요자 의견 수렴을 정례화하는 등 시민사회와 함께 이민정책을 만들어가는 체계를 구축한다.

체계적 이민정책 추진을 위한 인프라 확충 측면에서 차별성은 다음과 같다.

표 5-10 '체계적 이민정책 추진을 위한 인프라'

지난 10년간 정책		제3차 기본계획
▸ 이민관련 통계, 연구기반 부족	⇨	▸ 이민기록정보원 등 기반 확충
▸ 이민관련 체계적 법제 미비	⇨	▸ 이민 관련 법제 고도화 추진

출처: 법무부, '제3차 외국인정책 기본계획', 2018.

첫째, 증가하는 이민자의 현황 및 경제·사회적 영향을 파악하고 이를 통해 국민과 재한외국인에게 정확한 정보를 제공하기 위한 통계·연구기반 구축, 이민기록정보원 설치를 추진한다.

둘째, 체류외국인 증가와 다양화되는 사회적 요구에 부응하여 「재한외국인 처우 기본법」과 「출입국관리법」 등 이민 관련 법제 고도화를 추진한다.

4. 다문화가족정책[12)]

1) 다문화가족정책의 이해와 수립 배경

다문화가족정책은 다문화가족정책의 기본방향과 발전시책을 담아 5년마다 수립되는 법정계획[13)]이다. 다문화가족정책에 대한 기본법(다문화가족지원법)이 2008년에 제정되었고, 이를 근거로 다문화가족을 위한 다양한 지원 사업들이 추진 중에 있다.

다문화가족정책은 2006년 4월 '빈부격차·차별시정위원회'란 대통령 자문기구와 여성가족부·법무부 등 12개 부처가 합동으로 '여성결혼이민자 가족의 사회통합지원대책'을 마련하여 처음으로 본격 추진되었다. 정부 차원에서 2006년부터는 본격적으로 결혼이민자를 위한 지원정책을 실시하고자 법·제도적 기반을 마련했으나, 다문화자녀와 그 한국인 배우자 등 전체 가족을 대상으로 한 지원정책은 부족하였고, 교육·복지·보건 및 가족 영역 간 연계 미흡으로 정책적 시너지 효과는 미약했다. 따라서 다문화가족 지원을 위한 핵심기관인 다문화가족지원센터가 2006년에 21개 시·군·구에 처음으로 설치되었다.

2008년 3월 「다문화가족지원법」을 제정해 '여성결혼이민자' 대신 '다문화가족'이라는 용어가 사용되기 시작하였고, 정책 대상 및 그 범위도 결혼이민자 위주에서 다문화가족 전체로 확대되었다. 또한 「다문화가족지원법」을 2011년에 새롭게 개정하여 다문화가족의 정의와 범위를 '출생 시 한국인과 결혼이민자(또는 귀화자)'에서 '인지 또는 귀화 한국인과 결혼이민자(또는 귀화자)'까지 확장하였다.

2010년 「제1차 다문화가족정책 기본계획('10~'12)」, 2012년 「제2차 다문화가족기본계획('13~'17)」, 2018년 「제3차 다문화가족정책기본계획('18~'22)」을 수립

12) 여성가족부(2018), 이주연 외(2019)의 내용을 일부 발췌·인용함

13) <다문화가족지원법 제3조의2(다문화가족 지원을 위한 기본계획의 수립)>

하여 진행 중이며, 그 외 다문화가족정책은 「국적법」, 「재한외국인처우기본법」, 「출입국관리법」, 「결혼중개업의 관리에 관한 법률」 등에 의해서도 지원받고 있다. 특히 2007년 12월에는 결혼이민자에 대한 가정폭력 등이 국제결혼 증가로 사회적 문제로 대두되자 「결혼중개업의 관리에 관한 법률」을 제정하여 사기결혼 피해예방, 결혼중개업의 신고·등록제 도입 등 국제결혼중개업에 대한 관리·감독 강화, 중국, 필리핀 등 7개국 중심의 결혼상대국과의 협의체를 구성하여 불법소지업체 단속 및 불법중개행위에 대한 공조수사를 강화하였다.

2) 다문화가족계획의 추진 성과

다문화가족계획은 지금까지 3차의 다문화가족기본계획이 수립되어 진행 중이다.

1·2차 기본계획은 국제결혼 및 다문화가족 증가로 결혼이민자의 초기적응, 자녀출생과 초기발달 및 부부·가족생활 갈등 예방·해소, 다문화가족에 대한 사회적 관심을 형성하기 위한 정책방향과 세부 시책을 마련하였다.

3차 기본계획은 초기적응 중심에서 장기정착에 따른 결혼이민자, 한부모 증가 등 다양한 가족형태 출현, 가정폭력 증가 및 청소년 자녀 증가 등의 주요 현상을 반영하고 대응하는 서비스 발굴과 확대에 집중하였다. 또한 학령기에 본격 진입한 다문화자녀를 위해 학업·글로벌 역량, 사회진출 지원 강화 및 결혼이주여성의 취업지원 서비스 내실화 관련 사업을 강화하였다.

표 5-11 다문화가족 상황 변화에 따른 각 단계별 특징

구분	도입기 (1차 기본계획)	성장기 (2차 기본계획)	정착기 (3차 기본계획)
인구	국제결혼 증가 다문화가족 증가	국제결혼 비율 인정화 다문화가족 지속 증가	국제결혼 감소추세 다문화가족 안정화 장기정착 비율증가
가족	결혼이민자의 초기적응 자녀출생, 초기발달 진행 결혼·가족생활 갈등 발생	결혼이민자 사회진출 확대 자녀세대 성장 가족해체 증대	사회진출 욕구증대 경제·사회적 참여 강화 학령기(청소년) 비율 상승 한부모 등 가족형태 다양화
사회	사회적 관심 형성	다문화가족에 대한 부정적 태도 확산 및 갈등 우려	다소 개선되나 지속적 개선 노력 필요

출처: 이주연 외, 2019.

표 5-12 제1차~제3차 다문화가족 기본계획 정책 추진 방향

	제1차 계획 (2010~2012)	제2차 계획 (2013~2017)	제3차 계획 (2018~2022)
비전	• 다문화사회로 열린 성숙한 세계국가 구현	• 활기찬 다문화가족, 함께하는 사회	• 참여와 공존의 열린 다문화사회
목표	• 다문화가족의 삶의 질 향상 및 안정적인 정책 지원 • 다문화자녀에 대한 정책지원 강화 및 글로벌한 인재 육성	• 사회발전 동력으로서의 다문화가족 역량강화 • 다양성이 존중되는 다문화사회 구현	• 존중받고 차별 없는 다문화사회 구현 • 다문화가족의 사회·경제적 참여 확대 • 다문화자녀의 건강한 성장 발달 도모
	5대 영역, 61개 세부과제	6대 영역, 86개 세부과제	5대 영역, 70개 세부과제
정책 과제	• 국제결혼 입국 전 검증 시스템 강화 및 국제결혼 중개 관리 • 결혼이민자 정착지원 및 자립 역량 강화 • 다문화에 대한 사회적 인식	• 다양한 문화가 있는 다문화가족 구현 • 다문화 자녀의 발달과 성장 지원 • 안정적인 가족생활 기반 구축 • 결혼이민자 사회경제적 진출	• 다문화가족 장기정착 지원 • 결혼이민자의 사회참여 확대 • 다문화자녀 안정적 성장지원 및 역량강화 • 다문화 수용성 제고 • 추진체계 강화

	제1차 계획 (2010~2012)	제2차 계획 (2013~2017)	제3차 계획 (2018~2022)
	제고 • 다문화 자녀 건강한 성장발달 환경 조성	확대 • 다문화가족에 대한 수용성 제고 • 정책추진체계 정비	
추진 기관	〈11개 중앙행정기관, 지방자치단체〉 법무부, 문화부, 교육부, 행안부, 농식품부, 복지부, 경찰청, 공정위, 여가부, 고용부, 국무총리실	〈13개 중앙행정기관, 지방자치단체〉 경찰청, 법무부, 복지부, 고용부, 교육부, 여가부, 문화부, 행안부, 농식품부, 국방부, 외교부, 방통위, 국무총리실	〈18개 중앙행정기관, 지방자치단체〉 교육부, 외교부, 법무부, 국방부, 행안부, 문화부, 농식품부, 산업통상부, 복지부, 고용부, 여가부, 국토부, 중소벤쳐기업부, 방통위, 경찰청, 국세청, 농진청, 소방청

출처: 이주연 외, 2019.

또한 국민의 다문화 수용성은 개선되고는 있으나 전반적으로는 여전히 저조하며, 다문화사회에 대한 부정적·역차별적 인식과 정서 또한 증가하고 있는 점을 고려해 일반국민을 대상으로 찾아가는 다문화 이해교육을 강화시킴으로써 다문화 수용성 제고를 고려한 정책을 추진 중이다.

3) 3차 다문화가족정책 기본계획

「3차 다문화가족정책 기본계획」은 '모두가 존중받는 차별 없는 다문화사회 구현', '다문화가족의 사회·경제적 참여 확대', '다문화가족 자녀의 건강한 성장 도모'의 3대 목표 아래 5개 대과제, 17개 중과제, 70개 소과제로 구성되었다. 이를 위해 법무부, 교육부 등 17개 중앙행정기관 및 기관이 참여하고 있다. 기존 1차, 2차의 '도입 및 성장기'에서 '정착기'로 패러다임이 변화하는 추세를 고려하여 제3차 기본계획을 수립·추진하고 있다(여성가족부, 2018).

표 5-13 3차 다문화가족정책 기본방향

구분	내용	
비전	참여와 공존의 열린 다문화 사회	
목표	• 모두가 존중받는 차별 없는 다문화 사회 구현 • 다문화가족의 사회 · 경제적 참여 확대 • 다문화가족 자녀의 건강한 성장 도모	
정책과제	다문화가족 장기정착 지원	① 결혼이주여성 인권보호 강화(가정폭력예방 및 대응체계 구축) ② 국제결혼 피해예방 지원 ③ 안정된 가족생활 지원 ④ 서비스 연계 활성화
	결혼이민자 다양한 사회참여 확대	① 자립역량 강화 ② 취 · 창업 지원 서비스 내실화 ③ 사회참여 기회 확대
	다문화가족 자녀의 안정적 성장지원과 역량 강화	① 안정적 성장을 위한 환경조성 ② 학업 및 글로벌 역량 강화 ③ 진로준비 및 사회진출 지원 ④ 중도입국자녀 맞춤형 지원
	상호존중에 기반한 다문화 수용성 제고	① 정책환경에 대한 주기적 모니터링 실시 ② 다문화 이해교육 활성화 ③ 다문화수용성 제고를 위한 미디어 환경 조성 ④ 지역 환경 조성 및 참여 · 교류 프로그램 활성화
	협력적 다문화가족 정책 운영을 위한 추진체계 강화	① 정책추진체계간 협력 강화 ② 다문화가족 지원체계 내실화

출처: 여성가족부, '3차 다문화가족정책 기본계획', 2018.

「3차 다문화가족정책 기본계획」 추진의 특징은 다음과 같다.

첫째, 결혼이민자의 정착주기가 장기화되고 다양한 가족유형이 발생함에 따라 안정된 가족생활을 도모할 수 있는 지원을 강화하였다. 둘째, 결혼이주여성의 인권보호를 위해 가정폭력 관련 긴급상담, 전문상담 및 주거시설을 확대 운영하는 등 가정폭력 피해 대응체계를 강화하였다. 셋째, 가족관계 증진을 위한 프로그램을 다양화하고, 한부모가족과 관련된 제도(근로장려금 자격)를 개선하고 지원하였다. 넷째, 다문화가족 자녀가 학령기에 본격 진입함에 따라 학업 글로벌 역량 강화 및 사회진출을 위한 지원을 강화하였고, 정책적 관심의 대상이 되고 있는 중도입국 자녀에 대한 지원을 지속 추진하고 있다. 다섯째, 결혼이주여성의 초기적응지원을 지속하고, 취업지원 서비스를 내실화하였다. 여섯째, 다문화 수용성 제고를 위해 일반국민 대상 찾아가는 다문화 이해교육을 강화하였다.

표 5-14 1.2차 정책 vs 제3차 기본계획 비교

구분	그간의 정책		3차 기본계획('18~'22)
국제결혼	• 결혼이민관 파견 후 중지 • (女현지사전교육) 대면 • (男국제결혼안내프로그램)	▶	• 결혼이민관 파견 추진 • 교육방식 다변화(전화, 우편 등) • 시수 확대 및 인권 · 상호 존중교육 추가
가정폭력피해 이주여성 지원	• (상담소) 없음 • (보호시설) 운영, 외국인등록해야 입소가능 • (퇴소 후) 임대주택 지원 • (자립지원금) 없음	▶	• 종합상담소(상담, 법률, 의료, 치유, 통역 등) 신규 설치 추진 • 확대추진, 외국인 등록여부 무관하게 입소 가능 • 확대 추진 • 신설추진
다문화가족	• 가족관계 프로그램 운영 • 다문화가족이 직접 정책과정에 참여하는 '다문화가족 참여회의' 운영(5개 권역 대표) • 한국국적 배우자가 있어야 근로 · 자녀 장려금 신청	▶	• 가족관계 증진 프로그램 다양화, 사례관리 사업 및 정착단계별 지원 패키지 확대 • 다문화가족 참여회의 지역 대표성 확대(16개 시 · 도 대표) • 한국국적 자녀를 양육하는 한부모 외국인에 대해서도 근로 · 자녀 장려금 지원 가능
다문화가족 자녀	• 한국어 능력 향상, 학교생활 초기적응 지원(예비학교 확대, 기초학력 향상 지원 등) 중심	▶	• 청소년 성장지원 사업(자녀성장지원 프로그램, 이중언어 인재 양성 사업, 글로벌 브릿지 사업 등) 중점 추진 • 성장배경이 특수한 중도입국자녀 지원 강화(레인보우스쿨 확대 및 운영 방식 다양화, 취업사관학교운영 · 훈련과정 확대)
다문화 수용성	• 대상별(공무원, 경찰, 종사자 등) 다문화 교육 실시 중점	▶	• 일반국민 대상 찾아가는 다문화 이해교육 활성화 및 부처간 이해교육 협업체계 강화 • 지역사회 다문화 우수 프로그램 발굴 및 포상, 사회적 공감대 형성 프로그램 확산
정책 추진체계	• 다문화가족정책위원회를 통한 총괄 · 조정 기능 강화	▶	• 위원회 간(다문화가족정책위원회 – 외국인정책위원회) 연계 강화 • 다문화가족지원센터 내실화(처우개선, 지역 여건별 통합 추진, 서비스 역량 제고)

출처: 여성가족부, '3차 다문화가족정책 기본계획', 2018.

Chapter 06

한국사회의 다문화 인식과 수용

1. 한국사회의 다문화 인식[1)]

1) 다문화사회와 다문화 인식의 배경

2019년 말 기준 국내 체류 외국인이 210만 명을 돌파하여 대한민국 전체 인구의 4.9%가 외국인인 시대가 도래하였다(법무부, 2020). 통상 학계에서 외국인 비율이 전체 인구의 5%를 넘을 경우 다문화사회로 분류하므로 한국은 이제 실질적으로 다문화사회로 진입한 단계로 볼 수 있다. 한국의 다문화사회 진입은 거스를 수 없는 추세로 받아들여진다. 하지만 아직 한국 내에서는 다문화주의를 우리 사회가 수용해야 하는 사회적 가치로 받아들이면서도 다문화사회가 가져올 변화와 논쟁에 대한 사회적 담론과 합의가 이뤄지지 않았다는 한계가 존재한다.

다문화주의가 한국사회 주류 선주민이 이주민에게 시혜를 베푸는 것으로 인식되는 것은 여러 위험성을 지닌다. 다문화주의는 단순히 여러 인종과 국적이 모여 있는 것만을 의미하지 않으며, 추상적인 '도덕', '인권' 등의 개념으로 받아들여야 하는 사상이나 정책으로 제한되지 않는다.

대부분의 소수 이주민 집단은 그들만의 자치를 통해 자신들의 문화를 존속시키기를 원하며, 이를 위해서는 주류 사회가 소수 문화에게 문화적 다양성 인정하고 수용하는 태도를 보여줄 것을 요구하고 있다. 지난 수십 년간 다문화사회로의 변화를 경험해 온 미국과 서구 유럽에서도 치열한 논쟁과 사회적 합의를 위해 다문화에 대한 이해와 수용을 진행해 왔으나, 최근 다문화와 관련된 갈등이 심화되면서 자국의 다문화주의를 실패로 인정하고 있는 상황이기도 하다.

지금까지 국가가 주도하는 다문화사회의 변화를 경험한 한국인들은 다문화에 대해 관용적인 태도를 보이지만 그들을 국민으로 인정하는 데는 소극적인

1) 최지혜, 조민효(2020)의 내용을 일부 발췌·인용함

태도를 보이고 있다. 다문화에 대한 한국사회의 온정주의적 태도 이면에는 다양한 다문화 갈등이 잠복해 있고, 일부에서는 '다문화 피로도'와 '다문화 혐오증'이 나타나고 있다.

국내 체류 외국인의 지속적인 증가로 인해 한국 주류 선주민과 이주민 간 접촉 역시 활발해지면서 다문화로 인한 긍정적인 사회적 인식 변화와는 별개로 일자리 경쟁, 국제 결혼의 폐해, 문화 충돌, 외국인 범죄 등이 부각되면서 다문화에 대한 과거의 온정적인 태도에서 벗어나 다문화사회의 위협을 현실적으로 깨닫기 시작했으며, 다문화에 대한 지지가 상당히 감소하는 현상도 보이고 있다. 특히 최근 유럽을 중심으로 난민·이슬람과의 문화적 충돌, 각국의 보호주의 정책 등이 부각되면서 다문화에 대해 복합적인 사고가 작용하게 되는 계기가 되었다.

2) 한국인의 다문화에 대한 인식

단일민족·단일문화국가와 다민족·다문화국가 중 선호하는 국가 방향에 대한 한국인의 정체성 조사(동아시아연구원, 2020)인 **표 6-1**에서 2010년에는 단일민족·단일문화국가보다 다민족·다문화국가를 지향하는 비율이 60% 이상으로 나타난 반면, 2015년과 2020년에는 다문화 국가를 지향한다는 답변이 눈에 띄게 감소하여 40%대를 기록한 것이다. 이는 2010년과 비교했을 때 2015년과 2020년 각각 11%p, 16.2%p 하락한 수치로, 다민족·다문화국가를 지향한다는 비율이 일관되게 감소해왔을 뿐만 아니라 감소 폭 역시 커져 왔음을 알 수 있다. 단일민족·단일문화국가를 지향한다고 답한 비율 역시 2010년 이후 꾸준히 증가하여 2020년에는 응답자의 40% 가까이가 한국이 단일민족국가가 되어야 한다고 인식하는 것으로 나타났다. 한국이 다문화국가로 나아가야 하는지에 대한 뚜렷한 긍정 또는 부정 의견을 지니지 않은 사람도 증가해왔음을 확인할 수 있다.

종합하면 지난 10년간 한국사회는 다문화사회로의 변화를 긍정적으로 인식하는 비율이 감소해왔으며, 다문화화에 대한 유보적인 태도는 증가해왔다. 이러한 추세는 외국인과 다문화가정의 숫자와 비율이 꾸준히 증가하고 있는 우리나라의 인구학적 통계와는 다소 상반된다.

표 6-1 한국의 다문화화에 대한 태도 변화(2010~2020)[2] (단위: %)

보기	2010년	2015년	2020년
단일민족-단일문화국가	37.1	38.7	39.1
다민족-다문화국가	60.6	49.6	44.4
잘 모르겠다	2.4	11.7	13.1

출처: 동아시아연구원. 2020.

외국인에 대한 한국인의 인식은 일관되지 않고 차별적인 형태로 나타난다. 백인은 합리적이며 선망의 대상으로 인식하고, 흑인은 열등하고 비합리적인 집단으로 인식하는 경향이 강하고, 동남아시아 지역 출신의 외국인에 대해서는 차별적·동정적 시선과 외국인 범죄에 대한 과장된 두려움이 복합적으로 나타난다.

한국인은 다문화 소수자에 대해 국민, 동포, 합법 신분, 선진국/개도국 출신이라는 4가지 기준으로 외국인을 상이하게 구분하는 경향이 있다. 일반적으로 한국사회가 한국인과 가족을 이루는 다문화 소수자와 북한이탈주민에게 비교적 큰 친밀도를 보이지만, 외국인근로자에 대해서는 부정적 인식이 높다. 조선족 동포의 경우는 1990년대 이후부터 국내 유입이 꾸준히 증가하여 국내 체류 외국인 중 가장 높은 비중을 차지하는 집단이지만 조선족에 대한 한국인의 부정적인 시선이 강한 편이다.

연령대가 올라갈수록 다문화국가보다 단일민족·단일문화국가를 지향하는 보수적인 태도가 드러난다. 젊은 세대는 대한민국이라는 국가정체성을 넘어 세

2) '귀하께서는 우리나라가 앞으로도 단일민족·다문화국가가 되어야 한다고 생각하십니까? 아니면 여러 민족, 여러 문화가 공존하는 다민족·다문화국가가 되어야 한다고 생각하십니까?' 설문문항에 대한 응답임.

계시민으로서의 정체성을 가지게 되면서 글로벌한 문화에 대한 수용성을 바탕으로 다문화 혹은 다문화사회에 대한 긍정적 인식이 높게 나타난다. 반면 한국사회가 한국의 글로벌화 구현을 위한 '세계 속의 한국'이라는 문화적 확장에는 관심을 보이는 것에 반해, 다문화 수용 측면에서 '한국 속의 세계'를 위한 노력이나 이해에 대해서는 보수적인 태도가 강화될 수 있다.

교육 수준별로는 고학력층에서 다문화국가에 대한 지지도가 높다. 학력 수준이 낮을수록 단일민족·단일문화국가를 지향하고 다민족·다문화국가에 배타적인 태도를 보이는 것은 외국인근로자 유입에 대한 인식과 연계하여 고려할 수 있다. 외국인근로자의 유입으로 우리나라 사람들이 일자리를 위협받고 있다는 인식에 근거하여 저학력을 중심으로 외국인근로자로 인한 일자리 위협을 느낀다.

인종, 종교, 문화가 다양해지면 국가 경쟁력에 도움이 될 것이라는 데에 찬성하지만, 이주민들이 그들의 문화를 버리고 동화되기를 바라는 경향이 강하다. 다문화를 지지하면서 이민자들의 권리, 문화 존중, 다문화의 장점에 대해서는 긍정적인 태도를 지녔으나, 일자리나 사회적 권리와 현실적 문제에 대해서는 자국의 가치나 이익이 침해받는 상황에 배타적인 태도를 취한다.

2. 다문화사회와 사회적 거리감[3)]

1) 이주민에 대한 사회적 거리감

'사회적 거리감(social distance)'은 학자들마다 약간씩 차이는 있지만 다문화사회에서 집단 간 관계를 보여주는 대표적인 지표로서 개인 간, 개인과 집단 간, 그리고 집단 간 심리적으로 가깝고 먼 정도를 의미한다. 보가더스(Begardus, 1959)

3) 통계개발원(2019)의 내용을 일부 발췌·인용함

는 사회적 거리감을 '개인 간, 개인과 집단 간, 집단 간 존재하는 동정적 이해의 정도'로 정의하였고, 다인종/다민족 사회에서 사회적 거리감 척도는 인종/민족 집단 간 편견과 사회통합의 상태를 보여주는 가장 효과적인 측정 방법으로 활용되고 있다. 한국에서도 외국인이 1990년대 이후 급격히 유입되고 사회조사가 발전하면서, 인종적 편견, 다문화주의, 국가정체성 등의 연구에서 사회적 거리감 척도가 쓰이고 있다(통계개발원, 2019).

통계개발원(2019)의 2019 한국의 사회동향에 의하면 2008년과 2018년 두 시기 모두 한국인이 가장 멀게 생각하는 집단은 중국인과 동남아시아인이다. 지리적으로 가장 가까운 이웃이라 할 수 있는 중국인, 그리고 한국에 외국인근로자나 결혼이주여성을 많이 보내는 베트남인, 인도네시아인, 필리핀인 등 동남아시아 국가 국민에 대해 덜 수용적이다. 반면 한국인의 인식에서 선진국 백인의 이미지로 자리 잡은 미국인과 유럽인에 대해서는 매우 수용적이다. 일반적으로 한국인이 가지고 있는 다른 국가 국민에 대한 사회적 거리감이 낮아졌으나, 중국인과 일본인에 대한 사회적 거리감은 오히려 높아졌거나 그대로라는 점은 중국, 일본과 안보와 역사를 두고 벌어지는 갈등과 관련 있는 것으로 보인다.

한국인이 다른 국가 국민에 대한 사회적 거리감은 출신국의 경제발전 수준이 높아질수록 낮아지지만, 이는 동시에 해당 국가와의 역사, 정치, 안보, 경제적 갈등 관계에 따라 달라지기도 한다.

2) 사회계층별 외국인에 대한 사회적 거리감

외국인에 대한 인식과 태도는 한국인의 성, 연령, 교육수준, 직업, 거주지역 등 사회경제적 및 인구학적 특성에 따라 달라질 수 있다. 성별에 따른 다른 국가 국민에 대한 사회적 거리감을 살펴보면 모든 대상 집단에 대해 남성보다 여성이 높은 사회적 거리감을 유지하고 있다. 여성이 남성보다 다른 국가 출신 사람들에 대해 덜 수용적이다. 연령별 사회적 거리감을 살펴보면 대체로 한국인의 다른 국가 국민에 대한 사회적 거리감은 연령이 높을수록 높고, 연령이 낮을수록 낮다. 특히 대상 집단 출신국의 경제적 발전 정도에 따라 사회적 거리감이 달라진다고도 할 수 있다. 교육수준에 따른 다른 국가 국민에 대한 사회적 거리감의 차이를 살펴보면 모든 대상 집단들의 경우 교육수준이 높을수록 호의적인 태도를, 낮을수록 부정적인 태도를 유지하고 있다. 소득수준에 따른 다른 국가 국민에 대한 사회적 거리감도 교육수준에 따른 차이와 비슷하게 나타난다. 소득수준이 높을수록 사회적 거리감이 낮고 소득수준이 낮을수록 사회적 거리감이 높다. 외국인 거주 밀집지역 내 내국인의 이주민과 외국인근로자에 대한 사회적 거리감은 일반적으로 사회적 접촉이 증가할수록 서로를 더 이해하게 되어 편견이 감소하고 상호 이해가 깊어지리란 기대와는 다르게 가장 멀게 느낀다. 이는 밀집지역 거주민들이 이주민과 외국인근로자와의 접촉과 관계 속에서 사회경제적 수준 또는 문화적·역사적 배경의 차이가 부정적 인식을 높이는 계기로 작용되었다고 본다(통계개발원, 2019).

3. 한국사회의 다문화 인식의 현실[4)]

한국사회는 급격한 다문화사회로의 변화로 인해 서구 국가들에 비해 짧은 기간 동안 다문화 담론이 논의되면서 충분한 사회적 합의 과정을 거치지 못했다. 다문화에 대한 한국인의 인식은 결혼이민자 증가, 외국인근로자 유입으로 인종·민족 등을 기준으로 한 차별과 편견이 사회 문제로 부상하면서부터 본격적으로 형성됐다. 이를 계기로 다문화주의 가치의 수용을 정치·사회적으로 올바른 것으로 인식하기 시작했다.

그러나 한국인의 다문화 인식은 장기화되고 있는 국내 경기 침체와 실업난,

4) 김지윤 외(2018)의 내용을 일부 발췌·인용함

사회 양극화로 인한 일자리·복지 등에서의 경쟁, 외국인 범죄 증가로 인한 위협, 유럽의 난민 문제와 반(反)이민 정서 등의 영향으로 개선되지 않고 있다. 일부 경우 외국인 범죄 관련 보도로 인해 국내 여론이 다문화에 대한 비판, 외국인 집단 전체를 향한 비난으로 표현되기도 했다. 외국인에 대한 태도도 과거 인권 관점에서 이민자를 시혜 대상으로 보던 온정주의로부터 이들을 범죄 위협 요소, 복지수혜자, 일자리 경쟁자 등으로 보는 냉소주의로 바뀌고 있는 점은 외국인의 유입을 보다 현실적으로 바라보고 있다는 것으로 해석된다.

현재 한국의 다문화정책은 전시성 정책, 정책의 비일관성, 시행 기관의 중복 및 비체계성, 계몽적 홍보, 서구 다문화정책의 성급한 수용으로 인한 문제, 한국 다문화 현상에 대한 이론적 기반과 실천적 대안의 부재 등으로 비판을 받고 있다. 이는 정부가 추진 중인 다문화정책에 다문화주의와 동화주의가 혼재하면서 정책적 지향점이 명확하지 않다는 점이 원인이다.

한국사회 내 인종 편견과 외국인 차별이 개선되지 않는 이유는 대중매체를 통해 외국인에 대한 이미지가 부정적으로 묘사되고 있어 한국인에게 잘못된 인식을 강화·재생산한 측면이 있다. 표면적으로는 외국인에 대한 인식이 개선된 것처럼 보였지만 정부의 진단과 대응이 단기적이고 단순 홍보에만 그치고, 결혼이주여성, 다문화가정 자녀, 외국인근로자 등에 대한 정부 지원에 대해 역차별 논란이 제기되면서 다문화 혐오와 다문화 피로감으로 나타나기도 한다.

우리 사회에서 저출산·고령화로 인해 적극적인 이민 수용의 필요성이 부각되었고, 다문화사회로의 이행이 불가피하다는 측면에서 외국인을 편견 없이 수용할 수 있는 분위기를 조성할 필요가 있다. 이주 적응, 고용, 문화, 교육, 복지 등으로 나뉘어 있는 다문화정책도 일관성 있는 정책적 지향을 갖추어야 하며, 외교부, 여성가족부, 고용노동부, 법무부 등 부처별로 시행 중인 정부 정책의 총괄 기구가 필요하다(김지윤 외, 2018).

4. 다문화에 대한 사회적 포용[5)]

1) 포괄적 차별금지법 제정

최근 우리 사회 내부의 다양성 증가로 인해 새로운 유형의 차별과 혐오 문제가 나타나고 있기에 기존의 개별적인 차별금지법만으로는 해결하기 어려운 상황이다. 이러한 문제해결을 위해 포괄적 차별금지법 제정에 대한 필요성이 더욱 커지고 있다. 포괄적 차별금지법을 제정하여 차별 개념과 차별금지 유형을 명확히 정의할 필요가 있다.

차별금지법이 모든 차별 문제에 대한 해결책이 될 수는 없지만, 관련법 제정을 통해 소수자와 사회적 약자를 보호하고 구제할 수 있는 법적 근거를 마련한다는 점에 의의가 있다.

2) 이민자 참여 지역사회협의기구 재정비

이민자가 직접 참여지역에서 주민대표의 자격으로 다양한 국적의 이민자들의 의견을 대변하기 위해 지역사회협의기구에 참여하는 것이 필요하다. 이를 통해 자신들의 어려움을 해소하고, 다문화 및 이민자 관련 정책을 개선할 수 있을 것으로 기대되고 있다. 또 지역 특성에 맞는 조례 및 정책, 관련 사업을 설계할 수 있다는 점에서 긍정적으로 평가된다. 이민자들이 단순히 정책 제안, 일상생활의 불편 사항 개선 제안을 넘어 지자체 외국인 관련 정책 결정 시 실질적 참여 권한을 주는 방식도 적극 고려되어야 한다.

현재 정부가 제3차 다문화가족정책 기본계획에서는 '결혼이민자의 다양한 사회 참여 확대', 제3차 외국인정책 기본계획에서는 '이민자의 자립과 참여로 통합되는 사회', '인권과 다양성이 존중되는 정의로운 사회', '협력에 바탕한 미

---

5) 곽윤경, 주유선, 우선희(2019)의 내용을 일부 발췌·인용함

래 지향적 거버넌스' 등을 정책과제로 제시했다는 점에서 향후 이민자 참여 지역사회협의 기구의 역할이 더욱 확대될 것이다.

3) 인식 개선 교육

한국인들은 이민자에 대해 수용성과 폐쇄성을 동시에 보여 주고 있다. 세계 시민으로서의 글로벌한 문화 수용 측면과 반대로 국제결혼에 대한 보수적 시각, 외국인근로자에 대한 편견 등 부정적 인식도 공존하고 있다.

사회구성원들의 다문화 인식 및 태도를 변화시키기 위한 다문화교육을 강조하며, 정규교육 과정을 정비하고 있다. 교육 대상자들의 욕구와 특성에 맞는 교육 과정을 유연하고 탄력적으로 재구성하고, 교육 내용의 다양화를 추진해야 한다.

4) 내국인과 이민자의 교류 확대

지역사회 차원에서 내국인과 이민자의 교류 기회를 확대하여 이민자에 대한 사회적 인식을 개선하고, 사회적 포용에 긍정적인 영향을 미치는 것이 요구된다.

현재 추진 중인 다문화 체험 혹은 다문화 관련 행사들은 많이 있지만 대부분 일회성이거나 지자체 사업의 홍보 성격이 강해 내국인과 이민자의 상호 교류 기회를 오히려 축소한다는 비판이 있다

제3차 다문화가족정책 기본계획에서는 '상호존중에 기반한 다문화 수용성 제고' 중 '지역 환경 조성 및 참여 및 교류 프로그램 활성화'를 정책과제로 제시한 바 있다. 세부 추진과제는 다문화 공존을 위한 사회적 공감대 형성, 지역사회 프로그램 발굴 및 확산, 다문화 프로그램 발굴 및 운영, 문화 시설 내 다문화 프로그램 확대 등 다양한 자원 발굴에만 초점을 두고 있는 실정이다. 또한 다문화 행사에 참여하고 동원되는 이민자들이 대부분 결혼이주여성으로 국한되어 내국인이 제한적인 이민자 집단만 접촉하게 한다는 비판도 있다. 새로운

프로그램과 자원을 발굴하는 것도 좋지만, 지역사회와 민간 영역에 존재하는 한정된 가용자원을 적극 연계 및 조정하여 효율적으로 활용하고 방안을 추진하는 것이 요구된다.

5) 이민자에 대한 사회적 포용 척도 개발

현재 정부는 다문화 포용국가로 변화하기 위해서 여러 정책 수단을 개발하고 있지만 성과는 매우 미비하다. 따라서 현재 한국인의 이민자에 대한 사회적 포용 정도를 면밀하게 진단할 수 있는 척도 개발이 도움이 될 수 있다. 척도를 활용한 주기적 진단은 이민자에 대한 사회적 포용의 전개 방향과 내용을 파악할 수 있게 하고, 축적된 조사 결과를 통해 정책 유효성의 평가 자료로 활용하거나 중장기적으로는 정책 방향 설정 및 개선을 위한 중요한 근거가 될 수 있다.

5. 한국사회의 다문화 수용성6)

1) 다문화 수용성

다문화 수용성은 다문화주의나 이주민을 받아들이는 태도, 자신과 다른 인종적·문화적 배경을 지닌 집단에 대해 친밀감을 느끼는 정도 등을 통해 판단된다(Edmonds & Killen, 2009; Mähönen et al., 2011; Verkyuten & Thijs, 2002).

다문화 수용성은 다민족·다문화 사회로의 변화에 대해 긍정적 수용 태도와 다양한 인종·민족의 공존이라는 다문화사회의 가치를 지지하는 태도로 정의되며(황정미 외, 2007), 서로 다른 인종적·문화적 배경의 집단을 한 사회의 구성원으로 수용하는 정도로 볼 수 있다(윤인진, 송영호, 2011). 따라서 다문화사회가 추구

6) 이자형 외(2014), 김이선 외(2018), 통계개발원(2012)의 내용을 일부 발췌·인용함

하는 다문화주의와 정책을 수용하는 의식 수준(이자형, 김경근, 2012) 또는 보편적인 권리에 대한 승인(황정미, 2010)을 포괄하는 개념으로 본다.

다문화 수용성을 구성하는 개념은 크게 '다양성', '관계성', '보편성'으로 구분할 수 있고, 하위 구성요소는 문화개방성, 국민정체성, 고정관념 및 차별, 일방적 동화 기대, 거부·회피정서, 상호교류 행동의지, 이중적 평가, 세계시민 행동의지로 나눌 수 있다(김이선 외, 2018).

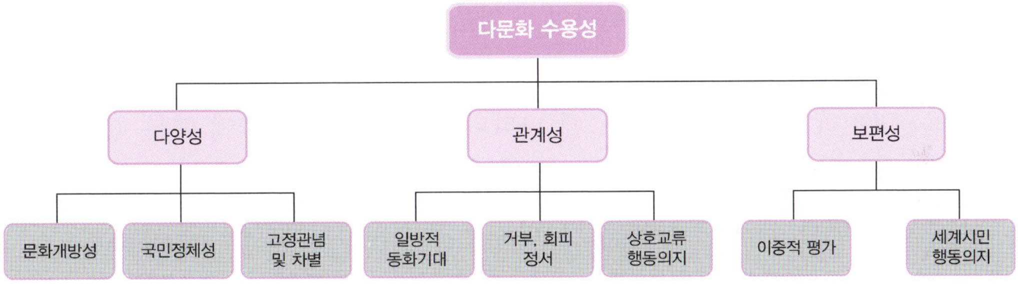

그림 6-1 다문화 수용성을 구성하는 개념

출처: 김이선 외, 2018.

2) 이주민에 대한 다문화 수용성의 형성 요인

IOM의 How the Wolrd Views Migration보고서(2015)에서는 소수자/이민자에 대한 태도를 설명하는 기본 요인으로 사회·인구학적 특성, 지역별 요인, 국가의 이민정책, 경제상황을 제시했다. 세계 각국은 지역별로 이민자 유입에 대한 긍정, 부정 비중이 상이하게 나타나고 있으며, 세대·교육수준·취업 상황 등에 따라 다른 반응을 보였다. 자국의 경제 현실에 따라 이민자에게 민감하게 반응하고 있으며, 국가의 이민 정책에 대한 정치적 의견이 다양하게 나타나고 있다.

EUMC(Europe Monitoring Center on Racism and Xenophobia)[7]의 Majorities' Attitudes

7) EUMC(Europe Monitoring Center on Racism and Xenophobia)은 1997년 설립된 '유럽 인종주의 및 외국인 혐오 모니터링 센터'로 회원국 내 이주자와 소수집단이 처한 주거 불안, 차별 등의 이슈에 대한 모니터링을 하면서 연례보고서를 작성한다.

Towards Minorities(2005)에서는 소수자/이민자에 대한 태도를 설명하는 기본적 요인으로 국가의 상황, 계층적 배경, 정치 성향을 제시했다. 연령·거주지·교육 수준·소득·직업군·정지성향 등에 따라 다른 성향을 보였고, 국가의 GDP나 실업률, 사회적 소외 여부에 따라 다르게 나타났다.

CHATHAM HOUSE[8]의 Understanding Public Attitudes Towards Refugees and Migrants(2017)에서는 소수자/이민자에 대한 태도를 설명하는 기본적 요인으로 이주민 집단의 특성, 사회·인구학적 특성, 사회·경제적 인식, 감정과 가치관, 현실적 고민, 거시적 차원의 요인을 제시했다. 이주민의 이주 배경이나 능력, 이민자 집단의 인종, 문화, 종교적 배경도 다문화 수용에 영향을 미쳤다. 교육·GDP의 수준에 따라 다르게 나타나고, 이주민의 증가에 따른 경제적·문화적·안보적인 현실적 고민이 반영되기도 한다. 특히 국가의 정치와 정책이 이주민에 대한 태도 형성에 강한 영향을 미친다고 보았다.

그 외에도 개인적 요인으로서 가치관 및 사회경제적 특성, 타문화, 이주민과의 접촉 경험, 거시적 요인으로서 경제·문화적 함의, 세대 간 차이, 기타 외부 요인으로서 언론의 영향 등을 중요한 요인으로 보았다.

이주민에 대한 다문화 수용성의 형성 요인들을 종합해 보면 첫째, 이민(자), 다문화사회에 대한 태도를 설명하는 주요 요인은 개인적 차원의 요인과 거시적 차원의 요인으로 구분할 수 있다. 개인적 차원의 대표적 요인으로는 개인의 인식 및 가치관, 사회·인구학적 특성인 나이/세대, 교육 수준, 실업 여부 등이 이민자에 대한 태도를 들 수 있다. 특히 IOM(2015) 보고서[9]에서는 경제 상황이 나쁘거나 나빠지고 있다고 생각할 때, 이민자들이 자국민이 선호하는 일자리를 자국민과 경쟁할 때에 이민에 대해 부정적 경향을 보인다는 결론을 제시했다.

8) CHATHAM HOUSE는 '왕립 국제 문제 연구소'로 1920년 창설된 영국의 싱크탱크이다.

9) IOM 보고서는 2012년부터 2014년까지 세계 140개국 총183,000명을 대상으로 실시한 조사결과를 바탕으로 하였다. "이 나라의 이민이 지금의 수준에서 유지, 증가, 혹은 감소되어야 한다고 생각합니까?", "이민자는 자국민이 기피하는 업종의 일자리에 종사한다고 생각합니까? 아니면 선호하는 업종의 일자리에 종사한다고 생각합니까?"라는 두 질문에 대한 응답을 바탕으로 이민자에 대한 태도를 파악하고자 하였다.

또한 개인적 차원의 요인은 어떤 성격의 이민자 집단과의 접촉(긍·부정적)이 있었는지에 따라 이민자에 대한 태도에 중요한 영향을 미친다고 본다(김이선 외, 2018).

거시적 차원의 요인에 대한 국가간 비교연구에서 국가와 개인의 이민 정책에 대한 태도는 대체로 일치하는 경향을 보였다. 또한 거시적 지표들(GDP 수준, 이민자 숫자 및 비율, 실업률)과 해당 국가의 이민자에 대한 태도는 상당한 연관성을 보인다.

개인 경제 상황의 변화보다는 자국 및 지역 커뮤니티 내에서 이민자 증가로 나타나는 경제·문화적 변화, 정치 지도자가 표방하는 이민에 대한 이미지, 이민 이슈와 관한 언론의 보도 성향이 개인의 이민자에 대한 태도에 영향을 미친다. 특히 민감한 사건이 발생했을 때 장·단기적으로 이민에 대한 부정적인 태도 및 여론의 변화를 가져올 수 있다.

3) 한국인의 다문화 수용성

한국인들은 이민자들이 내국인들이 기피하는 3D 업종의 노동력 부족을 채워서 한국 경제에 기여하고 있다는 점을 인정한다. 그러나 이와 반대로 이민자 복지를 위한 세금 부담, 가난한 사람들의 경제적 피해를 우려하고 있다. 이민자 유입이 고유문화와 전통에 대한 자긍심을 낮추는 부정적 결과를 초래할 것이 견해와 새로운 아이디어와 문화를 가져옴으로써 한국사회 변화의 동력이 될 것이라는 견해도 있다.

인구감소에 대한 대책 차원에서 결혼이민 등에 대해서는 긍정적인 반면 다문화 아동의 정체성에 대한 우려는 상존하고 있다. 하지만 단순히 이민을 적극 수용하는 것만으로는 경제 측면에서 실효성이 떨어질 뿐만 아니라 생산가능인구의 확대로 이어질 가능성도 적다. 따라서 이민자를 수용하는 데 있어서 국내 경제활동에 대한 기여가 가능한 지 여부를 판단할 수 있는 기준을 마련할 필요가 있으며, 이민자 비율의 확대를 통해 국내 생산인구증가와 생산성 향상에 기여할 수 있도록 해야 한다고 보고 있다. 이민자를 수용하되 단순노동인력 중심에서 탈피하여 우수인재의 선별적 수용을 원하는 것이 일반적인 한국인의 태도로 나타난다. 한국인들은 생산기능직 외국인근로자들과 중국국적 동포들은 감소하기를 바라지만, 외국인 투자자, 사업가, 전문기술직 외국인근로자, 유학생은 증가되기를 바란다.

이주민들도 한국사회의 구성원이자 이민자의 권리로 인권침해나 차별을 당하지 않을 권리, 자신의 문화를 보존하고 향유하는 권리, 복지를 누릴 권리, 가족과 함께 살 권리, 정치적으로 참여할 권리(투표권) 등을 요구할 수 있다. 한국인이 가장 많이 동의하는 기본권에 해당하는 이주민의 권리는 차별금지와 인권침해를 당하지 않을 권리이다. 이에 대해서는 정부와 사회가 강력하게 개입하고 개선해야 한다는 점을 인정한다.

이민자들의 권리 인정에 대해서는 인권, 가족결합권, 문화권 같은 기본권은 인정해 줘야 하지만, 투표권과 같은 정치참여권에 대해서는 부정적인 입장을 가진 사람들이 많다.

6. 다문화 수용성을 위한 정책 제언[10)]

1) 다문화 수용성에 관한 정부의 명확한 방향 제시

현재 한국 국민들은 단일민족사회의 한계는 분명히 인식하지만, 다문화사회에 대한 신념은 확실하게 정립되지 못한 과도기적 상황이다. 이런 과도기적 상황을 극복하고 다문화사회의 전개와 이주민의 증가에 대해 국민의 인식이 올바르게 확립되기 위해서는 정부가 다문화사회에 대한 확고한 방향성, 다문화시민성 확립의 중요성, 다문화 수용성의 의의를 강조해야 할 것이다.

10) 김이선 외(2018)의 내용을 일부 발췌· 인용함

다문화 수용성과 관련한 기존 정책은 다문화교육, 다문화활동 등의 개별 사업이 부처별로 진행되고 있다. 현재 정부의 명확한 방향성이나 다문화 수용성의 의의와 가치에 대한 공통의 목표와 관점이 확립되지 않은 상황에서 활동과 교육이 산발적으로 진행된다는 점이 문제로 지적되고 있다. 이러한 상황에서는 정책 추진의 한계가 나타나게 되고, 다문화사회의 전개, 이주민의 증가와 관련해 국민들이 혼란과 갈등에 직면하게 되기 때문에 이를 극복하기 위한 사회적 계기가 요구된다. 사회 구성의 변화에 필요한 시민성의 재구성과 다문화 수용성의 정착을 위해서는 이민자가 우리 사회의 일원임을 명확히 하고, 출신 배경, 이주 여부, 외모의 차이 등을 이유로 한 차별이나 배제 문제를 해결하기 위한 정부의 적극적인 대응이 필요하다. 따라서 이주민과 그 자녀에 대한 보편적 인권 존중, 반차별을 지향하는 법적·제도적 조치가 적극 추진되어야 할 것이다.

2) 청년층의 다문화 수용성 전개에 대한 정책 대응

다문화 수용성에 있어 성인에 비해 청소년 세대의 다문화 수용성이 현저히 높고, 이민자에 대해 개방적인 태도를 취한다. 이러한 관점에서 향후 현재 청소년 세대의 성장과 사회적 영향력의 확대에 따라 사회 전체의 다문화 수용성이 긍정적 방향으로 개선할 것으로 기대할 수 있다. 하지만 현재 청소년 세대의 다문화 수용성이 비교적 높게 나타난다는 것만으로 앞으로도 계속 개방적 태도를 유지·발전시킬 것으로 단정할 수는 없다.

따라서 미래 사회의 주역인 청소년층, 대학생을 비롯한 청년층이 가진 이주민 혹은 다문화사회와 관련된 인식과 경험, 다문화 수용성에 관심을 가지는 것이 필요하다. 청년층은 사회 진출 과정에서 다양한 다문화 관련 상황에 직면하면서 다문화 수용성이 크게 변화할 가능성이 있기 때문에 이주민과 다문화사회 관련 태도의 변화를 지속적으로 파악해 그들에 대한 맞춤형 다문화 수용성 프로그램을 개발·시행하는 것도 고려할 만하다.

3) 이주민 집중거주지역의 이웃관계 개선을 위한 정책 추진

주변에 이주민이 없는 집단보다 이주민과 관계를 맺고 있는 집단의 다문화 수용성이 높게 나타나지만, 이주민과 관계 있는 이들 중에도 이주민과 이웃관계인 집단의 수용성이 가장 낮은 수준이다. 이는 이주민에 대한 태도뿐만 아니라 한국사회에서 이웃관계로 인한 갈등적 요소가 영향을 미쳤을 가능성이 높다. 이주민의 증가로 인해 이주민과 이웃관계가 늘어날 것이기 때문에 지역사회의 일원으로 이웃과 관계 맺기를 통해 다문화 수용성 점검과 개선을 해나갈 필요가 있으며, 이를 위해 이웃관계에 초점을 둔 다문화 수용성 증진 프로그램을 개발·실시하는 방안을 고려할 수 있다. 또한 다문화 수용성을 단지 인식의 문제로만 접근하는 것이 아니라 지역주민과의 구체적인 이웃관계의 갈등 요소와 다문화 수용성을 동시에 고려해야 한다. 특히 서로 다른 배경의 주민들이 이웃관계를 맺을 가능성이 큰 집중거주지역에 정부와 해당 지방자치단체가 공동으로 특화된 지역주민 다문화 수용성 프로그램을 개발, 시행하는 것이 요구된다.

4) 다문화교육, 다문화 활동에 대한 시민의 관심 제고

정부가 추진해 온 다문화교육과 다문화활동은 시민의 다문화 수용성 제고에 효과를 미쳤을 것으로 보이지만 개선되어야 할 점도 많은 상황이다. 일반국민의 다문화교육 참여가 미흡하고, 다문화교육과 다문화활동의 필요성에 대한 인식이 낮은 점을 고려하여 정부의 적극적인 접근과 시민의 관심과 참여가 병행될 때 성과를 거둘 수 있다. 따라서 다문화교육과 다문화활동에 대한 시민의 관심을 환기시키고 학교 외 다양한 사회적 기관에서도 참여할 수 있는 기회를 확대하는 방안이 요구된다.

5) 다문화교육, 다문화 활동의 효과 확보를 위한 체계적 접근 강화

다문화교육과 다문화활동의 경험이 있는 구성원의 다문화 수용성이 교육·활동 경험이 없는 구성원들보다 높고, 다문화교육과 다문화활동이 다문화 수용성을 일시적으로 환기하는 효과는 있으나 다문화 수용성을 유지 내지 제고할 수 있는 안정적 기반으로는 한계가 있다. 따라서 일회성 교육보다는 일정 기간 내 지속적이고 체계적인 교육이 다문화 수용성 제고에 효과가 있다.

또한 교육수준의 향상과 발달적 성숙이 있다고 해서 자연스럽게 다문화 수용성이 향상되는 것은 아니기 때문에 집단의 관심사와 다문화 수용성 수준에 따라 단계별 접근이 될 수 있도록 교육·활동 과정을 개발·보급해야 한다.

6) 다문화 수용성 증진을 위한 다문화교육 및 홍보 개선방안 마련

다문화 수용성을 향상시키기 위한 가장 기본적인 정책수단은 다문화교육이다. 하지만 다문화 수용과 관련된 내용을 집중적으로 다루는 다문화교육은 제한적이기 때문에 현장에서 이루어지고 있는 다문화교육의 수준과 내용에 대한 전면적 점검이 우선 이루어져야 한다. 또한 다문화 수용성 향상을 위한 교육프로그램, 강사 양성, 재교육 과정을 개발·시행해야 한다.

다문화 이해 공익 광고와 홍보영상의 효과성을 비판적으로 평가해 대안을 마련할 필요가 있다. 대중매체를 통해 이주민 이미지를 개선할 수 있는 콘텐츠를 확산하고, 다문화교육과 다문화활동 등 다양한 기회 제공을 통해 다문화교육, 다문화활동의 방향성도 명확히 설정하고 효과성도 제고하는 것이 요구된다.

Chapter

07

다문화 정체성과 문화간 감수성

1. 정체성에 대한 이해[1)]

1) 정체성에 대한 이론적 접근

정체성에 대한 개념은 에릭슨(Erikson, 1968)의 심리사회적 성격 발달 이론을 통해 구체화되었다. 에릭슨은 개인의 정체성을 객관적 측면인 심리사회적 정체성(psychosocial identity)과 주관적 측면인 개별적 정체성(individual identity)으로 구분하였다. 심리사회적 정체성은 개인이 속해 있는 집단에 대한 일체감, 귀속감, 소속감을 의미한다. 개별적 정체성은 집단적인 정체성 속에서도 집단 속의 타인과 다른 고유한 존재라는 자신만의 의식을 갖게 되는 것을 의미한다.

개별적 정체성은 개인적 정체성(personal identity)과 자아정체성(ego identity)으로 세분화할 수 있다. 개인적 정체성이란 시간이 경과나 상황의 변화에도 자기 자신이 동일한 존재라는 자기 동질성(self-sameness)과 자기 연속성(self-continuity)에 대한 자각으로 정의된다. 자아정체성은 개인적 정체성인 자기 동질성과 자기 연속성을 유지하면서도 급변하는 사회 속에서 새롭게 경험하게 되는 다양한 내적 충동과 욕구들, 외적 자극들, 도덕적 가치들을 수용하면서도 자신만의 형태로 재통합하는 과정에서 형성된다. 자신을 타인과 구별되는 고유한 존재로서 인식하는 전체감(wholeness)과 통합감(integrity)을 형성하게 되면서 다양한 사회적 상호작용 속에서 자신의 욕구, 충동, 역할, 가치, 능력 등을 통합해서 추출한 자기구조(self-structure) 혹은 자기 참조적 심상들(self-referent images)을 자아정체성으로 정의한다(Marcia, 1966; Dignan, 1965). 자아정체성은 개인의 과거-현재-미래를 연결해 주는 연속성과 동질성을 내포하는 동시에 타인과 구별하는 독특성도 내포하고 있다(Mussen et al., 1974). 자아정체성을 가진 사람은 타인과 다른 개인적 특성을 소유하고, 개인적 특성을 조화롭게 통합해 나가려는 능력과 의지를 갖추게 되며, 시간의 경과와 경험의 변화 과정에서도 자기 지각의 일관성을 유

1) 김애순(2005), 안진숙(2019), 한선희, 박지원(2013)의 내용을 일부 발췌·인용함

지하게 된다.

생의 발달 과정 속에서 안정적인 정체성 획득은 개인의 삶을 위해 필수적인 것이다. 일반적으로 청소년기를 정체성 획득이 이루어지는 중요한 시기로 보며, 이 시기에 자신에 대한 물음에 스스로 답을 찾는 과정을 거치며 정체성을 획득하게 된다. 청소년기에 안정적인 정체성을 획득하지 못하면 인생 전체에서 역할 혼란과 적응에 지장을 경험하게 된다. 정체성은 문화적 특성뿐만 아니라 시대적 특성도 반영한다. 사회의 구성원인 개인은 자신이 속한 사회적 가치를 새롭게 수용하여 재통합하게 되고, 정체성을 형성·변화하는 과정을 통해 시대적 특성이 정체성에 반영된다.

2) 자아정체성의 개념

에릭슨(Erikson)은 자아정체성을 '개인이 자신에 대해 가지는 단일성과 연속성을 지닌 주관적인 느낌'으로 정의하며, 개인적 정체성의 의식적 감각, 개인적 성격의 연속성을 추구하는 무의식적 지향성, 자아통합 활동의 규준, 특정한 집단의 정체성과 이상에 대한 내적 일치 등으로 보았다(Erikson, 1968). 또한 자아정체성은 '사회적 상호작용을 통해 형성·발달되는 자기를 묘사해 주는 자기상들의 복합이며, 생래적으로 미리 짜인 어떤 기제에 의해서 나타나는 것이 아니라 성장과정에서 경험한 자신을 비추어 볼 수 있는 대인관계 속에서 추출되고 통합되는 자기상'으로 본다(Dignan, 1965). 자아정체성에 대해 '개인의 자아가 그의 인격체제와 통합하는 방식에 있어서 동질성과 연속성이 유지되고 있다는 사실을 아는 동시에 자신의 자아 통합화의 방식이 타인에게 주는 개인적인 의미의 동질성과 연속성을 견지해 나가는 데 유효하다는 것을 아는 것'으로 정의(김길정, 2003)하기도 하고, '한 개인이 자신과 관계된 과거와 현재 그리고 미래의 연속선상에서 그가 상호작용하는 가족과 사회, 세계와의 관계에서 갖는 역할과 지위 속에서 획득한 동질감, 연대감, 안정감, 책임감, 가치관에 대한 독특하고 일관성 있는 자아의 통합과정을 의미한다'고 정의하였다(박애리, 2002). 따라서 자아정체성은 자아에 대한 명확한 이해를 바탕으로 지속성·동일성·통합성을 확립하는 자기 확증의 과정으로 볼 수 있다(배상식, 2012).

3) 자아정체성의 형성

에릭슨(Erikson)은 전 생애에 걸친 인간의 심리적 발달을 8단계로 구분하고, 5단계인 청소년기를 자아정체감이 형성되는 결정적인 시기로 보았다. 청소년기에 긍정적인 자아정체성을 형성하면 안정된 발달을 달성하고 성인사회로 진입할 수 있지만, 이 시기의 정체성의 혼란은 성정 과정에서 역할 혼란을 겪게 된다고 했다. 청소년기의 긍정적 자아정체성의 형성은 자존감 향상과 정신건강에도 긍정적 기여를 하게 된다고 보며 7가지 과업을 제시했다.

첫째, 정체성 확립을 위해 과거와 현재의 자신을 인정하고 이를 바탕으로 자신의 미래를 설계하는 균형 있는 시간 조망을 요구한다. 둘째, 자신이 지닌 다양한 개인적 특성에 대한 철저한 점검을 통해 자신의 가치에 대한 확신을 가져야 한다는 점을 강조한다. 자기 점검을 통해 회의와 혼란의 과정을 경험하는 것은 자아정체성 확립에 필수적이다. 셋째, 청소년기에 많은 영역에서 다양한 역할 실험을 통해 자신의 가능성을 탐색하면서 성인기를 대비해야 한다. 넷째, 정체성의 탐색을 통해 자신에 대한 긍정적인 기대를 바탕으로 지속적으로 꾸준한 과업의 시도에 몰두할 수 있는 역량을 갖추어야 한다. 다섯째, 정체성의 확립을 위해서 청소년기에 동성 및 이성과의 인간관계를 통해 자신의 성역할의 특성과 구분에 관한 태도를 결정하고 확신을 갖는 것이 필요하다. 여섯째, 사회의 권위구조 내에서 합리적이며 정당하고 명료하게 권위를 평가하고 그 역할을 수행하고 받아들일 수 있도록 해야 한다. 일곱째, 청소년기에는 자신의 생애 전체에 걸쳐 개인적 삶과 사회생활의 본질이 될 신념으로서의 역할을 할 철학·관념·종교 등을 선택하고 확립해야 할 것이다.

4) 문화정체성의 개념

문화정체성은 한 사회 속에서 오랜 시간 동안 다양한 환경적 요소들의 영향을 받으며 형성되는데 공통된 경험과 습성, 언어, 종교와 같은 문화적 속성을 공유하고 있는 집단의 주관적 느낌과 가치를 의미한다.

문화정체성(cultural identity)이 한 사회의 구성원이 자신의 문화에 대해 갖는 일체감이라면 이중문화 정체성(bi-cultural identity)은 두 문화 사이에서 이주민이 가지고 있는 이주사회의 생활방식이나 가치에 적응하는 동안 그들의 원문화를 유지하려고 하는 독자성으로 정의할 수 있다(Dong, Gundlsh, Phillips, 2006).

문화정체성에 영향을 주는 요인은 개인적 요인과 사회적 요인으로 구분할 수 있다. 개인적 요인으로는 개인의 연령과 성, 종교, 직업 등이 있고, 사회적 요인은 역사, 문화적 전통, 계층, 가치관, 사회의 산업화 정도 등을 들 수 있다. 정체성은 본래의 타고난 것이 아니라 개인이 속해 있는 여러 가지 하위문화의 집단 안에 포함되는 사회적·심리적인 동일시 과정을 통해 정체성이 완성된다(Hall, 1992).

5) 문화정체성 이론

뱅크스(Banks, 2006)에 따르면 개인은 성(gender)과 인종, 지역과 성적 성향, 언어 등 다양한 문화적 집단에 소속되게 되는데, 자신이 속해 있는 문화적 집단과의 연관 속에서 개인의 주관적인 자아 개념인 문화정체성을 완성하게 된다.

다양한 하위집단에 속한 개인이 다문화 혹은 이중문화 상황을 경험하면서 형성되는 문화정체성 발달 이론을 6단계로 나누어 본다(Banks, 2006).

첫째, 문화 심리적 속박(culturalpsychologicalcaptivity) 단계로 개인은 제도화되어 있는 사회 안에서 자신의 문화집단에 대하여 부정적인 신념을 갖고 있어 자기부정, 낮은 수준의 자존감을 나타낸다. 또한 타문화 집단과의 접촉을 피하려 한다. 특히 주류집단에 의해 역사적으로 차별을 경험한 소수집단 구성원들이 문화적·심리적 속박을 경험하는 성향이 강하다.

둘째, 문화적 캡슐화(culturalencapsulation) 단계로 개인은 자신이 속한 문화공동체 내에서만 참여하려는 강한 성향이 나타나며, 자신이 속한 문화집단이 타 집단에 비해서 우월하다는 믿음을 갖고 있다.

셋째, 문화 정체성 명료화(culturalidentityclarification) 단계이다. 개인은 자신이 속해 있는 문화집단에 대해 긍정적인 태도를 나타내며, 외부 문화 집단에 대해서도 좀 더 긍정적인 반응과 자기수용을 배우게 되며 나아가 자신의 문화 집단이 가지고 있는 긍정적·부정적인 속성 모두를 수용하고 이해하는 모습을 보인다.

넷째, 이중 문화주의(bi-culturalism)로 개인은 자신의 문화공동체뿐만 아니라 타 문화 공동체에 성공적으로 참여하는 데 필요한 건전한 문화정체감과 심리특성, 기능을 수용하게 되어 두 문화 안에서도 효과적인 역할 수행이 가능해진다.

다섯째, 다문화주의 및 성찰적 국가주의(multiculturalism and reflective nationalism) 단계이다. 개인은 정의와 인간 존엄의 측면에서 국가적 이상, 신념, 가치 등에 대해 반성적으로 생각하고 이에 헌신한다. 특히 한 국가 내에 존재하는 여러 하위문화들의 가치와 제도, 상징을 이해하고 인정하며 공유하는 다문화적 관점과 감정을 수용하게 된다.

여섯째, 글로벌주의와 글로벌 소양(globalism and global competency)이다. 개인은 인류의 보편적·윤리적 원리와 가치를 내면화하여 국가 내에 하위문화뿐만 아니라 세계 여러 나라의 다양한 문화들에 대해서 반성적이면서도 긍정적으로 이해하는 문화정체성을 갖게 된다.

문화정체성 발달이론은 개인이 속한 집단 문화와 외집단 문화 사이에서 일어나는 문화 차이에 대한 반응과 인지에 대한 이해를 돕고, 가치 지향적 신념과 태도의 형성에 대한 유용한 정보를 제공하고 있다. 따라서 문화정체성에 대한 이론을 바탕으로 한국사회에서의 다문화 정체성과 관련하여 5가지 항목을 통해 접근과 분석이 가능하다(김현철, 모상현, 2016).

첫째, 국적에 대한 인식을 근거로 자신의 국적에 대한 인식을 확인하는 것이 필요하다.

둘째, 한국인 정체성 인식 수준에서 한국인으로서 자신의 감정의 개입 여부

즉 한국과 자신의 동일시 정도에 의해 판단한다.

셋째, 다문화 수용성 측면에서 자기와 다른 구성원이나 문화에 대해 편견을 갖지 않고 동등하게 인식하며, 조화로운 관계 설정을 위한 협력과 노력 여부로 판단한다.

넷째, 이중문화 수용 태도 측면에서 타문화권 사람들과의 원만한 상호작용, 타문화를 받아들이고 이해하는 태도를 근거로 판단하며 자신에게 주어진 이중문화를 수용하는 수준에 의해 좌우된다.

다섯째, 문화적응 스트레스 측면에서 자신이 느끼는 차별감, 향수병 및 위축감 등 한국사회에서 경험한 문화적 스트레스를 통해 판단한다.

2. 다문화 구성원의 정체성 이해

1) 다문화 청소년[2)]

(1) 다문화 청소년의 정체성

다문화가정 청소년으로서의 다문화 경험은 개인의 정체성 형성에 중요한 변인으로 알려져 있다(Clark & Clark, 1947; Rice, 2003; Sue & Sue, 2011). 다문화가정 청소년은 비다문화가정 청소년과 달리 자아정체성을 형성하는 과정에서 자신들의 이중정체성 문제, 다문화가정에 대한 부정적 인식에 대한 불안감, 외국인 부모가 있다는 이유로 유발된 문화적응의 위기, 경제적인 빈곤으로 인한 어려움, 외모 차이와 사회적 편견으로 인해 자신의 실체적 정체성과 자신을 둘러싼 외부와의 상호작용에서 비롯된 많은 차별과 배제를 경험하게 되며, 문화변용으로 인한 어려움을 경험하고 있다(Na, 2008; Romero et al., 2007: 전병주, 2014에서 재인용).

다문화가정 청소년에 대한 다문화 정체성은 크게 5가지 영역으로 구분하여

2) 안진숙(2019), 통계개발원(2019)의 내용을 일부 발췌·인용함

분석할 수 있다(김현철, 모상현, 2016). 첫째, 국적에 대한 인식 측면은 자신을 어느 나라 사람으로 인지하는지를 통해 다문화 정체성을 확인하는 것을 의미한다. 둘째, 한국인 정체성 측면은 한국인으로서 자신의 감정 개입 유무, 즉 한국과 자신을 얼마나 동일시하고 있는지의 정도로 판단하는 것을 말한다. 셋째, 다문화 수용성 측면에서 자신과 다른 구성원이나 문화에 대해 집단 간의 편견을 배제하고 자신의 문화와 동등하게 인식하여 조화로운 관계 설정을 하기 위해 노력하고 협력하는 태도를 의미한다. 넷째, 이중문화 수용태도 측면에서 타문화권 구성원들과 원만하게 상호작용하고 타문화를 받아들이고 이해하는 태도를 의미하며, 외국출신 부모 나라의 문화와 한국의 문화를 둘 다 수용하는 정도를 통해 다문화 정체성을 확인하는 것이다. 다섯째, 문화적응 스트레스 측면에서 다문화 구성원이라는 정체성으로 인해 지각되는 차별감, 향수병 및 위축감 등 한국사회에서 경험한 문화적 스트레스를 통해 다문화 정체성을 확인하는 것을 의미한다. 따라서 다문화 정체성은 개인이 가진 다문화 자아정체성이 사회와의 상호작용 속에서 문화적 변용을 경험하면서 형성된다고 볼 수 있다.

다문화가정 청소년의 자아정체성에 영향을 미치는 요인들을 정리하면 다음과 같다(박진우, 2015).

첫째, 환경적 요인으로서 인간관계를 중심으로 자아정체성이 형성된다. 둘째, 비다문화가정 청소년과 다른 다문화 배경이 중요한 변수로 작용한다. 셋째, 개인이 속한 환경적 요인이 자아정체성에 영향을 미친다. 이 3가지 요인들은 상호작용적 영향을 주고받으며 다문화가정 청소년들의 자아정체성을 형성하는 주요 요인이 된다.

비다문화가정 청소년의 자아정체성에 영향을 미치는 환경적 요인들인 부모, 교사 및 친구와의 인간관계가 다문화가정 청소년의 자아정체성에도 영향을 미친다. 다문화가정 부모의 교육 가치관에 따라 자녀의 정체성에 많은 영향을 미친다. 하지만 다문화가정 부모들도 문화적 차이로 인한 혼란을 경험하고 있는 경우가 많아 자녀의 정체성 형성에 부정적인 영향을 주는 경우가 많다. 친구나 교사의 경우에서도 그들의 다문화 인식의 수준 차이에 따라 다문화가정 청소년을 대하는 태도의 차이가 발생한다. 친구나 교사의 사회적 지지가 다문화가정 청소년들의 긍정적 자아정체성 형성에 중요한 영향을 미친다.

비다문화가정 청소년의 자아정체성 형성에 영향을 미치는 요인과는 다르게 경제 수준, 외국인 부모의 역할, 한국어 실력, 다문화에 대한 사회적인 인식, 학업동기, 외모만족도 등이 다문화가정 청소년의 자아정체성 형성에 영향을 미친다. 다문화가정 부모의 영향으로 인한 낮은 한국어 실력이나 학업 부진, 학업동기 부족, 낮은 경제 수준 등은 자아정체감에 부정적 영향을 주며, 특히 주변인들의 다문화에 대한 인식의 차이가 자아정체성에 큰 영향을 미친다고 보았다. 외모만족도의 경우 청소년기의 외모에 대한 관심이 자아정체성에 큰 영향을 미친다고 볼 때 다문화가정 청소년들의 외모적 콤플렉스는 부정적 영향을 미칠 수 있다.

다문화가정 청소년은 주류문화인 한국문화와 모국의 문화를 동시에 경험하면서 긍정적 수용과 발전적 통합을 통해 자아정체성의 균형과 조화를 발견하고, 생물학적·심리적·사회적 문제를 해결해 나가는 이중문화적응 과정을 통해 다문화 정체성을 확립해 나간다.

다문화 정체성의 형성은 모국의 문화 차이 인정, 한국과 모국 사이의 이질적 문화 차이 인식, 두 문화의 통합이라는 3단계의 발달 단계로 정리할 수 있다(최슬기, 2012).

첫 번째 단계는 모국의 문화를 인정하는 것을 목표로 한다. 문화 인정은 민족적 가치관이나 신념과 같은 정신 문화와 의·식·주, 지역적 특성과 같은 생활문화를 수용하는 과정을 말한다. 이를 통해 언어적 장벽이나 문화적 차이에서 오는 갈등을 완화하고 애착을 형성하는 과정이다. 두 번째 단계는 문화간 이질적 차이를 인식하는 것에서 출발한다. 학습 혹은 경험을 바탕으로 차이의 근본적 실체를 확인하고 이를 통해 부정적 감정이나 배타적 태도를 해소할 수 있다. 이를 통해 자신이 가진 다문화의 실체에 접근하는 것이 가능해진다. 세 번째 단계는 상호간의 다문화를 포용하여 자신의 인식을 확대하는 것이 핵심이 된다. 다양한 문화의 수용을 통해 문화적 다양성을 갖추어서 사회적인 문화 통합을 수행하는 역할을 하게 되는 과정에서 자신의 부정적 정체성 인식을 극복하고 다문화 정체성의 원형을 확립하게 된다.

다문화 정체성을 확립하기 위해서는 타문화에 대한 부정적 인식을 극복하고 차이를 인정하며 문화의 통합을 추구하고자 하는 다문화가정 청소년들의 문화 수용 의지가 중요하다. 자아정체성의 혼란으로 인한 갈등과 좌절, 자기 존재에 대한 부정적 인식을 극복하고 다문화 통합의 주체로서 문화 역량을 갖추는 것을 통해 다문화 정체성을 확립할 수 있다.

(2) 다문화 청소년의 정체성의 특징

다문화가정 청소년은 일반 청소년에 비해 자신의 국적이나 정체성과 관련해 혼란을 경험하게 될 가능성이 크며, 정체성이 고정적이지 않고 동태적으로 형성되며 변화하는 것으로 보고 있다(이희정, 2018). 또한 다문화가정 청소년은 일반 청소년과는 다른 다문화 수용성의 발달이 나타난다.

다문화가정 학생의 실태 및 발달 추이 연구 결과를 살펴보면 다음과 같다(통계개발원, 2019).

다문화가정 청소년들은 국적이나 한국인 정체성에 대한 인식의 변화 추이에서 전체적으로 어떤 시기였든 자신이 ‘한국 사람이다’라는 인식을 보인 것으로 나타났다. 또한 나이가 어렸을 때에 비해 성장하면서 자신의 정체성에 대한 혼란은 점차 약화하는 것으로 보인다.

다문화가정 학생의 다문화 수용성은 그들이 일상생활을 영위하는 공간의 영향을 많이 받는다. 다문화가정 학생의 비율이 상대적으로 높고 다문화 친화적 환경이나 문화가 조성된 지역에서 생활하는 학생일수록 다문화 수용성이 높을 것으로 나타난다. 전체적으로 다문화가정 청소년의 다문화 수용성은 학년이 높아질수록 점차 강화되는 양상을 나타난다.

다른 관점에서 다문화가정 학생들에게는 자신의 자존감을 인정받을 수 있는 자아정체성의 문제가 더 큰 의미로 다가왔다. 다문화 정체성도 자신의 자아정체성을 구성하는 하나의 요소로 받아들이며 자신의 자존감을 향상시킬 수 있는 상황에서만 선택적으로 수용한다는 점도 보였다.

다문화가정 학생들은 개인적 경험 속에서 한국사회에서 자신의 다문화 정체성을 발견했다. 자신의 다문화 정체성이 차이나 차별의 원인이 되어 갈등을 경험하기도 하지만 대부분의 경우 자신의 다문화 정체성으로 인한 별다른 고민을 경험하지 않았다. 자신과 부모를 다문화 정체성 관점에서 다르게 해석하고 자신의 다문화 정체성을 인정은 하지만 부모의 문화간 갈등과는 다르게 보고 있다. 자신은 한국에서 자라 한국적 정체성에 가깝게 이해하고 있으며, 다문화가정 청소년의 정체성에 대한 갈등은 내면적 갈등보다 외부적 환경에서 주어진 갈등이라는 점을 인지하고 있었다.

다문화가정 학생들이 청소년기라는 소속과 사랑의 욕구 충족이 가장 중요한 시기에 다문화 정체성이 가지는 의미를 수용하기 위해서는 자신뿐만 아니라 사회구성원들의 문화간 감수성의 수준에 따라 결정될 수 있다는 점을 의미한다. 또한 자아의 역량이 다문화 정체성의 문제를 극복할 수 있는 자존감의 도구 역할을 한다고 보았다. 때로는 다문화적 배경의 장점을 긍정적으로 해석하며 수용하고 있고, 오히려 우리 사회의 문화간 감수성이 성숙되기를 바라고 있다(김영순 외, 2020).

2) 결혼이주여성[3)]

(1) 결혼이주여성의 정체성

이주자 개인이나 집단의 이주 및 정착과정은 개인적 특성 및 이주 전 본국에서의 문화와 경험, 이주 후 한국에서의 문화와 경험, 환경·전통·관습과 같은 배경적 요인에 영향을 받는다. 이주자가 이주 및 정착과정에서 경험하는 모든 상황은 지역사회의 구조 속에서 발생하는 결과물이며, 지역사회의 특성은 개인의 지역사회 정착에 영향을 미친다.

결혼이주자의 이주 및 지역사회 정착 과정에서 나타나는 문화적 변용으로서

3) 정유리(2014, 2016)의 내용을 일부 발췌·인용함

의 사회적 관계와 정체성의 변화, 생활만족도의 변화를 이해하기 위한 구조를 그림 7-1과 같이 도식화하였다.

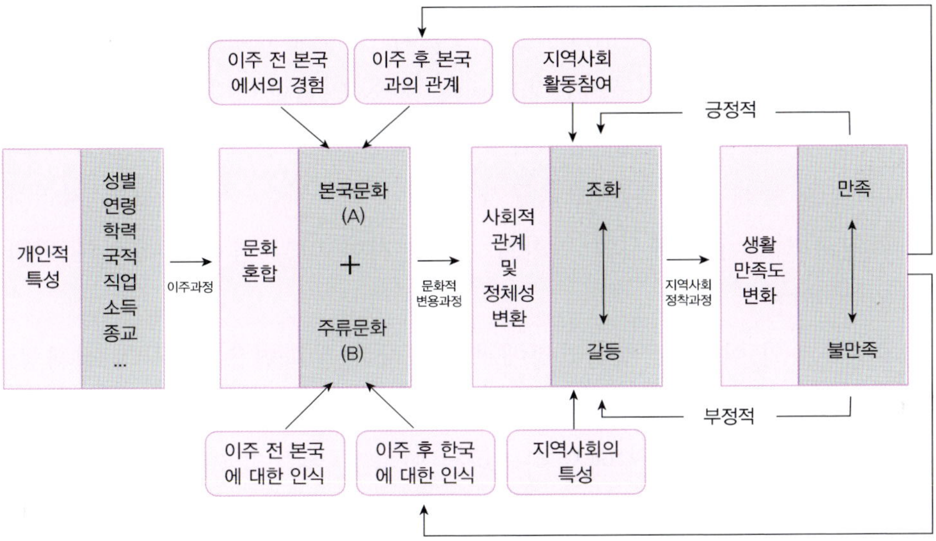

그림 7-1 이주자의 이주 및 정착과정 이해를 위한 구조

출처: 정유리, 2014.

결혼이주자는 국적, 성별, 직업, 연령, 소득, 학력, 종교와 같은 다양한 개인적 특성에 따라 상이한 이주과정을 통해 유입되며, 이주 전 한국에 대한 인식과 본국에서의 경험 등과 같은 본국의 문화와 이주 후 본국과의 관계나 이주 후 한국에 대한 인식 등과 같은 한국 문화 간의 문화혼합을 경험한다. 결혼이주자는 문화혼합을 통해 지역사회와의 사회적 관계의 변화와 문화변용으로서의 정체성의 변화를 경험한다.

지역사회의 특성이나 지역사회활동의 참여유무는 개인의 정체성 및 사회적 관계의 변화를 초래하며, 문화변용으로서의 정체성 변화는 생활만족도의 변화를 초래한다. 또한 지역사회 정착과정에서의 생활만족도의 변화는 문화변용 과정에서 긍정적·부정적 요소로 작용하거나 본국과의 관계, 한국에 대한 인식의 변화로 나타난다.

이주자는 지역사회활동의 참여를 통해 문화변용으로서 개인적·심리적 측면에서의 정체성 변화와 함께 집단적 측면에서의 사회적 관계의 변화를 경험한다. 개인은 변화된 환경에 대해 능동적으로 대처하고, 자신의 욕구를 충족시키기 위해 기존의 본국문화와 새로운 이주문화 사이에서 문화변용의 과정을 거치며 정체성의 변화가 이루어진다(Lazarus, 1976). 이러한 정체성의 변화는 기존의 문화와 새로운 문화 간의 상호인정이 전제되었을 때 가능하다. 또한 문화변용의 과정을 통해 자신의 필요욕구가 충족된 이주자는 지역사회와 지역사회 주민과의 사회적 관계에서의 변화가 이루어지며 이를 통해 정체성의 변화에 영향을 미친다.

결혼이주자의 이주 및 정착과정에서 나타나는 문화변용으로서의 정체성 변화를 4가지로 분류하였다. 한 개인이 이주 등으로 속해 있던 기존 문화를 떠나 낯선 사회에 정착하는 과정에서 나타나는 양자적·동태적·역동적 변화 과정으로서의 문화변용은 정체성의 변화를 동반한다.

이주자의 문화변용은 베리(Berry)의 문화변용이론에 의해 이주국과 본국 문화 간의 관계와 본국 문화정체성의 유지 여부에 따라 다문화(multiculturalism), 동화(assimilation), 배제(exclusion), 주변화(marginalization)의 4가지 요소로 분류된다. 이를 도식으로 표현하면 그림 7-2와 같다.

다문화(multiculturalism)는 본국 사회와의 관계를 원활하게 유지함과 동시에 한국사회와의 관계 또한 원활하게 유지하는 것으로 한국문화와 본국문화를 동시에 수용하고 서로의 문화를 상호인정(mutual recognition)하여 다양성을 수용한다. 동화(assimilation)는 본국 사회와의 관계를 포기하고 한국사회와의 관계에서 조화를 이루는 것을 의미하며, 반대로 배제(exclusion)는 본국과의 관계를 지속적으로 유지하여 한국사회와의 관계에 있어서 갈등을 가지는 경우를 말한다. 주변화(marginalization)는 본국과의 관계를 포기했음에도 불구하고 한국과의 관계에 관심이 없고 갈등을 겪는 경우이다.

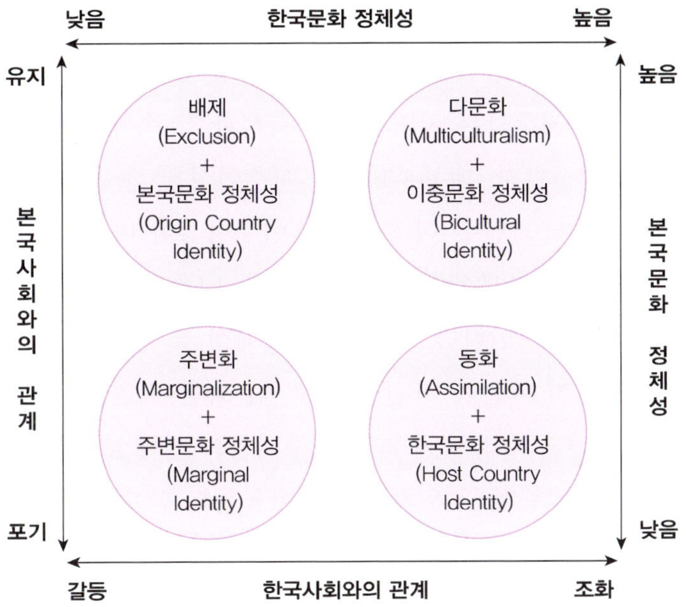

그림 7-2 이주자의 문화변용으로서의 정체성 변화 유형

출처: 정유리, 2014.

개인의 정체성은 정치·경제·문화·역사·지리적 맥락을 통해 형성되며, 지역 간에는 고유하고 차별적인 집단적 정체성의 차이가 발생한다. 하지만 정체성은 시간의 경과에 따라 일정한 지역사회의 경계 안에서 지속적으로 형성되고 변형된다. 또한 새로운 문화와의 접촉에 의해 문화변용이 발생한다. 따라서 문화와 문화 간의 접촉을 통해 발생하는 문화변용과 문화 정체성의 유형을 본국문화와 한국문화 정체성이 모두 높게 나타나는 경우 이중문화 정체성(bicultural identity), 한국의 문화 정체성이 낮고 본국의 문화 정체성이 높게 나타나는 경우 본국 문화 정체성(origin country identity), 반대로 본국의 문화 정체성이 낮고 한국의 문화 정체성이 높게 나타나는 경우 한국문화 정체성(host country identity), 본국과 한국의 문화 정체성이 모두 상실된 경우를 주변문화 정체성(marginal identity)으로 구분하였다.

(2) 결혼이주여성의 정체성 특징

첫째, 이주라는 동일한 경험을 한 결혼이주여성이라도 개인적 특성, 기존 사회에서의 경험, 현재 거주하는 지역사회의 특성과 그 속에서 주어진 역할에 따라 다른 정체성을 형성했다. 대부분의 결혼이주여성은 본국문화 정체성의 유지 및 표출에 소극적이며, 과반수 이상의 결혼이주여성이 다문화 및 이중문화 정체성, 동화와 한국문화 정체성으로 나타나는데, 이는 동화와 통합을 선호하는 한국의 이주민 정책에 기인한다. 본국문화 정체성 유지는 가정 및 지역사회에서의 갈등 요소가 되기 때문에 자신들의 모국문화를 표현하고 유지하는 데 있어 어려움을 겪게 된다. 따라서 주변화와 주변문화 정체성, 배제와 본국문화정체성 유형의 경우 양극단에 치우치기보다 한국문화를 수용하면서도 본국문화를 절충하여 혼합하고 있는 경우가 많다.

둘째, 정부 및 지자체의 다양한 정착지원 프로그램의 실행은 결혼이주여성의 사회적 관계 및 정체성의 변화에 긍정적인 영향을 미치는 것으로 나타났다. 따라서 지역사회 정착지원 프로그램의 확장과 더불어 결혼이주여성과 지역사회 주민들이 소통할 수 있는 기회를 제공하여 상호관계를 형성할 수 있는 정책적·사회적 지원이 필요하다.

셋째, 사회적 상호작용을 통한 정체성과 사회적 관계의 변화는 결혼이주여성의 생활만족도의 증가로 이어지며, 지역사회로의 안정적인 정착을 의미한다. 생활만족도의 증가는 결혼이주여성이 변화된 환경에서 충족되지 못한 욕구들이 충족되고, 정체성의 상호인정이 이루어졌을 때 가능하다.

결혼이주여성의 문화간 역량(intercultural competence)은 두 문화 사이에서 교량적 역할을 가능하게 한다. 그러나 한국사회는 한국문화를 중심으로 한 결혼이주여성의 무조건적·일방적 적응과 한국문화 정체성을 요구하며, 한국문화 및 지역사회 내로 융화되지 못한 채 배제된 결혼이주여성의 부적응과 갈등을 당사자의 책임으로만 귀결시켰다. 결혼이주여성의 부적응은 다문화 자녀의 부적응뿐만 아니라 개인적 차원을 넘어 국가적 차원에서의 사회·공간적 갈등의 확대로 나타날 수 있다. 따라서 결혼이주여성의 본국문화 정체성을 존중하며 한국문화 정체성의 습득을 돕고, 이중문화 혹은 다중문화를 상호인정하여 공존할 수 있는 전 세계적 시민성 함양이 필요하다. 또한 다문화 자녀 또한 이중문화 혹은 다중문화 정체성을 형성·유지할 수 있는 교육적 지원이 필요할 것으로 보인다.

3. 한국인의 국민정체성[4)]

한국은 정치적 공동체의 구성원을 의미하는 국민과 혈연문화 공동체로 상상되는 민족을 구별하지 않고 동일시하는 경향이 있는 것으로 알려졌다(김이선 외, 2007; 설동훈, 2006; 윤인진, 송영호, 2007; 장혜미 외, 2008). 한국인은 오랜 역사 동안 단일 영토와 민족, 공통의 역사경험, 정치, 문화 요인을 공유해 왔기 때문에 민족과 국민을 구분 없이 동일시한 측면이 크다고 할 수 있다(김현선, 2006; 전재호, 2005; 황정미 외, 2007; Cumings, 1997). 따라서 한국인은 국민정체성과 민족정체성을 구별하지 않고 하나의 개념으로 사용하고 있지만 두 개념은 구별이 필요한 개념이다. 국민정체성은 한민족 중에서 대한민국 국민, 곧 법적으로 대한민국 국적 보유자들의 집합적 정체성(collective identity)을 의미하며, 민족정체성은 혈통, 문화 등을 공유한 한민족 전체의 집합적 정체성을 의미한다. 하지만 한국인은 국민과 민족을, 국민정체성과 민족정체성을 엄밀하게 구분하지 않고 양자를 동일시하여 사용하는 특징을 보이고 있다.

한국인의 국민정체성은 단일민족주의, 국민정체성과 민족정체성의 동일시, 국민정체성에 대한 민족정체성의 우위를 주요한 특징을 꼽을 수 있다. 1990년 이후부터 외국인 이주자의 등장으로 한국인의 국민정체성은 큰 변화를 맞이하게 된다. 한국인은 이주자와의 관계가 확대되면서 국민정체성의 관점에서 순수 혈통, 남한 영토 내 국민에 대해서는 동질성을 확대·강화하는 한편, 다른 피부,

4) 송영호(2009)의 내용을 일부 발췌·인용함

다른 국적, 다른 나라 사람들에 대해서는 포용보다는 타자화·주변화시키는 양상을 보여 왔다(김현선, 2006; 전재호, 2005). 한국인은 국적, 혈통, 영토, 문화, 사상, 성별 등으로 차별적 정체성을 형성하면서 국민정체성을 형성한 결과 다양한 범주의 사람을 국민으로 인정하고 통합하는 방향이 아니라 국민 내부의 편협한 동질성만을 심화시킨 반면, 다른 범주의 사람들을 이질화시키고 배제시키는 모습을 보여왔다.

4. 글로벌 · 다문화 시대의 정체성 교육[5)]

1) 정체성 교육의 이해

근대 국가의 등장 이후 학교 교육의 중요한 기능 중 하나는 학생들에게 개인적·집단적 정체성을 길러주는 것이었다(김왕근, 1999; 서태열, 2004; 설규주, 2004; Gaudelli, 2001; Ong, 1999). 학교 교육은 교과 지식의 전달뿐만 아니라 학생들에게 자신에 대한 이해와 정체성에 대한 인식에 대한 일종의 공유된 믿음과 신념 체계를 갖게 하는 것을 목표로 했다. 근대적인 정체성 교육은 집단적 정체성의 측면에서 이항대립적 구도에 토대를 두어 '우리'와 '그들'을 서로 다른 믿음과 문화를 가진 이질적 집단으로 정의하고, '우리'는 긍정적인 속성을 가진 집단으로 동일화되는 반면 '그들'은 부정적 속성을 가진 집단으로 타자화되는 경향이 있는 것이다(김선미, 2003; 박철희, 2007; 주재홍, 2007; Hong & Halvorsen, 2010; McCarthy & Dimitriads, 2000).

하지만 최근 들어 글로벌한 다문화적 변화가 급속히 진행되면서 차이와 대립에 토대를 두어왔던 지금까지의 정체성 교육은 새로운 전기를 맞고 있다(김왕근, 1999; 설규주, 2004; 추병완, 2009). 한 사회 내에 인종적·문화적·언어적 다양성이

5) 홍원표(2011), 안진숙(2019)의 내용을 일부 발췌·인용함

증가하면서 정체성에 대한 새로운 접근이 요구되었고. '우리'와 '그들'을 나누던 전통적 경계들도 모호해지고 있다.

우리 사회는 정치와 경제의 글로벌화가 진행되는 것과 더불어 다문화사회의 출현이라는 큰 변화를 맞이하고 있다. 다문화 인구의 급속한 증가는 자라나는 세대들이 인종적·문화적 배경이 다양한 사람들과 함께 일하고 살아가야 하는 공존의 가능성이 증가했다는 것을 의미하며, 다문화적 소양의 중요성 역시 더욱 커지고 있는 것이다(장인실, 유영식, 2010; Sleeter & Grant, 2003; Suárez-Orozco, 2005).

이러한 우리 사회의 변화는 정체성 교육에도 새로운 변화를 요구하고 있다. 지금까지의 정체성 교육이 단일민족과 단일문화를 강조하는 것을 통해 집단적 단결과 일체감을 부여해 왔다면 앞으로는 글로벌·다문화 시대가 요구하는 새로운 정체성 교육의 방향을 재설정하고 이를 위한 교육 내용과 방법을 재정립할 필요성이 있다.

2) 글로벌·다문화 시대에 적합한 정체성 교육의 기본 방향

글로벌 교육의 내용영역은 첫째, 관점의 다양성, 둘째, 국제적 현안에 대한 이해, 셋째, 간문화적 이해, 넷째, 국제 체제에 대한 이해, 다섯째, 선택과 결과에 대한 이해 등의 다섯 가지를 제시하고 있으며(Hanvey, 1976), 영국 교육기술부(British Department for Education and Skills, 2005)의 경우 세계시민성, 갈등해결, 지속가능한 발전, 인권 등의 8가지 내용영역을 제시하기도 한다.

국내의 경우에도 정체성 교육에 대한 새로운 방향에 대한 고민을 통해 글로벌·다문화 시대에 적합한 교육의 내용영역을 구안하려는 시도들도 활발히 이루어져 왔으며, 문화, 협력, 반편견, 평등성, 다양성 등을 다문화교육의 주요 내용영역으로 제시하고 있다(정정희, 2006).

그림 7-3은 글로벌·다문화사회의 정체성을 개발하기 위해서는 개인적·지역적 정체성, 국가·사회적 정체성, 글로벌 정체성이 서로 상호 영향을 주고 받으며 다방향적인 흐름을 나타낸다는 점을 보여주고 있다(Nussbaum, 1997).

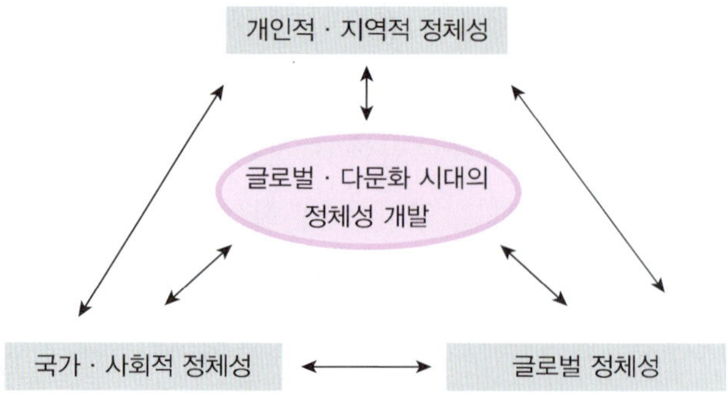

그림 7-3 글로벌·다문화사회의 정체성 개발

출처: 홍원표, 2011.

글로벌·다문화 시대의 정체성 교육은 폐쇄적이고 배타적인 정체성에서 벗어나 자기애, 민족애, 세계애를 조화시킬 수 있는 보다 유연하고 탄력적인 정체성을 갖출 것을 요구하며, '다중 시민성'(권효숙, 2003; 김왕근, 1999), '열린 민족'(이진영, 2001), '혼종적 정체성'(서태열, 2004)과 같은 용어를 통해 정체성 교육의 새로운 방향을 강조해 왔다. 따라서 글로벌·다문화 시대에 적합한 정체성 교육의 기본 방향을 다음과 같이 설정하였다(홍원표, 2011).

첫째, 글로벌·다문화 시대의 정체성 교육은 미래 사회의 구성원들에게 건전한 개인적·지역적 정체성을 길러주는 것이다. 구성원들이 건강하고 건전한 자아정체성을 함양하고 자신에 대한 명확한 이해와 미래의 방향성을 설정하는 동시에, 자신이 속해 있는 지역사회에 대한 이해와 소속감을 길러주는 것이 요구된다. 많은 국가들은 건전한 개인적 정체성의 함양을 정체성 교육의 출발점으로 보고 있다(Curriculum Corporation, 2008; New Zealand Ministry of Education, 2007).

둘째, 글로벌·다문화 시대의 정체성 교육은 미래사회의 구성원들이 건전한 국가 정체성을 바탕으로 다문화에 따른 사회적 변화를 수용할 수 있는 태도와 가치를 갖추는 한편, 우리 사회의 정체성에 대한 자존감을 가질 수 있도록 지원해야 한다. 글로벌·다문화사회를 대비한 정체성 교육이 국가정체성 교육과 모순되는 것이 아니며, 우리 사회에 대한 올바른 이해와 국가적 소속감을 부여하는 것이 국제 사회의 일원이 되기 위한 선제적 요건이라는 점을 강조한다. 글로벌·다문화 시대의 정체성 교육은 전통문화에 대한 이해뿐만 아니라 우리 사회가 추구하는 정치·경제·사회·문화적 가치를 기반으로 국제 사회에서 우리나라의 역할에 부합되는 정체성을 갖출 수 있도록 해야 한다.

셋째, 글로벌·다문화 시대의 정체성 교육은 미래 사회구성원들이 세계의 문화적 다양성을 수용하고 국제적 시각과 참여의식을 갖추어 글로벌한 정체성을 갖도록 도와주는 것이다. 글로벌 사회는 국수적이고 배타적인 태도와 가치를 극복할 것을 요구하고 있기 때문에 미래 사회구성원들을 위한 정체성 교육의 내용과 방향성은 세계적 문제에 대한 관심과 책임, 참여의식을 길러주는 것이 핵심이다. 따라서 글로벌·다문화 시대의 정체성 교육은 지구촌의 다양한 인종과 문화, 국제 사회의 정치·경제 질서에 대한 이해를 바탕으로 세계 시민 의식을 갖고 있는 학습자를 길러낼 수 있어야 한다(문미숙, 박창언, 2009; 박남수, 정수권, 서경석, 2007).

3) 다문화 아동·청소년 대상 정체성 교육

다문화 정체성을 확립하기 위한 다문화교육은 특히 학령기의 다문화가정 아동·청소년을 대상으로 진행되어야 한다. 다문화 아동·청소년들은 외부와 자신의 관계를 처음으로 인지하는 학령기에 적절한 다문화 정체성 함양 교육에 참여하는 것이 효과적이기 때문에 초기 개입의 중요성을 강조할 수 있다.

다문화 정체성을 함양하기 위한 다문화교육의 내용은 다음과 같다(안진숙, 2019).

첫째, 문화적 보편성과 다양성을 인식하도록 해야 한다. 문화적 다양성을 개별 설명하기보다 문화 기저에 깔려 있는 다양성·차이점·유사점을 발견하게 하고, 정의·평등·문화·민족 등과 같은 보편적 개념을 이해하는 교육이 필요하다. 둘째, 에릭슨(Erikson)의 인간발달과정에 따르면 학령기 아동은 객관적 자아가 형성되는 시기를 경험한다. 이 시기의 긍정적 다문화 정체성 교육의 중요성을 인지하고 이 시기의 아동에 대한 객관적이고도 밀도 있는 관찰을 통해 다문화 정체성의 발달 단계를 확인 후 그에 맞는 교육을 시키는 것이 바람직하다. 셋째, 아동·청소년들의 눈높이에 맞추어 집중과 몰입을 유도하도록 학습 자체의 흥미도를 높여 자발적 참여를 통한 인식의 개선과 확장이 이루어지도록 해야 한다.

다문화 정체성의 형성은 문화적 다양성에 대해 이해하는 능력과 존중하는 태도, 실천하는 능력으로 구성된다. 다문화 정체성 교육의 실제를 정리하면 **표 7-1**과 같다(박순철, 2011).

표 7-1 다문화 정체성 교육의 실제

포괄적 측면	내용	
인지적 측면	자문화에 대한 성찰적 이해 능력의 향상	• 이야기로 표현되는 나 • 공감을 통한 반성적 사고
	타문화에 대한 성찰적 이해 능력의 향상	• 다문화적 가치가 반영된 규율 • 교육과정을 통한 다문화적 가치 인식
정의적 측면	자문화에 대한 존중적 태도의 형성	• 긍정적이고 도덕적인 자아
	타문화에 대한 선택적 존중 태도의 형성	• 온정적 배려의 교실 공동체 • 타자로서 자기 자신을 규정
	다문화교육의 보편적 가치 존중 태도의 형성	• 직업에 대한 존중
행동적 측면	타인에 대한 선택적 존중 태도의 실천 능력 향상	• 민주적인 분위기의 교실 • 구성주의적 협동학습
	다문화적 문제나 갈등 상황에 대한 대처 및 참여 능력 향상	• 다문화 상담을 통한 행동수정 • 갈등 해결 방법 찾기

출처: 안진숙, 2019.

다문화 정체성 교육은 다문화가정 청소년들에게는 바람직한 다문화 정체성 형성에 도움을 주고, 비다문화 학생들에게는 다문화에 대한 편견을 해소하는 것에 도움을 준다. '존중', '공감', '평등'이라는 다문화교육의 핵심적인 가치를 바탕으로 타인과 타문화를 이해하고 수용하며 공존을 추구하도록 하는 것이 다문화 정체성 교육의 핵심이며 '모두를 위한 교육'이라는 점을 명확히 해야 한다.

5. 문화간 감수성[6)]

1) 문화간 감수성

다문화사회에서 문화간 의사소통능력은 '문화간 인지능력', '문화간 감수성', '문화간 기민성'의 3가지 요소로 구성된다(김영순 외, 2013). 개인의 문화간 역량을 문화간 의사소통 능력이라고 볼 때 인지적 영역인 문화간 인지능력, 정서적 영역인 문화간 감수성, 행동적 영역인 문화간 기민성으로 구성되었다고 본다.

개인이 타문화와의 차이를 인식하는 것을 문화간 감수성으로 정의하며 문화적 맥락의 차이 속에서 자신의 행동을 변화시키는 능력인 문화간 역량의 강화를 강조했다(Bhawuk & Brislin, 1992). 베넷(Bennett, 2009)은 문화간 역량 개발이 다문화교육의 중요한 목표 중 하나임을 강조했다. 다문화교육을 통해 자신의 문화에 대한 성찰을 바탕으로 다양한 문화와의 공존을 추구하기 위한 문화간 역량의 개발을 중요시했다.

다문화사회에서 문화간 역량을 향상시키기 위해 문화간 감수성을 갖추어야 한다고 했으며(Spitzberg, 1991), 다양한 문화적 환경 속에서 개인의 행동을 결정하기 위해 문화적 차이를 인식하고, 음미하며, 용인하고, 수용하는 민감성을 문화간 감수성으로 보았다(Chen, 1997). 이를 통해 자신과 서로 다른 문화집단과의 문화간 의사소통이 가능하다고 했다. 문화간 감수성(intercultural sensitivity)은 '문화적 상호작용 속에서 문화적 차이에 대한 이해와 인식 및 그 차이에 적합하고 효과적인 행동에 관한 긍정적인 감정을 만들어 낼 수 있는 능력'으로 정의되며, 문화적 상호작용의 정서적 부분을 강조하였다(Chen, 1997). 문화간 감수성을 갖춘 개인은 다른 문화를 이해하는 과정에서 문화 간의 차이를 긍정적 감정과 존중하는 태도로 받아들이며, 다른 문화를 이해하는 과정에서 자신이 가진 문화에 대한 인식과 행동을 적절히 변화시키고 수용할 수 있는 상호문화 역량

6) 안진숙(2019), 김수영, 테레사 편(2016)의 내용을 일부 발췌·인용함

(intercultural competence)을 갖추게 된다. 문화간 감수성은 인지된 문화적 차이와 그 차이에 필요한 행동적 변화들을 긍정적인 감정으로 받아들이려는 정서적 특성으로, 문화적 차이를 인식하고 이해하는 인지적인 특성과 함께 상호문화 역량을 위한 필수조건이다(Chen, 1997).

문화간 감수성을 갖추기 위한 요소로 자아존중감(self-esteem), 자기조절(self-monitoring), 개방성(open-mindedness), 공감능력(empathy), 상호작용참여(interaction involvement), 무편견(non-judgment)을 제시하였는데(Chen, 1997), 문화간 감수성이 높은 사람은 일반적으로 높은 자아존중감을 보이며, 문화적 상호작용 시 자신의 행동이 적합한지에 민감하고, 타문화에 개방적이고, 상대방의 입장을 잘 이해하며 적절히 대처하고, 다른 문화를 갖고 있는 이들을 쉽게 판단하지 않고 잘 경청하고 이해하려는 태도를 가지고 있다. 따라서 다문화교육의 궁극적인 목표는 모든 사회구성원들이 상호문화 역량 증진을 위한 중요 요소인 문화간 감수성을 높이는 것이어야 한다(김옥순, 2008; 박하나, 2015).

김영순 외(2013)는 문화간 감수성을 단순히 문화지식의 습득만으로는 얻을 수 없다고 보고, 타문화에 대한 개방적인 태도를 바탕으로 학습이 아니라 직접 경험을 통해 고정관념을 벗어나는 깨달음과 성찰의 과정에서 획득할 수 있다고 보았다. 문화간 감수성을 통해 높은 자아존중감을 가질 수 있고, 타인과의 의사소통에서 개방적이고 참여적인 상호작용을 할 수 있다. 따라서 다문화사회를 살아가는 필수적인 능력인 문화간 감수성을 갖추기 위해 다문화적 상황에 노출되는 경험과 관련 체험활동 등의 교육과 훈련이 요구된다고 보았다. 결국 다문화 감수성은 정적 개념이 아닌 다문화적 개념과 교육을 통해 역동적으로 변화될 수 있다고 보았다(김영순 외, 2013).

베넷(Bennett, 1993)은 문화간 감수성 발달 모델(Developmental Model of Intercultural Sensitivity, DMIS)에서 자민족 중심주의에서 민족 상대주의로의 이행 단계를 6단계로 세분화하여 정리하면서 문화의 차이에 대한 부정–방어–최소화–수용–적응–통합으로 볼 수 있다고 했다(김옥순, 전성민, 2009).

문화간 감수성 발달 이론에서는 문화 간 차이의 존재를 인지하는 것으로부터 시작해 문화 차이가 자신의 정체성에 위협적인 존재가 아니라 오히려 자신의 정체성을 풍부하게 만든다고 보고 이를 통해 다문화사회에서 요구되는 다문화적 정체성을 확립하게 된다고 본다. 이 과정에서 자신의 문화간 감수성 발달 단계를 인지하고 그에 해당하는 적절한 훈련을 통해 다음 단계로의 성장이 가능하다고 보았다.

자민족 중심주의는 자신의 문화가 현실인식에서 가장 중심적인 것으로 생각하고 문화 차이를 회피하는 것을 말한다. 부정 단계에서는 문화의 차이를 인정하지 않고 자신의 문화만을 진정한 문화로 인식하고 타문화를 회피하려고 한다. 방어 단계에서는 다른 문화들 간의 구분은 가능하나 자신의 문화를 우월하게 인식하며 타문화를 부정적으로 평가한다. 최소화 단계에서는 드러나는 문화적 차이를 인정하면서 근본적으로 자신의 문화와 유사하다고 받아들인다. 자신의 문화와 세계관을 보편적인 것으로 생각한다.

민족 상대주의는 문화 차이를 인정하고 타문화의 관점에서 자신의 문화를 경험하고 해석한다. 수용 단계에서는 문화적 차이를 인식하고 인정하며 문화 상대주의적 관점에서 타문화를 해석한다. 타문화가 자문화와 다르지만 동등하게 현실 속에 존재하는 것을 인정한다. 적용 단계에서는 타문화의 관점에서 세상을 바라보며 문화간 교류를 위한 소통을 통해 공감하고 자신의 사고와 행동 코드를 전환할 수 있다. 통합 단계에서는 자신의 문화적 정체성을 특정한 한 문화에 고정하지 않고 자아의 개념과 경험을 다른 문화적 세계관으로 이동하여 확장하려고 한다. 이때 문화적 혼동을 경험하기도 하고 주변적 존재가 되기도 한다.

2) 자아존중감과 문화간 감수성과의 관계

자아존중감은 자신에 대한 긍정적인 태도와 스스로를 가치 있고 존경받을 수 있는 존재로 느끼는 것을 뜻한다(Rosenberg, 1965). 일반적으로 높은 자아존중감은 효과적인 스트레스 대처법과 상관이 있으며 긍정적인 감정과 높은 동기

부여를 보이는 반면, 낮은 자아존중감은 우울증, 불안증, 낮은 동기부여 등과 같은 정서적 행동적 문제를 일으키기 쉽다고 보고되었다(Creemers et al., 2012; Frank & De Raedt, 2007; Martyn-Nemeth et al., 2008; Rosenberg & Owens, 2001). 다문화가정 자녀의 경우 자아존중감이 높을수록 주류 사회에 더 잘 적응하며(김경란, 2006), 다문화가정 자녀들을 대상으로 자아존중감 증진 프로그램을 실시한 결과 자아존중감이 향상되고 이는 학교생활 적응의 향상으로 이어졌다(김미선, 2009).

비다문화가정 자녀의 경우에도 자아존중감은 다른 문화에 대한 인식과 태도에 중요한 영향을 미친다. 뱅크스(Banks, 1984)는 긍정적 자아정체감이나 자아존중감이 있어야 타인을 존중하고 긍정적으로 바라볼 수 있다고 보았고, 베넷(Bennett, 2011)은 긍정적 자아 발달이 이루어져야 다른 인종에 대해 관용적인 인식과 태도를 보인다고 하였다. 따라서 개인의 자아존중감이 문화간 감수성에 유의미한 영향을 주며, 자아존중감이 높은 사람일수록 스트레스를 적게 받고 독립적인 성향을 보이면서 새로운 문화에 대해 열린 태도를 보이게 된다.

수준 높은 외국어 능력, 충분한 다문화 관련 미디어 경험, 좋은 형식적 다문화교육이 갖추어졌더라도 개인의 긍정적인 자아존중감이 없으면 부정적인 다문화인식이 형성될 수 있다(최성보 외, 2011). 자아존중감은 다문화 인식에 긍정적인 영향을 미쳐 타민족에 대해 더 관용적이고 긍정적인 태도를 보이고(장진경 외, 2015), 다문화적 관계형성, 다문화적 인식, 다문화적 개방성과 공감 등과 관련이 있다(장은화, 어주경, 2013). 따라서 자아존중감은 다문화인식에 영향을 미치는 중요한 내적 요인이며, 문화간 감수성에도 직접적인 영향을 미친다.

3) 문화정체성과 자아존중감 및 문화간 감수성과의 관계

자아존중감이 개인적 정체성에 영향을 미치는 요인이라면, 문화간 감수성에 영향을 미치는 중요 요인은 사회구성원의 사회적 정체성이다. 사회적 정체성은 개인이 속한 집단에 관하여 그 집단과 그 집단에 속한 나에 대해 느끼는 감정과 생각을 의미한다(Tajfel, 1982). 사회적 정체성은 특정 국가에 대한 소속감에 초점을 맞추는 국가정체성(이미림, 박춘숙, 2014; 최영은, 남상문, 2014), 개인이 소속된 민족집단의 구성원으로서의 민족정체성(서한나, 안현의, 2010; Phinney, 2003), 개인이 속한 문화에 대한 인식과 공유에 기반한 문화정체성 등이 있다(이현주, 2010).

오랜 기간 단일민족 및 단일문화권에서 성장한 한국인에게는 자신의 사회적 정체성 인식 수준에 의해 새롭게 접하는 문화에 관한 태도에 영향을 미치게 된다. 혈통을 중시하는 단일민족에 대한 자부심이 강할수록 다양한 문화와 인종을 수용하는 데 부정적인 영향을 주고(이미림, 박춘숙, 2014; 인태정, 2009), 또한 다른 인종과 민족들에 대하여 편향적인 태도가 나타나게 된다(임성택, 2008).

베넷(Bennett, 2011)은 타 인종·민족에 대한 긍정적인 수용은 자신의 인종·민족에 대한 건전한 정체성에서 시작된다고 보았다. 민족정체성의 발달 유형을 제시한 벵크스(Banks, 1984)는 같은 민족 그룹 안에서도 개인마다 발달 단계가 다르다고 보았고, 자신의 민족정체성을 긍정적으로 인식하는 사람만이 타 민족을 긍정적으로 받아들일 수 있다고 보았다. 베넷(Bennett, 2011) 역시 편견을 방지하기 위해서는 자신에 대한 긍정적 인식이 필수적이며, 자신에 자부심을 가지지 못한 사람은 자부심을 가진 사람보다 타인에 대한 편견을 가지고 있을 가능성이 더 높다고 보았다. 따라서 주류 한국인들에게 민족적 정체성에 대한 긍정적인 인지와 수용은 다양한 민족과 문화를 이해하고 수용하기 위한 중요한 시작점이 된다. 자신의 문화에 대한 문화정체성도 다른 문화에 대한 개인의 태도에 영향을 미친다. 자신의 문화를 잘 이해하고 긍정적으로 바라보는 개인은 타문화에 대해서도 긍정적으로 받아들일 수 있다(박용규, 2011). 따라서 올바른 문화인식과 문화정체성은 세계화를 대처하는 중요한 방식이 되며, 주류 구성원들에 대한 문화정체성 이해와 교육은 문화간 감수성을 높이기 위해 매우 중요하다(박용규, 2011).

그림 7-4는 자아존중감이 문화정체성에 영향을 미치게 되고, 궁극적으로 자아존중감과 문화정체성이 문화간 감수성의 형성에 결정적인 변수로 작용하는 것을 나타내고 있다.

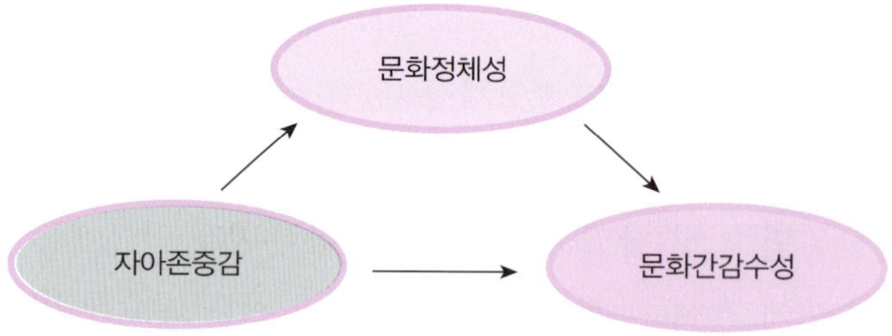

그림 7-4 자아존중감, 문화정체성, 문화간감수성의 관계

출처: 김수영, 테레사편, 2016.

6. 문화간 감수성과 다문화교육과정[7)]

문화간 감수성의 발달을 위한 다문화교육과정 재구성의 방향을 제시하는 슬리터와 그랜트(Sleeter & Grant, 2003)의 다문화교육 개념, 다문화교육과정의 개혁적 접근 방법을 제시하는 뱅크스(Banks, 2004)의 다문화교육 모델, 포괄적 다문화교육을 위한 내용과 방법을 제시하는 베넷(Bennett, 2009)의 다문화교육과정 의사결정 모델, 그리고 다양한 문화에 대한 개인의 유능성을 문화 간 감수성의 발달 단계별로 제시한 베넷(Bennett, 1993)의 문화간 감수성 발달모델(DMIS)은 개념상 상호 간의 관련을 맺고 있다.

베넷(Bennett, 2009)이 제시한 다문화교육의 6가지 목적은 다문화적 역량을 발달시키기 위한 가장 효과적인 방법으로 제시된 것인데, 이러한 다문화적 역량의 발달은 문화간 감수성 발달 단계의 측정을 통해 설명될 수 있다. 문화간 감수성 발달 단계의 변화는 다문화적 역량의 발달을 위한 다문화교육의 목적과 결합하여 설명될 수 있다. 다양한 역사적 관점을 발달(목적1)시키고, 문화 간의 의식을 강화(목적2)하며, 타문화와의 접촉상황에서 효과적으로 의사소통하는 능

7) 조현희(2012)의 내용을 일부 발췌·인용함

력을 기름(목적3)으로써 타문화와 자문화의 차이를 이해(목적4)하는 것은 개인이 다문화를 적응하는 단계에 도달할 수 있다는 것을 의미한다. 또한 사회현상에 대하여 보다 비판적으로 바라보고(목적5), 행동할 수 있는 능력을 기르는 것(목적6)은 다양한 문화와 이들 문화의 관계를 거시적 관점에서 바라보는 '통합' 단계에 도달할 수 있도록 한다.

반대로 문화간 감수성이 '경시', '방어', '부정' 단계에 있다는 것은 다문화교육의 목적을 달성하지 못했음을 의미하며, '수용', '적용' 단계에 있다는 것은 다문화교육의 일차적 목적인 타문화와 문화 차이에 대한 이해를 달성했음을 의미한다. 특히 개인이 '통합' 단계에 도달했다면 이는 다문화사회의 정의에 대한 교육을 포함한 보다 포괄적인 다문화교육의 목적을 달성한 것으로 볼 수 있다.

개인이 자문화중심주의를 극복하고 문화 상대주의를 획득하기 위해서는 전환적 또는 사회행동적 접근을 통한 기존 교육과정의 재구조화가 필수적임을 알 수 있다. 다른 나라의 문화에 대한 정보를 얻거나, 이들 문화에 대한 이해를 넓힐 수 있으나 주류의 관점에 대한 비판과 해석이 병행되지 않으면 자문화와 타문화를 다양한 입장에서 바라볼 수 있는 데 한계가 있다. 그러므로 주류 구성원들이 주류의 입장에서 벗어나 문화 상대주의적 관점으로 문화 차이를 인식하고, 타문화와 효과적으로 의사소통하고, 문화다양성을 보존하기 위한 행동가로서의 역할을 획득하도록 돕기 위해서는 기존 교육과정의 재구조화가 반드시 필요하다.

Chapter

08

다문화가족의 형성과 사회 적응

1. 다문화가족의 이해

1) 다문화가족의 개념

다문화가정 또는 다문화가족은 서로 다른 국적과 문화를 가진 남녀의 국제결혼을 통해 만들어진 가정이나 이주배경이 있는 사람들이 포함된 가정을 널리 의미하는 말이다. 다양한 민족·문화적 배경을 가진 사람들로 구성된 가족을 통칭하는 것으로 사용되고 있으며, 국제결혼가족 등의 차별적 용어를 대신하여 다문화가족이라는 명칭을 사용하게 되었다.

다문화가족은 「다문화가족지원법」 제2조 제1호에 의해 결혼이민자와 대한민국 국민으로 이루어진 가족, 「국적법」에 따라 인지 또는 귀화로 대한민국 국적을 취득한 자와 대한민국 국민으로 이루어진 가족으로 정의된다. 대한민국 국민과 사실혼 관계에서 출생한 자녀를 양육하고 있는 다문화가족구성원에 대해서도 「다문화가족지원법」에 따른 다문화가족 지원 규정이 적용된다(「다문화가족지원법」 제14조).

2) 다문화가족의 형성 배경[1)]

1990년대 이전의 다문화가족의 발생은 주로 미군이나 일본인과의 결혼을 통해 나타났다. 특히 미군기지촌을 중심으로 발생한 사례가 대부분이며, 경제적 이유와 한국 내 국제결혼에 대한 차별로 대부분 미국 이주를 한 경우가 많다. 1980년 이후 한국의 국력과 경제력의 성장하면서 한국인의 해외 진출과 외국인의 국내 유입으로 인한 결혼이 증가하게 되었다. 이 시기까지는 아직 국제결혼을 통한 해외 이주의 목적이 강한 편이었다. 과거의 국제결혼은 우리민족의 역사적 과정 속에서 소수에 의해 이루어지는 특별한 결혼형태의 하나로 여겨

1) 이근매 외(2014)의 내용을 일부 발췌·인용함

졌다. 즉, 민족주의와 단일문화가 지배하는 한국사회의 폐쇄성을 감안할 때 국제결혼은 단일 민족의 순수한 혈통을 무너뜨리는 상황으로 인식하고 쉽게 용납될 수 없는 비정상적인 결혼으로 여기며 사회적으로 거부하는 분위기가 강했다. 그래서 국제결혼을 하는 사람들은 가족들의 반대뿐만 아니라 주위의 부정적인 시선까지 감수해야 했다. 하지만 1990년대 이후는 한국의 경제성장 및 한류의 영향으로 인해 대한민국의 위상이 높아지면서 특히 동남아와 중국여성을 상대로 한 국제결혼이 크게 증가하였다. 특히 이 시기에 한국의 도시 집중으로 인한 농촌총각들의 결혼 문제, 출산율 감소로 인한 문제를 해결하기 위해 국가 정책 차원의 국제결혼이 추진되었다.

한국에서 국제결혼에 의해 다문화가족이 형성된 사회문화적 배경은 다음과 같다(장은정, 2007; 박경동, 2007).

첫째, 1990년대 중반 이후의 외국인 여성과 한국인 남성 간의 국제결혼은 '이주의 여성화' 현상과 한국 결혼시장의 파행적 구조와 결합되어 형성된 현상으로 볼 수 있다. 취업이나 남편에 대한 경제적 욕구와 가족 부양이라는 목적을 가진 이주여성과 결혼이 어려운 농촌총각·도시 저소득남성의 결혼 욕구가 결합하여 발생되게 되었다.

둘째, 한국의 국제결혼 성립과정은 배우자 선택과정의 원리인 '결혼 경사 현상'으로 설명된다. 여성의 배우자 선택 과정에서 사회·경제적, 그 외의 여러 가지 측면에서 자신보다 우월한 위치에 있는 남성을 배우자로 선택하고자 하는 욕구를 바탕으로 결혼이주여성들이 한국인 배우자를 선택하게 되었다는 점이다.

셋째, 남녀 성비의 불균형 현상과 같은 인구학적 원인이 크게 작용했다. 남아선호사상으로 인한 남녀의 성비 불균형으로 결혼적령기 여성의 부족, 특히 고학력-전문직 여성을 중심으로 여성들이 남성 배우자를 선택하는 기준이 높아지면서 국내 결혼이 어려워진 점을 들 수 있다.

넷째, 국제결혼 중개시스템의 발달로 인해 결혼이주여성이 한국의 남성과 결혼할 수 있는 기회나 정보가 많아지게 되었고, 남성들의 입장에서도 선택의 폭이 확대되어 국제결혼의 증가로 이어졌다.

다섯째, 한류의 영향이 크다고 볼 수 있다. 한국대중문화와 한국의 경제력 상승으로 인해 한국에 대한 선호도가 높아지고, 한국인 배우자와의 결혼에 대한 수요가 급증한 것도 원인이 될 수 있다.

여섯째, 중앙정부와 지방자치단체 차원의 적극적인 국제결혼 사업의 추진이 계기가 되었다. 농촌 총각의 장가보내기 사업이라는 명분하에 결혼을 통해 인구 확보와 출산율 제고를 추진하였고, 이는 정치적 문제와도 결합되면서 지방자치단체를 중심으로 강력한 정책이 추진된 점을 들 수 있다.

3) 다문화가족의 현황[2)]

2018년 다문화가족실태조사[3)]에 따르면 다문화가족은 전체 33만 가구(가구원 101만 명)로 전체 가구대비 1.7%(가구원 2%)를 차지하며, 국제결혼 증가로 다문화

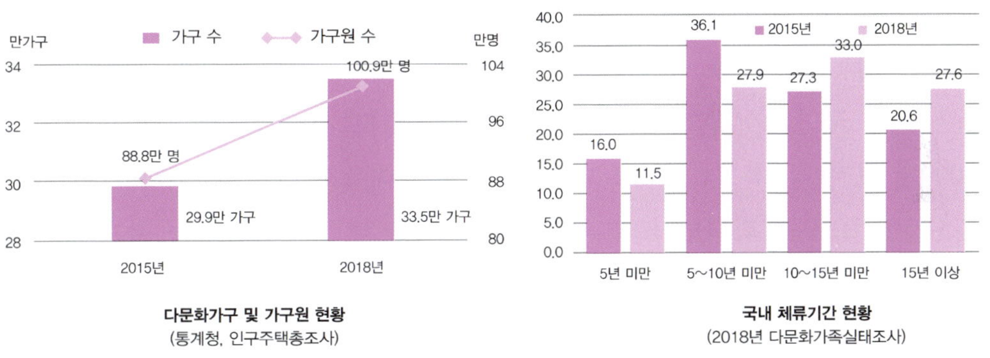

그림 8-1 다문화가족 현황

출처: 여성가족부, '2020년 다문화가족시행계획', 2020.

2) 여성가족부(2020)의 내용을 일부 발췌·인용함

3) 다문화가족에 대한 가족관계, 생활양식, 가족문제, 경제상태, 교육지원 등에 관한 현황 및 실태를 파악하여 다문화가족 정책수립에 필요한 기초통계자료를 구축한다. 「다문화가족지원법」 제4조(실태조사 등)에 의해 여성가족부장관은 다문화가족의 현황 및 실태를 파악하고 다문화가족 지원을 위한 정책수립에 활용하기 위하여 3년마다 다문화가족에 대한 실태조사를 실시하고 그 결과를 공표하여야 한다.

가족은 증가 추세에 있다. 결혼이민자·귀화자의 10년 이상 거주 비율이 2015년 47.9%에서 2018년 60.6%로 12.7% 증가하는 등 결혼이민자·귀화자의 국내 체류가 장기화되고 있다.

다문화자녀는 본격적인 청소년층 진입이 시작되는 학령기 자녀 비율이 증가[4)]하고, 전체학생 대비 다문화학생 비중[5)]도 지속적으로 증가 추세이다.

2. 결혼이민자에 대한 이해[6)]

1) 결혼이민자의 개념

「재한외국인 처우기본법」 제2조에 따르면, '결혼이민자란 대한민국 국민과 혼인한 적이 있거나 혼인관계에 있는 재한외국인(대한민국의 국적을 가지지 않은 사람으로서 대한민국에 거주할 목적을 가지고 합법적으로 체류하고 있는 사람)'을 의미한다. 결혼이민자는 체류외국인 중 국민의 배우자 체류자격을 가진 자를 말한다. 외국인이 대한민국 국민과 결혼하게 되면 국민의 배우자로서의 지위를 가지게 된다. 2009년 이전에는 F-2-1 및 F-1-3에게 주어지던 배우자 체류자격이 2011년 이후 F-5-2, F-6으로 변화되었다. 결혼이민(F-6)자격은 대한민국 국민과 결혼한 외국인이 가질 수 있는 체류자격이다. 결혼이민(F-6)자격은 취업활동에 제한이 없고, 결혼이민(F-6)자격으로 2년 이상 대한민국에 체류하면 영주(F-5)자격으로 변경신청을 할 수 있다.

이 법에 따르면 결혼이민자는 한국국적을 가지지 않는 '외국인'으로 한정된다. 그러나 이러한 정의는 혼인귀화자의 존재를 간과함으로써 다문화가족의 양태를 살펴봄에 있어서 상당히 제한적이다.

4) 9~11세 비율: '15년 30.7% → '18년 45.8%(2018 다문화가족실태조사)
5) 다문화학생 비중: '10년 0.44% → '19년 2.5%(2019 교육기본통계)
6) 여성가족부(2019), 김현미(2018)의 내용에서 일부 발췌·인용함

현행 「국적법」은 혼인에 의한 귀화를 간이귀화로 설정, 일반귀화보다 다소 완화된 기준을 적용하여 국적을 부여하고 있다. 이에 따라 한국에서의 체류기간이 길어지고, 초기적응이 지난 상당수의 결혼이민자들이 혼인관계에 의해 국적을 취득(혼인귀화)하고, 실제 혼인귀화 규모 또한 증가하고 있다. 이들 혼인귀화 집단은 한국국적 취득자이기는 하나, 결혼을 통한 이주라는 점에서 외국국적 결혼이민자와 이주의 동기와 배경이 동일하다는 특성을 갖는다. 따라서 결혼이민자를 외국 국적자로만 한정하는 것은 전체 결혼이주자들의 규모와 특성을 살펴보는 데 제한적일 뿐만 아니라, 귀화자 내에서도 혼인귀화자를 포함하여 다른 유형의 귀화자들과 혼재시킴으로써 귀화자 집단의 특성마저도 희석시키는 효과를 낳게 된다. 따라서 이러한 문제의식에 따라 결혼이민자를 정의함에 있어 국적의 기준을 삭제하고, '대한민국 국민과 혼인한 적이 있거나 혼인관계에 있는 외국출신자'로 확대 적용하며, 「재한외국인 처우기본법」에서 정의하는 결혼이민자와 혼인귀화자의 합이라고 할 수 있다.

한국사회에 거주하고 있는 다양한 집단의 외국인 가운데 결혼이민자는 가장 사회적 관심이 집중되는 집단이다. '결혼이민자'는 국제결혼을 목적으로 이주해 온 외국인을 의미하며, 대부분 결혼 중개를 통해 아시아 국가로부터 유입된 이주여성에 대한 호칭이다(최명민 외, 2015). 결혼이주여성에 대한 정부의 지원정책은 국내 남성과 결혼한 외국 여성 중에서도 한국 국적을 취득했거나 자녀를 출산한 결혼이주여성에 집중되어 있다.

「다문화가족지원법」에 나타난 결혼이민자의 정의는 다음과 같다.

제2조(정의)

1. '다문화가족'이란 다음 각 목의 어느 하나에 해당하는 가족을 말한다.

가. 「재한외국인 처우기본법」 제2조 제3호[7]의 결혼이민자와 「국적법」 제2조[8]에 따라 출생 시부터 대한민국 국적을 취득한 자로 이루어진 가족

나. 「국적법」 제4조에 따라 귀화허가를 받은 자와 같은 법 제2조에 따라 출생 시부터 대한민국 국적을 취득한 자로 이루어진 가족

2. '결혼이민자 등'이란 다문화가족의 구성원으로서 다음 각 목의 어느 하나에 해당하는 자를 말한다.
가. 「재한외국인 처우기본법」 제2조 제3호의 결혼이민자(대한민국 국민과 혼인한 적이 있거나 혼인관계에 있는 재한외국인)
나. 「국적법」 제4조[9]에 따라 귀화허가를 받은 자

2) 결혼이민자의 법적 지위

결혼이민자와 관련된 현행법들은 다문화가족의 형성 단계를 기준으로 마련된 제도적 장치들이며, 다문화가족의 정착과 사회 통합을 목적으로 하고 있다. 「출입국관리법」과 「국적법」은 결혼이민자의 출·입국 및 대한민국 국적의 취득 과정과 자격 기준을 제시하고 있으며, 「재한외국인처우기본법」, 「다문화가족지원법」, 「결혼중개업의 관리에 관한 법률」 등은 실제 결혼이민자가 대한민국 국민으로서 사회로부터 제공받을 수 있는 보호와 지원에 대한 방향을 제시하고 있다. 「결혼중개업의 관리에 관한 법률」은 결혼이민자들이 결혼 진행 과정에서 겪을 수 있는 상업적 처우, 인신매매, 인권 침해의 폐해를 예방하고자 중개업 등록 의무와 처벌 규정을 마련하여 결혼이민자의 인권 보장에 대한 사회적 원칙을 제시하기 위한 법률이다. 이 법은 '결혼중개업을 건전하게 지도·관리하고 결혼중개업 이용자의 피해를 예방하여 그 이용자를 보호함으로써 건전한 결혼문화 형성에 이바지함을 목적으로 한다'(제1조)고 정의되어 있다.

결혼이민자는 「출입국관리법」에 따라 입국 시 다른 외국인과 동일하게 해당

7) 「재한외국인 처우기본법」 제2조 제3호 "결혼이민자"란 대한민국 국민과 혼인한 적이 있거나 혼인관계에 있는 재한외국인을 말한다.

8) 「국적법」 제2조(출생에 의한 국적 취득) ① 다음 각 호의 어느 하나에 해당하는 자는 출생과 동시에 대한민국 국적(國籍)을 취득한다. 1. 출생 당시에 부(父) 또는 모(母)가 대한민국의 국민인 자 2. 출생하기 전에 부가 사망한 경우에는 그 사망 당시에 부가 대한민국의 국민이었던 자 3. 부모가 모두 분명하지 아니한 경우나 국적이 없는 경우에는 대한민국에서 출생한 자 ② 대한민국에서 발견된 기아(棄兒)는 대한민국에서 출생한 것으로 추정한다.

9) 「국적법」 제4조(귀화에 의한 국적 취득) ① 대한민국 국적을 취득한 사실이 없는 외국인은 법무부장관의 귀화허가(歸化許可)를 받아 대한민국 국적을 취득할 수 있다. ② 법무부장관은 귀화허가 신청을 받으면 제5조부터 제7조까지의 귀화 요건을 갖추었는지를 심사한 후 그 요건을 갖춘 자에게만 귀화를 허가한다. ③ 제1항에 따라 귀화허가를 받은 자는 법무부 장관이 그 허가를 한 때에 대한민국 국적을 취득한다. ④ 제1항과 제2항에 따른 신청절차와 심사 등에 관하여 필요한 사항은 대통령령으로 정한다.

지역의 출입국외국인사무소에서 '외국인' 등록을 통해 체류기간을 부여받고, 결혼이민(F-6)[10]자격으로 일정기간 국내에 체류, 혼인 생활을 유지하는 경우 한국 국적 취득이 가능하다. 「국적법」 기준으로 결혼이민자는 귀화에 의한 국적 취득(「동법」 제4조) 중에서 간이귀화 요건이 적용되며, 대한민국 국민의 배우자인 외국인으로서, 첫째, 혼인한 상태로 2년 이상 계속하여 주소가 있는 자, 둘째, 혼인한 후 3년이 경과하고 혼인한 상태로 대한민국에 1년 이상 계속하여 주소가 있는 자, 셋째, 배우자의 사망 등 자신의 귀책사유 없이 혼인 생활을 할 수 없었던 자, 넷째, 한국 국적의 미성년 자녀를 양육 또는 양육 예정인 자의 경우 귀화 허가를 받을 수 있도록 명시되어 있다. 이는 결혼이민자의 혼인상의 사유를 반영하여 국내 체류와 귀화 허가를 인정한 것이다.

「재한외국인처우기본법」에서 결혼이민자의 경우 국적 취득 여부와 상관없이 거주지역 내에서 '외국인'으로 간주되어 지원 대상에 포함된다. 결혼이민자의 출신국이 중국이나 러시아 등의 재외동포인 경우는 「재외동포의 출입국과 법적 지위에 관한 법률」에 적용되며, 「가정폭력방지 및 피해자보호 등에 관한 법률」의 보호를 받고 있다.

3) 결혼이민자의 현황[11]

표 8-1 결혼이민자 연도별 증감 추이 (단위: 명)

연도	2015년	2016년	2017년	2018년	2019년	'19년 6월	'20년 6월
인원	151,608	152,374	155,457	159,206	166,025	162,582	167,834
전년대비 증감률	-	0.5%	2.0%	2.4%	4.3%	-	3.2%

출처: 2020년 6월 통계월보 외국인.

10) 「출입국관리법」[별표1](외국인의 체류자격, 제12조 관련) 결혼이민(F-6). ① 국민의 배우자나 ② 국민과 혼인관계(사실상의 혼인관계를 포함한다)에서 출생한 자녀를 양육하고 있는 부 또는 모로서 법무부장관이 인정하는 사람. ③ 국민인 배우자와 혼인한 상태로 국내에 체류하던 중 그 배우자의 사망이나 실종, 그밖에 자신에게 책임이 없는 사유로 정상적인 혼인관계를 유지할 수 없는 사람으로서 법무부장관이 인정하는 사람.

11) 출입국, 외국인정책본부(2020)의 내용을 일부 발췌·인용함

2002년 이후 매년 28% 이상의 높은 증가율을 보이던 결혼이민자는 2014년 4월 국제결혼 건전화를 위한 결혼이민 사증발급 심사강화 및 국제결혼 안내프로그램 이수 의무화조치 등의 영향으로 최근 감소 추세에 있다. 2020년 6월 기준 성별로는 여성이 138,230명으로 전체의 82.4%로 절대 다수를 차지하고 있으며, 남성은 29,604명으로 17.6%에 불과하다. 국적별로는 중국 36.0%, 베트남 26.6%, 일본 8.5%, 필리핀 7.2%순으로 많다. 1990년대까지는 종교단체를 통해 입국한 일본여성이 다수를 차지하고 있었으나, 2000년대 초부터 중국 및 필리핀 국적의 결혼이민자의 증가가 두드러졌으며, 최근에는 베트남, 캄보디아, 몽골, 태국 등 출신 국적이 다양해지는 경향을 보이고 있다.

4) 결혼이주여성의 특징[12)]

(1) 여성의 이주화

결혼이주여성은 법적으로 한국인 남편과 가정을 이루고 있는 외국 국적의 여성이다. 외국 출신 여성이 한국인 남성과 결혼을 한 여성을 포괄하는 개념으로 '결혼이주여성'이라는 용어가 사용되고 있다.

결혼이주여성이 가진 의미를 해석하면 다음과 같다(김경례, 2010).

첫째, '이민'은 순차적이든지 동시적이든지 가족 단위의 이동을 의미하며, 이동 후 국적 혹은 시민권을 취득하고 가족 대부분이 이주 지역에 거주하거나 정착함을 의미한다. 그러나 결혼이주여성은 단신 이동이 대부분이며, 출신 가족의 연쇄 이동 및 국적 취득이 출신국가에 따라 가변적이라는 점 때문에 '이주'라는 표현이 더 적합하다고 본다.

둘째, '결혼이주여성'은 생존을 위해 이민을 선택하여 결혼한 것이지만, 실제로는 여성 개인과 가족의 경제적 이해관계 실현을 위하여 여러 이주의 방법 중 결혼을 선택한 것으로 볼 수 있다.

오늘날 결혼이주여성은 법적으로 보호를 받는 집단이다. 한국은 2006년 4월

12) 박은정(2020)의 내용을 일부 발췌·인용함

‘여성 결혼이민자 가족의 사회통합 지원 대책’이 발표되면서 2007년 「재한외국인 처우기본법」과 2008년 「다문화가족지원법」이 제정되었으며, 2017년 건강가정·다문화가족 지원 통합서비스가 확대됨에 따라 국제결혼과 출산율 정책의 관련성을 고려하여 결혼이주여성에 대한 사회적 배려의 필요성이 강조되었다.

결혼이주여성의 증가는 국제적 현상인 이주의 여성화와 관련되어 있다. 국제결혼은 대다수 결혼이주여성들이 자국의 빈곤을 벗어나서 새로운 삶과 인생을 향한 꿈과 도전으로 인식되고 있다. 국제결혼을 선택하는 여성은 주로 아시아권 개발도상국의 여성들로서 경제적으로 좀 더 윤택한 생활을 위해 임금 수준이 높고 인력 수요가 많은 나라로 이주하고자 하는 빈곤의 여성화(feminization of poverty)에 따른 이주의 여성화(feminization of migration) 현상으로 볼 수 있다(김영주, 2006). 이러한 여성들이 또 다른 새로운 삶을 위한 방편으로 국제결혼을 선택하며, 결혼중개업체를 통해서 외국 남성과 국제결혼을 선택한다.

한국은 1990년 8월 결혼중개업이 ‘허가제’에서 ‘신고제’로 변경되고, 이후 자유업으로 전환되면서부터 결혼이주여성들의 급격한 증가로 인해 사회적 문제가 대두되기 시작하여 다시 ‘등록제’로 변경되어 관리를 강화하고 있다. 현실적으로 이주여성의 양상과 패턴을 살펴보면 이주여성의 국적이 다양화되는 추세이고, 거주·취업 기간의 장기화 및 결혼으로 인한 이주여성의 내국민화가 진행 중이며, 이주의 양적·질적 확대에 따라 시민 사회와 민간 분야에서의 활동이 활성화되고 있다(이선주 외, 2009).

이주의 여성화는 크게 임시 체류 목적인 이주여성 근로자들과 영구거주 목적으로 유입된 결혼이주여성들로 구분된다. 외국인근로자의 상당수는 여성이지만 가부장적 사회에서 여성의 일차적 역할이 남성 생계부양자에게 의존하는 아내이자 엄마로 정의되고 있기 때문에 남성들과 비교했을 때 더 낮은 임금을 받고 더 쉽게 통제당하며 열등한 존재로 간주되고 있다(박신혜, 2016; Phizacklea, 1983).

이주의 여성화는 가부장제와 밀접한 관련이 있는데, 신자유주의 자본 체제로 인한 부익부 빈익빈 현상으로 여성의 빈곤화가 심화되면서 가부장제의 성차별은 여성의 가족 부양책임을 가중시키기도 한다. 이주여성들의 모국에서도 이들의 송금이 자국의 경제발전과 외환을 늘리는 데 기여하고 있다(이혜경, 2005).

이주의 여성화에 대한 요인으로 국제결혼의 여성화(feminization of international marrige)도 주목받고 있다. 결혼이주여성은 젠더화된 성차별에도 불구하고 이주를 통해 친정과 시댁의 생계를 책임지는 노동자이자, 아내·어머니라는 가족 내의 돌봄 노동을 제공해야 하는 지위를 가지고 있다. 가난과 실업이 만연한 나라의 여성이 자신과 가족의 경제 상황을 향상시키기 위하여 부유한 나라의 남성과 결혼을 통해 이주하는 과정은 이들이 결혼을 통해 친밀성에 근거한 낭만적 관계의 형성뿐만 아니라 고국의 가족과 자신의 미래를 위한 경제적 토대를 확보하는 것이기도 하다(2006, 김영란).

21세기 여성 이주의 특징 중 하나는 단순한 물리적 노동으로 치부할 수 없는 보살핌 영역이 시장의 영역으로 포함되었기 때문이다. 따라서 아시아 여성들이 고향을 떠나 선진국으로 분류되는 국가로의 유입은 '보살핌 노동이주의 전 지구적 현상'의 아시아 지역 버전이라 할 수 있다(이윤희, 2012). 국제결혼으로 많은 여성들이 결혼을 통해 이주하게 되는 것은 개인적 선택일 뿐만 아니라 여성의 이주를 강화시키고 있는 세계적인 영향도 관련이 있다. 국내 결혼이주여성이 급증하는 배경에 지구화, 세계화라는 시대적 흐름과도 깊은 연관이 있다. 신자유주의라는 경제 흐름의 확대로 국가 간 노동과 자본의 이동이 자유롭게 되었으며, 특히 선진국의 저출산·고령화·특정 생산직종의 회피에 따른 노동력 부족은 저개발국가에서 선진국으로의 대규모, 대단위의 이주를 초래하게 되었다.

경제적으로 하층계급의 남성들은 계급화된 결혼 시장에서 불리한 위치에 있으면서도 부모를 모시고 자녀를 낳아야 한다는 전통적인 가족 가치관을 보유하고 있기 때문에 가부장적 가치관이 유지되고 있는 가난한 나라 여성과의 결혼을 선호하게 된다. 이러한 현상은 이들 남성들이 배우자가 될 이주여성들에 대한 정보와 교감을 가질 기회 없이 대부분 결혼중개업자를 통해 일정 금액을 지불하고 짧은 기간 내에 결혼하게 됨에 따라 매매혼적인 형태가 나타나게 된다. 이는 인신매매, 성폭력 등으로 인한 문제로 나타나 국가 간의 중요한 이슈가 되고 있다(정정순, 2011).

(2) 국내 결혼이주여성의 특징

우리나라 결혼이주여성의 특징을 살펴보면 다음과 같다(박은정, 2020).

첫째, 국제결혼은 한국 남성과 외국 여성 간의 결혼이 대부분이라는 점에서 국제결혼의 여성화 현상이 지배적이다. 이러한 여성 국제 결혼이주 증가의 원인으로 신자본주의의 영향으로 인해 야기된 '빈곤의 여성화' 현상이 지적되고 있다. 빈곤과 실업에 시달리는 개발도상국 여성들이 상대적으로 부유한 국가로의 지속적 이동이 이루어지고 있다. 아시아 여성들 대부분은 전통적인 성역할에 따른 재생산 돌봄 노동과 성매매와 관련된 서비스 업종과 저임금 장시간 노동에 시달리는 제조업 분야에 종사하고 있다. 외국인근로자로 해외 취업의 길로 나서는 것보다 국제결혼을 하는 것이 비용이 덜 들기 때문에 빈국에 저소득층에 속하는 젊은 여성들은 결혼이민을 선택하고 송출국 정부는 자국인의 해외 취업을 적극적으로 권장하면서(설동훈, 2014) 동시에 여성 결혼이주에 대해 방관하고 있다. 노동이주와 결혼이민자의 증가는 그 나라들의 외화 획득에 중요한 원천이 되고 있다(2006, 김영란). 특히 결혼이주여성 대부분이 한국 남성과의 혼인을 목적으로 결혼알선업체 혹은 친인척, 아는 지인을 통해 한국에 입국하며, 이주경비는 대부분 한국인 남편이 일방적으로 부담하는 경우가 많았다. 이로 인해 결혼 초기부터 배우자에 대한 왜곡된 정보제공으로 인한 서로 간의 오해와 부부관계의 불평등을 초래할 가능성이 있었다. 또한 결혼이주여성들은 언어적·문화적 어려움, 심리적·언어적 폭력, 활동의 자유 구속, 한국식 생활방식의 강요, 경제적 착취와 권리 박탈, 고국과의 단절 강요 등을 경험하고 있다.

둘째, 2000년대 초반에는 결혼이주여성의 출신국이 중국, 일본, 필리핀 출신이 다수를 차지하였으나, 최근에는 베트남, 캄보디아, 우즈베키스탄, 태국, 몽골, 러시아 등 점차 다변화 경향을 보인다.

셋째, 우리나라 결혼이주여성의 대부분이 수도권이나 도시 지역에 거주하고 있다(출입국·외국인정책본부, 2020). 또한 결혼이주여성의 부부간 연령 차이가 10세 이상인 경우가 전체 40.9%에 이르며(통계청, 2020), 결혼이민자·귀화자의 경제활동참가율은 69.5%로 나타나(여성가족부, 2019) 결혼이주여성이 경제활동에 참여하여 가계의 생계를 책임져야 하는 상황으로 보인다.

넷째, 결혼이주 여성들은 짧은 기간 내에 한국으로의 이민을 결정하고 이주하여 가정을 형성하기 때문에 한국어 미숙, 한국 및 주위환경에 대한 정보가 부족한 경향을 보이고(황정미, 2015), 특히 다양한 문화적 배경을 가진 외국인이라는 특성상 스스로 위축되는 경우도 많으며, 가족들과도 서로 다른 언어와 문화 차이로 인해 친밀한 관계 형성에 있어서 어려움을 겪고 있다. 이러한 문제로 인해 결혼 후에도 다양한 형태의 인권침해와 가정 파탄으로 이혼율이 높아지는 사례가 발생하는 등 많은 어려움을 초래하게 된다.

(3) 국제결혼 증가 원인

국제결혼 증가의 국내적인 원인을 살펴보면, 첫째, 편중된 성비로 인해 결혼하지 못하는 남성의 수의 급증, 둘째, 여성 고학력으로 인한 경제활동 증가로 결혼하지 않고 혼자 사는 여성의 증가, 셋째, 농어촌에서 살기를 거부하는 한국 여성의 결혼 가치관 변화로 인해 저개발국의 여성을 선택하는 경우가 늘어났으며, 넷째, 세계화, 정보화에 따라 국제결혼에 대한 인식과 가치관이 바뀌고 있으며, 다섯째, 저임금 외국인근로자의 고용정책으로 외국인의 한국 이주가 많아졌고, 외국 여성의 입장에서 결혼을 통한 한국 이주를 빈곤에서의 탈출로 여기고 있으며, 여섯째, 노총각 구제 차원의 국제결혼을 독려하는 사회적 분위기와 국제결혼 중매업체들의 적극적인 상술 등을 들 수 있다(주미연, 2010).

특히 농어촌 남성들은 부모 봉양과 자녀출산과 농사일 등 가족의 노동을 함께할 배우자를 구하기가 힘든 실정이며, 도시의 경우 높은 이혼율로 인한 한부모 가족 증가로 자녀 양육을 감당할 수 없는 남성이나 재혼을 원하는 남성이 적당한 배우자를 국내에서 찾지를 못하고 상대적으로 빈곤한 국가의 여성들을 배우자로 찾게 되는 이유 등이 작용하기 때문이다.

3. 이주배경청소년에 대한 이해

1) 이주배경청소년의 개념[13)]

이주배경청소년의 범주를 단순화하면 다문화가족 내 청소년이라고 볼 수 있지만, 사실 그 형태는 매우 다양하게 나타난다. 한국인 부모 사이에서 태어났으나 부모가 이혼 혹은 사별로 인해 외국 출신 배우자와 재혼을 한 가족의 자녀의 경우, 한국인과 외국인이 결혼을 하면서 외국인이 본국의 자녀를 입양하여 한국으로 데려온 경우, 한국인과 외국 출신 배우자의 가정에서 태어났으나 국내에서 키우지 않고 외국 출신 부모의 본국에서 일정기간 성장한 후 청소년기에 한국으로 입국한 경우, 북한이탈주민이 외국인과 제3국에서 출생한 자녀를 한국으로 데려온 경우 등 매우 복잡하고 다양하며, 부모가 모두 외국 출신인 외국인근로자가정의 자녀와 난민청소년까지 모두 이주배경청소년의 범주에 포함시킬 수 있다(박미정, 2015).

「국적법」상으로나 「다문화가족지원법」상 다문화가족에 포함되지 않아 법적 지원의 대상이 되지는 않더라도 문화적 배경이 다른 지역에서 이주한 가정의 청소년의 경우에도 「UN아동권리협약」에 근거할 때 생존의 권리(적절한 생활 수준을 누릴 권리, 안전한 주거지에서 살아갈 권리, 충분한 영양을 섭취하고 기본적인 보건서비스를 받을 권리 등, 기본적인 삶을 누리는 데 필요한 권리)와 발달의 권리(잠재능력을 최대한 발휘하는 데 필요한 권리, 즉, 교육 받을 권리, 여가를 즐길 권리, 문화생활을 하고 정보를 얻을 권리, 생각과 양심과 종교의 자유를 누릴 권리)를 가지고 있는 만큼 우리 나라도 이들의 생존과 발달을 위한 관심과 노력을 기울여야 하는 의무가 있다.

이주배경청소년에 대한 용어의 정의가 각 부처의 정책마다 각기 다르게 지칭되고 분류되어 혼란을 가중시키고 있다. 표 8-2와 같이 행정자치부에서는 이주배경청소년을 '외국인주민자녀'로 칭하고, 그 안에 부모가 모두 외국계 주민

13) 박미정(2015)의 내용을 일부 발췌·인용함

인 경우와 부모 중 한쪽이 외국계 주민인 경우, 그리고 생물학적 부모는 모두 한국인이나 이혼이나 사별의 이유로 부모가 헤어지고 외국계 주민과 결혼하여 현재 한쪽 부모가 외국계인 경우를 모두 포함하고 있다(행정자치부, 2015).

법무부는 이주배경청소년을 '이민배경청소년'과 '중도입국 청소년'으로 구분한다. 이민배경청소년은 결혼이민자 자녀, 외국인 유학생 자녀, 외국인 투자자 자녀 등과 같이 한국어 이외의 언어가 모국어인 가족구성원이 있는 가정의 자녀를 의미하며, 중도입국 청소년은 귀화에 의해 국적을 취득한 결혼이민자의 전(前) 배우자와의 사이에서 출생한 자녀를 의미한다. 교육부에서는 이주배경청소년 중에서 학교에 재학 중인 경우에는 '다문화(가정) 학생', 학교에 다니고 있는 경우에는 '학교 밖 청소년'이나 '중도탈락 학생'이라고 구분한다. 이 경우에는 공교육에 재학 중인 청소년만 통계 산출에 포함되어 외국인학교나 비제도권 학교에 재학 중인 청소년은 누락되는 한계도 있다. 여성가족부에서는 「다문화가족지원법」 제2조 제1호에 따른 다문화가족의 청소년과 그 밖에 국내로 이주하여 사회적응 및 학업 수행에 어려움을 겪는 청소년을 '이주배경청소년'이라고 부르며, 부모 중 한 명이 결혼이민자이거나 귀화자인 청소년, 부모 국적과 관계없이 외국에서 출생하여 국내로 중도입국한 청소년을 포함한다. 하지만 부모가 모두 외국인인 국내 출생 청소년의 경우에는 배제되는 문제가 있다.

이와 같이 '이주배경청소년'은 통일된 기준이나 해석이 없이 각 부처 정책에 따라 조금씩 다르게 분류되고, 별도의 통계를 산출하게 되는 문제가 있다. 이들에 대한 법적·정책적·제도적 지원과 체계적인 관리를 위해서는 '이주배경청소년'에 대한 부처별 용어에 대한 합의가 선행되어야 하며, 통합된 통계시스템을 통해 구성원을 파악하는 제도가 마련될 필요가 있다.

「청소년복지지원법」 제18조(이주배경청소년에 대한 지원)에는 국가 및 지방자치단체가 「다문화가족지원법」 제2조 제1호에 따른 다문화가족의 청소년과 그 밖에 국내로 이주하여 사회적응 및 학업 수행에 어려움을 겪는 청소년의 사회적응 및 학습능력 향상을 위하여 상담 및 교육 등 필요한 시책을 마련하고 시행해야 한다고 밝히고 있다. 따라서 「청소년복지지원법」 제18조에 근거하여, 다양한 문화적 배경을 경험한 해당 청소년들을 모두 '이주배경청소년'으로 정의하는 것이 요구된다. 하지만 국내 출생한 결혼이민자의 자녀, 해외 출생하여 청소년기에 한국에 입국한 청소년, 외국인가정의 자녀를 구분하여야 할 경우에는 기존 용어인 '다문화가정 청소년', '중도입국 청소년', '외국인가정 청소년'이라고 정의하고, 한국에서 출생·성장한 부모의 자녀는 '일반가정 청소년'으로 지칭해 '이주배경청소년'과 구분할 수도 있다.

표 8-2 이주배경청소년의 구분

<table>
<tr><th colspan="3">이주배경청소년
본인이나 부모가 이주배경을 경험한 청소년</th></tr>
<tr><td>행정자치부</td><td colspan="2">외국인주민자녀
(부모가 모두 외국계 주민인 경우, 부모 중 한쪽이 외국계 주민인 경우, 생물학적 부모는 모두 한국인이나 외국계 주민과 재혼하여 현재 한쪽 부모가 외국계인 경우 포함)</td></tr>
<tr><td>법무부</td><td>이민배경청소년
(결혼이민자 자녀, 외국인 투자자 자녀, 외국인 유학생 자녀 포함)</td><td>중도입국 청소년
(귀화에 의해 국적을 취득한 국민의 전(前) 배우자와의 사이에서 출생한 자녀)</td></tr>
<tr><td>여성가족부</td><td>다문화가정 청소년
(결혼이민자 자녀)</td><td>이주배경청소년
(결혼이민자 자녀 외 국내로 이주하여 사회적응 및 학업 수행에 어려움을 겪는 청소년)</td></tr>
<tr><td>교육부</td><td>다문화(가정)학생
(국내 출생 다문화가족 자녀, 중도입국 자녀, 외국인가정 자녀 포함)</td><td>중도탈락 학생
학교 밖 청소년</td></tr>
</table>

출처: 박미정, 2015.

2) 다문화 아동의 특성[14)]

아동들은 건강한 가정의 돌봄 안에서 자기를 이해·수용하는 과정을 통해 타인을 이해하는 성숙된 사회적 관계가 확대되며, 또래관계에서 수용받고 원만한

14) 이영희(2020)의 내용을 일부 발췌·인용함

관계를 형성·유지하는 경험을 통해 자신의 가치를 판단하게 된다(신윤진, 윤창영, 2010). 반면 대부분의 다문화가정 아동들은 부모의 낮은 경제적·사회적 수준과 언어, 문화, 사고방식, 교육 등의 차이로 매우 취약한 환경에 노출되어 있어 자신의 정체감과 사회의 부적응적 행동 등 여러 가지 내적·심리적 어려움을 가지고 성장하게 된다(김채윤, 2014).

다문화가정 아동들은 정체성 문제, 학습 부진, 언어 문제, 따돌림 등과 심리적 어려움의 부적응 문제들이 보이며 다음과 같은 특성이 나타난다(이영희, 2020).

첫째, 다문화 아동은 가정 내 이중문화로 인해 정체성 혼란을 경험하게 된다(김혜온, 2012). 아동·청소년 시기에는 자아개념이 구체화되면서 자아정체감을 형성하는 매우 중요한 시기이다. 서로 다른 두 문화가 공존하는 가정과 학교 환경에서 다문화 아동들은 두 개 이상의 문화를 동시에 경험하게 되면서 정체감의 혼란을 느끼게 되는 것이다(주재학, 2010).

둘째, 다문화 아동은 한국어 능력의 부족으로 학습부진의 어려움을 겪고 있다. 언어는 의사소통의 수단과 함께 학습능력의 기초가 된다는 점에서 한국어 능력의 부족은 학업 수행에 부정적 영향을 미치게 된다. 학교 현장에서 다수의 교사들이 다문화 아동들의 의사소통 역량의 강화를 위한 요구가 높게 나타나고 있다(오은순, 2010). 다문화 아동의 언어발달의 문제는 학습부진으로 이어지는데 보편적으로 독해, 쓰기, 서술 능력 등의 학업 영역에서 낮은 성취를 보인다(박정윤, 2009). 학습부진으로 학교수업의 참여에 지나치게 소극적이거나 정서행동 및 과잉 행동 등의 부적응의 문제로 나타났다(천오성, 박계숙, 2012).

셋째, 다문화 아동은 외모와 문화의 차이 등 차별, 사회적 편견, 관계 기술의 부재로 대인관계의 어려움을 겪고 있다(박선희, 2010). 다문화 아동은 자신의 외모 차이, 학습 부진 등의 이유로 왕따나 따돌림을 경험할 수 있고, 또래관계에서 부족한 수용적 경험으로 또래와의 관계에서 자신을 차단하기도 한다. 이는 자신감의 결여와 폐쇄적 대인관계의 양상으로 이어질 수도 있다(신윤진, 윤찬영, 2010). 자신의 의사와는 상관없고 본인의 노력으로는 해결할 수 없는 이유로 왕따나 따돌림을 경험하게 되는데 심할 경우 자해, 자살 충동, 적개심, 분노 등의 부정적 정서를 충격적으로 경험하게 된다. 또한 공격적·폭력적이거나 소극적 성향으로 정서적 장애와 심리적 부적응이 나타난다(이영희, 2020).

넷째, 다문화 아동들의 경제적 상황은 열악한 경우가 대부분이다. 경제적 수준이 낮아 교육적 지지 기반이 마련되지 않고 미흡하여 삶의 질에 많은 영향을 미치고 있다. 다문화가정의 빈곤은 자녀 교육에 대한 지원 및 학습수행과 학습부진에 영향을 미치게 되고, 자녀를 돌볼 여건이 안 되기 때문에 방임과 무관심으로 이어지기가 쉽다(최선애, 2017). 경제적 어려움은 다문화가정 아동의 자아개념과 자아존중감에 영향을 미치며, 다문화 아동이 지각한 부모 양육태도와 지지, 아버지의 학력 및 가정의 월 소득과 어머니의 출생 국가 등이 낮은 자아개념과 자아자존감의 요인이다. 이러한 어려움은 다문화 아동들의 지적 발달과 학업성취의 부정적 영향으로 작용할 수 있다.

다섯째, 다문화 아동은 한국사회에서 표현되는 정서표현 양식과 주 양육자의 정서표현 양식이 다를 수 있는 환경적인 변인이 존재하고 있다. 따라서 다문화 아동은 일관된 정서표현 양식을 습득하는 데 어려움이 있음을 보여준다. 특히 결혼이민자인 어머니가 겪은 이중문화 충돌로 인해 양육적인 상황에서도 혼란을 경험하게 되어 정서조절에 어려운 상황에 놓여 있게 되며(홍영숙, 2007), 다문화 아동들에게도 부정적 정서표현의 결과를 초래할 수 있다. 두 개의 다른 문화적 배경을 가진 환경과 한국어가 미숙한 어머니에 의한 충분하지 못한 상호작용으로 불안정한 양육환경 등이 다문화 아동의 정서지능을 비활성화하게 하는 요인으로 작용하여 사회관계 속에서 어려움을 경험하게 된다.

여섯째, 다문화 아동들의 환경에서 오는 다양한 부정적 영향으로 인해 자신에 대한 뚜렷한 목표의식과 성공 경험이 없기에 자신을 중요하게 생각하지 못하는 경향이 있고, 자신은 강점이 없는 사람이라는 생각으로 미래에 대한 기대도 낮으며, 열심히 노력해도 결과는 좋지 않을 것이라고 생각하는 경우가 많다(Brown, Andrews, Harris, Adler, Bridge, 1986).

다문화 아동을 위해서는 다양한 위험의 부정적 영향을 완충하기 위해 중요한 보호요인들이 요구되고 있다. 다문화가정 아동들이 다른 두 문화 간의 갈등을 지각하고 수용하여 부정적인 감정을 표현하고 해소하기 위한 방안과 부정적인 감정 표출의 감정 정화라는 요인의 필요성이 있지만 다문화가정 아동들이 언어적 표현과 자기주장 기술의 부족으로 위축되고 우울의 경험을 하고 있는 점을 고려해 볼 때 차별 경험과 놀림에 대한 직접적인 언어적 표현과 자기주장 기술을 포함하는 개입이 무엇보다 중요하다.

3) 다문화가족 자녀의 현황[15)]

(1) 외국인 주민 자녀

외국인주민 자녀는 외국인주민현황조사(행정안전부)에 의하면 2019년 말 기준 264,626명으로, 2018년 222,455명에 비해 27,120명(11.4%) 증가하였다. 성별로 보면 남자 135,110명, 여자 129,516명으로 성비는 104.3이며, 2018년에 비해 남자는 13,832명(11.4%), 여자는 13,288명(11.4%) 증가하였다. 유형별로 보면, 귀화하였거나 아직 외국국적을 보유하고 있는 귀화 및 외국국적 자녀가 12,660명(4.8%), 출생과 동시에 한국국적을 취득한 국내출생 자녀가 251,966명(95.2%)이다.

표 8-3 다문화가족 자녀 현황

(단위: 명, %)

구분	합계			귀화 및 외국국적			국내출생		
	소계	남	여	소계	남	여	소계	남	여
2019년	264,626	135,110	129,516	12,660	6,026	6,634	251,966	129,084	122,882
2018년	237,506	121,278	116,228	11,361	5,441	5,920	226,145	115,837	110,308
증감	27,120	13,832	13,288	1,299	585	714	25,821	13,247	12,574
비율	11.4	11.4	11.4	11.4	10.8	12.1	11.4	11.4	11.4

출처: 외국인주민현황조사, 행정안전부, 2020.

15) 행정안전부(2020), 교육부(2020)의 내용을 일부 발췌·인용함

표 8-4 다문화가족 자녀 연령별 현황[16)]

(단위: 명, %)

연령별		합계		귀화 및 외국 국적		국내출생	
			구성비		구성비		구성비
계		264,626		12,660		251,966	
소계		117,045	44.2	3,125	24.7	113,920	45.2
미취학아동	0세	16,762	6.3	56	0.4	16,706	6.6
	1세	15,886	6.0	172	1.4	15,714	6.2
	2세	16,259	6.1	327	2.6	15,932	6.3
	3세	16,984	6.4	562	4.4	16,422	6.5
	4세	17,098	6.5	618	4.9	16,480	6.5
	5세	17,001	6.4	693	5.5	16,308	6.5
	6세	17,055	6.4	697	5.5	16,358	6.5
소계		104,064	39.3	4,920	38.9	99,144	39.3
초등학생	7세	18,205	6.9	762	6.0	17,443	6.9
	8세	18,662	7.1	731	5.8	17,931	7.1
	9세	18,353	6.9	735	5.8	17,618	7.0
	10세	17,393	6.6	886	7.0	16,507	6.6
	11세	16,634	6.3	945	7.5	15,689	6.2
	12세	14,817	5.6	861	6.8	13,956	5.5
소계		43,517	16.4	4,615	36.5	38,902	15.4
중고생	13세	10,721	4.1	775	6.1	9,946	3.9
	14세	8,646	3.3	845	6.7	7,801	3.1
	15세	7,157	2.7	836	6.6	6,321	2.5
	16세	5,940	2.2	762	6.0	5,178	2.1
	17세	5,652	2.1	706	5.6	4,946	2.0
	18세	5,401	2.0	691	5.5	4,710	1.9

16) '09년 자녀수의 큰 폭의 증가는 '09년도부터 결혼이민자의 배우자 정보를 활용하여 조사한 것이 원인

출처: 외국인주민현황조사, 행정안전부, 2020.

부 또는 모의 국적별 자녀 현황은 베트남 88,476명(33.4%), 중국 49,826명(18.8%), 한국계 중국인 41,149명(15.5%) 순이다.

표 8-5 부 또는 모의 국적별 외국인주민 자녀 현황

(단위: 명, %)

합계	베트남	중국	중국(한국계)	필리핀	캄보디아	일본	미국	몽골
237,626	88,476	49,826	41,149	24,502	10,850	8,417	7,858	3,944
구성비	33.4	18.8	15.5	9.3	4.1	3.2	3.0	1.5

출처: 외국인주민현황조사, 행정안전부, 2020.

(2) 다문화학생 현황

다문화학생의 증가와 전체 학생 수 감소로 인한 전체 학생 대비 다문화학생 비율은 지속적으로 상승[17]하고 있다. 최근 5년간 매년 1만 명 이상 증가하여 2019년에는 13만 명을 초과해 2019년 다문화 학생 중 75.7%가 초등학생이며, 중학생 15.8%, 고등학생 8.2% 등으로 조사되었다.

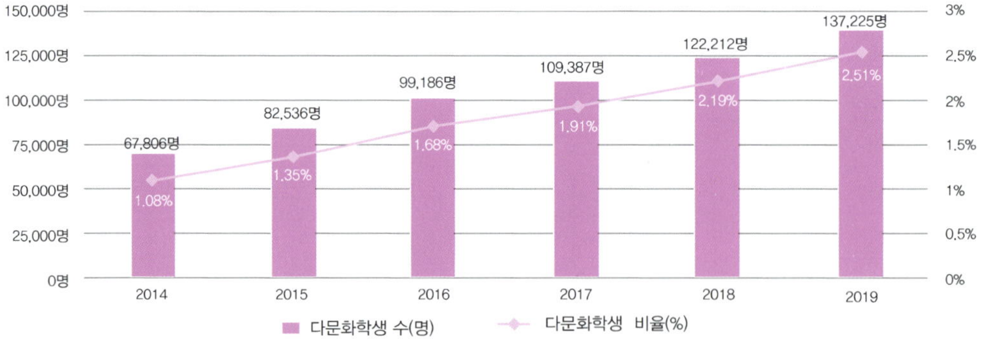

그림 8-2 다문화 학생 현황

출처: 2020 다문화교육, 지원계획, 교육부, 2020.

17) 전체 학생 수: ('17) 577만 명 → ('18) 563만 명 → ('19) 546만 명.

유형별로는 국내출생·중도입국·외국인학생이 모두 증가하고 있으며, 최근 중도입국·외국인학생의 증가세가 뚜렷하다('19년 전년대비 약 22% 증가).

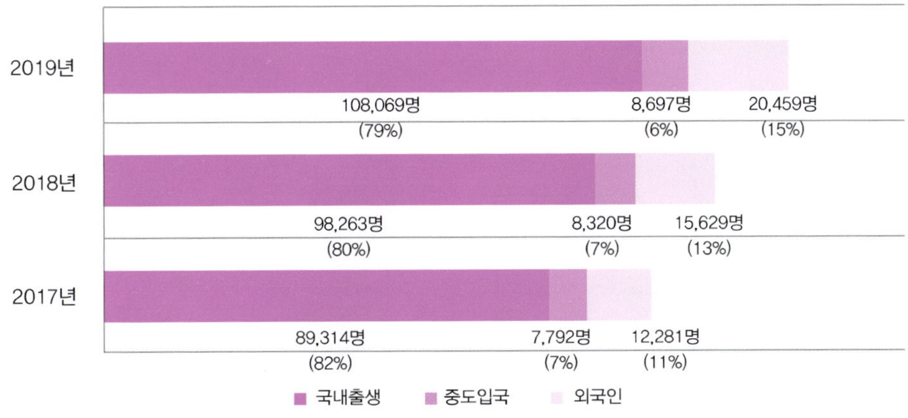

그림 8-3 다문화학생 유형별 현황

출처: 2020 다문화교육, 지원계획, 교육부, 2020.

Chapter

09

외국인근로자 유입과 수용

1. 외국인근로자에 대한 이해[1)]

1) 외국인근로자의 개념

국제노동기구(International Labour Organization, ILO)협정 제143호의 1장 11조에는 외국인근로자를 '다른 사람에 의해 고용될 목적으로 한 나라에서 다른 나라로 이주하거나 이주하였던 사람'으로 규정하며, 국제적으로는 '외국인근로자(migrant workers)'라는 명칭으로 통용되고 있다. 외국인근로자는 1990년대에는 외국인근로자, 이민노동자, 초빙노동자, 계약노동자, 이방인 노동자 등 다양한 명칭으로 불려왔으나(설동훈, 1996), 한국의 현행 법률에서는 '외국인근로자'라는 용어를 사용하고 있다. 「외국인근로자의 고용 등에 관한 법률」 제2조에서는 '대한민국의 국적을 가지지 아니한 사람으로서 국내에 소재하고 있는 사업 또는 사업장에서 임금을 목적으로 근로를 제공하고 있거나 제공하려는 사람'을 외국인근로자(foreign worker)로 정의하고 있다. 「출입국관리법」 제18조 제1항에 따르면 '외국인이 대한민국에 취업하려면 대통령령으로 정하는 바에 따라 취업활동을 할 수 있는 체류자격을 받아야 한다'라고 명시되어 있다. 따라서 외국인근로자의 조건은 첫째, 대한민국 국적을 취득하지 않고, 둘째, 경제활동(임금)을 목적으로 근로를 제공해야 하며, 셋째, 취업 활동을 위한 체류자격을 발급받아야 한다(하예랑, 2017). 다만 「출입국관리법」 제18조 제1항에 따라 취업활동을 할 수 있는 체류자격을 받은 외국인 중 취업분야 또는 체류기간 등을 고려하여 대통령령으로 정하는 단기취업, 특정 활동, 교수, 승무하는 선원을 제외한 것이라고 하였다.

1) 박지윤(2020)의 내용을 일부 발췌·인용함

2) 외국인근로자의 유입 배경

한국은 1970년대까지는 국내 인력을 해외로 보내는 인력송출 국가에 속했다. 그러나 1980년대 후반 산업구조의 고도화, 고학력화, 노동운동의 심화, 생산직 분야 임금상승 등 노동시장 여건 변화로 중소기업을 중심으로 인력부족 현상이 심화됨에 외국 인력을 도입하는 국가로 변모하였다(정철균 외, 2007). 또한 외국인근로자의 국내 취업기간이 연장되고, 기존의 단순 업무에서 벗어나 숙련기능 업무까지 확대되면서 국내 인력의 대체현상이 가속화되었다.

외국인근로자의 국내 유입은 일시적 현상이 아니라 산업구조 발전 및 노동시장 여건 변화, 한국의 인구 구조 변화(고령화와 저출산)를 고려할 때 장기적이고 구조적인 현상이라고 볼 수 있다(이정미, 2017). 외국인근로자의 국내 인력 대체현상이 가속화되면서 국내 노동시장에서 중소기업 업종의 경쟁력 강화 및 기업 성과 달성에 기여하는 역할은 매우 중요해지고 있다. 현실적으로 한국 경제에서 외국인근로자들의 중요성을 고려할 때 이들이 국내에서 우리와 함께 더불어 살아갈 수 있도록 하는 노력이 필요하다(윤혜선, 2005).

우리나라의 외국인근로자 유입의 배경은 국내 제조업 생산직, 특히 3D 업종의 인력난에서 비롯되었다. 1988년 서울 올림픽 이후 한국의 급속한 성장, 소득수준의 향상으로 인해 3D 업종에 취업하려는 사람들이 급격히 감소하면서 인력부족 현상을 겪게 되었다.

개발도상국가 인력의 국내 유입 배경은 다음과 같다(박지윤, 2020).

첫째, 모국에서의 일자리 부족이다. 대부분의 아시아 국가들은 아직도 빈곤과 일자리 부족에 시달리면서 고소득 임금과 풍부한 일자리가 있는 한국이나 일본을 선호하여 이주를 결심하게 된다. 동남아 국가들도 외화 획득 수단으로 해외진출 근로자 진출을 적극 지원하며, 외교적 관계를 통한 국가적 인력 송출 전략을 추진 중이다. 둘째, 한국 원화가치의 상승이다. 한국에서 외국인근로자가 받은 임금은 본국 송금 시 화폐 가치가 크게 높아지므로 한국으로의 취업을 적극 추진하게 되었다. 셋째, 생활이 윤택해짐에 따라 내국인 근로자들이 3D

업종의 상대적으로 열악한 작업환경, 저임금·장시간 노동 등을 기피하게 되었고, 3D 업종 기업들은 일손 부족 상태가 심각해지게 되었다. 넷째, 1980년대 정부의 출입국 관리 정책이 개방전략으로 전환되어 추진되면서 외국인의 국내 입국 규제가 완화되어 노동인력 확보를 위한 대안이 마련되었다.

3) 외국인근로자 현황

한국 정부가 정기적으로 발표하는 출입국·외국인정책 통계에 따르면 2020년 6월 기준 '취업자격 체류외국인'은 574,379명으로 전체 체류외국인의 24.7%에 해당한다(출입국·외국인정책본부, 2020). 이들은 한국 정부로부터 '단기취업', '교수', '회화지도', '연구', '기술지도', '전문직업', '예술흥행', '특정활동' 등 '전문인력'에 해당하는 취업자격이나 '비전문취업', '선원취업', '방문취업' 등과 같은 '단순기능인력'에 해당하는 취업자격을 받은 사람들이다.

표 9-1 취업자격 체류외국인 업무 유형별 현황 (단위: 명)

구분	총계	전문인력	단순기능인력
취업자격 체류외국인	526,827	44,883	481,944

출처: 출입국·외국인정책본부, 2020년 6월.

표 9-2 전문인력 현황 (단위: 명)

계	단기취업 (C-4)	교수 (E-1)	회화지도 (E-2)	연구 (E-3)	기술지도 (E-4)	전문직업 (E-5)	예술흥행 (E-6)	특정활동 (E-7)
44,883	1,750	2,139	13,381	3,016	212	567	3,426	20,392

출처: 출입국·외국인정책본부, 2020년 6월.

표 9-3 단순기능인력 (단위: 명)

계	비전문취업(E-9)	선원취업(E-10)	방문취업(H-2)
481,944	258,078	17,120	206,746

출처: 출입국·외국인정책본부, 2020년 6월.

표 9-4 국적별 현황

(단위: 명)

계	중국	베트남	캄보디아	네팔	인도네시아	우즈베키스탄	필리핀
526,827	191,956	45,703	34,878	34,411	32,268	32,450	26,122
	미얀마	태국	스리랑카	방글라데시	미국	카자흐스탄	몽골
	24,473	24,874	20,709	9,953	9,496	7,427	5,962
	파키스탄	키르기즈	인도	동티모르	영국	우크라이나	기타
	3,428	2,514	2,235	2,194	2,171	1,941	11,662

출처: 출입국·외국인정책본부, 2020년 6월.

표 9-5 방문취업자(H-2) 현황

(단위: 명)

구분	계	연고방취 (H-2-1)	유학방취 (H-2-2)	자진방취 (H-2-3)	연수방취 (H-2-4)	추첨방취 (H-2-5)	변경방취 (H-2-6)	만기방취 (H-2-7)	기타방취 (H-2-99)
총계	206,743	530	1	236	14	18,090	31,241	155,964	667
중국	176,489	519	1	236	12	907	31,229	143,045	540
우즈베키스탄	19,614	7	0	0	1	9,156	5	10,361	84
카자흐스탄	7,320	0	0	0	1	5,795	4	1,490	30
키르기즈	1,435	0	0	0	0	1,092	0	338	5
기타	1,885	4	0	0	0	1,140	3	730	8

출처: 출입국·외국인정책본부, 2020년 6월.

표 9-6 특정활동(E-7-1)유형별 및 국적별 현황

(단위: 명)

유형별 \ 국적별	계	중국	베트남	미국	인도	네팔	기타
전체	17,098	7,451	2,009	1,211	748	593	5,086
전문인력(67)	6,499	782	716	1,204	453	34	3,310
준전문인력(9)	8,106	6,560	220	7	266	332	721
숙련기능인력(9)	2,493	109	1,073	0	29	227	1,055

출처: 출입국·외국인정책본부, 2020년 6월.

4) 한국의 외국인근로자 제도[2)]

(1) 산업기술연수제도

1988년 서울올림픽을 계기로 한국의 경제발전이 가속화되면서 제조업, 특히 3D 업종에서의 인력부족이 심각해졌고, 정부는 심각해지는 노동력 부족 문제에 대응하기 위해 일본의 기술연수생제도를 참조해 1991년 해외투자 기업을 대상으로 산업기술연수제도를 도입하였다. 1993년부터 중소기업 인력부족 대책으로 종업원 10명에서 300명 미만 중소기업 대상으로 1년 고용 원칙에 1년 연장의 기간으로 외국인 연수생을 고용할 수 있는 제도를 확대했다. 그러나 산업기술연수제도가 실시된 후 저임금 문제로 갈등이 있었고, 현장 안전대책 문제로 산재가 많이 발생했다. 정부는 열악한 노동조건이 강요되는 상황에서 연수생이 연수 장소로부터 도주하는 일이 지속적으로 발생하게 되어 문제해결을 위해 1995년 「외국인산업연수생의 보호와 관리에 관한 가이드라인」을 제정해 연수생도 산업재해보험 및 국민건강보험가입의 혜택을 받도록 개선하였다. 1998년에는 연수생이 2년간의 연수를 받은 후 연수 기업의 추천을 받아 소정의 시험에 합격하면 1년간 취업 자격을 부여하는 연수취업제도가 신설되었다. 이후 2002년 당초 연수기간이 1년으로 단축되고, 반대로 연수 후의 취업기간이 2년까지 연장됐다(田巻松雄, 2011).

(2) 고용허가제

1990년 중반부터 산업기술연수제도를 폐지하고 정식적으로 저숙련 분야 외국인근로자 도입을 위한 고용허가제 실시를 고려하였다. 하지만 산업계의 반대, 특히 산업연수생제도의 가장 큰 혜택을 받고 있던 중소기업중앙회의 반대가 심했다.

중소기업중앙회에 가맹한 기업들은 저비용에 연수생을 고용을 할 수 있었던 점, 중소기업중앙회는 노동자를 보내는 국가와 계약 과정에서 교육, 출국수수

2) 위키백과(ko.wikipedia.org/wiki/한국의 외국인 노동자 제도)의 내용을 일부 발췌·인용함

료, 귀국 보증금 등 입국 필요 비용을 부당하게 청구하거나, 연수생이 도주 시 맡고 있던 보증금이 중소기업중앙회의 이익이 되는 구조였기 때문에 반대하였다.

하지만 중장기적 인구감소, 잠재적 성장률 저하, 중소기업의 심각한 노동력 부족, 심각한 연수제도의 문제점 해결을 위해 고용허가제 도입의 필요성이 제기되었다. 그 결과 2003년 「외국인근로자 고용 등에 관한 법률」이 제정되어 2004년부터 고용허가제가 실시되었다. 기존의 산업기술연수제도는 2006년까지는 고용허가제와 병행 실시되다가 2007년부터 고용허가제에 통합되었다. 2007년 고용허가제는 원칙적으로 근로계약기간을 1년으로 하고 최장 3년 범위 내에서 갱신할 수 있었다. 이는 외국인근로자 정주화 방지, 외국인근로자의 경제적 목적을 달성을 위한 충분한 기간이라는 관점에서 결정되었다. 특히 산업기술연수제도에서는 연수생 도입과정에서 민간기관의 개입으로 부당한 중개료 청구 등의 문제가 발생한 바 고용허가제에서는 한국과 인력 송출국 간에 양해각서 체결을 통해 민간기관 개입의 폐해를 배제하였다.

고용허가제는 2004년 시행 당시에는 송출국이 6개국이었지만 현재 16개국으로 확대되었고, 고용허용 업종도 제조업, 건설업, 농·축산업, 서비스업, 어업 등 5개 업종으로 확대되었다. 또한 체류기간도 시행 초기에는 최장 3년의 체류기간으로 단기순환교체가 엄격히 준수됐으나 기업의 외국인력 숙련화 등으로 연장되었다. 2012년 「성실 외국인 재입국 특례제도」가 신설되어 기존의 3년과 추가 1년 10개월의 체류기간이 만료되는 외국인근로자 중 요건이 충족되는 자에 한해 재입국 고용허가를 신청한 경우 3개월 후에 재입국해 취업할 수 있는 제도를 도입했다. 이 경우 추가 1회에 한해 4년 10개월을 체류할 수 있으며, 결과적으로 9년 8개월까지 체류가 가능하다(정봉수, 2016).

5) 현행 고용허가제 실시 현황[3)]

고용노동부에서는 매년 3월 31일까지 외국인근로자도입계획을 관보, 일간신문 또는 인터넷을 통해 공표하고 있다(「외국인근로자의 고용 등에 관한 법률」 제5조 제1항 및 「외국인근로자의 고용 등에 관한 법률 시행령」 제3조). 주요 내용은 첫째, 외국인근로자를 고용할 수 있는 사업 또는 사업장에 관한 사항, 둘째, 사업 또는 사업장에서 고용할 수 있는 외국인근로자의 규모에 관한 사항, 셋째, 외국인근로자를 송출할 수 있는 국가별 외국인력 도입 업종 및 규모에 관한 사항, 넷째, 외국인근로자의 권익보호에 관한 사항, 다섯째, 그 밖에 외국인근로자의 고용 등에 관해 외국인력정책위원회의 위원장이 필요하다고 인정하는 사항이다.

외국인고용허가제는 순수 외국인을 고용허가하는 일반고용허가제[4)]와 외국국적 동포를 고용허가하는 특례고용허가제[5)]로 구분된다. 일반고용허가제에 의한 고용허가 국가는 2020년 기준 필리핀, 태국, 인도네시아, 스리랑카, 베트남, 몽골, 우즈베키스탄, 캄보디아, 파키스탄, 중국, 방글라데시, 키르키즈, 네팔, 미얀마, 동티모르, 라오스 16개국이다.

업종별 특성 및 수요를 반영하여 시기별 배정계획을 수립하고 전 업종별 점수제를 시행 중이다. 2020년 일반고용허가제 외국인력(E-9)의 규모는 한국의 경제·고용 전망, 주 52시간제 적용(50~299인)에 따른 외국인력 추가수요, 최근의 외국인력 신청 감소 추세 등을 감안해 56,000명으로 결정되었다. 고용허가제 근로자의 고용허용 업종은 제조업, 건설업, 농·축산업, 서비스업, 어업 등 5개 업종이다. 업종별로 인력 도입규모에 대해서 제조업은 신청수요가 감소 추세이

---

3) http://www.index.go.kr/potal/main/EachDtlPageDetail.do?idx_cd=1501 e-나라지표/고용허가제 고용동향
http://easylaw.go.kr/CSP/CnpClsMain.laf?popMenu=ov&csmSeq=3&ccfNo=2&cciNo=1&cnpClsNo=2 찾기쉬운 생활법령정보/외국인근로자 도입규모 및 업종
임춘호. "내년 외국인근로자(E-9) 도입규모 56,000명 확정". 중소기업뉴스, 2019년 12월 18일의 내용을 일부 발췌·인용함

4) 인력송출양해각서(MOU)를 체결한 국가의 외국인구직자명부 등록자 중 사용자와 근로계약을 체결하고 비전문취업(E-9) 체류자격으로 입국하여 합법적으로 취업한 외국인근로자

5) 외국국적 동포가 방문취업(H-2)으로 입국하여 취업교육을 이수 후 취업한 외국인근로자

지만 주 52시간제 적용에 따른 외국인력 추가수요를 감안해 적정 수준을 유지하고 있으며, 어업의 경우 등 신청수요에 따른 변동을 감안하여 결정하고 있다.

표 9-7 2020년 외국인근로자 도입규모

구분	인원	제조업	건설업	서비스업	농축산업	어업
일반 (E-9)	44,000[40,500 + α(3,500)]	30,130 + α	2,280 + α	90 + α	5,300 + α	2,700 + α
재입국 취업자	12,000	10,570	20	10	1100	300
총계	56,000[53,500 + α(3,500)]	40,700 + α	2,300 + α	100 + α	6,400 + α	3,000 + α

출처: 찾기 쉬운 생활법령 정보, https://easylaw.go.kr

향후 52시간제의 도입에 따른 인력 수급 문제 개선을 위해 사업장별 고용한도를 합리적으로 상향하는 것을 추진 중이다. 주 52시간제 적용에 따른 내국인 인력 충원이 어려운 제조업 중소기업(5~299인)의 경우 노동시간 단축계획 제출 시 사업장별 총 고용한도를 20% 상향 적용(기존 업종, 지역 기준과 중복해 최대 60% 상향)해 주고, 총 고용한도 범위 내에서 내국인 신규채용인원만큼 연간 신규고용한도 추가를 추진할 계획이다. 한시적으로 상시근로자 5~49인 사업장은 내국인 신규채용과 관계없이 연간 신규고용한도를 30% 상향 조정 방안, 인력부족이 심각하나 내국인 일자리 잠식 우려가 적은 '농산물산지유통센터(APC)' 및 '식육운송업'을 H-2 동포 허용업종으로 추가 방안, H-2 동포 허용업종을 '내국인 일자리 경합 분야'를 제외한 전체 서비스업종으로 확대하는 방안 등을 단계적으로 추진하고 있다. 성실재입국 대상 업종에 대해서는 E-9 외국인력이 허용된 5개 서비스업종으로 확대를 추진하고, 재입국 제한 기간을 현행 3개월에서 1개월로 단축해 숙련 외국인력의 효과적 활용 지원을 추진한다.

최근 시행된 외국인 계절근로자제도는 농번기에 고질적 일손부족 현상해소를 위하여 단기간 동안 외국인근로자를 합법적으로 고용할 수 있도록 지원하는 제도이다. 외국인 계절근로자 프로그램은 2015년 10월 시범사업을 시작으로 2017년부터 본격화했다. 계절성으로 단기간(90일 또는 5개월) 노동력이 필요한 농·어업 분야에서 시행되고 있다.

표 9-8 체류자격에 따른 외국인근로자 도입업종

구분	일반고용허가제	특례고용허가제
제조업	상시근로자 300명 미만 또는 자본금 80억 원 이하인 기업의 사업장 (※ 위 기준을 충족하지 않더라도 지방중소벤처기업청장이 발급한 중소기업 유예기간 확인서가 있을 경우 가능)	
건설업	모든 건설공사(다만, 발전소·제철소·석유화학 건설현장의 건설업체 중 건설면허가 산업환경설비인 경우에는 적용 제외)	
서비스업	건설폐기물처리업(3823)	하수·폐수 및 분뇨처리업(37) 폐기물 수집운반, 처리 및 원료재생업(38) 육지동물 및 애완동물 도매업(46205) 기타 산업용 농산물 도매업(46209) 생활용품 도매업(464) 기계장비 및 관련용품 도매업(465) 기타 생활용품 소매업(475) 기타 상품 전문 소매업(478) 무점포 소매업(479) 호텔업(55111) ※「관광진흥법」 제3조의 호텔업은 제외되나, 규제 「관광진흥법 시행령」 제2조 및 제22조에 의한 1성급~3성급 관광호텔업은 포함됨 여관업(55112) 한식 음식점업(5611) 외국식 음식점업(5612) 기타 간이 음식점업(5619) 사업시설 유지관리 서비스업(7410) 건물 및 산업설비 청소업(7421) 여행사 및 기타 여행보조업(752) 사회복지 서비스업(87) 자동차 종합 수리업(95211) 자동차 전문 수리업(95212) 모터사이클 수리업(9522) 욕탕업(96121) 산업용 세탁업(96911)

구분	일반고용허가제	특례고용허가제
		개인 간병 및 유사 서비스업(96993) 가구내 고용활동(97)
	재생용 재료수집 및 판매업(46791) 냉장·냉동 창고업(52102) (내륙에 위치한 업체) 서적, 잡지 및 기타 인쇄물 출판업(581) 음악 및 기타 오디오물 출판업(59201)	좌동
어업	연근해어업(03112) 양식어업(0321) 소금채취업(07220)	좌동
농축산업	작물재배업(011) 축산업(012) 작물재배 및 축산 관련 서비스업(014)	좌동

출처: 찾기 쉬운 생활법령 정보, https://easylaw.go.kr

2. 외국인근로자 관련 현황과 대안[6)]

1) 외국인 고용허가제의 현황과 문제점

「외국인 고용허가제」(이하 '고용허가제')는 2003년 국회에서 「외국인근로자의 고용 등에 관한 법률」이 제정되어 2004년부터 시행되어온 제도이다. 이 제도는 과거 '현대판 노예제도'라는 비판을 받아 헌법재판소에서 헌법불합치 판결을 받은 산업기술연수생제도의 문제점을 개선하기 위해 제정되었으며, 외국인근로자 사회보험 적용을 포함한 근로조건의 개선과 합법적인 취업기간 연장(최장 4년 10개월+4년 10개월) 등이 개선되었다. 그러나 제도 도입 이후 퇴행을 거듭하여, 현재에는 외국인근로자의 인권과 노동권을 침해하는 여러 규정들로 인해

6) 우삼열(2017)의 내용을 일부 발췌·인용함

국내외적으로 지탄의 대상이 되고 있다.

현행 고용허가제 하에서 지적되고 있는 대표적인 문제는 다음과 같다(우삼열, 2017).

(1) 사업장 변경 권리 박탈

외국인근로자의 사업장 변경은 사업체의 휴·폐업, 사용자의 정당한 근로계약 해지 등 불가피한 사유가 있는 경우에 다른 사업장으로의 변경이 제한적으로 허용하고 있다. 이는 노동자가 가진 직업 선택의 자유를 침해하고 있고, 이로 인해 강제노동을 가능케 한다는 점에서 심각한 인권침해 요소를 안고 있다. 원칙적으로 노동자가 다른 사업장으로 이동할 수 있는 범위를 정부가 정하고 있는 것 자체가 이미 노동자의 권리를 침해하는 것이다. 노동자의 사업장 이동은 전면적으로 가능해야 한다. 직장 이동 권리는 외국인근로자의 강제노동과 노동착취를 막기 위한 중요한 권리이며, 현행 고용허가제의 문제점을 가장 극명하게 드러내고 있는 사안이다.

2011년 9월 30일 헌법재판소는 직장변경 횟수를 3년 중 3회로 제한하는 당시 고용허가제에 대해 합헌 판결을 내렸다. 고용노동부는 헌법재판소의 합헌 판결을 구실삼아 퇴직금제도 등 각종 규정에 대해 개악을 저질러 왔다. 또한 외국인근로자에게 전면적인 직장 이동의 권리를 부여할 경우 노동시장의 교란과 산업현장의 혼란이 가중될 것이라는 입장을 보이고 있다. 하지만 2017년 10월 6일 <UN 경제적, 사회적, 문화적 권리규약 위원회>는 대한민국의 UN 협약 이행에 대한 심의를 통해 발표한 '최종 권고문'에서 외국인근로자에 대한 사업장 변경 제한 규정을 폐지할 것을 명시했다.

이 문제를 해결하기 위해서는 첫째, 외국인근로자에 대해 체류기간 전체를 통해 자유로운 직장 이동이 가능하도록 해야 한다. 둘째, 외국인근로자가 3년 근무 후 1년 10개월 기간을 연장하도록 하는 현행 규정을 폐지해야 한다. 3년 근무 후 1년 10개월 체류 연장을 하는 경우에도 현 고용주의 추천을 받도록 하는 규정은 고용주에 대한 종속을 강제하고 있으므로 폐지되어야 한다. 또한 4

년 10개월 체류기간 규정을 개정하여 현재의 최대 체류기간인 9년 8개월 전체로 확대해야 한다. 셋째, E-9비자 자격자에 대해서도 방문취업제와 같이 입국 후 구직활동을 할 수 있도록 해야 한다.

(2) 입국 전 근로계약 체결

노동자와 고용주가 근로계약을 체결하는 과정에서 노동자가 직접 작업장을 방문하여 근무 환경을 확인하는 것은 필수적인 절차이자 자발적 근로계약을 이루는 핵심 과정이다. 그런데 타국의 노동자를 국내에 취업하게 하는 고용허가제가 외국인근로자에게 이러한 절차와 권리를 배제한 채 근로계약을 맺도록 하는 것은 심각한 문제가 아닐 수 없다. 노동자의 권리를 사실상 박탈하는 것이기 때문이다. 노동자가 자신이 일할 회사가 어떠한 제품을 생산하는지조차 알지 못하고 어떤 공정에 참여하는지도 모르는 상태로 근로계약을 체결하는 것은 그 자체만으로 심각한 인권침해이다. 노동자가 근무 회사에 대한 정보를 충분히 확인한 후 계약을 체결하는 것은 자유로운 의사에 따른 계약의 기본적 요소이며, 재외동포 외국인근로자들이 국내 입국 후 근로계약을 체결한다는 점에서 이러한 권리를 타민족 외국인근로자에 대해서만 제외하는 것은 불합리하다고 볼 수 있다.

이러한 문제를 해결하기 위해서는 고용허가제 외국인근로자들에 대해 입국 후 근로계약을 최종적으로 체결할 수 있도록 권리를 부여해야 한다.

(3) 외국인근로자의 주거환경 및 식대

현행 「고용허가제」는 외국인근로자의 주거환경 및 식대에 대하여 명시적으로 규정하지 않고 있다. 다만 「동법」 제9조 제1항, 「동법 시행규칙」 제8조 및 별지 제6호 표준근로계약서에서는 숙박시설과 식사의 제공 여부와 비용에 대해 각각 외국인근로자의 부담에 대한 여부를 표기하도록 하고 있다. 따라서 고용주는 외국인근로자에 대하여 숙식을 제공하지 않아도 무방하며 숙식 제공 시에는 그 비용을 정함에 있어 당사자 간에 합의하도록 하고 있다.

이로 인해 상당수의 외국인근로자들이 상당한 금액을 숙식비로 임금에서 공제당하는 등 최저임금이 무력화되는 문제가 다수 발생하고 있다. 특히 숙소의 열악하고 위험한 불법적인 상황이 문제되고 있다. 이러한 실태가 언론을 통해 알려지자 고용노동부는 2017년 2월에 '외국인근로자 숙식정보 제공 및 비용징수 관련 업무지침'을 통해 사업주가 숙식을 제공할 경우 다음과 같이 상한선을 준수하도록 기준을 마련하였다.

첫째, 기숙사 설치 기준이 현행 「주택법」의 기준에 부합하도록 강화되어야 한다. 컨테이너, 비닐하우스 등 사람이 거주할 수 없는 설치물에 대해서는 기숙사 사용을 금지해야 한다. 둘째, 고용허가 취소·제한 및 사업장변경의 요건으로 2017년 2월 고용노동부가 발표한 업무지침의 기준이 적용되어야 한다. 셋째, 고용센터가 정기적인 지도·점검을 통해 외국인근로자 주거환경 및 식대지불 현황에 대해 위반 여부를 확인해야 한다. 넷째, 근로계약 시 기숙사 및 식대에 대해 급여공제 여부뿐만 아니라 기숙사의 「주택법」 준수 여부와 건물의 종류, 그리고 통상임금의 몇 %를 기숙사비와 식대로 공제하는지에 대해서도 정보를 제공해야 한다.

(4) 성실외국인근로자 재입국 취업

성실외국인근로자 재입국 취업제도란 고용허가제로 입국하여 취업활동 기간(4년 10개월 또는 6년)이 만료될 때까지 사업장변경 없이 동일한 사업장에서 계속 근무한 외국인근로자에 대하여 영세제조업 고용주가 재고용을 신청할 경우 귀국 3개월이 지난 후에 재입국하여 현 사업장에 다시 취업할 수 있게 하는 제도(고용노동부, 2012)이다. 4년 10개월 근무 후 3개월을 지나 다시 최대 4년 10개월 동안 한국에서 취업할 수 있도록 하는 것이다. 이 제도의 적용대상이 되는 외국인근로자는 고용허가제(E-9)로 입국하여 취업한 노동자로서 사업장변경 없이 한 사업장에서 계속 근무한 경우에만 해당되나, 휴·폐업 등 고용노동부 장관이 고시한 '외국인근로자의 책임이 아닌 사유'로 사업장을 변경한 경우에도 적용이 된다. 그러나 마지막 사업주와 근로계약 기간이 1년 이상이어야 한다.

이 제도의 문제점은 다음과 같다. 첫째, 사업주의 개인적 결정에 의해서 재입국 취업을 할 수 있다는 점에서 악용될 소지가 있다. 회사 측의 추천을 받아 '성실근로자' 인정을 받도록 되어 있어 사업주가 우월한 지위를 남용할 수 있어 재입국 취업을 할 때까지 외국인근로자의 고용 종속이 심화될 우려가 있다.

둘째, 휴·폐업 등 외국인근로자의 책임이 아닌 사유로 사업장 변경을 한 경우에는 취업활동기간 만료일까지 마지막 사업주와의 근로계약 기간이 1년 이상이라는 요건이 적용되는 것은 선의의 외국인근로자에게는 심각한 피해를 가져 올 수 있다. 예를 들어, 4년 5개월 동안 사업장변경 없이 성실히 일한 외국인근로자의 경우에도 해당 사업장이 폐업하게 되어 사업장변경을 한 뒤 나머지 기간인 5개월을 일을 하더라도 마지막 사업장에서 1년 이상 일해야 한다는 요건의불합리한 제도 때문에 제도 적용에 어려움이 발생할 수 있다.

셋째, '성실근로자'로 인정되는 노동자들과 해당하지 않는 이들 사이의 차별성이 모호하다는 단점이 있다. 단지 근무처를 변경한 적이 있다는 이유만으로 노동자가 성실하지 않다는 제도상의 규정이 문제가 될 수 있다. 결국 '성실 근로자' 규정은 안정적인 노동력을 확보하려는 고용주들의 편의만을 고려한 것이기 때문에 합리적인 기준을 통해 새롭게 개선되어야 한다.

이러한 문제를 해결하기 위해서는 첫째, 마지막 사업주와의 근로계약 기간이 1년 이상이라는 요건을 폐지해야 한다. 외국인근로자 본인의 책임이 아닌 사유로 사업장을 변경하였음에도 불구하고 마지막 사업장에서 1년 이상의 근로계약을 유지하도록 하는 것은 심각하게 부당하며 비합리적이다. 둘째, '성실근로자' 규정은 '어차피 직장 이동을 할 수 없는 상태에서 직장 이동을 하지 못한 노동자'를 지칭하는 것이므로 대단히 부적절한 표현이다. 권리를 침해당하고 있는 상태의 노동자를 정부가 '성실'하다고 지칭하는 것 자체가 매우 부적절하므로, 이 용어를 삭제하고 새롭게 규정해야 한다. 셋째, 재입국 기회를 부여하는 것이 외국인근로자를 통제하기 위한 장치임을 감안할 때, 현 제도의 기간인 10년간의 체류 자격을 부여하고 노동자 권리를 전면 인정해야 한다.

(5) 알선장 없는 구직 활동

「외국인 고용허가제법」 제25조 제2항은 사업장을 변경하는 외국인근로자를 고용할 경우에 대한 절차 및 방법이 규정되어 있다. 이에 따라서 각 지역의 고용센터는 내국인 고용 의무를 거친 사용자에게 외국인구직자 명부에 등록된 사람 중에서 적격자를 추천하게 되고, 사용자가 적격자를 선정하는 방식으로 고용허가를 통해 근로계약을 체결한다. 그런데 현행 제도는 재취업하려는 외국인근로자를 고용하는 사업주 측의 절차와 방법은 명시되어 있으나, 재취업하려는 노동자 측의 절차와 방법은 명시되지 않고 있다.

과거 고용노동부는 재취업하려는 외국인근로자에게도 구인회사 명단을 제공함으로써 본인이 근무조건 등을 비교한 후 사업장을 선택할 수 있도록 지원했다. 그러나 고용노동부는 2012년 6월 「외국인근로자 사업장변경 개선 및 브로커 개입 방지 대책」을 수립하여 같은 해 8월 1일부터 사용자에게만 구직자 명단을 제공하고 사업장을 변경하려는 이들에게는 구인 사업장 명단을 제공하지 않고 있다. 대신 <알선제도 변경에 따른 외국인 구직자 유의사항>을 작성하여 배포하고 있다. 이 경우 사업장 변경을 희망하는 외국인근로자들은 사업주가 자신에게 연락하여 근로계약을 요청하는 것을 기다리는 행위 외에는 개인적인 구직 노력을 할 수 없게 되어 있다. 또한 구인 사업주와의 면접 시 해당 사업장의 근로조건 등이 만족스럽지 않더라도 계속 거절하게 되면 일정 기간 알선이 중단될 수 있고, 3개월 중 근무처를 결정하지 못하면 체류자격이 박탈될 수 있다는 점이 문제로 나타난다.

문제는 '브로커 개입 방지'라는 명목으로 알선장 지급이 중단되었으나 당시 이러한 브로커가 발견되거나 적발된 사례조차 없는 상황에서 고용노동부의 일방적인 판단과 주장만으로 이루어졌다는 것이다. 또한 노동자에 대해 3개월 동안 일방적인 면접을 보고 직상을 결정하도록 하여 3년 이상 다른 직장으로의 이동이 불가능해지는 중대한 계약을 맺도록 하는 것은 노동자의 권리를 심각하게 침해하는 것이다.

이는 「근로기준법」 제4조 '근로조건은 근로자와 사용자가 동등한 지위에서 자유의사에 따라 결정하여야 한다.'에도 반한다. 구인 사업장 정보를 제공받지 못한 채 사업주의 연락만을 기다리는 상황과 사업주의 면접 요청과 채용 의사를 거절하기도 어려운 현실에서 외국인근로자가 동등한 지위에서 자유의사에 따라 근로조건을 결정하기란 불가능하기 때문이다.

이러한 문제를 해결하기 위해서는 외국인근로자에게도 자유로운 근로계약의 체결을 보장해야 하며, 이를 위해 직장 변경 중인 외국인근로자 모두에게 알선장을 지급하여 외국인 고용 허가를 받은 구인회사들에 대한 정보를 주어야 한다.

(6) 사업장 변경 기간 제한

회사의 휴·폐업, 부도 등으로 인해 직장 변경을 하게 되는 외국인근로자는 3개월의 기간 초과 시 새로운 사업장에서 근무를 할 수 없게 된다. 각 지역 고용센터는 3개월 동안 외국인근로자에게 구인 사업장을 통보하며, 사업장과의 면접을 통해 구직이 진행된다. 이 기간을 단 하루라도 초과 시 외국인근로자는 '불법체류자'로 전락되어 예외 없이 출국해야 한다.

초기에 산업기술연수생제도는 외국인근로자의 노동자 권리를 인정하지 않았으나 1996년부터 최저임금과 산업재해에 대한 노동자 권리를 보장하였고, 산업기술연수생의 근무처 변경 기간에 대해 전혀 제한을 하지 않았다. 연수생들의 근무처 변경은 주로 사후관리업체에서 맡아서 외국인근로자와의 갈등이 발생한 업체의 경우 고용주와 협의하여 외국인근로자의 근무처 변경을 추진하는 역할을 하였다. 사업장 변경 기간도 정해지지 않아서 연수생의 직장 이동 기간은 길어질 수도 있었지만 기간 초과 사유로 제재를 받는 경우는 없었다.

그러나 현행 고용허가제하에서 외국인근로자들은 회사의 휴·폐업, 부도 등으로 인한 사업장 변경 과정에서 정신적 부담감을 느끼게 되며, 자신이 원하지 않는 근무처와 근로계약을 맺어야 하는 경우도 발생해 갈등의 요인이 되고 있다. 또한 사업장 변경 신청기간(1개월)을 초과하는 것도 구직기간(3개월) 초과가 증가되는 원인이기도 했다. 따라서 외국인근로자는 경직된 제도로 인한 피해를 입고 있는 것으로 보인다.

현재 사업주 귀책 사유에 해당되는 경우 근무처 변경 횟수에 포함하지 않고 근무처 변경을 하도록 되어 있지만 근무처 변경 기간은 동일하게 3개월로 제한되고 있어 본인의 귀책사유가 아닌 이들마저 지나치게 규제를 받고 있다.

3개월 간의 근무처 변경 기간 동안 구직활동에 실패하면 귀국을 하지 않고 미등록자(소위 '불법체류자')가 되는 경우도 많다. 이러한 경우 단속과 추방이라는 법집행의 대상이 되는데, 이는 불필요한 제한으로 인해 미등록자가 발생하여 생긴 결과이므로 결국 행정력의 낭비만 발생시키는 것이다.

이러한 문제점을 개선하기 위해서는 3개월 구직기간 제한 규정이 폐지되어야 하며, 자유로운 직장 변경의 권리를 보장하는 것이 요구된다.

직장 변경을 하는 외국인근로자들 중 회사 측의 경영상 어려움 등으로 인해 고용변동되는 경우조차 노동자가 자발적으로 퇴사하는 것으로 <고용변동신고서>에 기재되는 경우가 많다. 이러한 경우에도 고용센터가 제대로 확인하지 않아 외국인근로자가 근무처 변경 횟수를 초과하여 불이익을 당하고 있다. 이를 해결하기 위해 고용변동 신고서 제출 시 반드시 외국인근로자가 신고서 내용을 확인하도록 해야 한다.

(7) 산재보험 미적용 사업장 취업

고용허가제 외국인근로자는 법률에 의해 노동자의 자격이 부여되므로 「산업재해보상보험법」의 보호를 자동적으로 받게 된다. 다만 농업, 임업, 어업, 수렵업 중 법인이 아닌 자의 사업으로서 상시근로자 수가 5명 미만인 사업에 대해서는 「산업재해보상보험법 시행령」 제2조에 따라 보호를 받지 못한다.

외국인근로자들이 현실적으로 5명 미만 사업에 종사하는 비중이 높음에도 절대다수를 점하고 있는 5인 미만 사업장에서 산업재해가 발생할 경우 외국인근로자는 산재보험 적용을 받지 못할 수 있다. 작업 중 부상에 대해 산재 적용을 받지 못한 경우 고용주에 대한 민사 책임 소송을 제기할 수는 있으나, 민사 소송을 혼자 힘으로 감당하기 힘든 것이 현실이며, 민사 소송 절차의 진행 비용 마련도 쉽지 않다.

외국인근로자가 국내에서 일하던 중 산업재해에 대한 대응이 미흡할 경우 인권보호 차원에서 국제적 위상이 하락할 수 있다. 대한민국 정부가 국가간 양해각서를 체결해 운용하고 있는 제도에서 산업재해에 대한 업종별 차등 적용 문제도 해소해야 한다. 이러한 문제해결을 위해 고용허가제의 모든 외국인근로자에 대해 「산업재해보상보험법」이 전면 적용되어야 한다.

농업 등 업종의 5인 미만 사업장들은 규모가 영세하여 산업재해가 발생할 경우 치료비와 휴업급여 등을 포함한 전체 피해액에 대한 고용주의 민사 보상으로 인해 경영상의 어려움에 직면할 수 있다. 때문에 소규모 농축산업 사업장에 대해 반드시 산업재해보상보험에 가입하도록 함으로써 산업재해 이후 발생하는 민사적 책임을 경감시켜 외국인근로자 고용 기업의 안정을 지원해야 한다.

결국 해결책은 고용허가제 모든 사업장에 대해 「산업재해보상보험법」을 전면 적용하고, 외국인 고용 허가 시 보험 가입을 필수로 해서 위반하는 경우 고용 허가를 취소해야 한다.

(8) 출국만기보험제도의 퇴직금 권리 제한

현행 「외국인근로자의 고용 등에 관한 법률」(이하 '외고법'이라고 한다) 제13조는 외국인근로자의 출국만기보험에 대해 규정하고 있다. 동 규정에 의하면 외국인근로자는 출국하기 전까지는 출국만기보험금을 받을 수 없고, 출국한 때부터 14일 이내에 출국만기보험금을 받을 수 있다. 문제는 출국만기보험금이 퇴직금이라는 것이다. 이 제도로 인해 외국인근로자는 자신이 받아야 할 퇴직금을 출국 이후에만 받을 수 있다.

현재 정부는 사업주가 출국만기보험에 가입하면 퇴직금 제도를 설정한 것으로 간주된다. 출국만기보험금은 퇴직금이기 때문에 2013년 12월 국회는 「외국인근로자의 고용 등에 관한 법률」을 개정하여 2년으로 되어 있던 출국만기보험금의 소멸시효를 퇴직금과 같이 3년으로 명시하였다. 또한 실제 발생하는 퇴직금과 출국만기보험금의 차액만을 외국인근로자가 사용자로부터 받도록 하고 있다.

퇴직금은 퇴직하는 외국인근로자에게 실업보험 기능을 하는 것으로서 재취업 때까지 생활을 가능하게 하는 중요한 기반이 되기 때문에 퇴직금이 신속하게 지급되지 않는다면 퇴직한 외국인근로자와 가족의 생활에 문제가 될 수 있다. 이 때문에 출국만기보험금이라는 허울을 쓴 사실상의 퇴직금은 퇴직과 동시에 지급되어야 한다.

고용노동부는 지급시기 규정 신설 취지에 대해 체류기간이 만료된 외국인근로자가 출국만기 보험금을 받고도 출국하지 않았기 때문이라고 말한다. 출국한 경우에만 출국만기보험금을 지급하면 체류기간을 초과하여 체류하는 소위 '불법체류자'를 없앨 수 있다는 것이다. 하지만 현실적으로 해당 규정으로 인해 법 개정 및 행정력과 시스템을 갖추는 노력에 비해 불법체류자 감소라는 실질적인 효과가 발생하지 않았다.

정부는 퇴직금 규정을 바꿔 이들에게 적용하고 있는 출국만기보험 규정을 폐지하고, 퇴직금을 퇴사한 날로부터 14일 이내에 지급하도록 해야 한다.

(9) 입국 전 인권교육 부실

외국인근로자들은 본국에서 한국어시험과 건강검진을 거친 후 한국으로 출국하기 전에 일정한 교육과정을 거치게 된다. 이 교육을 통해 한국사회의 제도와 문화에 대한 초보적인 내용을 배우는 것이다. 그러나 이러한 입국 전 교육에서 충분한 인권교육이 이루어지지 않고 있다. 성희롱, 성추행 등 성폭력에 대한 예방교육이 이루어지지 않아 한국 체류기간 중 성희롱과 성추행을 당해도 이를 범죄로 인지하지 못하는 사례도 나타나고 있다. 또한 임금 문제이나 산업재해, 인종차별이나 문화적 갈등 상황 등에 대한 기본적인 인권교육이 부족한 상황이다.

노동자에 대한 기본권 교육이 입국 전 교육과정에서 이루어짐으로써 국내 체류기간 동안 자신의 권리를 스스로 지킬 수 있도록 해야 한다. 이를 송출국의 관리하에 맡겨서는 실효성이 없고 한국 정부의 주도하에 엄정한 검증을 거쳐 노동자의 인권과 노동권, 여성인권을 교육할 수 있는 전문가가 현지에 파견

되어 교육을 시행해야 한다. 이 교육을 통해 외국인근로자 모두 성폭력 예방 교육, 퇴직금 등 노동권 교육, 산업재해 예방 교육 등 기본권 교육을 받아야 한다.

2) 고용허가제의 개선

고용허가제는 일정 요건을 갖추기만 하면 사업장이동·재고용·이탈 신고 등 대부분 권한이 사업주에게 부여되는 사업주 중심의 운영 제도다. 고용허가제로 입국한 외국인근로자들이 체류기간 연장, 본국으로 귀국했다가 재취업 시 사업주의 권한에 종속되어 불이익이 있어도 부당한 근로조건이나 위험한 작업환경에서 이탈하지 못한 채 일하는 것을 감수하게 되고, 임의로 다른 일터를 찾은 외국인근로자들은 불법체류자가 되는 경우가 많다.

현행 고용허가제를 개선하기 위해서는 총체적인 변화가 필요하며, 그 시작을 위해서는 정부 스스로 인식을 바꾸어야 한다. 외국인 고용허가제는 외국인근로자를 권리의 주체로 인정하지 않고 있으며, 이들을 수단화하고 있을 뿐이다. 근본적인 문제를 해결하려면 노동허가제를 통해 노동의 주체인 노동자에게 권리를 부여해야 한다. UN의 각 위원회들은 현행 고용허가제가 가진 문제점에 대해 분명히 지적하고 있으며, 강력하게 개선을 권고하고 있다. 인종차별, 인권침해, 노동착취 등을 정당화하고 있는 고용허가제가 UN으로부터 반인권적 제도로 규정되고 있는 것이다. 이미 고용허가제가 가지고 있는 단기순환 체류관리의 원칙은 무너졌으며, 장기체류 외국인근로자에 대한 정주 정책이 제시되어야 하는 시점이다. 정주이주민에 대해 지금과 같은 노동착취, 인종차별제도를 운용하기란 불가능하다.

우리나라는 아직 국제노동기구(ILO)의 기본협약도 서명하지 않은 상황이다. 대표적 내용은 강제노동에 관한 협약(29호), 결사의 자유 및 단결권 보호에 관한 협약(87호), 단결권 및 단체교섭권에 대한 원칙 적용에 관한 조약(98호), 강제노동 폐지에 관한 협약(105호)이다.

국제기구나 외국인근로자들이 요구하는 노동허가제는 고용의 권리를 사업주에게 주는 정책이 아니라 노동할 권리를 외국인근로자에게 직접 부여하는 정책을 의미한다. 노동허가제 도입 시 외국인근로자들이 상대적으로 자유롭게 사업장을 이동할 수 있고, 고용주의 부당한 지시로부터 벗어날 수 있으며, 외국인근로자들의 안전과 건강 수준도 높아질 것이다. 이를 위해 정부는 고용노동제에 대한 명확한 제도 개선을 통해 이주민 인권 보장과 국내 노동력 확보에 대한 절충적인 해법을 제시해야 한다.

현행 고용허가제를 개선하기 위해서는 총체적인 변화가 필요하며, 그 시작을 위해서는 정부 스스로 인식을 바꾸어야 한다. 외국인 고용허가제는 외국인근로자를 권리의 주체로 인정하지 않고 있으며, 이들을 수단화하고 있을 뿐이다. 근본적인 문제를 해결하려면 노동허가제를 통해 노동의 주체인 노동자에게 권리를 부여해야 한다.

따라서 정부가 명확한 제도 개선을 통해 이주민 인권 보장에 대한 책임지는 모습을 보여야 한다.

3. 불법체류 노동자 문제[7)]

1) 불법체류 노동자 현황

'불법체류 외국인'에 대해 「출입국관리법」에는 '외국인은 내국인과 달리 국내에 체류할 수 있는 기간(체류기간)이 정해져 있으며, 이러한 체류기간이 지났음에도 합법적으로 체류기간 연장허가를 받거나 출국하지 않고 법을 위반하여 불법으로 체류하는 외국인'으로 정의되어 있다. 외국인 불법체류자의 규모는 2017년부터 증가하기 시작하여 2020년 6월 기준 398,518명으로 나타나고 있다.

7) 한국노동연구원(2020)의 내용을 일부 발췌·인용함

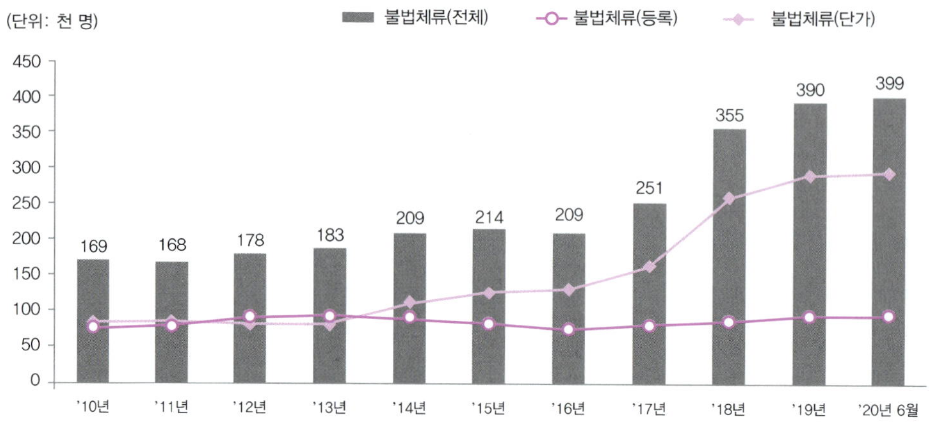

그림 9-1 불법체류외국인 연도별 불법체류율[8)] 증감 추이

출처: 출입국·외국인정책본부, 2020년 6월.

2) 불법체류 노동자의 실태

불법체류자가 모두 취업자는 아니지만 대부분의 불법체류자들은 경제활동에 종사하고 있는 것으로 추정된다. 불법체류자는 취업활동이 허용되지 않는 비자로 입국해 취업활동에 종사하는 경우와 고용허가제와 같은 취업 비자로 입국하여 사업장을 이탈하거나 체류기간을 초과한 경우가 있다. 고용허가제 신청건수가 할당 쿼터를 충족하지 못했음에도 외국인 불법취업자가 증가하고 있는 것은 합법적 외국인력 공급의 부족으로 인해 불법으로 외국인력을 고용하는 것은 아니라는 점을 의미한다. 저임금 요인, 채용과 해고과정에서의 거래비용 절감, 숙련인력의 확보 등 다양한 요인이 반영된 결과이다. 2017년 이후 불법체류자의 증가폭이 커지자 정부는 2019년 10월에 자진출국 유도 및 사업주의 불법체류자 고용방지 등 「불법체류 외국인 관리대책(2019년 12월 11일 시행)」을 마련하여 추진하고 있다.

구조적인 측면에서 최근 외국인 불법체류자의 급격한 증가 문제의 이면에는 외국인 불법취업자를 고용하려는 사업주, 불법취업을 선택한 외국인들, 불법

8) 불법체류율(%) = 불법체류외국인(합계) ÷ 총체류외국인 × 100

취업의 수요와 공급을 연결해 주는 중개시장의 확대가 원인이다. 근본적으로는 불법체류 외국인 고용을 부추기는 노동시장의 구조적 특성, 외국인력정책과 관련 제도의 미비, 개방화로 인한 입국·체류관리의 어려움이 복합적으로 작용하고 있다.

외국인 불법고용은 저임금 유인 요소로 인해 증가하면서 노동시장의 왜곡, 합법적인 외국인력정책의 효율성 저해, 공공서비스 부담 및 잠재적인 범죄 증가, 외국인 밀집지역 슬럼화 등의 사회적 비용을 발생시킨다. 또한 외국인 불법체류는 인권보호라는 측면에서 불법체류 상태로 인한 노동권 보호 문제, 산재나 건강상의 문제 발생 시 적절한 대응의 문제 등에서 인권침해 요소가 많다.

3) 불법체류 노동자 문제의 대안

불법체류 노동자 문제에 대한 해법은 출·입국정책, 외국인력정책, 노동시장정책, 불법알선 대책 등 다양한 측면을 종합적으로 고려해야 한다. 하지만 법·제도적 접근 외에도 외국인 불법체류자 혹은 취업자에 대한 기본적인 시각은 이들이 우리 사회의 노동자·주민라는 관점에서 우리 사회에서 더불어 함께 살아가는 존재라는 인식이 결여되어 있다. 불법체류자 단속과 같은 정책대응은 사회적 현실을 제대로 반영하지 못하기 때문에 개선되어야 한다. 통신·기술의 발달, 이주자들의 체류기간 증가로 인해 불법 노동시장의 구조 및 형태는 불법취업에 대한 수요와 공급을 연결해 주는 매개기능을 통해 다양한 형태로 세분화되고 있다.

외국인 불법노동시장은 산업별·업종별·지역별로 영역이 확대되고 있지만 법적 제재가 있어도 수요 규모가 크기 때문에 불법취업을 목적으로 외국인의 유입이 지속되며, 인력부족을 이유로 불법체류 노동자를 고용할 수밖에 없는 노동시장의 구조적 문제가 존재한다. 따라서 불법노동시장 문제는 사용주, 중개자, 불법체류 외국인의 개별적 접근이 아닌 노동시장 구조 전체적 측면에서 접근해야 한다.

불법노동시장은 합법적 외국인력 노동시장 교란, 내국인 일자리나 임금·근로조건에 부정적인 영향, 노동착취나 인권침해, 불법고용에 따른 처벌과 같은 부정적인 문제를 야기한다. 따라서 불법체류 외국인에 대한 수요의 원인을 통해 합법적인 외국인력 공급체계의 개선이 요구된다. 외국인 불법노동시장은 합법적 외국인력 공급체계의 미비점과 경직성에서 비롯한다는 측면에서 광범위한 실태조사를 통해 합법적 외국인력 공급체계를 재정비하고, 불법취업이나 고용에 대한 유인 요소를 줄이는 대책이 마련되어야 한다.

특히 기존의 외국인 불법고용은 제조업 중심이었으나 최근 건설업, 농업, 성매매 알선 등 여러 분야에서 다양한 방식의 불법노동시장이 형성되고 있다. 이런 문제들이 방치된다면 불법체류 외국인에 대한 편견과 고정관념이 사회적으로 확대될 가능성이 커지게 되고, 인종 차별, 외국인 혐오, 소수자에 대한 폭력 등으로 발전할 우려가 있다.

노동이주 정책이 실패할 경우 사회적인 반발과 파장이 장기적으로 지속되면서 사회적 갈등으로 확대된다는 점을 고려할 때 외국인 불법노동시장의 발생 원인과 현황에 대한 파악을 통해 이를 해결하기 위한 구조적·제도적 대안을 추진해야 한다.

4. 외국인근로자에 대한 사회적 인식[9)]

한국사회는 단일민족성이 강하고 타문화에 대한 수용성이 낮은 편이었다. 하지만 세계화로 인한 국내 상황의 변화로 인해 단일민족 국가를 유지하는 것이 어렵다는 것을 인정하고 문화적 다양성과 이주민의 증가를 긍정적으로 수용하는 변화를 선택하였으나 여전히 이주민을 국민이나 혈연·가족 등의 밀접한 관

9) 국회미래연구원(2019)의 내용을 일부 발췌·인용함

계로 수용하는 것에는 소극적이고, 이주민 유입 확대 및 영주권 발급 확대에 대해 부정적 인식이 있다.

외국인근로자의 증가에 따른 주요 쟁점은 사회복지 등 재정 부담 증가, 복지 서비스 및 지원금 축소, 일자리 경쟁, 임금 하락 가능성, 범죄 증가 등이 있다.

외국인근로자는 노동력 제공을 통한 국가 경제에 기여한다는 점에서 긍정적 평가도 하지만 저숙련 저임금 노동자의 경우 복지비용 등 공공 재정에 실질적 부담으로 인식되는 측면이 강하다. 전문직 외국인근로자의 경우 성실한 모습이나 이중 언어 구사 등을 긍정적 평가가 있는 반면, 단기 체류성 외국인근로자 및 중국 동포들의 경우 무책임하고 자기중심적인 태도로 인한 부정적 측면이 부각되기도 한다. 특히 인종이나 국적에 따라 차별적인 태도를 보이는 경향도 강하다.

경제적 불황과 실업이 심각한 상황에서 외국인근로자에 대한 정책을 오히려 역차별로 받아들이기도 하며, 특히 고소득 전문직 외국인근로자에 의해 자신의 취업 기회가 박탈될 우려를 제기하면서 일자리 경쟁자로 인식하고 있다.

외국인근로자들로 인한 치안 불안이라는 위기의식도 존재하고 있다. 외국인근로자의 불법체류 증가로 인해 신분을 숨기고 강력 범죄를 일으킬 가능성을 우려하고 있으며, 특히 종교적 관점에서도 향후 범죄 및 사회 갈등의 요인으로 작용할 수 있다고 보고 있다.

다양한 문화를 인정하고 받아들이는 다문화주의보다 자문화중심적인 관점에서 외국인 거주자, 이민자, 외국인근로자들에 대해 동화주의적 관점으로 한국 문화에 수용될 것을 요구하기도 한다. 더불어 서구권에 대한 문화 사대주의와 이슬람 문화 등 다문화에 대한 편견 등이 함께 존재하고 있다. 특히 문화적 갈등의 요인을 한국인의 다문화 수용성 측면보다 이민자들의 융화에 대한 노력의 부족으로 인지하고 있다. 따라서 외국인근로자를 결국 한국사회에서 하층 노동 계급으로 인식하고 부정적 시각에서 바라보는 것이 일반적이다.

정부가 자국민에 대한 보호와 경제적 기회 제공, 청년들의 혼인·취업 기피나 저출산 등의 문제해결을 우선적으로 지원하지 않은 상황에서 외국인근로자 확대 정책을 추진하는 것에 대해 매우 부정적으로 인식하고 있다. 외국인근로자들로 국내 노동력을 대체하다 보면 결국 근로 환경을 개선하지 못하게 되고, 규제가 없는 노동이민 정책은 문제를 더 악화시킬 우려가 있다고 보고 있다. 따라서 내국인의 취업 확대를 위해 낮은 임금 수준과 부족한 복지 제도 등의 근로 환경 개선을 우선적으로 요구하고 있고, 내국인에 대한 역차별이 발생하지 않도록 정책적 지원을 내국인 중심으로 우선 적용하기를 요구한다. 이주노동 정책도 외국인근로자가 필요하다면 엄격한 심사와 관리 정책를 통해서 선별된 노동자만 유입할 것을 요구하고 있다.

하지만 우리나라의 특수적 상황인 저출산 극복과 3D 산업의 유지를 위해서는 외국인근로자를 불가피하게 받아들일 수밖에 없다는 점은 인정하고 있다. 다문화사회의 정치·경제·문화적 장점을 수용해야 한다고 인식하고 있고, 전세계적인 국제화의 추세를 거스를 수 없다고 인정하면서 정부 정책의 변화와 국민의 다문화 인식 변화를 요구하고 있다.

5. 외국인근로자의 복지욕구[10)]

외국인근로자들이 원하는 복지는 고용 안정, 노동환경의 개선, 직장 내 문화적 갈등해결, 산재 및 의료보호, 교육과 문화서비스 등이다.

첫째, 고용 안정은 외국인근로자들에게 가장 핵심적인 욕구이다. 한국에서의 안정적 고용은 그들의 이주 요인인 경제적 욕구를 달성하는 최우선 과제이기 때문에 고용 불안이 없는 안정적인 취업을 통해 한국에서의 생활을 이어가길 원한다. 현재의 고용허가제의 문제점으로 인한 고용 위험이 제거되어 정주화할 수 있는 여건을 마련하기를 원한다.

둘째, 외국인근로자들에게 산업재해보상제도와 건강보험의 혜택은 필수적인

10) 김미정(2011)의 내용을 일부 발췌·인용함

요구사항이다. 외국인근로자들 대부분이 저임금·단순 업종인 3D 업종에 종사하고 있기 때문에 산업재해와 직업병에 노출될 위험이 높다. 위험한 작업에 비해 안전 교육이나 보호 시설이나 장비는 열악한 상황이다. 이로 인해 산업재해는 계속 늘어날 수밖에 없는 상황에서 산재나 의료보험의 지원이 이루어지지 않는다면 생명권을 위협받게 되기 때문이다. 더불어 열악한 노동환경의 개선은 외국인으로서의 차별을 떠나 근무 여건과 삶의 만족도 측면에서 개선되기를 바라고 있다.

셋째, 문화적 갈등의 해결은 단순히 일을 떠나 한국에서의 삶 전체를 위한 필수조건이다. 외국인이기 때문에 인종적·문화적 차이로 인해 직장 내에서 겪게 되는 갈등이 심각할 수밖에 없다. 특히 차별적 대우를 받게 되는 상황에서 이를 해결할 수 있는 대안이 마련되지 않는다면 사회적 약자로서 생활에 심각한 문제가 야기되기 때문에 외국인근로자 스스로 한국문화에 동화되려고 하지만 쉽지 않는 상황이다. 따라서 문화적 차이에 대한 한국사회의 이해와 수용을 요구하는 것이다.

넷째, 외국인근로자들에 대한 인권침해가 만연한 상황에서 이를 주체적으로 해결하기 위해서는 한국 적응을 위한 교육 및 문화서비스를 받기를 원한다. 기본적인 한국어교육뿐만 아니라 한국사회 적응을 위한 문화·법·제도 등과 관련된 다양한 프로그램을 통해 한국생활을 위한 기본적 소양을 갖추기를 원한다. 또한 한국사회와의 소통을 통한 적응을 위해 지역사회와의 활발한 교류와 참여를 요구하고 있다.

6. 외국인근로자 대상 정책 방향[11)]

외국인근로자의 사회갈등문제를 해결하기 위해서는 첫째, 외국인근로자들의 기본적인 권리를 보장하는 법과 제도가 개선되는 것이 필요하다. 외국인근로자들은 직장에서 혹은 일상생활에서 인권과 권리를 보호해 줄 제도적 장치가 미흡한 상황에서 인권침해와 차별을 경험해야만 한다. 외국인근로자들이 주로 한국인 노동자들이 꺼리는 3D 업종에서 근무하는 상황에서 그들의 노동조건은 인권침해의 여지까지 있는 것으로 드러났다. 외국인근로자들은 부당한 처우나 차별에 대처할 방법이 현실적으로 없고, 본인의 힘으로 문제에 대처하는 것은 불가능하다. 따라서 차별금지법 등과 같은 법적·제도적 개선을 통해 외국인근로자의 열악한 상황을 개선시켜 외국인근로자들의 불만을 해소하고, 궁극적으로는 보다 근본적인 이민정책의 개선을 통해 사회적 갈등을 해소하는 것이 요구된다.

둘째, 외국인근로자가 수용할 수 있는 노동기준의 확립이다. 현재 외국인근로자에 대한 급여, 근로시간, 노동환경 등은 분명 심각한 문제로 볼 수 있다. 이러한 문제를 해결하기 위해서는 외국인근로자를 대상으로 하는 노동기준법이 요구된다. 외국인근로자의 노동기준을 확립하고 제도적 틀을 만드는 정책적 시도가 필요하다.

셋째, 외국인근로자의 법적 지위에 관한 명확한 기준을 마련하는 것이다. 현재 우리나라에 들어오는 외국인근로자는 일정 기간 국내에서 노동을 한 후 반드시 자국으로 돌려보낸다는 '순환원칙'과 특별한 사례가 아니라면 외국인근로자의 정주를 허용하지 않는다는 '정주불허원칙'을 근간으로 법적으로는 일시적인 노동력으로서의 존재로 인식되고 있기 때문에 법이나 제도상의 혜택을 거의 받지 못하고 있다. 외국인근로자를 결국 우리나라 노동자들이 기피하는

11) 김성근(2013)의 내용을 일부 발췌·인용함

3D 업종의 대체 노동 개념으로만 본다면 다문화주의 정책의 추구가 아닌 단순한 인력 수급 정책의 대상으로만 인식하는 것이 되어 사회적 갈등의 원인이 될 수밖에 없다. 따라서 외국인근로자의 법적 지위를 개선하여 한국사회의 구성원으로서 수용될 수 있도록 하는 것이 요구된다.

넷째, 다문화사회에서 발생 가능한 사회갈등 문제를 해결해 나가기 위해서는 현재의 이민정책을 보다 포괄적이고도 수용적인 형태로 개선해 나가야 할 필요가 있다. 다문화사회라는 변화된 사회 환경을 인정하고 이민다문화정책의 원칙을 재정립하는 것이 우선시되어야 한다. 외국인 인력 수용에 대해서도 우리 사회에서 제기되고 있는 이민 수용의 필요성을 반영하여 외국인근로자의 사회통합을 촉진시킴으로써 사회 전체의 긍정적 발전에 기여하는 것이 필요하다.

Chapter 10

다양한 이주민의 등장과 사회 정착

1. 난민에 대한 이해[1)]

1) 난민의 개념

「난민협약」 제1조 제A항 제2호에 의하면 난민이란 '인종, 종교, 국적, 특정 사회집단의 구성원 신분 또는 정치적 견해를 이유로 박해를 받을 우려가 있다는 충분한 근거가 있는 공포로 인하여, 자신의 국적국 밖에 있는 자로서 국적국의 보호를 받을 수 없거나, 또는 그러한 공포로 인하여 국적국의 보호를 받는 것을 원하지 아니하는 자, 또는 그러한 사건의 결과로 인하여 종전의 상주국 밖에 있는 무국적자로서 상주국에 돌아갈 수 없거나, 또는 그러한 공포로 인하여 상주국으로 돌아가는 것을 원하지 아니하는 자'를 말한다.

난민협약 제1부속서인 「최종의정서(Final Act)」는 당사국의 관할권 내에 있는 개인들이 난민협약의 보호범위에 해당되지 않는다 할지라도 당사국들이 난민협약의 범위를 초월하여 그 개인들에게 가급적 난민의 지위를 부여할 것이라는 기대를 표명한 바 있다.

난민은 단순히 개인적 사유나 경제적인 문제 등의 이유가 아닌 인종, 종교, 국적, 특정 사회 집단의 구성원 신분 또는 정치적 의견 등의 이유로 박해를 받을 위험에 처하였거나 박해를 받을 것이라는 공포로 인해 다른 나라로 탈출한 사람을 의미하며, 정통적 의미의 난민은 아니지만 유엔난민기구(UNHCR)[2)]의 보호대상자로 난민에 준하는 서비스를 제공받고 있는 국내실향민(IDP)[3)]이 있다(UN, 1951). 국내실향민은 난민협약에 명시된 난민과 유사한 상황으로 무장충돌,

1) 박선홍(2020), 류지호(2020)의 내용을 일부 발췌·인용함

2) UNHCR: United Nations High Commissioner for Refugees, 유엔 난민 고등판 무관 사무소, 1951년 1월에 발족한 UN의 산하기구로 국내·국제분쟁이나 재해에 의한 난민의 보호, 구제, 자발적 귀국 등의 알선을 한다. 자금은 각국의 기부금으로 된 난민긴급기금에서 지불된다.

3) IDP: Internally Displaced Persons, 국내실향민은 자신의 집 또는 일상적 거주지에서 강제적 또는 의무적으로 도피하거나 떠나도록 된 사람들, 특히 무장 분쟁, 무분별한 폭력 상황, 인권 유린, 자연재해 또는 인공적으로 발생한 재해 등의 피해를 피하거나 그 영향으로 인해 실향된 사람들 중 국제적으로 인정된 국경을 넘지 않은 사람들을 말한다.

폭력, 인권침해 등에 노출되어 있으나 난민과는 달리 비호를 구하기 위해 국경을 넘지 않고 자국에 머물러 있는 사람들을 말하며, 비록 자국 정부가 도피의 원인을 제공하였더라도 법적으로는 자국의 보호 아래에 머물러 있다(손주희, 2017). 자국의 내전 상황 등으로 인해 폭력, 기아, 질병 등에 시달리고 있으나 국경을 넘지 못하는 국내 실향민의 수는 급격히 증가하고 있다. 국내 실향민의 보호를 위한 국제기구나 법적 제도는 아직 미비하지만 국제인권 및 인도법에 따라 제한적이나마 권한의 부여와 관련 보호를 하고 있다.

난민신청자는 난민 인정의 전 과정에서 여러 가지 신분상의 용어로 정의된다. 난민의 신분상 용어를 유형별로 구분하면 난민신청자, 난민인정자, 인도적 체류허가자, 국내실향민, 현지 체재 중 난민, 재정착난민, 무국적자 등으로 정의할 수 있다(이혜경 외, 2016). 난민의 신분을 난민인정 과정에 따라 유형별로 간략히 정리하면 표 10-1과 같다.

표 10-1 난민의 유형별 정의

난민 유형	정의
비호신청인 또는 난민신청자 (Asylum seeker)	스스로가 난민이라고 난민인정 신청을 하였지만 그에 대해 결정적으로 평가되지 않은 사람
난민 인정자 (Recognized Refugees)	난민협약에 규정된 난민에 해당하는 자 가운데 비호국으로부터 난민의 지위를 인정받은 사람
인도적 체류허가자 (Humanitarian Status Holder)	난민은 아니라고 불인정처분을 받았으나 인도적 사유로 공식적인 체류를 인정받은 사람
국내실향민 (Internally Displaced Person)	난민과 유사한 이유로 집이나 통상적 거주지를 탈출할 수밖에 없는 상황이었으나 국제적으로 인정된 국경을 넘지 못한 사람
현지체재 중 난민 또는 현장난민 (Refugees sur place)	출신국에 없는 동안 본국에서 발생한 상황으로 인해 입국할 수 없어 난민이 된 사람
재정착난민 (Resettled Refugees)	비호를 구한 국가에서 정착할 수 없는 처지에 있는 난민이 영구적 해결책으로 제3국에 정착하게 된 난민
무국적자(Stateless Person)	어떤 국가도 법률상 자국민으로 간주하지 않아 국적을 취득하지 못한 사람
귀환민(Returnee)	고향이나 상주국으로 돌아간 국내실향민이나 난민

출처: 손주희, 2017.

난민의 개념은 난민의정서가 채택되면서 일반화되었지만 내전, 경제적 궁핍, 환경 등과 같은 난민 발생의 원인이 다양화되고 있는 상황에서 이들에 대한 개념은 제외되어 있으므로 여전히 제한적인 개념을 내포하고 있다. 현재 법적 보호 대상이 되는 난민의 정의는 난민협약 및 난민의정서상에 있는 정의에 국한되고 있기 때문에 UNHCR는 자신의 규정을 탄력적으로 해석하여 특정한 난민, 예를 들면 경제난민, 환경난민, 전쟁난민 등에 대해서는 추가적으로 포함하고자 하지만 그 보호가 항상 이루어진다고 볼 수 없다. 이러한 특정한 유형의 난민들에 관해서는 UNHCR의 판례에 의하여 부분적으로 보호한다.

2) 난민의 발생과 국제적 대응

전 세계적으로 대규모 이주의 증가와 경제적 자원을 둘러싼 종족간의 갈등과 인종, 국내·외 계급 갈등 등이 더욱 심화되고 있다. 갈등으로 인한 분쟁과 환경 재앙은 대규모의 난민을 지속적으로 발생시켜 최근에는 '난민 위기'라 일컬을 만큼 난민 문제는 여전히 국제적인 이슈가 되고 있다.

난민 보호가 국제사회의 화두로 등장한 것은 20세기에 들어서이다. 러시아 혁명과 제1차 세계대전 이후 러시아 난민 문제로 유럽의 국제사회에서 난민들을 위한 인도적 보호를 선언하고 공동의 책임을 부담하기 시작하였다. 하지만 제2차 세계대전의 종전 이후에도 난민 문제에 대한 뚜렷한 해결책이 나오지 않자 난민의 법적인 지위를 규정할 국제적 기준 마련의 필요성이 대두되었다.

그 결과로 1951년에 UN에서 「유엔난민협약」이 채택되었다. 이 협약은 난민 결정에 있어 1951년 1월 1일 이전에 발생한 난민으로 그 시기를 규정하였다. 이후 이 협약의 시기적 제한을 폐지한 「난민 지위에 관한 의정서(Protocol Relating to the Status of Refugees, 이하 난민 의정서)」가 1967년 1월 31일부로 채택되어 1967년 10월 1일자로 발효되었다. 이 의정서는 1951년 이후에 발생한 난민에게도 난민협약에 명시된 동일한 권리를 보호하도록 규정하였고, 시기적 제한이 해제됨에 따라 폭력과 박해를 피해 자국을 떠나 온 다양한 사유를 가진 강제이주민들이 난민 지위를 부여받을 수 있게 되었다(이혜경 외, 2016).

제2차 세계대전의 종전 이후 유엔의 전신인 국제연맹(League of Nations)은 고등 판무관(High Commissioner)을 임명하고 120만 명의 유럽 난민 문제를 초국가적인 문제로 다루기 시작하였고, 국제연맹의 뒤를 이어 탄생한 국제연합(United Nations, UN)은 국제연합 구호 및 재건기구(United Nations Relief and Rehabilitation Administration, UNRRA)와 국제난민기구(International Refugee Organization, IRO)를 설치하여 난민에 대한 긴급 구호, 법적 보호 등의 국제적 문제를 해결하고자 노력하였다(손주희, 2017). 그러나 국제난민기구가 시대 정치적 상황으로 인해 회원국으로부터의 충분한 지원을 받지 못하자 유엔에서는 새로운 난민기구의 설립에 대한 필요성이 대두되었다.

그 결과 1949년 12월 3일 유엔총회 결의문을 통해 유엔 총회의 보조 기관으로 유엔난민기구가 설립되었다. 유엔난민기구는 국제 난민의 문제를 다루는 가장 중요한 조직으로서 난민의 안전과 권리보장, 복지를 보호하는 것을 주요 목표로 한다. 난민문제해결을 위해서 국제적 조치를 주도하고 조정할 권한을 부여받아 자발적인 본국 귀환, 현지 동화 또는 제3국 재정착 등과 같은 방법으로 다른 나라에서도 안전을 보장받을 수 있게 힘쓰고 있다.

3) 난민 현황

유엔난민기구가 발표한 2018년 글로벌 동향 보고서에 따르면 2018년말 기준 난민 포함 전 세계 강제 실향민 수는 7,080만 명으로 2017년 대비 230만 명이 늘어난 수치이다.

전체 난민의 수는 2,590만 명으로 이는 유엔난민기구의 관할에 속한 난민 2,040만 명과 자매기관인 팔레스타인 난민구호기구(UNRWA)가 보호 중인 팔레스타인 난민 550만 명으로 나뉜다. 국내실향민은 대부분 시리아, 이라크, 콜롬비아 등의 국민으로 자국 영토 내에서 피신 중이다.

이는 전체 강제 실향민의 3분의 2를 차지하는 4,130만 명에 해당하는 큰 수치로 국경을 넘지 않은 자국 영토 내 실향민의 문제가 전 세계적인 문제로 드러나고 있다. 그리고 자국을 떠나 난민으로서의 국제적 보호를 받기 위해 난민 지위를 신청한 난민신청자는 약 350만 명에 달한다.

유엔난민기구가 발표한 7,080만 명의 강제이주민은 크게 세 개의 그룹으로 나눌 수 있다. 첫째는 난민, 즉 내전, 전쟁 혹은 박해로 인해 본인의 국적국을 강제로 떠난 사람들이다. 2018년 전 세계 난민의 수는 2,590만 명에 달했으며 이는 2017년보다 50만 명 증가한 수치다. 이는 유엔 팔레스타인난민기구(UNRWA)의 보호를 받고 있는 550만 명의 팔레스타인 난민을 포함하고 있다. 두 번째 그룹은 난민신청자들로 출신국을 떠나 국제보호를 받고 있으나 난민지위신청에 대한 결과를 기다리고 있는 사람들이다. 2018년 이와 같은 난민신청자의 수는 전 세계적으로 350만 명에 달했다. 세 번째 그룹이며 가장 큰 규모인 4,130만 명을 차지하는 사람들은 본인의 국가 안에서 피신 중인 국내실향민(Internally Displaced People)으로 불리는 사람들이다(UNHCR, 2019).

표 10-2 2018년 말 기준 전 세계 강제 실향민 수 (단위: 만 명)

유형		인원	
난민	유엔난민기구(UNHCR) 등록	2,040	2,590
	팔레스타인 난민구호기구(UNRWA) 등록	550	
국내실향민		4,130	
난민시청자		350	
합계		7,080	

출처: UNHCR. 'UNHCR Global Report 2018', 2019.

세계 최다 난민발생국인 시리아는 시리아 내전으로 인해 지금까지 670만 명의 난민을 발생시켰다(UNHCR, 2018). 베네수엘라의 위기 상황으로 인한 난민의 경우 이를 수용한 정부들의 집계에 의하면 지금까지 총 400만 명의 베네수엘라 사람들이 자국에서 도피하였으며, 이는 오늘날 세계 최대 강제이주 사례 중 하나로 꼽힌다. 그러나 이들 가운데 절대다수는 난민으로서의 국제적 보호가 필요하지만 공식적으로 난민신청을 한 사람은 50만 명 정도에 불과했다.

4) 난민에 대한 국제사회의 대응4)

난민 증가는 전쟁, 내전, 정치적·종교적 박해, 재난, 경제적·환경적 위기 등으로부터 피신하여 안전한 삶을 영위하고자 하는 사람들의 이동이 증가하는 것에서 원인을 찾을 수 있다. 난민과 이주에 대한 다양한 논의가 진행되고 있지만 세계 각국은 인도주의적 정신과 연대감을 바탕으로 대규모 난민을 수용하는 모습을 보이고 있다. 하지만 난민 문제는 인권 보호와 도덕적 책무, 국가안보와 국익 우선이라는 이해관계가 서로 상충하며 논쟁을 불러일으키고 있다. 특히 최근 난민 급증으로 인한 세계의 위기감이 증가하였고, 특히 유럽의 이슬람 난민의 증가는 난민에 대한 엄격한 통제로 이어지고 있다(손주희, 2017).

난민과 불법 이주민은 이주 과정에서 인권 침해 문제와 건강·안전 상의 문제로 인해 상당한 위기를 경험하게 되고, 난민 입국을 불허하는 정책으로 인해 불법적인 방법에 의존하게 되는 악순환에 놓이게 된다. 그 과정에서 이들을 악용하는 사력들에 의해 착취와 인신매매, 성폭력 등과 같은 인권 유린이 만연하고, 일부는 난민들을 배척과 증오의 대상으로 몰아세우며 자국 내에서 난민 사태를 악용해 '혐오의 정치'를 확산하고 있다.

난민과 불법 이주민을 줄이기 위해서는 기본적으로 가장 좋은 방안은 국제적 분쟁이나 내전을 종식하여 이들이 자국으로 돌아갈 수 있는 여건을 만들어야 한다. 하지만 강대국들은 난민 문제를 정치적으로 이용하면서 정치적인 해결에 미온적인 상황이다. 특히 자국우선주의를 앞세워 난민 발생국의 위기를 방관하고 있어 문제 해결을 어렵게 하고 있다.

다른 대안으로는 난민수용국에 통합되거나 제3국에 재정착하는 것이지만 세계 각국이 자국 내 반대로 인해 이민 수용을 반대하거나 줄이고 있고, 이들에

4) 김병수. "[난민, 세계의 위기] ① 폭증하는 난민, 글로벌 최대 이슈로 부상". 연합뉴스, 2018년 07월 03일의 내용을 일부 발췌·인용함

대한 정착에 부정적인 태도로 일관하고 있다. 난민 문제에 대한 대책은 이들을 위한 인도적 지원과 정착, 난민 발생 원인에 대한 국제적인 문제 해결을 통해 이들의 귀환을 방해하는 장애를 제거하는 것에 중점을 두어야 한다. 난민 문제는 세계 모든 국가들의 정치·경제·사회·문화·환경 차원의 다양한 문제가 얽힌 복잡한 과제라는 점을 인식하고 공동의 선을 추구하여 문제를 해결할 수 있도록 힘을 합쳐야 하는 과제다.

5) 한국의 난민 법제화

한국이 난민 문제에 처음으로 직면하게 된 것은 1975년 월남 패망으로 인한 베트남 출신 난민을 수용하면서부터이다. 1977년부터 본격적으로 국내에 유입된 베트남 보트피플은 1989년 말까지 총 38차례 입국했지만 국내 정착이 허용되지 않아 모두 제3국으로 보내졌다.

한국은 1992년 12월 3일 난민협약에 가입하면서 난민 관련 제도가 시행되었고, 1993년 12월 10일부로 출입국관리법에 난민조항이 최초로 신설되어 난민인정절차와 체류관리에 관한 사항을 규정·개정하였다. 2012년 2월 10일에 아시아에서는 처음으로 독립된 형태의 난민법이 제정되었고, 2013년 7월 1일 부로 시행되었다. 2013년 6월 법무부에 난민과가 신설되었고, 9월에는 출입국외국인지원센터를 완공하였다.

이후 지속적으로 난민 실태와 난민법에 대한 문제점이 제기되고, 특히 2018년 7월 예멘 난민 제주입국을 계기로 난민에 대한 사회적 관심이 증가하면서 이에 대한 개선을 요구하고 있는 상황에서 법무부는 난민법 전면개정안의 입법을 추진하기 시작하였다. 하지만 난민인정자의 사회적응 및 취업지원 근거규정 마련, 인도적 체류자의 취업지원 근거규정 마련, 난민신청자의 취업허가 확대 등 처우에 있어서는 일부 개선된 안을 내놓고 있지만, 강제송환 금지원칙과 공정하고 충실한 난민심사기회의 보장의 측면에서는 심각하게 우려가 되는 법안이다. 따라서 다양한 사회적 공론화를 통해 난민 문제에 대한 새로운 대안을 마련해야 한다는 요구가 커지고 있다.

한국은 2012년 난민법 제정 이후 난민의 지위와 처우 보장을 위한 정부예산이 반영되기 시작하여 예산규모도 매년 조금씩 증가하고 있는 추세이다. 특히 난민법 제4장에는 난민 인정자, 인도적 체류자, 난민 신청자의 처우와 관련된 사항을 명시하고 있다. 현재 난민 지원을 위한 정책의 주요 내용으로는 생계비 지원, 주거시설 지원, 교육지원, 의료지원 등이 있다.

6) 한국의 난민 현황

1994년 이후 2020년 6월말까지 난민신청자는 69,636명이며, 심사결정 종료자는 31,099명이다. 이 중 1,058명이 난민인정을 받았고, 2,320명이 인도적 체류허가를 받아 총 3,378명이 난민인정(보호)을 받고 있다. 난민 신청사유는 종교(16,616명), 정치적 사유(12,273명), 특정 사회집단 구성원(7,122명), 인종(4,049명), 국적(402명), 기타(29,174명)이다.

표 10-3 난민신청 심사결과 (단위: 건)

구분 연도	심사완료	난민인정(보호)					불인정
		소계	인정	인도적체류	인정률	보호율	
총계	31,099	3,378	1,058	2,320	3.4%	10.9%	27,721
'94-'12년	2,646	495	324	171	12.2%	18.7%	2,151
2013년	523	63	57	6	10.9%	12%	460
2014년	1,574	627	94	533	6%	39.8%	947
2015년	2,755	303	105	198	3.8%	11%	2,452
2016년	5,665	350	98	252	1.7%	6.2%	5,315
2017년	5,875	437	121	316	2.1%	7.4%	5,438
2018년	3,964	652	144	508	3.6%	16.4%	3,312
2019년	5,084	310	79	231	1.5%	6.1%	4,774
'20년 1~6월	3,013	141	36	105	1.2%	4.7%	2,872

※ 인정취소 7건 및 철회 1건 포함(2009년 4건, 2010년 2건, 2011년 1건, 2014년 1건)
출처: 출입국·외국인정책본부, 2020년 6월.

표 10-4 사유별 난민신청 현황 (단위: 건)

구분	소계	종교	정치적 의견	특정사회구성원	인종	국적	기타
총 누계	69,636	16,616	12,273	7,122	4,049	402	29,174

출처: 출입국·외국인정책본부, 2020년 6월.

많은 난민신청수에 비해 2020년 6월까지 난민인정자는 1,058명으로 전체 난민신청자의 3.4%에 해당한다. 인도적 체류허가를 받은 2,320명을 포함해도 한국에서 난민으로 보호를 받는 사람은 신청자의 약 10.9%에 불과해 한국에서 난민으로 인정받기는 실질적으로 매우 어렵다. 세계 190개국 전체의 난민 인정률(30%)과 난민 보호율[5](44%)에 비교하면 한국이 난민 수용에 인색하다는 것을 알 수 있다.

박해의 가능성이 없는 안전한 국가 출신이거나 안전한 국가로부터 온 경우 또는 오로지 경제적 이유로 난민인정을 받으려는 등 난민인정신청이 명백히 이유 없는 경우에는 난민인정심사의 기회 자체를 박탈하는 것이 대부분이었다.

7) 한국의 난민 대응과 향후 대안[6]

난민 수용찬성론의 측면에서 오늘날 대한민국은 선진국 반열에 올라선 국가이며, 이미 난민 협약을 포함한 여러 인권 조약에도 가입되어 있고, 무엇보다도 과거 일제강점기와 한국전쟁기에 우리 국민들이 중국, 미국 등지로 흩어져 살았던 아픈 역사도 있었다는 점을 강조하고 있다. 그럼에도 불구하고 주요 선진국 가운데 한국의 난민 수용률은 아직 매우 미비한 수준이다. 이제 국제적인 이슈인 난민 사태에 대하여 자국의 위상에 걸맞는 책임감을 보여주어야 할 때이다. 또한 탈북자는 수용하고 있는 현실 속에서 다른 난민을 허용하지 않고 있는데. 한국 정부는 탈북자를 국민으로 보고 있지만 세계의 시각으로는 그렇

5) 난민 보호율 = 난민 인정률 + 인도적 체류율.

6) 위키백과(ko.wikipedia.org/wiki/대한민국의 난민 수용 논란)의 내용을 일부 발췌·인용함

지 못하다. 자칫하면 국제사회에서 이를 문제삼아 탈북자들이 한국으로 입국하기 힘들어질 수도 있다. 또한 이슬람권 난민이라는 이유로 잠재적 범죄자 또는 테러를 저지를 지도 모른다는 편견으로 바라보는 것도 인종 차별적이다고 볼 수 있다. 중대한 결격 사유가 없는 경우 기본적으로는 인도주의적인 관점에서 난민을 수용하는 것이 합당하다.

난민 수용반대론의 측면에서 한국은 식민 지배와 내전을 겪으며 선진국에 진입한 국가로서, 식민지배를 통해서 이익을 얻고 세계 각지에 분쟁의 소지를 남겨둔 구 제국주의 열강들과는 다르다. 한국은 오늘날의 난민 사태에 관하여 직접적인 역사적·정치적 책임이 없다. 또한 이미 북한이탈주민 및 구 공산권 난민들을 받아들였으며, 한국이 비록 선진국으로 평가받기는 하지만 내부적인 사회적·경제적 문제점들도 많은 상황에서 난민에게 우선적으로 투자할 만큼 풍족한 나라는 아니다. 특히 한국은 선진국 반열에 진입한 지 얼마 되지 않았으며, 거시적인 경제측면에서만 선진국의 반열에 올라섰을 뿐 난민복지 등 새로운 대규모의 재정지출을 하거나 이를 뒷받침할 행정적인 시스템이나 복지제도는 아직 감당할 능력이 부족하다.

또한 난민들이 한국에 가질 충성심이나 기여도에 대한 검증도 제대로 이루어지지 않았으며, 예멘 난민 사태 이전에 지금까지 난민 입국을 노려왔던 동남아권 출신자들은 사유재산에 대한 개념이나 공과 사에 대한 구분이 모호하다. 특히 교육열의 격차가 큰 출신국의 난민들이 제대로 한국에 적응하고 기여할 수 있을지 의문이다. 이슬람권 난민들의 경우에는 유럽 난민 사태라는 선례를 고려해 볼 때 한국이 많은 노력과 희생을 치르며 수호한 자유와 민주주의, 인권의 가치에 동화될 수 있는지에 대해 의문이 남는다. 단지 인도주의적인 가치만을 위해서 이처럼 많은 위험 부담과 동시에 경제적 부담까지 수반하는 난민을 수용해야 한다는 것에 우려하고 있다.

한국은 아직 난민에 대한 인식 측면에서 단편적이나 무지한 수준이고 수용정책 측면에서 많은 문제점을 가지고 있다. 난민 유입에 대한 부정적 인식으로 인해 난민 인정의 경우 자의적이고도 까다로운 난민 심사의 벽 앞에서 통과 자체가 거의 불가능한 상황이라 생존의 위협을 경험하는 극한 상황에 놓여 있다. 난민 진행 과정에서의 절차 상의 문제나 인정 여부와는 별도로 난민들에 대한 사회적 인식이나 지원에 한계가 있어서 이들의 정착이 어려운 상황이다. 특히 이들로 인한 재정적 부담이나 사회 불안 요소 발생을 우려하고 있다. 하지만 장기적 관점에서 노동력 확보를 통한 성장 잠재력으로 볼 수 있다는 의견도 제기되고 있으나 아직 적극적인 수용과는 거리가 멀다. 강경한 배타주의와 막연한 인도주의로 추진되고 있는 난민 수용 문제에 대해 한국은 국제적 위상에 맞게 인도주의적 결정을 확대할 것을 요구받고 있다. 한국사회의 난민정착을 위한 정책 제언은 다음과 같다(류지호, 2020).

첫째, 법무부에서 운영 중인 재정착 난민을 위한 사회통합프로그램의 실질적인 개선이 필요하다. 출입국·외국인 지원센터에서 재정착난민을 위한 다양한 교육과 조기적응 프로그램을 통해 정착에 필요한 지원을 실시해야 하며, 실질적인 정착과 안정된 삶을 위한 모든 체류 자격 취득에 용이하도록 제도와 시스템 마련·개편이 요구된다.

둘째, 난민을 지원을 위한 민·관 협력체계가 필요하다. 지역별 난민 지원 협력센터 구축을 통한 지원 시스템 마련 및 강화를 통해 문제점을 개선하고, 민·관 업무 조정을 통한 지원 체계를 세분화·전문화하는 것이 요구된다. 이를 통해 체계적 지원과 업무 분산을 통해 담당 인력의 부족으로 인한 문제점을 개선하는 것이 요구된다.

2. 중도입국 청소년에 대한 이해[7)]

1) 중도입국 청소년의 개념

중도입국 청소년들은 2000년도 이후에 급속히 증가하기 시작한 국제결혼 재혼가정수의 증가에 따라 생겨난 구성원들이다. 2000년 이후 외국인, 이방인들에게 배타적이던 과거와 달리 인식이 변하고 정책이 바뀌면서 국제결혼 재혼가정과 귀화한 재외동포들이 급증하였다. 이들은 정착 후 혹은 그 과정에서 본국에서 낳고 키웠던 자녀들을 데리고 오기 시작했는데 바로 그 자녀들을 칭한다.

최근 한국직업능력개발원과 교육부는 중도입국 자녀의 유형에 대하여 국제결혼 중 재혼으로 이루어진 가정의 자녀를 포함한 외국에서 출생한 뒤 성장과정에서 국내로 입국 및 체류하게 된 외국인근로자의 자녀 등을 포함하여 유형화하였다(황복선, 2019 재인용).

2) 중도입국 청소년 현황

현재 이주배경 중도입국 청소년 관련 통계는 정부 각 부처별로 주체와 통계의 활용도에 따라 다르기 때문에 정확한 공식 통계는 확인하기 어렵다.

법무부는 결혼이민자의 재혼 여부에 따라 이주배경 중도입국 청소년을 정의한다. 법무부는 결혼이민자의 전남편과의 관계어서 출생하고, 한국으로 입국하여 외국인 등록 혹은 귀화 한 18세 미만의 미성년 자녀를 이주배경 중도입국 자녀로 분류한다. 여성가족부는 외국에서 체류경험을 분류 기준으로 한다. 즉 다문화 가족의 자녀 중 외국에 거주한 적이 있거나 혹은 외국에서 주로 성장했던 9~24세 연령의 자녀로 정의한다. 교육부는 결혼이민자가 한국인과 재혼한 이후에 본국에서 데려온 경우, 한국인과 결혼이민자 사이에서 태어났으나 결혼

7) 김송렬(2020)의 내용을 일부 발췌·인용함

이민자 본국에서 성장하다가 입국한 경우 등으로 정의하고 있다.

교육부는 공교육기관의 재학여부에 따라 이주배경 중도입국 청소년 인원을 분류한다. 교육부는 공교육에 진입한 학생들의 수만 알 수 있는데, 한국교육개발원 교육통계서비스에 따르면 이주배경 중도입국 청소년은 2020년 4월 기준 9,151명이다.

표 10-5 다문화 유형별 학생 수

(단위 : 명)

구분	2018년				2019년				2020년			
	초	중	고	계	초	중	고	계	초	중	고	계
국내출생	76,201	13,617	8,445	98,263	83,620	15,906	8,543	108,069	85,089	19,532	9,049	113,774
중도입국	5,046	1,933	1,341	8,320	5,163	2,153	1,381	8,697	5,073	2,459	1,415	9,151
외국인 가정	11,869	2,577	1,183	15,629	15,175	3,688	1,596	20,459	15,175	4,782	2,014	24,453
계	93,116	18,127	10,969	122,212	103,958	21,747	11,520	137,225	107,694	26,773	12,478	147,378

자료: 교육통계서비스(2020) 재구성

여성가족부의 '2018년 전국 다문화가족 실태조사'에 의하면 이주배경 중도입국 청소년 즉 외국에서 성장 혹은 거주 경험을 가진 자녀들은 16,2%(약 15,383명)로 추산되고 있다. 이들 중 학교에 진학하지 않는 비율이 약 30%에 달하며, 입학 소요 기간도 6개월 이상 걸린 경우가 약 43%에 이르는 등 공교육 진입이 어려운 경우가 많다(여성가족부, 2020).

3) 중도입국 청소년에 대한 사회적 문제와 정책

대한민국이라는 터전에서 태어나고 자라난 다른 다문화가정 자녀들과 달리 중도입국 자녀들은 본국에서 나고 자라는 과정에서 부모와 헤어졌다가 비로소 한국에서 재결합하는 과정을 겪기도 한다. 또한 이들은 본인들의 의지 없이 거취가 결정되는 경우들이 많고, 사전에 심적인 준비 없이 한국으로의 이주를 결정하게 되기 때문에 한국에서의 적응에 큰 어려움을 겪는 경우가 많다.

중도입국 청소년들은 주로 부모의 결정에 따라 한국에 이주하는 비자발적 입국인 경우가 많다. 이들은 낯선 한국의 사회생활에서 소외나 불안을 느낄 수 있는데, 이 시기에 가족들이 지지역할을 잘 해 주면 한국사회에 비교적 빠르게 잘 적응할 수 있다. 하지만 이들에게 새 가족과 관계를 맺는 것은 비교적 큰 부담으로 여겨진다. 거기에 의사소통까지 잘 되지 않으면 새 가족들과의 친밀한 관계를 이루지 못해 자기 본국으로 돌아가는 경우도 많다. 부모 중 한 사람이 한국인과의 재혼으로 인해 새로운 가족관계를 본인들의 의사와는 관계없이 받아들여야만 하고, 또 국가를 초월한 부모들의 양육 방식으로 혼란을 경험하기도 한다.

중도입국 청소년인 자녀들은 언어 소통의 큰 어려움으로 인하여 새로 입양된 양모나 양부와 친밀한 관계를 원활하게 형성하지 못한다. 양부모의 친자녀들과도 원만한 가족의 구성원으로서의 일체감을 이루기가 매우 어렵다. 중도입국 청소년인 자녀들은 자신들이 성장하면서 가지게 된 삶의 방식이나 출생국의 문화적인 특성을 인정받지 못하고 양부나 양모의 가치관과 문화를 일방적으로 따를 것을 강요받게 된다. 새롭게 이룬 가정이 천천히 친밀한 관계를 맺기도 전에 의사소통이 잘 되지 않아서 비롯된 갈등이 많이 내재되어 있다. 그리고 한국어 능력이 부족한 외국인 부모는 가족들 사이에 갈등이 생길 경우에 중도입국 청소년의 입장을 대변해 주거나 중재하는 일에 거의 도움을 주지 못한다. 또한 가족들의 관심이 많이 부족하거나 정서적인 지지를 받지 못하는 경우와 가정의 경제적인 어려움으로 인해 부모들이 생계 활동에 전념해야 하는 상황이 중도입국 청소년 자녀들이 적응과정에서 겪는 큰 어려움이라고 할 수 있다.

언어 문제는 중도입국 청소년들이 모두 공통적으로 겪는 가장 큰 어려움이다. 중도입국 청소년들뿐만 아니라 한국에서 출생한 다문화가정의 청소년들도 해당되는 부분이다. 중도입국 청소년들은 모두 외국에서 태어나서 자라 출생국의 영향을 받은 후 대부분 청소년 시기에 한국으로 들어온다. 당연히 한국에 대한 정보가 거의 없고, 한국어의 능력이 부족하거나 전무하다.

한국 학교에 입학을 한다고 해도 전혀 한국어를 알지 못하는 중도입국 청소년들은 학교의 수업을 따라가기 힘들어 예비학교나 한국어교육센터 등에서 먼저 한국어를 배운 뒤에 학교에 입학한다. 입학 후에도 한국어 수업과 학업을 병행하는 경우들이 많다. 한국어를 학습하기 위해서는 학교 수업 이외에도 별도의 한국어 학습 지원 교육기관 확충이 필요하다.

학교의 적응에 관한 어려움도 있다. 무엇보다도 이 청소년들은 한국어를 잘 이해하지 못하므로 학교 수업과 관련하여 언어적인 문제로 과도한 학업 스트레스를 겪고 있다. 한국식인 입시 위주의 학업을 처음부터 따라가기도 힘들며, 주어진 과제를 제 때에 수행하기도 어렵다. 학사관리에서도 중도입국 청소년은 입학 전 한국어 수업으로 인해 한두 해 늦게 입학한다. 그래서 자신보다 어린 나이의 학생들과 같이 수업을 하는 경우도 많아서 언어 문제로 수업 내용을 이해하지 못해 친구들에게 무시를 당해 자존심이 상하기도 한다. 이로 인해 수업 중단이 발생할 수도 있고, 또 교우 관계에서도 따돌림과 놀림을 받으며 한국 친구들과 소외되는 경향이 비교적 높다. 그리고 의사소통의 부족으로 인한 학업의 부진으로 이들은 학업을 지속해 나갈 동기를 잃고 학교 밖의 청소년으로 될 수밖에 없는 상황이 된다.

학교 수업을 제대로 따라갈 수 없는 중도입국 청소년들의 내적 갈등이 아주 극명하게 존재하고 있음에도 불구하고, 가정에서 자녀를 학교의 교육 시스템에 들여보내고자 하는 부모들의 열망으로 학교측과 가족들이 네트워크를 이루어 학습 환경과 학습 동기를 조성하고자 하나, 이는 오히려 역효과를 불러일으킬 가능성이 높다. 또한 반대의 경우 자녀들의 교육에 전혀 관심이 없거나 혹은 잘 돌볼 수가 없는 부모들은 자녀들의 교육적인 공백 기간을 방치하게 되는 결과를 낳는다. 중도입국 청소년들의 실제 현황을 종합적으로 보면 학령기에 있는 청소년이지만 학교생활 적응에는 큰 문제가 있기 때문에 이들에게 더 많은 지원과 관심이 필요하다.

그러나 아직까지는 중도입국 청소년들을 위한 정책적 대안이 마련되지 않아 대한민국에 입국하여 방황하는 청소년들이 많다. 많은 중도입국 청소년들이 입국 후 자신의 사회적 연결망을 형성하지 못하고, 한국의 사회에 적응하기 힘들어 집에 칩거하는 경우들이 많아 사실상 여성가족부에서 조사하는 중도입국 청소년들에 대한 통계 이상의 청소년들이 존재할 것이라고 추정하고 있다.

대한민국의 「출입국관리법상」 부모가 한국국적을 취득하였거나 한국인과의 재혼가정일 경우 미성년자들에게 장기체류를 허가하는 비자를 내주기도 한다. 그렇기에 한국에 장기체류를 한 자녀들의 경우에는 한국에서 생활한 만큼 오히려 본국에서 적응을 못할 가능성도 크다. 또한 이들이 한국에 체류하려는 가장 큰 목적은 바로 부모의 존재이다. 유년기에 부모와 떨어져 지낸 적 있는 중도입국 자녀들의 경우에는 특히 부모와 함께 생활하기 위해 국적을 취득하고자 한다.

그러나 현재는 많은 중도입국 자녀들이 한국의 차별적인 시선, 초기 적응 시 형성하지 못한 사회적 연결망 등으로 인해 진학을 포기하고, 취업을 하려고 해도 사회적 고립으로 인해 교육이나 취업에 관련한 정보를 얻을 수 없고, 한국어 학습을 할 수 없어 한국 생활에 적응을 하지 못해 스스로 집에 칩거하는 니트족(Not in Education, Employment, or Training, NEET)이 되고 있는 현실이다. 이들의 부적응으로 인한 고립은 추후 더 큰사회적 비용을 초래하게 될 수 있다.

이미 많은 중도입국 청소년들이 한국에 존재하고 있지만 아직까지 관심의 부족으로 인해 많은 정책이나 대안들이 부족한 상황이다. 특히 부모의 뜻에 따라 거취가 결정되는 중도입국 청소년들을 위해서는 적응을 위한 개별 상담, 부모와의 이별 후의 재회로 인해 겪게 될 부작용에 대한 대비가 필요하다. 재혼가정일 경우 적응하기 위한 가족상담 등이 필요하지만, 실제로는 이러한 지원이 많이 부족하여 많은 학생들이 방황하고 있다.

중도입국 청소년의 한국어 습득을 위해 다문화 예비학교를 운영한다. 다문화 예비학교는 다문화가정 학생이 정규 학교에 배치되기 전 한국어와 한국 문화를 집중적으로 배울 수 있는 프로그램을 운영하는 곳을 말한다. 교육부는 출입국 외국인사무소에서 중도입국가정 자녀가 자신의 신분을 등록하는 시점부터 아이들의 입학 전 과정을 지원하는 시스템을 마련했다.

하지만 다문화 예비학교나 시스템을 통해 도움을 받지 못한 중도입국 청소년은 정규학교 등록에도 어려움을 겪는다. 성인이 되기 전까지 한국인으로 귀화하지 않은 중도입국 청소년은 이후 체류가 불안정해진다. C-3-8 등 단기 비자 자격이기 때문에 출·입국을 반복하거나 취업 관련 비자, 결혼 관련 비자를 취득해야 하지만, 중도입국 청소년의 귀화가 어렵다는 문제가 있다. 한국에 계속 머물기 위해 취업 관련 비자를 얻어 취직하는 방법도 있지만 중도입국 청소년에겐 어려운 선택이다.

4) 중도입국 청소년에 대한 대안

중도입국 청소년들이 직면하고 있는 문제들은 상당히 복합적이고 중층적이다. 특히 사회의 변화에 따라 그 문제의 종류 역시 더욱 복잡해지고 분야별로 세분화되고 있는 실정이다. 이를 위해서는 정부 부처 및 지자체의 다양한 개선안들이 필요하다.

첫째, 법률적 정리 및 통합과 개선, 그리고 중도입국 청소년에 대한 정확한 정의가 설정되도록 해야 한다. 여성가족부에서 지원하는 아동은 만 24세 이하이지만, 교육부 및 UN아동인권보호조약 등에서 명시하는 아동은 만 18세로 이야기하는 등 여러 혼선이 있다. 우선 이들의 명확한 실정 파악을 위해 정확히 정의를 내리고 보다 세밀한 조사를 시행하여 이들에게 가장 시급한 지원책이 이루어지도록 개선해야 한다.

둘째, 중도입국 청소년들을 위한 한국어 수업의 개편이 필요하다. 현재 지방자치단체에서 지원책으로 개강되고 있는 한국어 수업들은 다수의 학습자들을 대상으로 하기 때문에 결혼이주민과 외국인근로자들에게 편중되어 있는 상황이다. 이는 미성년자인 중도입국 청소년들을 위한 내용으로 적합하지 않고, 이들이 필요로 하는 내용과도 맞지 않아 그 학습의 효율성이 많이 떨어진다.

따라서 중도입국 청소년 대상 한국어교육 프로그램을 마련하는 것이 중요하다. 이는 한국사회의 적응 및 교육, 향후 진로 개발과 깊은 관련이 있기 때문이다.

셋째, 중도입국 청소년을 위한 예비학교의 증설이 필요하다. 정착을 목적으로 입국한 중도입국 청소년들의 경우에는 공교육으로의 진입이 필요하기 때문에 이들의 국공립 학교로의 진입을 위해 문화적응의 시기가 필요하다. 뿐만 아니라 낯선 타지인 대한민국에 입국하며 가족을 제외한 별도의 인간관계를 맺는 것에 어려움이 있어 사회적으로 고립되기 쉽기 때문에 또래와 어울릴 수 있는 시간이 필요하다. 따라서 또래관계를 형성하고 적응기를 공감하고 공유할 수 있는 상호작용을 형성하기 위한 장을 구축하기 위해 예비학교의 존재가 필요하다.

넷째, 재혼가정의 경우 중도입국 청소년들이 새로운 가족구성원 안에서 생활하게 되기 때문에 이에 대한 지원 대책이 필요하다. 새로운 문화를 지닌 사회에서 타인들과 인간관계를 형성하는 것만으로도 이미 이주민인 그들에게는 사회 진입의 난이도가 높다. 이에 더해 일면식도 없던 사람들과 가족이라는 테두리를 형성하고 살게 될 경우 한 집에서 생활을 공유하게 되어 사회에서 만난 타인들보다 더 잦은 갈등을 빚게 된다. 그리고 가족구성원의 동의가 이루어지지 않은 상태로 중도입국 청소년을 입국시킬 경우 경제적 지원 문제와 귀화 문제로 갈등이 발생할 수도 있다. 따라서 입양 절차 진행 이전에 친부모와 양부모의 충분한 사전 만남이 이루어져야 하며, 지속적인 가족 상담과 입양 이후 부모교육 이수를 의무화하여 가족 해체의 위험성을 줄여야 한다.

다섯째, 학령기에 속하지 않는 성년을 맞이한 중도입국 자녀들을 위한 직업교육 제도의 개편이 필요하다. 현재 많은 자녀들이 학령기에 속하는 청소년기를 한국에서의 적응에 쏟아 붓고 뒤늦은 진로 고민으로 힘들어하는 실정이다. 그러나 고용노동부에서 지원하는 직업교육 프로그램의 경우 그 대상자가 국민이나 결혼이주민의 자녀, 난민 체류 허가자로 제한되어 있기 때문에 여기서 소외되는 중도입국 청소년들은 그 기회를 얻을 수가 없다. 이와 같은 지원은 정부의 지원 프로그램에 속하는 만큼 한정적인 자본과 자원으로 이루어지므로 무차별한 지원이 이루어질 수 없다. 또한 자격 요건에 부합하는 중도입국 청소년의 경우에도 정부에서 지원해 주는 직업교육 수업이 한정적이라 실질적으로 진로에 도움이 되는 수업을 수강하는 데에는 한계가 있다. 따라서 장기적으로 중도입국 청소년들의 기술적 지식과 능력을 강화하기 위한 직업교육의 개편은 노동시장에서의 인적 자산의 강화를 불러오고, 성공적인 정착을 지원하여 사회적 비용의 감소를 불러올 수 있다.

3. 북한이탈주민에 대한 이해

1) 북한이탈주민에 대한 개념[8)]

'북한이탈주민'이란 군사분계선 이북지역(이하 "북한"이라 한다)에 주소, 직계가족, 배우자, 직장 등을 두고 있는 사람으로서 북한을 벗어난 후 외국 국적을 취득하지 아니한 사람을 말한다(「북한이탈주민의 보호 및 정착지원에 관한 법률」 제2조). 북한이탈주민은 「헌법」에 따른 대한민국 국민으로 별도의 국적 취득 절차가 필요 없고, 국내 입국 후 보호결정이 되면 정착지원법에 따른 보호 및 지원을 받는다는 점에서 현재 남한 사회에서 활발히 논의되고 있는 결혼이주여성이나 외국인근로자 등 다른 이주민들과는 근본적으로 다른 성격을 가진다[9)].

2000년대 이전 귀순용사로 지칭되어 이들의 존재가 냉전구도에서 체제의 우월성을 검증하는 사례로 대상화된 데 반해, 이후의 용어들은 이들이 처한 상황과 한국사회에서 어떠한 구성원으로 받아들여질 것인가에 관한 고려가 반영되

8) 권숙도(2014), 김현정, 박선화(2016)의 내용을 일부 발췌·인용함

9) 「헌법」 제3조는 '대한민국의 영토는 한반도와 그 부속도서로 한다'고 규정되어 있다. 북한은 국제적으로는 남한과 함께 UN에 공식가입한 나라여서 북한국적이 인정되지만, 1992년의 남북기본 합의서의 서문에서는 남북관계를 '나라 사이의 관계가 아닌 통일을 지향하는 과정에서 잠정적으로 형성되는 특수관계'로 규정하고 있기 때문에, 국적에 관한 한 남한은 「헌법」 제3조를 기본으로 할 수밖에 없다.

었다. 2000년대 중후반에 이르러서야 탈북자, 새터민을 거쳐 북한이탈주민으로 법적 용어로 일단의 사회적 합의가 이루어졌다.

'북한을 이탈하여 온 주민'이라는 뜻의 해당 용어는 '귀순자'라는 단일성보다는 주민, 이주민이라는 말이 지칭하는 집단성, 특히 '민'이라는 단어가 내포한 국가성은 북한이탈주민을 남한의 국민으로 인정한다는 측면에서 법률적으로나 학술적으로 적합하다고 본다.

2) 북한이탈주민 현황[10)]

(1) 북한이탈주민의 국내입국 추세

2000년대 이후 지속 증가하여 2003~2011년에는 연간 입국 인원이 2,000~3,000명 수준에 이르렀으나, 2012년 이후 입국 인원이 점차 줄어들어 연간 평균 1,300명대로 감소, 2019년도에는 1,047명 입국하였다. 감소 요인은 브로커 활동 위축, 북중 국경 경계강화 등으로 분석되었다. 2019년까지의 기준으로 국내 입국 탈북자수는 33,523명이다.

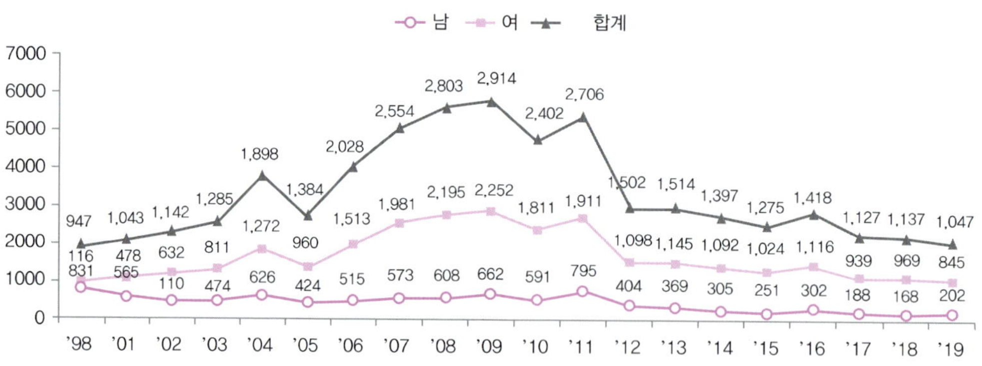

그림 10-1 북한이탈주민 연도별 입국 추세

출처: 관계부처 합동, 2020.

10) 관계부처 합동(2020)의 내용을 일부 발췌·인용함

성별로는 여성 입국자 수가 2002년을 기점으로 남성 입국자 수를 추월하기 시작하여, 2019년 입국까지 전체 입국자의 약 72%가 여성이었다. 직업별은 무직·부양자, 노동자 등 직업능력 취약자가 84.9%를 차지했다. 학력별로는 고등학교 이하 학력이 79.6%로 대부분 저학력이었다. 연령별로는 입국당시 기준 20~30대가 전체 입국자의 57.3% 점유하는 등 상대적으로 적응력이 높은 젊은 층 입국이 많으며, 현재 연령 기준으로는 경제활동인구인 30~40대가 약 52.9%를 차지하고 있다.

(2) 정착 현황

경제적 측면에서 최근 9년간('11 ~ '19년) 탈북민의 주요 경제활동 상태는 꾸준히 나아지는 모습을 보이며, 임금근로자 월평균 소득은 조사 이래 최초 200만원대 돌파하여 일반국민과의 임금격차가 지속적으로 감소 추세이다. 경제활동참가율, 고용률, 실업률 등도 편차가 있지만 지속적으로 호전되는 추세를 보이고 있다.

표 10-6 탈북민 경제활동참여 현황

내용	'11	'12	'13	'14	'15	'16	'17	'18	'19
경제활동참가율(%)	56.5	54.1	56.9	56.6	59.4	57.9	61.2	64.8	62.1
고용률(%)	49.7	50.0	51.4	53.1	54.6	55.0	56.9	60.4	58.2
실업률(%)	12.1	7.5	9.7	6.2	4.8	5.1	7.0	6.9	6.3
월평균임금(만 원)	121.3	137.7	141.4	147.1	154.6	162.9	178.7	189.9	204.7

출처: 관계부처 합동, 2020.

생활만족도 측면에서 탈북민의 남한생활 만족도는 상승하는 반면, 차별·무시당한 경험은 점차 감소하는 상황이다. 탈북청소년의 경우 대다수가 일반 정규학교에 재학 중이며, 그 외는 대안학교에 재학 중으로 나타났다.

3) 북한이탈주민 관련 정책[11)]

(1) 북한이탈주민 정착지원 기본계획

2013년 「북한이탈주민의 보호 및 정착지원에 관한 법률」(약칭: 북한이탈주민법) 개정으로 탈북민 보호 및 정착지원에 관한 기본계획을 수립·시행할 수 있는 근거를 마련하였다. 「북한이탈주민법」 제4조의3은 3년마다 기본계획을 수립·시행하며, 매년 기본계획에 따른 연도별 시행계획을 수립·시행하도록 규정하였으며, 기본계획에는 교육, 직업훈련 및 고용촉진, 고용유지, 의료지원·생활보호, 정착지원시설 운영 및 주거지원, 사회통합·인식개선 등에 관한 사항을 포함하였다. 2014년 19개 정부 부처·기관의 탈북민 지원 사업을 종합하여 「제1차 기본계획(2015~2017)」을 수립하였으며, 이를 보완한 후 「제2차 기본계획(2018~2020)」이 시행되었다.

제1차 기본계획의 주요 추진성과를 살펴보면 다음과 같다.

첫째, 탈북민의 자립·자활 역량 강화이다. 탈북민 개인의 특성을 고려, 다양한 분야로 진출할 수 있도록 분야별 다양한 지원경로를 발굴·정립하였다. 취업알선, 정부·공공기관, 전문직(의사·교사), 창업, 영농 등 다양한 분야로의 진출을 지원하였다. 또한 자산형성제도(미래행복통장)를 신규로 도입·시행('14.11월)한 이후 탈북민의 특성에 맞게 제도를 개편하여 가입자가 꾸준히 증가하였다.

둘째, 탈북청소년 교육지원이다. 학교 적응을 위한 지원과 함께 우수 학생을 글로벌 인재로 양성하기 위한 다양한 프로그램을 확충하였다. 제3국 출생 자녀의 입국이 증가하는 정책현실을 반영하여 이들에 대한 정책적 지원도 확충하였다. 또한 양육가산금을 도입('17.2월)하고, 정원 내 특례입학 및 등록금 지원 등을 확충하였다.

셋째, 정책 추진체계를 정비하였다. 지역협의회 확대(88→116개) 등을 통한 지역 차원의 협업체계 강화, 교육·의료·법률 등 탈북민 지원 민간기관 간 연계망을 강화하였다. 또한 '통합사례이력관리시스템' 구축을 통해 개인별 특성에

11) 관계부처 합동(2018, 2020)의 내용을 일부 발췌·인용함

맞는 사례 관리를 위한 기반을 마련하였다.

넷째, 사회통합 강화이다. 우리 사회에서 성공적으로 정착한 다양한 사례를 창출하여 탈북민과 지역주민간 통합 프로그램에 대한 공감대를 형성하였다.

1차 기본계획 추진에 따른 한계와 향후 과제도 나타났다.

첫째, 정착 상황은 지속 개선되고 있으나, 일반국민과의 격차는 지속되었다. 질적인 지원 성과에도 불구하고, 일반국민과 격차로 탈북민이 체감하는 삶의 질이 상대적으로 낮은 상황이었다. 따라서 법률상 보호기간 종료에도 불구하고 정부에 대한 의존성이 지속되는 경향이 나타났다.

둘째, 지자체와 민간의 참여 확대 및 제도화의 필요성이 제기되었다. 중앙정부 중심의 지원체계 내에서는 탈북민 실생활에 실질적으로 도움이 되는 지원 수요가 충족되지 못하는 한계가 있었다.

셋째, 지역주민과의 교류 등 사회통합 측면의 정책 확대가 요구되었다. 일반국민들이 탈북민을 친근하게 느끼지 못하고, 탈북민 역시 체제와 문화가 다른 우리 사회 내 편견과 차별을 호소하는 상황이 계속되었다. 재입북, 북송요구, 제3국 망명 등 일부 탈북민들의 부적응 사례가 부각되어 일반국민들에게 부정적 인식이 초래되었다.

따라서 탈북민들의 실생활에 도움이 되는 방향으로 정책 내용 및 지원을 강화하고, 지원체계를 개편하고, 탈북민을 포용할 수 있는 사회적 환경 조성이 필요하다는 점이 지적되었다.

(2) 제2차 북한이탈주민 정착지원 기본계획

현 탈북민 정책의 기본방향인 「생활밀착형 북한이탈주민 정책」의 추진방향을 정립·제시하였다. 기존 '자립·자활'과 '사회통합'의 정책 방향을 지속 유지하면서 탈북민의 실생활 수요를 충족시키기 위한 체계마련에 주력하였고, 특히 탈북민이 정책과정에 참여할 수 있는 제도적 통로를 개설하여 수요자의 의견에 따라 정책이 진화할 수 있는 구조를 마련하였다.

생활밀착형 정책 구현을 위해 정책 내용과 지원 체계, 우리 사회 환경을 전반적으로 재설계하였다.

표 10-7 제2차 북한이탈주민 정착지원 기본계획 비전과 방향

비전	북한이탈주민과 함께하는 따뜻한 사회 구현		
방향	삶의 질을 높여주는 정책	온 사회가 함께하는 정책	따뜻한 이웃이 되는 정책

출처: 관계부처 합동, 2018.

정책 내용은 삶의 질을 높여주는 탈북민 정책을 중심으로 맞춤형 일자리와 교육 정책으로 탈북민의 삶의 질 개선, 생활밀착형 서비스를 통한 탈북민의 편의 제고에 집중하였다. 지원 체계는 온 사회가 함께하는 탈북민 정책을 중심으로 중앙–지방–민간 간 유기적 협업을 위한 지원체계를 효율화하였다. 탈북민의 정착과정에 우리 사회 내 다양한 주체가 함께 동참하도록 함으로써 남북주민이 함께 살아가는 통일 준비를 근간으로 삼았다. 우리 사회 환경도 따뜻한 이웃이 되는 탈북민 정책을 중심으로 정착이 어려운 탈북민에 대한 보호 강화 및 사각지대 해소, 탈북민과 지역주민 간 원활한 통합 촉진 및 탈북민을 포용하는 사회 분위기를 조성하는 것에 초점을 맞추었다.

구체적인 추진방향은 20개 중앙행정기관 및 지방자치단체가 함께 추진해나갈 7대 분야 22개 주요과제, 50개 세부과제를 제시하였다.

표 10-8 제1,2차 북한이탈주민 정착지원 기본계획 추진 비교

구분	제1차 기본계획 (2015~2017)	제2차 기본계획 (2017~2020)
과제 구성	5대 영역 20개 과제	7대 영역 50개 과제
추진 기관	19개 중앙행정기관	20개 중앙행정기관 및 지방자치단체

출처: 관계부처 합동, 2018.

또한 생활밀착형 정책 구현을 위한 분야별 정책 방향을 설정하였다.

첫째, 일자리는 안정적 정착을 위한 핵심인 만큼 중점과제로 추진하되, 탈북민 대상 특화된 지원체계 구축을 위해 노력하였다. 둘째, 청소년 교육은 학교적응 및 학습능력 신장을 위한 기존 정책에 더하여 정서안정을 기반으로 학업에 집중할 수 있도록 건강한 가정 형성을 위한 지원에 주력하였다. 셋째, 민원 편의 제고는 생활밀착형 지원을 위해 신규과제로 추진하였다. 넷째, 민간과 지자체 등 온 사회구성원들이 탈북민의 정착에 함께 참여할 수 있는 지원체계를 구축하기 위해 민간협의회 신설 등 다양한 노력을 경주하였다. 다섯째, 지역적응의 핵심인 하나센터가 보다 안정적으로 업무를 수행할 수 있도록 인적·물적·제도적 기반 강화를 위한 방안을 모색하였다. 여섯째, 우리 사회 정착이 어려운 탈북민을 우리 사회 일원으로 포용하기 위해 사각지대를 최소화, 보호체계를 확충하는 데 주력하였다. 일곱째, 지역사회 통합은 중점과제로 지속 추진하되 그간 시행해온 다양한 프로그램에 대한 평가를 바탕으로 보다 체계적이고 표준적인 프로그램을 개발하고 확산하기 위해 노력하였다.

표 10-9 비전과 목표

구분	내용	
비전	북한이탈주민과 함께하는 따뜻한 사회 구현	
목표	생활밀착형 지원을 통한 북한이탈주민의 삶의 질 향상 및 북한이탈주민에 대한 포용적인 우리 사회 환경 조성	
추진 과제	맞춤형 일자리를 통한 자립 지원(5)	1-1. 맞춤형 취업지원 확대(4) 1-2. 탈북민 취업역량 강화(3) 1-3. 탈북민 취업지원체계 재구축(1) 1-4. 자산형성제도 운영(1) 1-5. 탈북민 채용 유인제도 운영 및 확충(2)
	탈북청소년 교육 및 건강한 가정 형성 지원(4)	2-1. 정규학교 탈북청소년 적응력 강화(4) 2-2. 우수 학생 역량강화 프로그램 운영(3) 2-3. 대안교육시설 환경 개선(1) 2-4. 정서 안정을 위한 가족 단위 프로그램 확대(2)
	생활밀착형 서비스 확대(3)	3-1. 온오프라인 민원서류 발급절차 개선(2) 3-2. 정착금 지급 절차 개선(1) 3-3. 생활밀착형 법률지원 강화(1)
	탈북민 정책 협업체계 정비(2)	4-1. 지자체의 탈북민 지원 역할 제고(1) 4-2. 민간의 탈북민 지원 역할 제고(2)
	하나센터 기반 강화 및 지원인력 역량 강화(2)	5-1. 하나센터 확충 및 운영기반 강화(2) 5-2. 하나센터 종사자 처우 개선 및 역량 강화(2)
	취약 탈북민 보호체계 확충 및 생활안정 지원(4)	6-1. 생활보호 및 심리정서 안정 지원(5) 6-2. 취약 탈북민 복지 사각지대 해소(5) 6-3. 신변보호 체계 재정비 및 강화(1) 6-4. 해외 체류 탈북민 보호 및 임시보호 탈북민 인권보호 강화(2)
	탈북민을 포용하는 우리 사회 환경 조성(2)	7-1. 탈북민-지역주민간 교류 활성화(4) 7-2. 쌍방향 인식개선 교육 실시(2)

출처: 관계부처 합동, 2018.

4) 북한이탈주민에 대한 사회통합적 접근과 정책 방향[12)]

북한이탈주민의 경우에는 결혼이주여성이나 외국인근로자 등과 같은 한국사회의 다른 이주민들과는 달리 입국과 동시에 국적이 부여되어 법률적인 측면에서는 대한민국 국민으로서의 완전한 권리를 가진다. 북한이탈주민은 「헌법」상 대한민국의 영토가 '한반도와 그 부속 도서'임을 근거로 하여 별다른 귀화절차 없이 한국 국적이 자동으로 부여되며, 제도적으로는 노동권이나 복지권 등과 같은 법적인 평등의 문제는 따로 제기될 필요가 없다.

그러나 이들은 사회통합의 관점에서는 다른 이주민들과 마찬가지로 이주민이기 때문에 이중적인 사회적 지위로 인한 특수성을 지녔으므로 소수자라는 측면에서 살펴보아야 할 것이다. 분단으로 인해 오랜 기간동안 서로 다른 이념과 체제 속에서 살아왔기 때문에 근본적으로 이질성이 존재할 수밖에 없으며, 이러한 이질성은 북한이탈주민의 수가 증가할수록 표면화되고 사회적인 갈등으로 확산될 수도 있는 가능성이 있다. 북한이탈주민들의 수가 지속적으로 증가하는 것을 감안한다면 이들의 국내 정착과 안정적인 생활을 지원하는 것은 한국사회의 통합에 매우 중요한 부분이라고 할 수 있다. 장기적으로 볼 때 이 수치는 더욱 증가할 것이고, 또 북한에서 어떠한 정치적인 변동이 일어날지 알 수 없기 때문에 현재 한국으로 이주한 북한이탈주민들을 어떻게 한국사회의 구성원으로서 제대로 통합해 낼 것인가에 관한 사회적인 합의를 도출해 내야 할 시점이다.

하지만 북한이탈주민들은 아직 한국사회의 구성원으로서 온전히 인정받지 못하고 있다. 분단과 통일, 오랜 냉전과 이념갈등이라는 역사적이고 정치적이며 이념적인 문제를 내포하면서도 민족공동체라는 복잡한 지위에 있다.

그들을 한국의 체제로 흡수 또는 동화시키려는 노력만 있을 뿐, 사회통합적인 관점에서 어떻게 그들을 받아들일 것인가에 관한 논의는 아직 부족한 현실이다. 뿐만 아니라 결혼이주여성이나 외국인근로자 등과 같은 다른 이주민들과

12) 권숙도(2014), 김현정, 박선화(2016)의 내용을 일부 발췌·인용함

비교하면 오히려 '분단체제하 적대국 출신이며 동시에 「헌법」상 대한민국 국민'이라는 이중적인 사회적 지위(박영자, 2011) 때문에 제대로 된 정책적 관심이나 지원을 받지 못하였다고도 볼 수 있다.

따라서 이들이 한국사회에 잘 적응을 돕기 위해서 이들을 사회통합의 관점에서 바라보는 것이 무엇보다 중요하다. 이들은 대한민국 국민으로서 누려야 할 기본적인 권리를 가지고 있음에도 불구하고, 여러 측면에서 사회적으로 배제되고 차별받는 소수자의 위치에 놓이게 된다. 분단과 통일, 오랜 냉전과 이념 갈등이라는 역사적이고 정치적이며 이념적인 문제를 내포하고 있기 때문에 더욱 복잡한 지위에 있다 하겠다.

북한이탈주민은 한국사회에서 사회적 배제에 직면해 있는 집단 중의 하나이며, 정부와 사회로부터 정책적 지원과 보호를 받아야 할 대상이다. 이들은 한국사회에 완벽히 적응하기도 전에 자본주의체제라는 큰 변화 안에서 정신적·물질적 차별과 편견에 직면하고, 경제적·문화적 차이를 경험하게 된다. 차별과 편견에 대한 경험, 정치경제적·사회문화적 변화로 인해 북한이탈주민의 사회부적응이 다양한 유형으로 나타나 이들의 지역사회통합을 저해하는 요인으로 작용한다. 북한이탈주민의 문제 중 가장 시급한 과제로 사회적응문제를 꼽을 수 있으나, 장기적으로 이들의 적응문제를 해결하고 주류집단과의 갈등을 해소하며, 한국사회 내에서 성공적으로 정착하기 위해서는 다문화 관점의 인식이 필요한 것이다. 또한 국내 북한이탈주민의 양적인 팽창으로 이들은 특정한 통일 민족집단으로 바라보던 이전의 인식이 전환되어야 할 시기가 도래하였다. 현 시점에서 이들에 대한 관점을 민족적 관점에서 다문화적 관점으로 전환하여 바라보아야 할 필요성이 있다.

현재 시행되고 있는 북한이탈주민 지원정책은 제도적인 차원에서 어느 정도 안정화되어 있다고 볼 수 있으나, 사회통합의 관점인 경제적인 측면과 사회적인 가치에의 동화라는 측면 모두에서는 이들을 한국사회의 구성원으로서 자리를 잡도록 돕는 데에는 아직 부족한 모습을 보이고 있다. 이들은 한국사회에서 정체성을 확립하지 못한 채 주변화되어 있다. 사회통합이라는 관점에서는 기존

지원정책이 그 역할을 감당하지 못하고 있는 것이다.

따라서 북한이탈주민들의 사회통합을 위해서 경제적인 측면과 사회가치적인 측면 모두에서 기존의 지원정책을 바라볼 필요가 있다. 경제적인 적응을 지원하기 위해서 기존의 직업교육, 고용지원금 제도는 북한이탈주민들이 좀 더 자립적인 동기를 갖고 노동시장으로 유인할 수 있도록 제도적 보완이 필요하다. 사회가치적인 측면에서는 대한민국 국민으로서의 동질성과 정체성 형성에 오히려 장애물이 되는 대학특례 입학이나 병역 면제 등 불필요한 갈등을 조장할 수 있는 제도의 개선이 시급한 것이다.

사회통합이라는 관점에서 북한이탈주민 지원정책을 더욱 실효성 있게 실시하기 위해서는 중앙정부와 지방정부 간에 협력적인 연계가 마련될 필요가 있다. 온갖 위험을 겪으며 국경을 넘어오는 이주민인 북한이탈주민의 특성상 한국사회에 수용 및 정착의 과정까지는 중앙정부 차원에서 통일부가 전담부처로서 북한이탈주민 관리에 관한 권한을 강화할 필요가 있다. 중장기적으로는 정착 이후 한국사회에 적응하고 통합하는 과정에서 지방정부도 북한이탈주민 정착지원 전담부서 또는 서비스 전담기관을 설치하고 중앙정부와 상호협력적인 연계할 수 있는 방안을 모색해야 한다.

이를 위해 우선 기존의 「북한이탈주민의 보호 및 정착지원에 관한 법률」을 보완하여 북한이탈주민의 보호 및 지원을 넘어서 한국사회에의 적응과 통합에 관한 지원책을 모색할 필요가 있다. 또한 지방정부와 지역 민간단체가 연계하여 지역주도형 민관 협력 거버넌스를 구축하고 이를 현실적으로 뒷받침해 줄 필요가 있다. 그리고 제도적·외형적 통합보다는 구성원들의 내적 결속을 다지고 사회 가치적이고 정서적인 부분에서 대한민국 국민으로서의 정체성을 확립할 수 있는 방법에 관한 고민이 전제되어야 한다.

4. 외국인 유학생에 대한 이해

1) 외국인 유학생 현황과 유입 배경[13)]

국경을 넘는 학생이 증가하면서 법과 제도에 따라 이동하는 학생들에 대한 정의는 다르지만, 일반적으로 이들은 국제학생(international student)과 외국인 유학생(foreign student)으로 분류되고 있다. 국제학생은 학업이라는 하나의 목적을 가지고 자신의 국가나 영토(country, or territory of origin)를 떠나 다른 국가나 영토로 이동한 사람이며, 외국인 유학생은 자신의 국가(home country)의 외부 교육기관에 등록한 비시민(non-citizen)을 의미한다. 그러나 외국인 유학생은 공부를 위해 국경을 꼭 넘을 필요는 없다(UNESCO, 2006; OECD, 2006). 실제 국제학생과 외국인유학생의 구별은 쉽지 않다. 일반적으로 국제학생이 더 널리 쓰이는데, 외국인 유학생은 그들이 등록하고, 데이터가 수집되는 국가의 시민이 아닌 개인이다. 이들은 그 국가에서 태어나고, 오랜 기간 머무르지만 국제적으로 이동한 사람으로 취급되는데, 국가마다 이주법과 이동과 관련한 제도가 다르기 때문에 국제학생과 외국인 유학생 구별은 쉽지 않다(OECD, 2006, 2018).

국립국어원 표준국어대사전에서는 유학생을 '외국에 머물면서 공부하는 학생'으로 정의하고 있다. '외국'의 사전적 의미를 살펴보면 '자기 나라가 아닌 다른 나라'이다. 따라서 유학생은 '자기 나라가 아닌 다른 나라에 머물면서 공부하는 학생'으로 일반적으로 이해된다. 한국 내에서 유학 관련 비자는 D-2에 해당하는데, 출입국법무부의 「체류 업무 자격별 안내 매뉴얼」에 따르면 유학생은 '전문대학 이상의 교육기관 또는 학술연구기관에서 정규과정의 교육을 받거나 특정의 연구를 하고자 하는 자'이다. 이 분류에 따르면, 외국인 유학생은 전문대 및 4년제 대학교, 석사 및 박사과정, 연구 과정, 교환학생 등을 포함한다.

---

13) 류우선(2019), 이나현(2020), 백성준(2015)의 내용을 일부 발췌·인용함

전 세계적으로 외국 유학생의 수는 1975년 60만 명 수준에서 1985년에는 약 90만 명, 1999년에는 약 200만 명 정도로 증가했고, 2016년에는 500만 명을 넘어서 급속하게 증가하고 있다. OECD(2019)의 전 세계 유학생의 증가 현황에 관한 통계에 의하면 2017년 530만 명의 유학생 중 OECD국가 내 유학생 수가 약 370만 명이고 비OECD 국가 내 유학생 수는 약 160만 명에 달하고 있다.

각국의 정부와 교육기관에서는 유학생의 적극적 유치를 통하여 글로벌 경쟁에서 우위를 점하고 우수인재의 유치 및 학생 구성의 다양성을 증진하기 위하여 국제화를 촉진시키고자 한다. 각국이 유학생을 유치하기 위해 적극적인데 구체적인 배경은 공통적으로 해외의 우수한 인력을 유치하여 자국의 경제 활성화에 기여하고자 한다는 점이라고 할 수 있다(최승은, 2020).

우수 인력은 국가 경쟁력을 유지·향상시키기 위한 필수 조건이다. 우수 인력 확보를 위한 전략의 일환으로 우리의 경쟁국들은 외국인 유학생 유치 정책의 변화를 꾀하여 왔다. 미국, 캐나다, 일본 등과 같은 선진국의 경우 유학생의 유치 정책을 단순하게 외국인 학생의 교육에 그치지 않고, 이들의 취업과 정주를 적극적으로 지원하여 주요 산업분야에 필요한 우수 고급인력을 확보하는 데까지 확대하고 있다.

유학생 이동의 구조도 변화하고 있다. 미국과 영국, 서유럽 국가들은 커다란 변화 없이 유학의 핵심국가에 안정적으로 위치하였지만, 다수의 아시아 및 동유럽 국가들이 점차 기존의 주변부 위치에서 중심부로 이동하고 있다. 특히 한국, 싱가포르, 홍콩을 비롯하여 아시아 국가들은 유학생을 유치하여 국내 대학의 역량 강화와 국제화 지표 발전에 더욱 초점을 맞추고 있으며, 이를 위해 정부와 대학에서 유학생의 유치 정책이 전개되고 있다.

해외의 우수 인재를 유치하려는 정책은 2000년대 이전에도 있었다. 1970년대부터 2004년 이전까지 두뇌유치(Brain gain)의 관점에서 애국심과 경제적 처우를 모티브로 해외에 있는 한국인 과학자와 첨단 분야의 외국인 기술자들을 유치하려 했다면, 2000년대 중반부터는 두뇌순환(Brain Circulation)의 관점에서 연구의 조건과 삶의 질을 내세워 한국인과 외국인을 유치하려 했다. 해외의 우수인재유치를 위한 정책은 'Brain Pool'과 'BK21', 그리고 'Study Korea Project' 등 구체적 사업으로 추진되어 왔다. 그러나 외국인 유학생이 구체적인 정책의제가 된 것은 2000년대 중반부터다. 세계화가 한국사회의 주요 담론으로 등장하면서 글로벌 사회로의 전환, 대학 경쟁력과 순위에 대한 평가, 그리고 학생 인구 감소 등과 같은 국제적 흐름과 국내 환경의 변화에 따라 교육정책의 변화가 요구되었고, 그 과정에서 해외 유학생 유치는 정책과제가 되었다. 한국 정부에서는 고등교육의 글로벌 경쟁력을 강화하기 위하여 우수한 외국인 유학생을 유치하고 있으며, 2008년 'Study Korea Project 발전 방안'을 발표하였다. 2015년에는 '외국인 유학생 유치 확대 방안'을 수립하고 2023년까지 20만 명의 유학생 유치를 목표로 삼고 이를 추진하기 위해 정부초청외국인장학사업(Global Korea Scholarship, GKS)의 확대와 외국인 유학생의 유치관리 역량 인증제(International Education Quality Assurance System, IEQAS)를 도입하는 등 한국 고등교육의 질적인 향상을 도모하고 있다. 또한 입국부터 취업까지의 전 과정에 걸쳐 외국인 유학생을 지원하기 위한 '전략적 유학생 유치 및 정주 지원방안'을 통해 유치부터 취업 증대까지 지원하는 정책을 추진하고 있다. 이를 위해 국내대학 졸업 외국인의 취업·구직 및 창업을 위한 국내 체류요건을 대폭 완화하여 비자와 영주 취득을 지원하고 있다.

이를 정리하면 표 10-10과 같다.

표 10-10 외국인 유학생 유치를 위한 주요 정책 현황

구분	목적	실적	향후 계획
Global Korea Scholarship 사업(1967~)	외국인 장학생 초청을 통한 지한·친한 인사 육성 및 장학생의 졸업 후 취업·정주 유도	2012년 총 132개국에서 4,000여 명 장학생 초청	2017년 초청 학생수 규모를 연 1,000명으로 확대
Study Korea 2020 Project(2013~2020)	외국인 유학생 규모를 2020년까지 20만 명으로 확대, 이들을 외교개선 및 경제발전에 활용	1단계(2005~2008)와 2단계(2008~2012)사업에 이어 시행 '한국유학종합시스템' 운영	'한국국제교육진흥원' 설립 및 글로벌교류센터 건립

구분	목적	실적	향후 계획
유학생 유치·관리역량 인증제(2011~)	우수 외국인 유학생 유치·관리를 통한 우리나라 고등교육의 대외 이미지 제고	2014년 현재 총 83개교 인증 획득	인증대학 유학생에 대한 출입국 심사 완화, 장학생 선발 우대 등 지원 지속
전략적 유학생 유치 및 정주 지원 방안(2014~)	입국부터 취업까지의 전 과정에 걸쳐 외국인 유학생 지원	유학생 유치 가속화, 학업·생활적응 지원 강화, 취업지원 확대 실시	-
국내대학 졸업 외국인의 국내 취업 및 창업을 위한 비자 발급 확대	국내대학 졸업 외국인의 취업·구직 및 창업을 위한 국내 체류 여건 완화	E-7, E-10, D-9 요건 완화, 영주자격 취득 요건 완화, 부모초청 허용 신설	-

출처: 백성준, 2015.

유학생의 유치는 학령인구 감소에 따른 고등교육기관 구조개선 및 새로운 학생자원 확보를 위한 정부의 대응 가운데 하나이며, 동시에 안정적인 대학운영을 위한 대학 차원의 전략이기도 하다. 특히 비수도권 소재 대학의 외국인 유학생 유치가 가장 활발하게 진행되는 것도 이러한 전략적 차원의 일환이다.

표 10-11 국내 외국인 유학생 현황 (단위: 명)

연도	2010	2011	2012	2013	2014	2015	2016	2017	2018	2019
유학생 수	83,842	89,537	86,878	85,923	84,891	91,332	104,262	123,858	142,205	160,165

출처: 한국교육개발원, 2019.

정부의 이러한 전략적 추진으로 한국에 체류 중인 외국인 유학생은 꾸준히 증가하여 2019년을 기준으로 16만 명을 기록했다.

2) 외국인 유학생 유치의 문제점과 향후 대안[14)]

학업을 위한 개인의 이동, 즉 유학생이 전 세계적으로 증가하면서, 세계 각국에서는 유학생 유치를 단순한 학생교류가 아닌 국가 산업발전 기회나 교육 서비스산업으로 인식하고 적극적으로 정책의 대상으로 삼고 있다(김혜진, 2008; OECD, 2018). 유학은 다른 사회의 언어와 문화를 통해 지식을 확장하려는 욕망이기도 하지만, 국내에서 제공하지 않는 질 높은 교육과 기술을 습득하여 더 나은 고용조건과 기회와 같은 교육보상에 대한 개인들의 요구를 반영한다. 한편 상품과 자본, 서비스가 국경을 자유롭게 넘나들고 국가간 경제가 통합되는 글로벌시대에 적합한 인재를 찾으려는 기업과 국가의 경쟁도 치열해지고 있다. 좋은 노동조건을 찾으려는 개인들과 더 우수한 인재를 찾으려는 기업과 국가의 요구가 만나 전 세계적으로 유학생이 증가하고 있는 맥락이다. 이에 따라 유학생 관련 다양한 연구 가운데 이들의 정체성에 주목하는 것도 늘고 있다. 이들 연구는 유학생을 학생이라는 단일 정체성이 아니라 이주자라는 관점에서 조망한다. 이들은 한국 문화를 접하고, 여행상품을 구매하는 소비자이자, 한국의 교육체계에서 사회화되는 주체이자, 지식생산과 축적의 한 부분을 담당하는 실질적 구성원이라는 점이다(김도혜, 2019). 따라서 유학생의 증가는 교육 관점과 정책에서 유학생의 유치와 관리로만 조망할 아젠다가 아니라, 거주하고 소비지출하는 지역 주민으로, 일자리 정책과 경제정책의 대상으로, 그리고 장기적으로는 이주와 사회통합의 주체 등 다차원적 관점으로 봐야 할 필요가 있다.

하지만 양적 확대로 인한 부작용이 끊임없이 거론되고 있다. 가장 시급한 문제는 대학의 유학생 선발제도가 미등록 체류자를 양산하는 통로로 악용된다는 점이다. 실제로 유학생이 급증하면서 체류 조건을 어기는 미등록 체류 건수도 늘어났다. 그러나 대학의 미등록 체류자 양산 문제는 쉽게 해결되지 않을 것으로 예측된다. 저출산·고령화로 인한 학령인구 감소와 등록금 동결로 재정상태

14) 류우선. "'유학생 유치·해외캠퍼스 설립'…교육영토 확장에 나선 대학들". 한국대학신문. 2019년 10월 27일의 내용을 일부 발췌·인용함

에 어려움을 겪고 있는 대학들에 유학생 유치는 거의 유일한 탈출구이기 때문이다.

2004년 이후 외국인 유학생에 대한 정책은 유학생 규모의 양적인 확대와 이들에 대한 관리와 지원의 질 개선이라는 두 가지 측면에서 계속되었다. 그러나 이들은 한국어 능력, 수업참여와 학교생활의 적응, 경제적인 문제 등 유학생 유치에 따른 관리의 질 개선에 대한 문제 제기가 지속되었다. 언어와 문화가 다른 외국인 유학생들에게 대학의 문만 개방할 것이 아니라, 이들의 교육적 요구와 개인적 여건에 대한 특별한 배려가 필요하고 이에 따른 대응방안이 요구되고 있다(김철희 외, 2009).

외국인 유학생 유치 확대를 위한 보다 실질적인 정책 개선 방향을 제시하면 다음과 같다(백성준, 2015).

첫째, 우수 외국인 유학생 유치를 위한 가장 핵심 요인은 대학의 교육·연구 경쟁력이기 때문에 외국인 유학생의 수요에 부응하는 글로벌 교육·연구 프로그램을 개발·제공하는 것이 요구된다. 둘째, 유학생들의 학업·취업을 돕고, 한국 조직 문화에 적응할 수 있는 체계적인 기회를 제공한다. 유학생 대상 정보 제공 확대, 한국어와 한국문화 교육 기회 제공 등이 해당된다. 셋째, 기업들의 유학생 채용·활용을 장려하는 정책을 적극 추진한다. 산·학·관 협력 체제를 통하여 취업 기회를 제공하는 것이 요구된다. 넷째, 외국인 유학생에 대한 학비 및 생활비 지원을 위한 보다 전향적인 정부 차원의 재정지원 정책이 필요하다. 우수인재에 대한 장학금, 생활비 지원 등의 전략적 재정 지원이 필요하다.

Chapter 11

다문화교육과 상호문화의 이해

1. 다문화교육의 이해[1)]

1) 다문화교육의 등장 배경

한국사회는 세계화라는 급격한 변화를 경험하면서 글로벌한 세계의 다양한 문화와 사고의 수용, 다양한 배경을 지닌 이주민의 증가로 인한 다문화사회에 대한 인식의 전환을 요구받고 있다. 급속도로 다문화사회로 진입하면서 오랫동안 순혈주의, 단일민족국가라는 문화적 인식의 틀 안에 머물러 있던 한국인들에게 다문화에 대한 이해를 바탕으로 문화적 차이를 수용하고 사회적 공존을 추구해야 한다는 인식이 요구되고 있다.

역사적으로 현 시대만큼 다양한 인종, 민족, 문화, 종교, 언어 집단들이 한 국가 내에서 또는 국경을 넘어 빠른 속도로 이동한 적은 없다. 이러한 변화는 이주민과 정주민 사이에 시민권, 인권, 민주주의, 교육에 대한 복잡하고 어려운 문제를 야기했다. 기존 사회는 동화주의 이데올로기에 의해 지배되어 민족국가로서 기존의 국가정체성과 주류집단의 문화적 지배력을 유지하는 것을 목표로 했다. 하지만 전통적 문화는 불평등, 민족·인종의식, 집단 선호주의, 민족적 계층화를 기반으로 하고 있기 때문에 기존의 이분법적 태도로 인한 문화 갈등이 야기되고, 민주주의 이상과 가치관에 부합되지 않는 소외와 차별이 발생하는 것이 불가피하다고 본다. 따라서 국경을 넘나드는 이주에 따라 한 사회의 구성원들을 한 민족국가 테두리 내에서 교육시켜야 한다는 기존 관념은 세계의 변화와 발전으로 인해 퇴색되고 세계 공동체 속 세계시민으로 교육시켜야 한다는 주장이 강조되고 있다.

다인종 사회, 또는 다민족 사회와 다르게 현재 우리가 마주한 다문화사회는 다양한 삶의 가치들이 존중받고, 모든 사회구성원이 각자의 문화적·사회적 배경에 의해서 차별받지 않는 사회라는 의미가 내포되어 있다(이민경, 2008). 다문

1) 이민경, 양계민(2011), 조경자 외(2017), Banks(2016)의 내용을 일부 발췌·인용함

화사회라는 사회적·문화적 변화는 다문화에 대한 우리의 인식을 근본적으로 변화시키는 교육의 변화를 요구하고 있고, 문화 갈등을 해소하고 다문화사회에 적응하는 준비를 다문화교육에서부터 시작해야 한다는 점을 명확히 하고 있다. 따라서 세계화 시대를 준비하는 교육은 문화적 다양성에 대한 수용과 이해가 선행되어야 한다.

다문화교육은 다민족 국가 내 민족 간의 갈등을 해소하고 공존하기 위한 교육에서부터 시작되었다(Gay, 1992; Rendall, Nelson, Aigner, 1992). 뱅크스(Banks, 2008)는 다문화교육이란 학교 교육에 대한 개혁운동의 일환으로 학교나 혹은 다른 교육 기관을 변화시키고자 노력하여 모든 성별, 인종, 사회계층, 그리고 문화적인 집단 등이 교육에 있어서 균등한 기회를 가질 수 있도록 하는 개혁 운동으로서 평등한 교육을 받는 것이라고 하였다.

초기단계의 다문화교육은 시민권리운동과 더불어 발전했다. 민주주의와 사회정의를 촉진하기 위해 소외집단의 인권을 향상시키고 민주적 태도와 가치관 형성을 위해 심도있는 구조적인 변화를 위한 도구로서 다문화교육을 강조하게 되었다. 다문화교육은 변화하는 세계와 사회 속에서 차이와 차별을 인식하고 이를 다문화교육의 영역 안에 수용하고자 하는 시도를 진행 중이다.

2) 다문화교육의 정의

다문화교육은 소수자 집단에게 주류의 문화를 일방적으로 강제하려는 동화주의에 대한 비판에서 비롯된 다문화주의를 지향하는 교육(박선웅 외, 2010)이고 인종이나 민족의 개념을 넘어 평등을 향한 교육철학이며, 이를 실현하기 위한 교육방법(Banks, 2008; 장인실, 2003)이다. 따라서 여러 가지 문화적 배경과 환경을 가진 학생들로 하여금 다양한 교육적 요구에 적합한 교육을 위한 개념·관점·틀·기준을 제시하는 것이며(김아영, 2006), 인종, 계층, 종교, 성별, 직업 등에서 비롯된 각 사회 집단들마다 고유한 문화적 특성의 다양성을 인정하며, 주류 혹은 비주류집단들의 문화를 동등한 가치에 입각해 존중하는 교육으로 정의할 수 있다(김선미, 2000).

미국교사교육공인협회(National Council for Accredition of Teacher Education, NCETE)는 다음의 두 가지 개념으로 다문화교육을 정의하였다. 첫째, 다문화교육의 핵심목표는 각 개인이 다양한 문화들 속에서 정치적·경제적·사회적인 생활을 경험하고 그 과정 속에서 다양성을 자각하고 존중하는 데 있다. 둘째, 교육과정에서 다양한 인종, 문화집단, 종교, 사회, 경제 간의 상호영향의 중요성을 인식하는 데 의의가 있다(김선미, 2000에서 재인용). 양영자(2008)는 한국적 다문화교육의 개념과 범주를 소수자 공동체 교육, 소수자 정체성 교육, 다수자 대상의 소수자 이해교육으로 분류하였다. 이를 통해 교육은 문화적 정체성을 명확히 하고 이중문화주의, 다문화주의와 함께 성찰적 민족주의를 실현하는 것이어야 한다고 보았다. 특히 한국의 분단과 다문화 상황을 고려한다면 다문화주의와 성찰적 민족주의를 더욱 강조해야 한다고 했다. 이와 같은 내용을 뱅크스의 모델과 비교하여 표 11-1과 같이 나타내었다.

표 11-1 한국 다문화교육의 개념화 모델

유형 / 시간	한국 다문화교육 유형	관점	Banks의 다문화교육과정 개혁모델	Banks의 정체성 유형화 단계
단기	소수자 적응 교육	동화주의자	주류 중심 모델	문화 심리적 포로기
	소수자 정체성 교육		문화 첨가적 모델	문화적 고립기
	소수자 공동체 교육			
중기	다수자 대상의 소수자 이해교육	다문화주의자	다문화 모델	문화적 정체성 명확화
				이중문화주의
				다문화주의와 성찰적 민족주의
장기	모두를 위한 교육	문화다원주의자	전지구적 모델	세계화와 국제적 능력, 세계시민주의
	다문화교육과 국제이해교육의 연대			

출처: 양영자, 2008.

2. 다문화교육의 개념[2)]

1) 학문적 차원의 다문화교육

다문화교육과 관련된 다양한 용어들이 사용되고 있다. 그 예로는 다문화교육(multicultural education), 문화 간 교육(intercultural education), 다문화적인 교육(education that is multicultural), 다민족 교육(multiethnic education) 등이 있다(김아영, 2006). 다양한 학자들의 다문화교육에 대한 개념을 정리해 보면 다음과 같다.

표 11-2 다문화교육에 대한 다양한 개념

학자	다문화교육의 개념
Banks (1999)	• 모든 유아의 평등을 강조하는 교육 • 다문화교육은 생각이고 교육적 개혁운동이며 과정임 • 다문화교육의 목적은 교육제도를 개선하여 남아나 여아, 장애아, 다양한 문화와 인종에 속한 모든 유아가 학교에서 학문적인 성취를 이루는 데 평등한 기회를 부여받음을 의미함
Bennett 등 (1995)	• 문화적 다원주의 입장에서 다문화교육을 조망 • 민주주의 가치와 믿음에 기초한 교수학습방법, 다양한 문화세계와 상호독립된 세계에서 문화적 다원주의를 조성함 • 다문화교육은 평등주의 운동, 다양한 교육과정 접근, 다문화주의 실현과정, 편견과 차별에 대한 저항을 포함함
Suleiman (2004)	• 학습자의 학문적, 사회적, 언어적 욕구와 연결할 수 있는 다양한 학습 환경을 조성하는 다학문적 교육 프로그램 • 학습자인 유아가 자신의 배경과 우리 사회의 다양한 집단의 문화적 배경에 대해 깊이 이해하도록 함
김영옥 외 (2008)	• 다양한 인종, 성, 언어, 계층 등을 이해하고 존중하여 삶을 긍정적으로 변화시킴으로써 다양한 문화의 세계에서 공동의 목표를 지향하며 의사소통할 수 있는 지식, 태도, 기술을 준비하는 교육
조순옥 외 (2010)	• 다양한 문화, 민족, 성, 사회적 계층의 배경을 가진 학습자가 공평한 교육기회를 가질 수 있도록 교육과정의 변화를 시도하는 총체적 노력

2) 이민경, 양계인(2011), 조경자 외(2017)의 내용을 일부 발췌·인용함

학자	다문화교육의 개념
	• 인종, 윤리, 언어, 종교, 정치, 고용, 사회계층, 경험, 정신적·육체적 능력성, 기호, 연령 등에 의해 다르게 나타나는 인간행동에 대한 이해
양옥승 (2008)	• 인종, 민족, 지역, 계층 간의 불평등 문제를 해소하고 공동체로서 국가의 응집력과 결속력을 도모하는 교육 • 공동선에 대한 가치관과 다문화시대에 적응할 수 있는 능력을 배양하고 다양성의 가치를 존중하는 편견 없는 시민의식을 형성하기 위한 교육
장인실 (2006)	• 인종뿐만 아니라 다양한 문화집단에 속해 있는 서로 다른 사람들의 상호이해와 평등관계를 중시함 • 민족, 사회적 지위, 성별, 종교, 이념 등과 같이 서로 다른 집단의 문화를 동등하게 가치 있는 것으로 인식 • 학습자가 다른 문화에 대한 편견을 줄이고 다양한 문화를 올바로 이해하도록 지식, 태도, 가치교육을 제공

출처: 김정원 외, 2013.

대다수의 학자들은 다문화교육을 다양한 문화 간의 공유성과 차이성을 모두 수용하고 존중하도록 하는 교육으로 인식하며, 다양한 문화, 역사, 생태가 공존하고 있는 사회에 속한 개인이 각자의 정체성을 확립하면서도 타인에 대한 이해와 존중에 필요한 지식·기술·태도 등을 습득함으로써 상호 공존할 수 있는 역량을 키울 수 있도록 지원하기 위한 교육활동이라 정의한다(김혜리, 2013).

2) 다문화교육 대상별 교육유형

첫째, 소수자 공동체 교육, 소수자 적응교육, 소수자 정체성 교육을 들 수 있다. 현재 한국사회 다문화교육의 핵심은 다문화가정의 구성원들의 국제결혼이민자와 다문화자녀들을 대상으로 한 교육이다. 이들을 위해서 시행되는 대표적인 교육 프로그램들 중 소수자 적응교육으로는 한국문화적응교육, 공교육 입학 확대 및 시도 교육청 주관의 외국인 자녀 입학상담센터 운영, 한국어교육, 직업교육, 결혼이주여성 가족지원 등이 있다. 소수자 공동체교육 및 정체성 교육으로는 결혼이민자를 위한 한국문화교육, 사회통합프로그램 등이 있고, 다문화가정 자녀들을 위한 다문화 지원 프로그램과 중도입국 청소년들을 위한 다문화

예비학교, 이중언어 지원교육 등과 같은 교육 프로그램 운영 등이 있다. 그러나 아직은 소수자를 대상으로 하는 교육이 대부분 한국사회 적응을 위한 교육으로 제한되어 있다는 한계점이 있다.

둘째, 다수자를 대상으로 하는 소수자 이해교육을 들 수 있다. 다수자라는 개념은 기존의 내부 구성원들을 의미한다. 다문화교육은 다수자들의 포용과 이해가 바탕이 되어야 효과적으로 실현될 수 있기 때문에 소수자에 비해 비교적 많은 경험과 권리들을 가지고 있는 기존 내부 구성원들에게 다문화에 대한 이해를 돕는 교육을 실시하고 있다. 대부분의 다문화교육은 소수자 적응 교육에 초점을 맞추어 진행되고 있지만 다수자를 위한 국제 이해교육이 실시되고 있다.

소수자 적응교육은 동화주의자(assimilationist) 관점을 바탕으로 소수자 공동체 교육, 소수자 정체성 교육으로 세분화되며, 다수자 대상의 소수자 이해교육은 다문화주의자(multiculturalist)의 관점이 전제된 다문화 이해교육 혹은 국제 이해교육으로 정의될 수 있다.

3) 다문화교육의 범주

(1) 다문화 이해교육

다문화 이해교육은 문화적 차이의 인지와 이해를 바탕으로 하여 서로 다른 문화적인 배경을 지닌 사람들의 의사소통과 상호이해를 도모하기 위한 목적으로 하는 교육이다. 문화적 상대주의는 그 기본적인 인식의 기반이다. 다양한 문화와 사고방식이 존재하는 것은 당연하고 자연스러운 것으로 간주하고 서로 다른 문화로 인한 행동의 차이나 사고방식의 차이를 수용하고 이해할 것을 강조하고 있다.

(2) 국제 이해교육(세계화교육)

국제 이해교육은 글로벌 경쟁의 시대에 알맞은 인재를 양성하고 변화하는 국제교류에 발맞추어 세계를 이해하고 관련 지식을 증가시키고자 하는 교육으로 정의된다. 국제화, 세계화의 흐름을 타고 시작된 교육의 글로벌화는 지구촌 시대의 무한 경쟁에 대비하는 국제적인 경쟁력을 갖추기 위해서 국제적·국가적 차원의 요구와 이러한 국제적인 변화에 부응하는 인재양성을 목표로 한다.

(3) 반 편견 시민교육

사회통합과 공존의 의미에서 보면 서로 다른 사람과 문화가 더불어 함께 살아가기 위한 방법과 태도를 배우는 교육을 의미한다. 인종, 성별, 계층, 문화 등 다양한 차이에 대한 편견을 해소하고 다름을 인정하고 수용하는 태도를 바탕으로 차별을 해소하는 것을 중요시한다. 넓은 의미에서 시민 교육의 범주에 있으며 다문화주의의 사회적 수용을 위한 교육적 실천이라고 볼 수 있다.

3. 다문화교육의 목적[3)]

다문화교육은 다양한 집단과 의사소통하여 상호작용하는 방법을 가르치는 교육이며, 각기 다른 인종, 성별, 계층, 문화 등을 존중하고 이해하도록 유도함으로써 삶을 긍정적으로 변화시켜 다문화사회에서 공동의 목표를 지향해 함께 삶을 영위하면서 의사소통하는 태도, 지식, 기술을 가질 수 있도록 준비하는 교육이다(김영옥 외, 2010).

다문화교육이란 각 문화의 특성을 이해하고 문화의 관계성을 중시하며 서로 교류를 통해 의사소통함으로써 새로운 창의성을 추구한다. 따라서 다문화교육은 다양한 문화적 특성들이 상호 의사소통하고 교류함으로써 새로운 문화적 통합이 완성되어가는 과정이기도 하다.

문화를 습득하는 사회화 과정에서 전통문화를 접함으로써 우리 사회의 신념,

3) 조경자 외(2017)의 내용을 일부 발췌·인용함

행동양식, 가치를 터득하고 민족문화 및 한국문화에 대한 정체감을 형성하게 된다. 이를 바탕으로 문화의 다양성을 받아들이고 세계 공동체 속에서 문화적 통합을 수행할 수 있도록 하는 것이 중요하다.

다문화사회에서는 요구하는 열린 사고를 가진 인간, 다양한 사람들과 그들이 가진 문화와 함께 공존하면서 서로 이해하고 존중하면서 상호작용을 통해 새로운 문화를 창조하는 다문화적 가치를 가진 인간을 요구한다. 이를 위해 다문화사회 내 기회의 불균등을 야기할 수 있는 편견과 차별을 없애고, 문화적 다원주의를 통해 다원화된 민주주의를 실천할 수 있도록 하는 것이 다문화교육의 목적이다.

4. 다문화교육의 목표[4)]

다문화교육의 주된 목표는 학교를 개혁하여 모든 학생이 민족 및 언어적으로 다양한 세계에서 기능하는 데 필요한 지식, 태도 및 기술을 습득하도록 교육하는 것이다. 다문화교육은 다양한 집단의 학생들의 교육평등을 실현하고 학생들로 하여금 통합적인 국가·시민 문화 내에서 비판적이고 자기성찰을 하는 시민으로서 참여하도록 교육하는 것이다. 또한 개개인이 서로 존중하는 진정한 의미의 자유를 누릴 능력을 길러주는 것을 다문화교육의 목표로 보았다(Derman-Sparks & The A.B.C. Task Force, 1989; 김아영, 2006에서 재인용).

다문화교육의 목표를 5가지로 세분화하면 다음과 같다(Kendall, 1983).

첫째, 다른 문화와 그 가치뿐만 아니라 자신이 속한 문화와 그 가치를 존중할 수 있도록 아동들을 가르친다. 둘째, 다인종적·다문화적 사회에서 성공적으로 살아갈 수 있도록 모든 아동들의 능력과 태도를 기른다. 셋째, 인종주의 등에

4) 조경자 외(2017)의 내용을 일부 발췌·인용함

의해 많은 영향을 받은 유색 인종들의 아동이 긍정적인 자아개념을 갖도록 한다. 넷째, 인간으로서의 공통성과 문화적 다양성을 긍정적으로 경험하게끔 한다. 다섯째, 공동체의 독특한 부분으로 함께 일하는 다문화의 사람들을 경험할 수 있도록 돕는다.

다문화교육의 목표를 여덟 가지로 세분화하면 다음과 같다(Ramsey, 1987).

첫째, 인종, 계층, 문화, 개인의 정체성, 성별의 차이에 대한 긍정적인 사고의 발달과 다른 집단에 대한 교류를 인식하고 인정하게 한다. 둘째, 아동들이 다른 집단사람들과의 관련성, 자신의 정체성, 감정이입에 있어서 좀 더 큰 사회의 일부로 자신을 바라볼 수 있도록 한다. 셋째, 다른 사람이 살고 있는 다양한 방식의 삶의 모습에 대한 존경심과 진정한 가치를 인정하고 이해할 수 있도록 한다. 넷째, 아동의 초기 사회적 관계에서 타인에 대한 흥미, 개방, 협력하고자 하는 욕구, 다른 사람을 기꺼이 포함시키려고 하는 의지를 가질 수 있게 한다. 다섯째, 현 사회에 대한 실제적인 인식, 자기 가족과 이웃에 대한 확장된 개념, 사회에 대한 책임감을 발달시키도록 한다. 여섯째, 아동 스스로가 사회 환경 속에서 자발적이며 비판적인 분석을 할 수 있도록 하고 또한 활동할 힘을 부여한다. 일곱째, 문화 지향성, 언어적인 배경에 대한 대응 방식, 개인적인 스타일 등 보다 큰 사회의 주도적이며, 완벽한 참여자가 되기 위해 필요한 교육적·사회적 능력을 발달시키도록 한다. 여덟째, 학교와 가족 간의 효율적이고 상호보완적인 관계를 촉진시킬 수 있도록 한다. 궁극적으로는 주류 문화 속에서 성장하는 아동에게 다양한 문화와 생활방식이 존재한다는 것을 이해시키고, 반대로 비주류 문화에서 성장하고 있는 아동에게는 자신의 문화를 인정하고 존중할 수 있도록 하는 교육이 이루어져야 한다(하숙현, 2000에서 재인용).

다문화교육을 위한 학습 목표를 보다 구체적으로 제시하면 다음과 같다(Kenehan & Smith, 1948). 타 지역 출신의 서로 다른 다양한 사람들과의 융합에 의해서 나타난 결과인 제도, 전통에 대한 지식, 문화, 다양한 행동 양식에 대한 인식, 사람들이 지속적으로 유지하기 때문에 발생한 경험과 이로 인해 갖게 된 정체성 이해, 다양한 집단의 구성원 사이에서 발생하는 기회의 불평등이 나타나게 된 조건과 이에 대한 관심, 개인과 집단들의 제도, 전통, 문화들을 존중하는 태도 등이다. 이러한 목표와 관련 정의로부터 도출된 다문화개념의 상위 요소들은 성별, 종족, 인종, 전통, 다양성, 정체성, 교육개혁운동, 문화특성, 평등, 사회계층, 문화집단, 교육동등성, 타인존중, 타문화존중, 불평등, 융합문화, 제도 등이다(김용신, 2008에서 재인용).

한국의 다문화교육을 위한 교육 목표로서 세 가지를 정리하면(양옥승, 1997), 첫째, 자신 그리고 한국문화에 대한 정체성을 가진다. 둘째, 자신의 문화가 아닌 다양한 문화에 관심을 가지며, 다른 사람과 더불어 생활하고 의사소통하는 태도와 기초능력을 기른다. 셋째, 문제를 창의적으로 해결할 수 있는 기초능력을 기르는 것이다.

다문화교육은 불평등한 사회를 개혁하며 민주주의적인 이념을 인간사회에 실현할 수 있는 수단으로 각 개인의 다양성이 인정된 상태에서 모두가 평등하고 동등하게 사회에 참여하고 그 사회 내에서 기능을 할 수 있게 하는 열린사회를 궁극적 목표로 두고 있다. 이 점에서 다문화교육은 그 자체로도 '지속적인 과정(continue process)'이라고 할 수 있으며, 완성된 기획이 아닌 계속해서 개혁되어야 할 속성을 지닌다고 해석할 수 있다(양영자, 2008에서 재인용).

뱅크스(Banks, 2008)는 학교 교육에서의 다문화교육의 목표를 6가지로 제시하고 있다(Banks, 2008. 모경환 외 역에서 요약).

첫째, 개인들이 다양한 문화의 관점을 통해 자신의 문화를 인식하게 함으로써 자기 이해를 증진토록 하는 것이다. 다문화교육은 지식과 이해를 바탕으로 각 문화에 대한 존중을 강조한다. 둘째, 학생들에게 민족적·문화적·언어적 대안들을 가르치는 것이다. 지금까지 미국과 서구 국가들의 학교 교육과정은 주류집단 중심의 역사와 문화에 초점을 맞추어 왔다. 하지만 다문화사회의 변화에 적응할 수 있는 합리적인 대안을 제시하는 것이 필요하다. 셋째, 모든 학생이 자문화, 주류문화, 타문화가 공존하는 다문화사회가 요구하는 기능과 지식, 태도를 습득하도록 지원한다. 넷째, 소수 인종·민족·집단이 그들의 인종적·신체적·문화적 특성 때문에 겪게 되는 고통과 차별을 감소시키는 데 있다. 소수민들이 자신들의 정체성을 긍정적으로 받아들이도록 하고 주류 사회가 이를 긍정적으로 받아들일 수 있도록 하는 것이 중요하다. 다섯째, 학생들이 전 지구적(global)이고 평평한(flat) 테크놀로지 세계에 속해 생존하는 데 필요한 읽기, 쓰기, 그리고 수리적 능력을 습득하도록 돕는 것이다. 다문화적 자료와 정보는 다문화사회를 살아갈 학생들에게 의미 있고 그들의 학습의욕을 고취시킨다는 것이다. 여섯째, 학생들이 자신들의 문화공동체, 국가적 시민공동체, 지역문화, 전 지구적 공동체에서 각자의 역할을 하는 데 필요한 지식, 기능, 태도를 다양한 인종, 문화, 언어, 종교집단의 학생들이 습득하도록 지원하는 것이다. 학생들을 대상으로 새로운 시민성 교육의 개념을 정립하고, 비판적인 시민성 교육을 실시하여 진정한 교육적 평등을 누릴 수 있도록 하는 것이 중요하다.

한국사회에 들어오는 이주민들은 다양하고 이질적인 인종적·문화적·언어적·종교적 배경을 가지고 있기 때문에 한국 주류 사회에 적응하는 것에 어려움을 호소하고 있고 다문화 자녀들도 한국사회에서 성장하면서 다양한 정체성 문제들을 겪게 된다. 따라서 다문화교육 목표들은 일반 시민들과 다문화가족 구성원 전체를 대상으로 한 시민교육과 학교교육에 동시에 적용 가능하다. 다문화교육은 모든 학생들에게 다양한 문화적인 배경과 생활방식에 대한 사회적·문화적인 인식을 재고하고 계발하도록 지원하며 역량 강화를 장려하는 포용적인 환경을 만들어 주는 것이며, 이에 필요한 환경을 제공해 주는 것이 핵심 목표라고 볼 수 있다. 다문화교육적 환경을 제공하는 방법에는 교육 정책적 차원의 배려뿐만 아니라 다양한 교과목의 개발, 내용을 폭넓게 포함하여 확장하는 과제도 포함되어 있다.

5. 다문화교육 접근 방법[5)]

다문화교육을 접근하는 방법도 학자마다 각각 다른데 그 내용을 살펴보면, 뱅크스(Banks, 1991)는 다음의 4단계로 다문화교육에 대한 접근 방법을 제시하고 있다.

첫째, 기여적 접근법(contributions approach)이란 현존하는 교육과정에서 소수종족 집단과 관련된 민족적 영웅, 기념일, 공휴일 등을 주제로 우연히 잡은 날에 교육과정을 반영하여 접근한다. 민족적인 사건이나 혹은 기념과 관련된 특별한 날, 주, 달을 설정하여 이에 맞추어 교육한다. 이는 교육과정 속에서 소수종족 집단의 내용을 상대적으로 빠르고 쉽게 반영할 수 있으며, 또한 종족집단의 영웅들을 주류집단의 영웅과 비교적 동일하게 교육과정에 소개할 수 있기 때문에 교사와 교육자들이 많이 사용하고 있는 방법이다.

둘째, 부가적 접근법(additive approach)이란 교육과정에는 변화를 주지 않고 선택된 문화적 주제가 포함되는 것이다. 즉, 민족적 개념이나 주제, 요소, 실생활적인 관점 등을 기존의 교육 과정 속에 더하는 것을 특징으로 한다. 부가적 접근법은 실질적인 교육과정을 개정하거나 전문 인력의 동원이 필요한 교육과정의 구조적 변경을 하지 않고도 소수문화 집단의 내용을 가르칠 수 있다는 점과 기존 교육과정 구조 안에서도 실행될 수 있다는 장점을 가지고 있다.

셋째, 변환적 접근법(transform the curriculum approach)이란 교육과정의 기본 목표, 본질, 구조가 다양한 종족, 인종, 문화의 관점으로부터 도출된 개념, 쟁점, 문제, 주제, 사건들을 학습자들이 인식할 수 있도록 변화시킨 접근법이다. 예를 들어 미국의 경우 학습자들은 다양한 문화집단들과 인종들이 미국사회와 문화 형성 과정에서 나타난 복합적인 방식들을 이해할 수 있게 되며 혹은 인종에 대한 편견을 감소시키고 종족, 소수 인종, 종교집단들이 그들 문화와 그들의 관점이 반영된 교육과정을 학습하도록 지원하고, 미국 사회와 문화의 본질과 발전에 대

5) 조경자 외(2017)의 내용을 일부 발췌·인용함

해 균형 있는 관점을 형성시켜 주며 비교적 약자의 위치에 속해 있는 소수 인종, 종족, 문화들을 격려하는 효과가 있다.

넷째, 사회행동적 접근법(social approach)이란 학습자들이 주요한 사회문제와 이에 대한 쟁점을 인식하며, 자료 수집을 하고, 쟁점에 관한 가치를 명료화하며, 의사결정을 하고, 이에 대한 쟁점이나 문제들을 해결하기 위해 성찰적으로 행동을 수행하기 위한 접근법이다. 이것은 자료수집기능, 사회행동, 가치분석, 사고력 등을 향상시키며, 정치적 효능감을 개발시키고, 집단 내에서 실제로 행동할 수 있는 능력을 향상시킨다는 장점이 있다. 더불어 실제 수업 적합성을 가진 혼합 접근법(Banks & Banks, 2007)은 상기 4가지 다문화 내용 통합 수준에 대한 접근법들을 실제 교육과정 운영 상황에서 혼합하여 적용하는 접근법이다. 기여적 접근으로 시작해서 지적인 도전을 통하여 점차 부가적 접근, 변환적 접근, 사회행동적 접근으로 변화하며 접근해 나가는 형태를 취한다고 볼 수 있다. 이주민들을 위한 이주민 권리 운동 영웅에 대한 탐구를 시작으로 해서 이주민 권리에 대한 개념으로, 더 나아가 그들의 이주민 권리 운동에 대한 기여도 조사와 소수집단 권익 실현 운동의 가능성 탐구와 실천으로 이행해 나가는 것을 수업 전략의 예로 들 수 있을 것이다. 이는 실질적인 적용 가능성을 확보할 수 있고, 소수문화 집단에 대한 치우치지 않는 관점을 형성할 수 있다는 점에서 장점을 가지고 있다(김용신, 2008에서 재인용).

또 다른 다문화적인 접근 방법으로 5가지 방법을 제시할 수 있다(Banks & Banks, 1993).

첫째, 문화의 특수성과 문화적 차이에 대한 교수방법(teaching the exceptional and the culturally different approach)은 이후의 직업에 대비하여 습득하는 것을 의미한다. 그리고 세계 각국 간의 차이(능력차, 성차, 경제수준의 차이)에 중점을 둔다.

둘째, 인간관계접근(human relations approach)은 전 세계가 점차 하나로 되어간다는 개념 아래 모든 인류가 조화롭게 살아가도록 한다는 데 목적이 있다. 아동들은 성, 계층, 인종, 민족에 상관없이 서로가 서로를 존중해야 함을 배우며, 아동들로 하여금 공동체감과 사회에 존재하는 다양성을 이해하여 자신과 타인에 대한 긍정적인 감정을 갖도록 하는 것이다.

셋째, 특정한 단일 집단을 연구하는 접근(single-group studies)은 한 집단에 대한 연구를 그 집단의 미래에 대한 구성을 위해 역사적인 측면, 성취, 능력 등을 연구하는 것이며, 학교 지식을 가장 본질적인 것으로 보고 있다. 따라서 그 집단의 역사적인 관점과 세계관 등에 관심을 두며 교육과정에서 한 집단의 역사와 문화에 대한 과정을 일관되게 구성하게 된다.

넷째, 다문화교육적 접근(multicultural approach)은 문화적 다원론의 가치와 중요성을 위해 '문화적 민주주의'로의 접근을 통해 차별과 편견을 줄이고 기회의 평등과 사회적 정의를 위해 학교를 다양성과 평등에 따라 재구성하기 위한 노력이다. 다양성을 반영한 학제 구성을 추진하는 것이 필요하다.

다섯째, 다문화사회와 개혁주의자 교육적 접근(education that is multicultural and social reconstructionist)은 다문화교육이 학생들의 경험을 확장시키는 것에서 교육이 그치는 것이 아닌 전체 사회로 결과가 확산되어 그 사회를 재건하고자 노력하는 것이다(김혜연, 1997에서 재인용).

6. 다문화교육의 실제[6)]

1) 다문화교육의 다양한 차원

뱅크스(Banks, 2004)는 교육자들과 학자들의 다문화교육의 이론, 실제 그리고 연구의 개념화를 돕기 위해 다문화교육의 5가지 차원, 즉 교과내용의 통합, 지식구성의 과정, 편견의 감소, 공평한 교육, 권한을 부여 받은 학교문화와 사회구조를 그림 11-1과 같이 제안하였다. 개념적으로 각 차원 간 분명한 차이가 있지만, 실제에서는 차원 간 밀접한 관계가 있으며 중복되기도 한다.

6) Banks(2016), 조경자 외(2017)의 내용을 일부 발췌·인용함

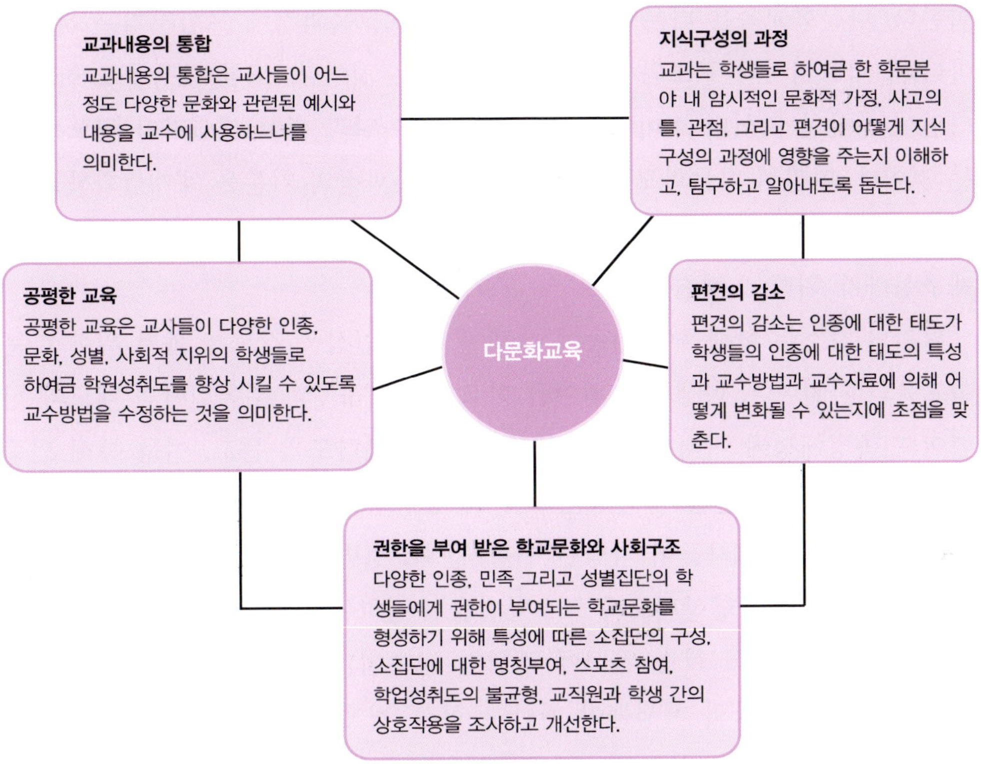

그림 11-1 다문화교육의 다양한 차원

출처: Banks, J. A., 2016(박명애, 김혜인 역)에서 재인용.

교과내용의 통합은 교사들이 특정 분야나 교과목의 원칙, 개념, 이론을 설명할 때 다양한 문화와 집단과 관련된 예시와 내용을 사용 여부를 의미한다. 교과내용의 통합이 제대로 적용되면 각 분야나 교과목에 다문화 내용을 포함시키는 것이 논리적이고 자연스러워진다. 사회, 언어, 음악 등의 과목은 개념, 주제, 원칙 등을 설명할 때 다문화 내용을 포함시킬 기회가 충분하지만 수학·과학 등의 경우 다문화 내용을 포함시키기 어렵다.

지식구성의 과정은 학생들로 하여금 암시적인 문화적 가정(cultural assumptions), 사고의 틀과 관점, 연구자들과 교과서 집필자들의 편견 등이 지식구성의 과정에 미치는 영향을 이해하고, 탐구하고 알아내도록 교사가 돕는 교육활동을 의미한다. 다문화교육은 다문화 관련 내용을 학교교육과정에 포함시키는 것뿐만 아니라, 학교지식의 구조와 구성을 변화시키는 것이다. 또한 학생들로 하여금 타인이 생산한 지식의 소비에만 그치는 것이 아니라 지식 생산자가 되도록 돕는 것이다. 따라서 다문화교육은 제도화된 교육과정의 기준을 재개념화하고 발전시키는 것을 추구하며, 학교지식을 구성하는 개념의 관점, 틀, 기준선 등을 재구성하기 위해 노력한다.

편견의 감소는 학생들이 인종에 대해 올바른 인식을 갖도록 돕기 위한 다문화교육의 차원이다. 학생들로 하여금 학교교육의 구성과 주류집단의 태도와 신념이 민족정체성에 어떠한 영향을 주는지를 이해하도록 돕고, 이를 통해 인종에 대한 이해와 편견을 극복하는 교육의 방향성을 제시하는 것이다.

공평한 교육은 교사들이 다양한 인종, 문화, 성별, 사회적 지위를 가진 학생들의 학업성취도가 향상되도록 교수방법을 수정하는 것을 의미한다. 다양한 민족적·문화적 집단의 학습 특성에 적합한 교수법과 접근을 적용하는 것이며, 다양한 문화와 집단의 학생들이 처한 사회적·경제적·문화적 환경에 따른 격차나 문제점을 해소하기 위한 교육을 실시한 것이다. 특히 인종적·민족적으로 소외된 집단의 학생들의 문화정체성, 의사소통 방식, 사회적 기대, 문화지식, 기존의 경험, 사고의 틀, 행동양식 등을 이용하여 그들에게 적절하고 효과적인 학습을 제공하는 것이다.

권한을 부여 받은 학교문화는 다양한 집단의 학생들이 평등을 경험할 수 있도록 학교의 문화와 사회적 구조를 재구성하는 것이다. 학교 내의 집단 간에 질적으로 향상된 관계를 만들기 위해 학교의 목표, 기준, 문화적 관행 등에 반영된 문화 차이에 대한 상호 간 존중을 바탕으로 관계를 형성한다. 또한 다문화교육의 개혁을 위해 교사들에게 공동으로 계획을 세우고 가르칠 수 있는 기회를 제공하고, 교사, 부모, 교직원들이 학교관리와 교육에 대한 책임을 공유하는 민주주의의 구조를 촉진한다.

2) 다문화교육의 필요성

(1) 뱅크스(Banks)의 다문화교육의 필요성

뱅크스(Banks)는 민족의 정체성을 6단계로 서술하였으며 표 11-3과 같다. 그 중에서 5단계와 6단계를 통해 다문화교육의 필요성과 목적을 설명하였다. 5단계에서 언급했던 다민족성은 보다 풍성한 삶을 영위할 수 있게끔 돕기 때문에 사적인 문제들 혹은 공적인 문제들을 보다 창의적이며 고차원적으로 해결할 수 있게 도와준다고 했다. 또한 6단계에서 말한 세계화와 세계화 역량 단계의 사람은 자기 자신의 정체성을 명백하게 반영하며 긍정적인 국가적·세계적·민족적 정체성을 가지므로, 다른 문화뿐만 아니라 자국문화에 관련된 역할을 하는 데 필요한 지식, 태도, 능력, 기술 등을 형성하게 된다고 하였다. 이 단계에 이른 사람들은 국가적·세계적·민족적 정체성과 이해, 행동, 헌신들 사이에서 균형을 유지하게 된다. 이들은 보편적인 민족적 가치와 인류의 원칙을 내면화하고 실천하기 위해 요구되는 능력, 역량, 헌신하고자 하는 태도를 기르는 것을 목표로 한다(Bennett, 2007).

표 11-3 Banks(2008)의 민족정체성 6단계

단계	내용
1단계	심리적으로 속박된 민족성-자신이 속한 집단에 대한 사회의 부정적 관념을 내면화하는 단계
2단계	폐쇄적 민족성-민족 배타성, 분리의 특성, 자신이 속한 민족 집단을 우월하게 보는 단계
3단계	민족 정체성의 명료화-자신의 민족 정체성에 대한 자부심과 다른 민족 집단에 대한 존중이 동시에 나타나는 단계
4단계	이중민족성-건전한 자민족 정체성, 자민족 문화와 타민족 문화에 대한 참여와 이를 위한 심리적 특성과 기술을 가지는 단계. 두 민족문화에서 효율적 역할에 대한 기대 단계
5단계	다민족성-여러 민족의 사회, 문화적 환경에서 다양한 역할이 가능한 단계. 여러 민족 문화의 가치와 제도를 존중하며 공유하는 단계. 다민족적 관점과 정서, 풍성한 삶, 창의적이고 고차원적 문제 해결을 기대할 수 있는 단계
6단계	세계화와 세계화 역량단계-긍정적 민족, 국가, 세계적 정체성을 가지며 보편적인 민족적 가치와 인류의 원칙을 내면화하는 단계

출처: Le Kieu Trang, 2016.

뱅크스(Banks, 1984)는 민족들이 사회·문화적 환경에서 민족문화의 상징, 제도, 가치를 이해하며 존중하고 공유할 수 있는 다민족적 관점과 정서는 삶을 풍요롭게 만들며, 자신의 정체성을 반영할 수 있게 된다고 하였다. 또한 그들은 민족적 가치와 인류의 원칙을 내면화하였다. 그 과정에서 이러한 가치에 따라 행동하는 데 필요한 역량, 능력, 헌신하려는 태도를 기르고자 하는 것이라고 언급함으로써 다문화교육의 필요성과 목적을 제시하였다.

(2) 학교 다문화교육의 필요성

문화의 편견을 극복하고 차별을 해소하는 다문화교육이 성공하기 위해서는 학교교육의 역할이 중요하다. 교육에 대한 소외를 막고 다양한 인종, 문화, 민족의 포용과 이해를 통해 한국사회의 역량을 키우기 위해서는 학교 내에서 교사, 학부모, 교육 관련 종사자들이 서로 협력함으로써 학교 다문화교육의 활동폭을 확대해 나가야 한다.

(3) 학생 대상 다문화교육의 필요성

문화간 감수성은 교육과 훈련을 통해 발달할 수 있다. 따라서 청소년기에 이질적인 문화를 가진 사람들과 함께 하는 체험은 그들의 문화 감수성 발달에 큰 영향을 끼친다. 문화간 감수성 발달과 문화체험활동 간의 감수성 발달은 문화간 차이를 인정하며, 그 차이는 개인의 정체성을 풍부하게 하고 나아가 다문화사회에서 요구하는 다문화적 정체성의 확립에 도움이 된다. 따라서 이 시기에 학생들에게 다문화교육을 하는 것이 적절하며, 반드시 필요한 과정이다. 그리고 이 시기에 타문화와 다양한 접촉을 가진 학생일수록 편견이 감소하는 것으로 나타난다.

다문화체험을 하는 과정 속에서 청소년들은 발달과정에서 큰 문화적 충격을 경험하게 될 가능성도 있다. 아들러(Adler, 1977)에 의하면 다문화사회가 요구하고 있는 인간상은 다문화인(Multicultural Person)이라고 하였다. 여기서 다문화인이란 문화간 감수성의 발달 과정 중 마지막 단계인 통합단계에 있는 인간상을 말한다. 이러한 다문화인은 자기 자신과 관계를 맺고 있는 혹은 맺게 될 다양한 경험들을 재구성하고 정체성을 계속해서 변화시키며 여러 문화를 수용하게 된다. 불안정한 정체성을 가진 청소년들은 문화간 감수성 발달과정에서 정체성의 혼란을 겪게 되고, 집중력 부족뿐만 아니라 심리적인 불안정과 자존감의 결여 등으로 문화충격을 경험할 가능성이 높게 나타난다. 따라서 자기 정체성을 확립하는 과정을 통해 문화간 감수성을 발달시켜 나갈 수 있도록 해야 한다.

(4) 학부모 대상 다문화교육의 필요성

다문화교육은 비다문화가정과 다문화가정 모두에게서 요구되는 과정이다. 두 구성원은 모두가 함께 살아가고 있는 한국사회의 일원이기 때문이다. 그러므로 비다문화가정의 학부모들에게는 다문화이해교육을 통해 자신의 가정의 자녀와 다문화가정의 자녀가 함께 어울리는 것을 자연스럽게 받아들일 수 있도록 해야 한다. 한편으로 외국인 다문화가정의 학부모들에게는 정주국인 한국의 문화이해교육을 통해 자녀로 하여금 한국사회에 올바르게 적응하도록 지도할 수 있게 해야 한다. 또한 한국인 다문화가정의 학부모들은 그들의 배우자가 한국적응을 잘 할 수 있도록 도울 뿐만 아니라 배우자 나라의 언어를 익히고 문화를 이해하여 부부간 갈등 상황을 줄이고 화합할 수 있도록 해야 한다.

(5) 다문화교사교육의 현황 및 필요성

교육은 결국 교사의 질에 의존하는 것이기 때문에 다문화교육에 있어서 교사의 다문화에 대한 이해와 지식습득 및 인식의 변화가 반드시 먼저 이루어져야 한다. 다문화사회는 학교 교육과 교육과정에 의해 지속적인 영향을 받을 것이기 때문에 교사 혹은 예비교사들의 다문화교육이 반드시 필요하다. 다문화교육은 어떠한 특정교사, 특정교과가 별도로 맡아 해야 하는 것이 아니다. 그리고 어떠한 수업에 특별히 국한되는 것이 아니라 모든 교과와 학교활동의 전 과정에서 이루어져야 하고, 그 과정은 모든 교사가 공통적으로 해야 하는 것이다. 따라서 다문화교육은 다문화가정의 학생뿐만 아니라 비다문화 학생 모두의 정체성을 확립시키고 상호문화의 존중과 이해를 통한 공존교육이 되어야 한다.

다문화교사로의 준비를 위해서는 다문화교육에 대한 목적의식과 목표를 가지고 다문화교육에 대한 풍부한 지식은 물론 다문화교육에 대한 신념을 갖추어야 한다. 교사는 교수법 습득은 물론이고 교사 자신이 다원화되는 사회에서의 아동발달을 돕는 중요한 변인임을 반드시 인식해야 한다. 또한 다문화와 관련된 교육활동에 긍정적인 태도로 참여함으로써 그 과정에서 문화의 다양성과 차이점을 배우고 인정하며 다문화가정의 자녀들과 능동적이고 적극적인 의사소통을 할 수 있어야 한다. 이렇게 준비된 교사는 잠재적 교육과정으로서 인간적인 애정을 보이며, 문화적·인종적 배경에 차이를 두지 않고 학생들을 공평하게 대해야 한다. 그리고 다문화교육 연구의 기틀을 마련해야 하고 다문화교육에 대한 프로그램과 자료를 개발해야 한다. 또한 다문화학생의 생활지도 및 학습지도와 여가시간 활용 등을 지도해야 하며, 다문화가정 학생들이 지나치게 부각되어 거부감이나 역차별감정이 발생되지 않도록 유념하여 지도해야 한다. 그리고 학생 및 학교 구성원이 상호 간에 문화적 가치를 존중하고 이해하는 태도와 능력을 기를 수 있도록 돕는 일을 중요시해야 하며, 정규 교육활동 및 방과후 활동에 함께 할 친구를 배려해 주어야 한다. 또한 교사는 각 학생들의 개별성, 다양성, 독특성을 존중하고 인정해 주는 역할을 해야 한다(김영신, 2009). 이와 같은 요인들은 한국 다문화 교사의 교육이 필요하다는 것과 앞으로 나아가야 할 방향을 알려준다. 따라서 지금부터라도 정책적인 지원과 더불어 다문화교사 교육과정에 대한 중·장기적인 계획을 수립하여 다문화교육프로그램에 대한 전문적인 지식과 방법을 습득하는 것이 요구된다. 다문화시대의 급변하고 있는 교육환경에서 교사 혹은 예비교사들은 변화를 적극적이고 능동적으로 받아들일 수 있는 미래지향적 사고를 가져야 한다.

3) 다문화교육의 교수 학습 원리

첫째, 다문화교육은 인간이 중심이 되어야 하고 인권존중이나 생명존중과 관련된 교육활동으로 제공될 수 있다.

둘째, 다문화교육은 감성교육, 인성교육에서 다루고 있는 긍정적인 자아개념, 타인정서 이해, 존중, 배려, 감정이입 등의 내용이 포함되며, 세계이해교육, 평화교육, 반편견교육 등과 연계하여 접근하는 것이 바람직하다.

셋째, 다문화교육의 동질성과 다양성을 파악하기 위해 타문화 소재에서 연관된 주제를 찾거나 혹은 같은 주제를 각기 다른 측면으로 연계할 수 있다.

넷째, 다문화교육은 성, 언어, 연령, 능력, 장소, 인종, 장애, 직업, 사상, 시간 등을 포함한 다양한 교육활동으로 제공하는 것이 바람직하다.

다섯째, 다문화교육은 학교 교육과정의 여러 수준 또는 영역으로 통합할 수 있다.

여섯째, 다문화교육은 교육현장에서 적용되는 토의하기, 추론하기, 모델링, 자기표현, 문제해결 등의 다양한 교수-학습방법이 사용될 수 있다.

일곱째, 다문화교육은 그림책, 사진, 놀잇감, 예술품, 생활소품 등의 다양한 자료와 자원들을 활용할 수 있다.

여덟째, 다문화교육은 생활경험으로부터 상상력을 동원한 포괄적 경험으로서 확장될 수 있다.

아홉째, 다문화교육은 세계의 관심사 혹은 인류공동의 목표를 적극적으로 추구하는 교육활동을 제공하는 것이 바람직하다.

4) 다문화교육의 내용

다문화교육의 내용에 대해서는 학자마다 서로 다른 다양한 의견을 제시하고 있다. 다문화교육은 통합과 문화의 다양성을 전제로 하여 간문화적 상호작용 속에서 다양성이 인정되는 공존을 추구한다.

뱅크스(Banks, 2003)의 경우 다문화교육내용을 다양한 학문적 영역에서 도출한 후, 이를 상위와 하위개념으로 구분하여 제시한다. 먼저 상위개념으로는 첫째, 문화, 민족성 그리고 관련개념, 둘째, 간문화적 의사소통과 관련개념, 셋째, 권력과 관련개념, 넷째, 사회화와 관련 개념, 다섯째, 민족 집단의 이동을 제시하고 있고, 이들을 다시 각각 여러 개의 하위개념으로 구별하고 있다.

표 11-4 뱅크스의 다문화교육 내용 요소

상위개념	하위개념
문화, 민족성 그리고 관련 개념	문화, 민족집단, 소수민족집단, 민족성의 단계, 민족다양성, 문화동화, 문화변용, 지역문화
사회화와 관련 개념	사회화, 편견, 차별, 인종, 인종차별주의, 자민족중심주의, 가치
간문화적 의사소통과 관련 개념	의사소통, 간문화적 의사소통, 지각, 역사적 편견
권력과 관련 개념	권력, 사회적 항의와 저항
민족 집단 이동	이주, 이민

출처: 서강식 외(2010).

그 외 다른 학자들이 제시하고 있는 개념 요소들을 하나의 표로 정리하여 나타내면 다음과 같다(서강식 외, 2010).

표 11-5 다문화교육 내용에 대한 다양한 견해

학자와 기관	다문화교육내용
Klein & Chen	다문화, 주류, 소문화, 인종, 민족성, 사회경제적 지위, 종교, 연령, 언어, 지리적 지역, 무능력, 고정관념
Banks & Banks	성, 인종, 민족성, 언어, 사회적 계층, 종교, 예외성
Melendez, Beck & Fletcher	국적, 종족/인종성, 종교, 사회계층, 언어, 성, 예외성, 연령
교육부	문화, 다양성, 평등성, 협력
채정란	문화, 협력, 편견, 정체성, 형성, 평등성, 다양성
Tiedt & Tiedt	문화, 사회적 지위, 인종, 정체성, 종족, 집단의 이름
양옥승	정체성, 다양성 문제해결력
Robles de Melendez & Ostertag	문화, 민족과 인종, 편견과 불평등, 협력
Hall & Rhomberg	능력, 나이, 외모, 믿음, 계층, 문화, 가족구성, 성, 인종, 성적 관심(반편견적 접근)

학자와 기관	다문화교육내용
Banks	인과관계, 수정, 충돌, 힘, 협동, 사회적 조절, 문화적 변화, 전통, 다양성, 가치, 상호의존
Derman-Sparks & A. B. C. Task Force	문화, 민족과 인종, 편견과 불평등, 협력

출처: 서강식 외(2010).

5) 다문화교육의 내용 요소

다문화교육의 구체적 내용 요소에 대해서는 문화, 협력, 반편견, 정체성, 평등성, 다양성으로 구분할 수 있다.

표 11-6 다문화교육 내용 요소

하위범주	범주설명
문화	• 문화간 유사점과 차이점의 특징 알기 • 다양한 문화에 대한 이해 및 존중심 기르기 • 문화간 긍정적 태도 발달시키기
협력	• 다양한 사람들과 상호작용 능력 증진 • 다양한 사람들과 협동 능력 증진
반편견	• 선입견, 편견, 고정관념에 비판적 사고 형성 • 문제 상황에 대처 능력 기르기
정체성 형성	• 긍정적 자아 개념 기르기 • 자아정체감 및 집단 정체감 형성
평등성	• 국가, 민족, 성, 능력, 계층에 대한 긍정적 태도 갖기 • 인간이 평등하다는 가치 형성
다양성	• 다양한 개인과 집단의 존재 인정 • 다양성 존중하는 마음 갖기

출처: 구정화 외(2009).

첫째, 문화 부분에는 문화적 차이에 대한 지식, 존중과 이해의 태도를 함양하는 것을 강조하고 있다. 또한 문화 일반에 대한 이해를 제시할 수 있을 것이다. 문화의 속성과 특징을 배우는 과정에서 자연스럽게 문화의 차이에 대한 존중과 이해의 태도가 나타날 것이다.

둘째, 협력 부분에서는 특히 대인기능 및 의사소통과 깊은 관계가 있다. 조화와 공존으로 이어지는 비슷한 집단 내에서는 의사소통이 별다른 어려움 없이 이루어질 수 있으나, 다문화사회의 경우 이질적인 집단으로 구성되므로 이러한 기능은 필수적으로 요청된다.

셋째, 반편견 부분에서는 존중의 태도, 문제해결 능력, 고정관념에 대한 비판적 접근 등을 두루 강조한다. 이 부분에서는 고정관념이 어떻게 형성되었는지, 그리고 그것이 과연 근거가 있는지에 대한 사실 탐구와 더불어 사람들의 가치관이 그곳에 미친 영향을 파악해 보는 가치 탐구의 과정으로 활용할 수 있다.

넷째, 정체성 부분에는 집단에 대한 자부심과 소속감, 자아 개념 형성을 강조한다. 자기 자신에 대한 긍정적이고 건강한 정체성을 형성한 사람들은 타인의 정체성에 대해서도 기꺼이 존중하게 된다. 특히 이 경우에는 배타적이고 유일한 정체성이 아니라 소속된 집단과 향유하는 문화의 다양성과 발맞춘 다중 정체성으로 연결지으려는 노력이 중요하다.

다섯째, 평등성 부분에서는 민주적 가치로서의 평등에 대해 믿음을 가지고 이해하려는 노력을 강조한다. 여기에서는 인간이 평등하다는 사실의 근거가 된 법적·제도적 장치들과 역사적 맥락을 함께 살펴볼 수 있다. 궁극적으로는 국적, 종교, 언어, 외모 등과 같은 요인이 아니라 우리 모두가 인간이라는 사실에서 평등함의 원천적인 근거가 도출된다는 것을 이해하고 지지해야 한다.

여섯째, 다양성 부분에서는 차이를 현상으로 인정하고 존중하는 태도를 강조한다. 여기서는 그저 다양성과 문화적인 차이로만 국한하는 것이 아닌 개인적인 요인, 자연적인 요인 등으로 인해 타인들과 구별되는 특성을 지닌 사람들과 집단의 다양성을 모두 존중하는 것을 목표로 한다. 이것은 다문화의 범주를 보다 확대하는 내용 요소로 기능할 수 있다.

6) 다문화교육의 방향

(1) 전 국민 대상 다문화교육 필요

다문화교육은 다문화사회의 문제를 해결하는 열쇠로서 역할을 할 것이다. 그러므로 다문화교육을 외국인학생이나 주민들로 한정시켜서는 안 된다. 다문화교육은 모든 국민을 대상으로 진행되어야 하며, 상호이해교육을 바탕으로 지역사회와 연계시킬 수 있는 보다 적합하고 효율적인 다문화교육 방법을 이용하여 지역사회와의 통합을 이루는 것이 바람직하다.

다문화가정의 자녀에 대한 교육지원정책들이 효과적으로 실행되기 위해서는 이들을 평등한 사회적 주체로 인정하고 이들과 상호 의사소통하려는 사회구성원들의 개방성을 요구한다. 또한 여러 가지 언어를 구사 가능한 글로벌 인적자원의 육성과 모든 다문화인을 위한 다문화교육이 실시되어야 한다. 뿐만 아니라 다문화·다인종사회에 대비한 일반 학생들을 비롯한 교사, 학부모 그리고 일선 경찰을 비롯한 정부기관과 사법기관의 담당자 등 국민 모두의 인식변화를 위한 다문화교육도 반드시 실시되어야 할 것이다. 이와 같은 사회의 요구에 부응하려면 다문화교육과 이를 위한 다문화교과교육 및 다문화교육과정이 마련되어야 한다(서종남, 2010).

(2) 개방된 다문화교육으로의 전환

오늘날 세계 여러 나라에서 다문화교육이 주요한 교육개혁의 과제로 대두되었다. 이에 따라 배타적 동화주의 교육에서 벗어나 다문화교육으로 교육의 방향을 전환하고 있다. 이제 한국 다문화사회에서 결혼이민자가정, 북한이탈주민가정, 이주근로자가정의 자녀들은 한국의 교육현장과 한국사회에서 매우 주요한 구성원으로 자리 잡았다. 비록 지금은 이들이 소수에 불과하나 그 수는 점차 증가하며, 점차 학교에 진학하는 비율이 높아지고 있는 실정이다. 학교의 역할은 그 아이들이 자아정체성을 올바르게 정립하고 우리 사회에서 긍정적인 성향을 가지고 행복하게 성장하는 데 도움을 주어야 한다. 뿐만 아니라 다문화가정의 자녀에 대한 관심을 비롯해서 정부 등의 지원뿐만 아니라 이들을 위한 실제적이며 긍정적인 다문화교육이 실행되어야 할 것이다.

한국정부가 입안하여 추진하고 있는 여러 정책들을 비롯해 많은 관련 부처들이 다문화교육지원정책을 펴고 있음에도 불구하고 여전히 다문화교육에 대한 준비가 부족하고 배타적 동화교육적 성향이 남아 있는 실정이다. 그러므로 개방된 다문화주의 교육으로의 전환이 요구된다.

(3) 다양성과 통합성 간의 균형있는 다문화교육 필요

다양성을 지니며 존중하는 현대 민주주의 국가는 통합성과 다양성 간의 균형유지가 매우 중요한 요소이다. 이와 같이 국가의 다양한 그룹이 민주주의 이념 아래 통합되어야 국가 역시 소수그룹의 권리를 보호할 수 있으며 그들의 사회참여를 보장해 줄 수 있을 것이다(Banks, 2009).

이러한 면에서 한국사회의 사회통합은 이민자와 정주민 모두의 노력이 필요하다. 이민자와의 차이만을 강조하거나 편견의 시선과 차별의 태도를 버리고, 이들이 지닌 문화적 다양성에 주목하는 열린 사고와 실천을 통해서 진정한 의미의 사회통합을 추구해야 한다.

(4) 다문화교육 프로그램의 개발 및 확대

특정 다문화구성원을 대상으로 하거나 이벤트성 및 일회성 다문화 행사가 아닌 교육 프로그램에 대한 개발과 확대도 필요하다. 또한 다문화가족 및 국제결혼 예비 신랑·신부의 교육도 요구된다. 현재 법무부에서 시행하고 있는 조기적응교육을 통해 한국사회 적응을 위한 부부 교육이 실시 중에 있다. 다문화가정의 학부모들 중에는 한국의 역사나 문화 등의 교육 필요성에 대해 공감하고 있는 사례가 많다. 자녀들의 학습 지도 시 특히 이러한 문제가 더 부각되고 있다. 다문화를 이해할 수 있는 다양한 교육프로그램들 이외에 한국 적응에 필요로 하는 이주민 대상의 교육이 확대·세분화되는 것이 요구된다.

또한 한국도 각 학교마다 다문화 보조교사 및 다문화상담 전담교사를 양성하고 배정하여 다문화교재의 교수-학습방법 및 다문화생활지도를 맡아서 해야 할 것이다. 뿐만 아니라 가정에서도 자녀의 생활지도를 담당하는 비다문화 학부모와 교사들에게도 다문화이해교육을 적극적으로 실시해야 한다. 급변하는 다문화시대의 교육환경에서 예비교사와 교사들이 변화를 적극적으로 받아들여야 하며, 미래 지향적 사고를 가져야 한다. 특히 다문화교육프로그램에 관한 전문적인 지식과 교수 방법의 습득이 요구된다.

(5) 동등한 교육기회 보장

한국의 외국인근로자가정 자녀들 중에서도 미등록근로자 가정의 자녀는 학교에 가는 것조차 쉽지 않은 일이다. 제도와 법은 이들도 대한민국 국민과 동등하게 학교 교육을 받는 것이 가능하도록 되어 있으나, 실상 이를 보장받지 못하는 이들이 있다.

또한 외국인근로자가정 자녀의 방과 후 생활의 경우에는 부모의 경제력이 영향력을 미친다. 부모가 미등록근로자로 체류신분이 불안정하고 일자리도 얻지 못하는 경우에는 자녀들의 경우 그대로 방치되는 경우가 많다. 특히 학교를 다니지 않는 학령기 청소년의 경우에는 여러 가지 유해한 사회 환경에 보호를 받지 못하고 위험에 노출되고 있다. 그러므로 이들에 대한 제도적 차원에서의 교육기회를 제공하는 것이 한국사회의 미래를 위해서도 반드시 필요한 과제이다.

최근 증가하고 있는 중도입국 청소년들에 대해 다문화 예비학교 확대를 통해 정규 교육과정으로 진입을 돕는 제도가 실행되고 있다. 하지만 지역적으로 이용이 힘들거나 제도의 안내가 미흡한 실정으로 이에 대한 보완이 필요하다.

(6) 국가의 통합의 수용 범위 내 다양성 인정

다문화시대를 살아갈 학생들을 위해서는 국가의 통합을 저해하지 않는 한 다양성을 포용하는 기본적인 품성을 가질 수 있는 교육과정을 마련해야 한다. 다양한 민족, 인종 집단이 국내로 유입되면서 인구 구성뿐만 아니라 문화적 측면에서의 다양성 역시 증가하고 있다. 그러므로 교육 역시 각 개인의 문화를 존중함과 동시에 다른 다양한 문화들 간의 공존 방법을 찾는 방향으로 나아가야 할 것이다. 또한 이주배경 가정 자녀들을 대상으로 우리 사회를 구성하는 일원으로서의 자아정체성 확립을 도와야 하며, 비다문화가정의 자녀들을 대상으로는 다문화에 대한 이해를 넓혀 문화적 편견을 극복할 수 있도록 해야 할 것이다. 따라서 모든 학생들에게 문화적 다양성의 가치를 인식할 수 있도록 학교에서 가르치는 것이 바람직하다.

(7) 통합적 교육지원 체제구축을 위한 연계망 강화

한국의 경우 다문화교육지원 사업을 비롯하여 농산어촌지원 사업, 방과후 교육사업, 북한이탈주민 관련 사업과 취약계층 복지를 위한 교육복지 투자 우선지역 사업 등의 관련 사업들이 있으나 현재 각각 따로 운영되고 있다. 다문화가족을 위한 교육 역시 자녀와 부모 각각을 대상으로 별개로 운영되며 지역 내에 관련 있는 단체 및 교육기관과의 연계 협력도 미흡하다. 따라서 선진 우수사례들과 국제기구 등을 참고하여 유관기관 간, 교육대상 그리고 유사 정책간의 서로 긴밀한 연계를 비롯하여 협력 운영되는 방안들을 탐색하고 실천하여 효과를 발휘하는 것이 바람직하다(이재분 외, 2009).

(8) 다문화교육은 유아기에서부터 시작

다문화교육은 유아기에서부터 시작되어야 한다. 유아기는 자신의 성, 외형 등에 대해서 인지가 가능한 시기이므로 다문화교육을 실시할 적절한 시기이기 때문이다. 그러나 여전히 한국의 유아교육기관은 다문화교육에 대한 지원과 인식의 부족으로 다문화교육이 제대로 시행되지 못하고 있는 실정이다. 뿐만 아니라 3세에서 5세 사이에는 대부분의 인성이 형성되고 언어가 발달하는 시기이기 때문에 유아들의 취학 전 다문화교육은 매우 중요하다.

7. 다문화교육과 상호문화교육[7)]

1) 다문화주의와 상호문화주의

다문화사회의 핵심적인 패러다임은 다문화주의다. 한국의 경우 초기 다문화 관련 인식과 정책이 동화주의적 입장이었지만 동화주의의 한계를 경험하면서 그 대안으로서 다문화주의와 상호문화주의가 주목을 받게 되었다. 다문화주의와 상호문화주의를 비교하면 다음과 같다(박종대, 2017).

첫째, 다문화주의를 상호문화주의의 전 단계로 보고, 다문화사회가 다문화주의에서 상호문화주의로 이행되어야 한다고 본다. 동화주의가 갖는 한계를 극복하고 다양성, 평등성을 강조하는 다문화주의가 강조된 것처럼 다문화주의가 내포하는 문화 간 경계와 잠재적 무간섭을 해결하기 위한 대안으로 상호문화주의를 제시하고 있다. 기본적으로 다문화주의는 다양한 가치들을 반영하고 수용하는 이념을 말한다. 각자의 권리를 보장하고 문화 상대주의를 최대한 인정하며 공적인 영역에서 문화 간 차이를 인정하고 표출할 수 있는 환경을 조성하는 것이다. 하지만 소수들을 집단으로 범주화하며, 경계와 배제를 내포하는 위험이 있으며, 문화적인 변인을 지나치게 강조하여 문화적 다양성에서 발생하는 갈등을 소홀히 다룬다는 한계가 지적되었다. 다문화주의가 차이의 인정과 재분배의 정치에 방점을 두었지만 다문화 시대의 다문화 공존을 이루는 데는 취약했기 때문에 상호문화주의는 문화간 상호 소통과 공공성에 중점을 두면서 다문화주의가 해결하지 못한 문제를 상호문화성에 기초하여 해결할 수 있다고 보았다.

다문화가 한 사회 내 다양한 문화들이 공존하거나 병존하는 사회구조의 현상을 가리키는 용어라면, 상호문화는 서로 다른 문화적 배경을 지닌 사회구성원들이 상호관계 속에서 쌍방향적이고, 역동적인 문화교류와 대화를 하는 것으

7) 박종대(2017), 양정아(2020)의 내용을 일부 발췌·인용함

로 정의된다. 따라서 다문화주의는 서로 다른 문화에 대한 편견 없는 이해와 존중, 차이의 인정을 의미하며, 상호문화주의는 문화 간 만남 속에서 문화 상호간의 대화와 교류를 강조한다. 다문화주의는 같은 지리적 공간 안의 둘 이상의 복수문화가 공존 또는 병존하는 현상을 가리키며 정태적인 문화의 경계를 전제로 한다면 상호문화주의는 같은 지리적 공간 내의 둘 이상의 복수문화가 서로 접촉하여 경계를 허물고 상호접촉, 상호작용, 상호대화, 상호융합을 통해서 새로운 혼종문화를 탄생시키는 역동적인 과정이라는 점에 초점을 맞춘다.

다문화주의가 문화적 다양성과 타자성을 다루는 데 있어서 암묵적인 방치와 무간섭으로 일관하거나 비주류문화권 구성원들의 지역적인 분리와 사회적인 주변화라는 한계에 노출시키는 반면, 상호문화주의는 주류 사회구성원과 비주류 사회구성원간의 상호접촉, 상호대화, 상호작용을 통해서 공통의 문화적 기반을 마련하는 데 중점을 두는 것이다.

표 11-7 다문화정책과 상호문화정책 비교

	다문화정책	상호문화정책
소수집단 조직	역량강화의 주체로 간주하고 정부 예산 지원	통합의 주체로 간주하고 정부 예산 지원
노동 시장	차별금지정책: 직업훈련과 고용에서 소수집단 우대조치	차별금지정책: 상호문화능력과 언어능력의 강조
주거	차별금지임대정책: 공공지원주택을 이용할 수 있는 우대조치	차별금지임대정책: 인종구성비의 모니터링을 통해 인종적 주거 혼합을 장려
교육	다양한 문화적 배경을 가진 사회구성원이 다니는 학교를 대상으로 특별 지원, 소수 민족의 언어교육, 종교교육, 문화교육을 지원	주류 사회의 언어와 소수민족의 언어를 교육, 주류 사회의 문화와 소수민족의 문화를 교육, 모든 사회구성원을 대상으로 상호문화능력 함양, 특정 소수집단의 공간적 분리 금지
치안	사회복지사로서의 경찰, 인종차별 금지 조치를 적극적으로 시행	인종 간 갈등을 관리하는 주체로서의 경찰
대중홍보	문화다양성을 찬양하는 축제, 지역을 브랜드화 하는 캠페인 전개	상호문화적 상생을 강조하는 캠페인 전개

	다문화정책	상호문화정책
도시개발	소수민족 집단거주지와 민족 커뮤니티 리더십을 인정, 재생구역의 조성, 모스크의 첨탑 등과 같은 소수민족집단의 상징물 허용	여러 민족들이 혼합된 거주지와 공적 공간의 조성을 장려, 지방 공무원과 NGO의 갈등관리 능력
거버넌스와 시민권	지역사회 리더십, 지역자신의 배분을 위한 자문단 구성 시 민족별 구성 비율 배려	교차문화적 리더십 함양을 장려, 교차문화 관련 협회와 자문기구의 구성을 장려, 문화혼종성을 인정, 공간사용의 상징성보다는 기능성을 강조

출처: 김형민 외, 2017; 박종대, 2017.

상호문화주의란 사회 내에 존재하는 다문화적인 사실에 대한 인정을 넘어서 상이한 문화들 사이의 대화와 상호작용을 강조하는 교류의 철학이다. 유네스코에서 채택된 「문화적 표현의 다양성과 보호의 증진 협약」에서는 '다양한 문화의 존재와 문화 간의 공평한 상호작용 그리고 대화와 상호존중을 통한 문화적 표현의 공유가능성'으로 정의된다. 상호문화주의는 지속적으로 변화한다는 유동인 속성을 가지며, 그 과정에서 다른 문화와 서로 간섭하여 주류 문화와 비주류 문화가 상호작용을 하게 된다고 보았다. 따라서 다문화주의와 상호문화주의 각각의 가치를 인정하되, 다문화사회를 위한 대안으로 상호문화주의가 더 적합하다고 보는 것이 일반적이다.

2) 다문화교육의 두 가지 관점

(1) 자유주의적 다문화교육

소수 문화집단의 정체성과 권리를 보호하기 위해 등장한 다문화주의 담론을 주도해 온 것은 자유주의적 다문화주의이다. 자유주의적 다문화교육는 인간의 차이를 존중하며, 소수집단의 정체성을 인정하고, 다양한 소수집단의 권익을 보호하기 위한 교육을 의미한다.

교육적 맥락에서 자유주의적 다문화교육은 학교개혁을 통해 인종, 민족, 사회적 지위, 언어에 따른 소수집단 학생들에게 특별한 교육적 정책을 제공하여, 교육평등의 실현을 중시한다(Banks, 2008). 자유주의적 다문화교육은 차이의 영역을 강조하고 소수자의 권리를 옹호한다. 소수자에게 교육적인 혜택을 제공하고, 소수자의 문화에 대해서 이해하는 교육과정을 편성한다. 그러나 자유주의적 다문화교육은 주류 문화 교육의 우위 속에서 소수 문화 교육을 '관용' 혹은 '혜택'의 차원에서 부분적으로 허용한다는 한계를 지닌다. 자유주의적 다문화교육은 자유라는 주류문화의 가치 속에서 문화적 다양성을 추구하고 소수문화의 학생들을 문화적 다양성을 지키기 위해 배려해야 할 대상으로 간주하면서 소수문화의 주체성을 강조하지 못하고 오히려 주류문화와 더욱더 분리시키는 결과를 가져왔다. 이러한 관점에서 자유주의적 다문화교육은 몇 가지 한계를 내포하고 있다.

첫째, 자유주의적 다문화교육은 소수문화를 관용의 정신으로 배려해야 하는 대상으로 본다. 주류문화의 입장에서 소수문화는 반드시 필요한 것은 아니지만 사회를 더 윤택하게 하고 다양한 구성원의 욕구를 충족시키고 자유를 확장시키기 위해 필요한 것이다. 하지만 소수문화가 주류문화의 가치, 자유와 민주주의의 가치를 위협하게 되면 주류문화는 언제든지 소수문화를 배제하거나 무시할 수 있다는 것을 의미한다.

둘째, 자유주의적 다문화교육은 소수문화 형성의 역사적·사회적 맥락을 고려하지 않고, 소수문화 구성원들의 불평등 원인을 단순히 문화적인 것으로 본다. 그러나 소수문화 구성원들이 불평등을 경험하는 이유는 문화에 한정되지 않으며, 경제적 빈곤, 제한된 인적 자원, 사회구조상 낮은 신분으로 인해 고통을 당하기도 한다. 사회구조적인 문제를 간과하고 문제의 원인을 문화적인 것으로만 보는 한계가 있다.

셋째, 자유주의적 다문화교육은 소수문화 구성원들의 사회적 역할과 주체성을 인정하지 않고, 소수문화 구성원들의 사회적 일탈을 방치하는 경향이 있다. 소수문화 구성원들은 자신의 문화를 지키려는 의식은 강하지만 사회 속에서 자신들의 역할을 인식하지 못하는 경우가 많고, 무조건적인 배려와 관용을 사회에 요구하는 경우 주류문화와의 갈등을 촉발할 수 있다.

(2) 비판적 다문화교육

비판적 다문화주의는 소수문화를 인정의 대상이자 배려의 대상으로 보는 자유주의적 다문화교육의 한계를 극복하고 소수문화의 구성원들을 의식화하여 사회를 개선하는 능동적인 주체로 간주한다.

비판적 다문화교육은 불평등을 개선하지 못하는 자유주의적 다문화교육의 한계를 지적하면서 비판이론을 통해 소수문화 학생들이 겪는 불평등을 개선하고자 하였다. 주류문화의 관용에 의지하여 소수문화에 대한 배려를 주장하는 자유주의적 다문화주의와 달리, 비판적 다문화교육은 차이의 문제와 차이를 발생시키는 권력에 관심을 가지고 불평등 해소를 위한 성찰과 실질적인 변화를 추구한다. 비판적 다문화교육은 소수문화의 발생 배경과 구조적인 문제를 역사적·사회적 맥락을 비판적으로 접근하는 교육을 통해 학생들이 구조적 불평등을 인식하게 하고 스스로의 성찰과 사회적 참여를 통해 불평등 문제를 개선하도록 독려하는 교육이다. 그러나 다양한 소수집단을 인정하고 문화적 차이를 강조하는 과정에서 사회 공통의 문화적 가치를 찾는 것에 대해 소홀히 한 경향이 있고, 극단적인 소수집단의 출현으로 인한 갈등을 야기할 수 있다는 한계를 가진다. 비판적 다문화교육은 자유주의적 다문화주의가 가지고 있는 한계를 극복하지만 불평등의 측면에서 소수 문화의 해방을 주장하면서 갈등을 일으킬 수 있는 위험을 가지고 있다. 비판적 다문화주의는 차이를 강조하면서 작은 집단과의 관계를 선호하는 과정에서 국가 차원의 연합을 어렵게 하는 측면이 있고, 불가피하게 극단적인 소수집단의 존재를 양산해낸다. 주류문화를 식민지배의 연장선 혹은 억압기제로 인식하면서 부정의 문제를 해결하기 위한 소수문화의 저항이 거세질수록 주류문화 내에서 다문화주의에 대한 반감이 생겨 사회적 갈등이 심화될 가능성이 있다.

3) 상호문화주의교육의 등장

상호문화주의는 소수문화와 주류문화의 갈등을 완화하고, 균형적이고 실질적인 다문화주의를 제시한다. 상호문화주의는 주류문화의 보편적 가치인 자유의 관점에서 소수문화에 접근하기보다는 주류문화와 소수문화를 동등하게 보고 소통을 통해 보편적 가치를 재탐색하고 추구해 나간다.

자유주의적 다문화주의와 비판적 다문화주의가 차이를 강조하며 소수문화 공동체의 구성원들을 주류문화와 분리시킨다면, 상호문화주의는 상호접촉과 대화 혹은 상호작용을 장려하여 공통의 문화적 기반을 마련하는 데 초점을 맞춘다. 상호문화주의는 문화의 동적인 특성을 소통을 통해 보편적 가치를 찾고 공통적인 문화기반을 만들기 때문에 소수문화의 정체성과 권리를 보장하는 것과 국가의 문화적 동질성을 유지하는 것을 동시에 추구할 수 있다.

상호문화주의교육은 자유 혹은 불평등이라는 주류문화의 가치 속에서 소수문화를 해석하기보다 주류문화와 소수문화를 동등한 관계로 보고 소통을 통해 공통의 문화적 가치를 찾는 것에 주안점을 둔다. 상호문화주의교육은 다양한 문화가 존재하고 이러한 문화 간에는 차이가 있지만 동시에 중첩의 영역이 있기 때문에 대화와 소통을 통해 차이를 발견하고 자신의 문화를 비판적으로 성찰하는 교육을 하고자 한다. 상호문화주의교육은 소통을 통해 공통의 가치를 찾고 문화를 변화시키는 능력을 기르는 것을 다문화교육의 목표로 여긴다.

상호문화주의교육은 이론적인 측면에서는 '인정의 영역'에 머물러 있던 자유주의적 다문화교육과 비판적 다문화교육을 '소통의 영역'으로 전환시켰다는 점에서 정당성을 지닌다. 상호문화주의교육은 소통을 통해 문화의 개별성과 보편성은 통합되고 공통의 가치를 형성하면서 개인들은 새로운 문화 창조력을 가지게 된다. 상호문화주의교육은 문화적 공동체와 차이를 강조하는 과정에서 개인이 배제될 수 있는 위험에서 벗어나기 위해 개인에 강조점을 두면서 다문화교육의 상황에서 문화의 주변부에 위치하는 개인이 소외되는 것을 방지하기도 한다.

교육의 실천적 측면에서 상호문화주의교육은 이질적인 문화에 대한 수용과 인식이 부족하고 다문화시민들을 이등시민으로 간주하거나 혹은 보충교육의 대상으로 여기는 상황에서 소수문화와의 능동적인 소통을 통해 소수문화의 가치를 재발견하고 공통의 가치를 재탐색하게 한다는 점을 강조한다. 상호문화주의교육은 소수문화의 구성원들을 소통의 장으로 불러오는 과정에서 지역사회에 존재하는 그들에 대한 편견을 극복하게 하고 소수문화 구성원들이 가진 다양한 개인적 능력들이 발현될 수 있는 기회를 제공하고 새로운 정체성을 부여하는 교육, 교육의 본질에 충실하면서 교육의 역사·사회적 맥락을 계승하고 소수문화 구성원들의 권리와 목소리를 옹호할 수 있는 교육이라고 할 수 있다.

4) 상호문화교육의 이해와 추진 방향

상호문화주의와 교육의 결합은 이미 1970년대 이후 프랑스와 독일에서부터 이루어졌다. 다만 당시의 상호문화교육은 프랑스, 독일 등과 같은 유럽 선진국에서 이주배경 학생의 교육 문제 가운데 특히 언어교육문제를 해결하기 위해 진행한 일종의 특수교육이었다. 이후 사람들은 이러한 교육이 이주배경 학생들을 범주화하고 소외감을 가중시킨다는 점을 지적했고, 이러한 비판 속에서 상호문화교육은 1970년대 후반에 이르러 학생 모두에게 문화적 다양성을 가르치는 일반교육으로 발전했다. 이러한 변화는 프랑스와 독일 모두에서 나타난 공통적 변화였다.

이후 상호문화교육은 유럽평의회, 유네스코, 유럽연합과 같은 국제기구들을 통해 확산되기 시작하였다. 이때 상호문화교육은 단순히 교육적인 선택이 아니라 사회의 지향점으로 인식되었으며, 이후 상호문화교육은 다양한 정의 속에서 실천되었다.

유네스코는 소극적 공존을 넘어 다양한 문화집단들 간의 이해와 존중, 대화를 통해서 다문화사회의 구성원으로서 함께 살아가게 할 발전적이고 지속적인 방법을 찾아내게 하는 교육으로서 상호문화교육을 정의하였다.

이를 바탕으로 상호문화교육을 위한 기본 원칙을 정리하면 다음과 같다. 첫째, 각자의 인간성을 바탕으로 타인을 온전한 주체로 인정한다는 것을 의미한다. 둘째, 자기 자신과 자기 고유의 문화를 아는 것이다. 자신이 자기 문화의 산물임을 인지하고, 자기가 여러 개의 정체성을 지닌 복수적 존재임을 인정하는 과정이다. 셋째, 차이에 대해 개방적인 태도를 가지는 것이다. 넷째, 차이를 받아들이는 것이다. 개방성을 바탕으로 나와 타인을 연관지어 이해하는 것을 의미한다. 다섯째, 자신의 판단을 잠정적으로 유보하는 것이다. 먼저 타인의 말을 경청하고 타인을 이해하려고 노력하는 감정이입 능력을 중요시한다. 여섯째, 자기 자신을 분석하고 비판하는 것이다. 일곱째, 협상과 합의를 위해 노력하는 것이다.

상호문화학습을 위한 주제와 동기는 다음과 같다. 첫째, 낯선 것에 대한 이해/낯섦과의 교제, 둘째, 다른 것에 대한 인정, 셋째, 차이를 평가하지 않는 교류, 넷째, 지구적 책임에서 경계를 뛰어넘는 이해이다.

상호문화주의는 다문화사회구성원들 간의 상호작용과 교류를 전제로 한다. 따라서 상호문화주의를 표방하기 위해서는 다문화사회구성원들이 서로 문화를 교류하고 소통할 수 있는 여건이 우선적으로 준비되어야 한다. 다문화사회구성원들 모두가 교육의 장으로 들어와야 하며, 상호문화교육은 주류문화의 습득이나 타문화 체험이 아닌 다양한 문화적인 경험 및 구성원들 간 상호작용능력 신장을 목표로 하는 것이다. 구성원 각자의 인간성 인정을 통해서 타인을 온전한 주체로 인정할 수 있는 교육, 자기 자신과 자기 고유의 문화를 이해하고 그를 바탕으로 하여 자기 자신에 대한 비판적 사고를 기를 수 있는 교육, 타인과의 차이를 이해하고 소통할 수 있는 교육이 필요한 것이다.

상호문화교육은 다문화에 대한 인식을 수정해야 한다는 관점에서 다문화 인식 제고를 위한 교육 과정을 개선하여 상호문화주의적 입장에서 실시하는 것을 목표로 한다. 다수와 소수, 주류와 비주류, 집단 간의 경계를 허물고 서로의 문화를 경험하고 소통하고, 교류하며 타문화와의 관계를 형성할 수 있도록 도와주는 것이다. 따라서 사회 전체적으로 다문화에 대한 보다 열린 사고를 가지고 다문화와 관련한 시민들의 자발적인 움직임을 독려하고, 상호문화주의에 관한 이해를 높이는 과정을 우선시해야 한다. 다문화사회에 관한 가이드라인을 제시하되, 그 안에서 생겨나는 다양한 노력들을 인정하고 그것이 실현가능하도록 제도적인 장치를 마련할 필요가 있다. 시민사회의 자발적 참여를 통하여 다문화에 대한 편견과 무지, 고정관념에서 벗어나 그들이 지닌 장점과 특수성을 발견하고 조화시켜 나가는 상호문화주의를 지향해야 한다.

Chapter

12

문화다양성과 세계시민성

1. 문화다양성의 의미[1)]

문화다양성이라는 개념은 생태학 분야에서 다루는 '생물다양성'에서 확장된 개념이며, 생태계 내 생명체들의 다양한 특성이 존재하듯이 인간 사회에도 생명 다양성 개념을 넘어 문화적 차원의 다양성이 존재한다는 것을 의미한다(박병도, 김병준, 2009). 문화다양성이란 서로 다른 문화가 폭넓게 존재한다는 현상을 의미하는 용어로 성, 인종, 연령, 종교, 장애, 사회 계층 등의 인간의 문화적 다양성을 긍정적인 가치로 인식하는 것이다(설규주, 2013).

문화다양성은 언어나 의상, 사회, 전통 등 문화적 가치와 실체의 형성 방법, 주변과의 상호작용, 도덕과 종교에 대한 관념 등 사람들 간에 존재하는 문화적 차이를 의미한다(박윤경, 2008; 유네스코한국위원회, 2008). 또한 인류사회에 서로 다른 문화가 존재하는 현상 자체를 지칭하는 개념인 동시에 다양한 인종과 민족의 문화적 차이를 인정하고 공존하는 가운데 서로 발전해야 한다는 가치를 포함한다(천정웅, 남부현, 김태원, 한승희, 박주현, 2015).

따라서 문화다양성은 각 집단 사이의 문화적 차이를 이해하고 인식하기 위한 개념으로 다양한 사람들이 형성하는 가치와 신념체계, 경험, 세계관, 대화방식을 공유하는 것을 의미하며, 다양한 문화가 존재한다는 의미로 문화의 다양성을 인정하고 차이를 존중하는 핵심가치라고 할 수 있으며, 다문화 사회의 사회통합에 중요한 요소로 사회발전에 기여한다고 할 수 있다(이수진, 2019).

유네스코에서는 2005년 「문화적 표현의 다양성 보호와 증진 협약(Convention on the Protection and Promotion of the Diversity of Cultural Expression)」을 통해 문화다양성을 인류의 본질적인 특성으로 강조했다. 문화다양성은 인류 공동의 유산이기 때문에 모두의 이익을 위하여 소중히 간직되고 보존되어야 한다는 점을 강조하였으며, 문화다양성이 선택의 폭을 넓히고 인간의 능력과 가치를 육성해 주

1) 이수진(2019), 유네스코(2001, 2005), 김면(2017), 위키백과(ko.wikipedia.org/wiki/문화다양성)의 내용을 일부 발췌·인용함

는 풍요롭고 다양한 세계를 창조하기 때문에 국가·민족·공동체의 지속 가능한 개발을 위한 원천으로 정의하였다.

문화다양성을 정의할 때 문화는 시간과 공간을 넘어서 다양한 양식을 가지며, 다양성은 인류를 구성하는 개인과 사회의 정체성과 문화적 표현의 독특성과 다원성에서 구현된다고 본다. 문화다양성은 생각의 자유로운 흐름을 강조하고, 문화 간 지속적인 교류와 상호작용을 통하여 육성되며, 사회 안에서 문화적 표현을 풍요롭게 하는 매체의 다양성과 함께 사상, 표현, 정보의 자유를 중요시한다. 또한 전통적 문화 표현을 포함한 문화적 표현의 다양성이 전체 구성원들로 하여금 생각과 가치를 표현하고 남들과 공유할 수 있게 하는 중요한 요인임을 인정하고, 언어의 다양성이 문화다양성의 기본 요소임을 상기하고, 교육을 통해 문화적 표현의 보호와 증진이라는 기본적인 역할을 하며, 전통적 문화 표현을 창조, 보급 및 배포하고, 문화적 표현들을 활용하여 그들 자신의 개발을 위하여 이용하도록 돕고, 소수자와 토착민에 속하는 사람들에게 있어서 문화 생명력의 중요성을 강조하였으며, 지속가능한 성장을 위한 전통문화의 중요성을 인정하고 적절한 보호와 증진의 필요성을 강조하였다.

문화적 표현을 육성하고 새롭게 하며, 전반적인 사회 진보를 목적으로 문화 개발에 관련된 사람들의 역할을 강화시켜 주는 문화적 상호작용과 창의성의 중요한 역할을 강조하고, 문화적 창조 활동에 관련된 사람들을 뒷받침하는 데 있어서 지적재산권의 중요성을 인정하며, 정체성, 가치 및 의미를 전달하는 문화 활동, 상품 및 서비스는 경제적 속성과 문화적 속성을 함께 지니므로, 단순한 상업적 가치로 취급되지 않아야 한다.

정보통신기술의 급속한 개발로 촉진된 세계화의 과정이 문화 간 상호작용의 강화를 위한 전례 없는 여건을 제공하는 한편, 부국과 빈국 사이의 불균형을 야기한다는 점에서 문화다양성에 대한 도전이 된다는 것에 주목하고, 문화다양성에 대한 존중을 보장하고, 말과 영상에 의한 생각의 자유로운 흐름을 증진하고자 하였다.

유네스코에서 강조하는 문화다양성의 개념은 시기별로 구체적인 강조점이 조금씩 변화되었다.

첫째, 제2차 세계대전 종결되고 유엔이 창설된 직후에는 교육과 지식을 강조하였다. 교육과 지식을 통해서 사람들 간의 의심과 불신을 없애고 도덕적이고 인본적인 연대를 통해서 평화를 이루어야 한다는 것을 강조하였다.

둘째, 탈식민지화로부터 1966년 국제적 문화협력원칙이 천명되던 시기에는 국제적으로 신규 독립 국가들이 생겨나면서 문화다양성 개념은 문화정체성 차원에서 개별 국가의 존재성과 독립성을 정당화하는 근거가 되었다. 개별 국가와 민족 집단은 자신들만의 고유한 특징을 가지고 있으며, 이것이 인류문화의 공동재산이자 국가 간의 차별화된 가치의 원천임을 강조하였다.

셋째, 1970~1980년대에는 문화개념이 정책결정과정에서의 영향력을 가진 것으로 인식되면서 국가적 발전의 개념과 연결되었다. 문화정책이 강조되고, 이를 추진하기 위한 행정적·제도적·재정적 차원의 논의와 함께 개인의 문화권이 강조되었다.

넷째, 인권과 다문화사회 개념이 등장한 1990년대부터 현재까지 이어지는 시기에서는 문화와 민주주의가 연결되었다. 다문화적 상황 속에 있는 개인들이나 집단들, 두 개 이상의 문화 속에 살고 있는 이주민 인권과 민주주의적 관점에서 문화다양성을 수용하는 변화가 나타났다. 또한 세계적 관점의 문화적 다양성에 대한 지역 간이나 국가 간의 갈등뿐만 아니라 한 국가 내의 문화다양성의 문제도 부각되었다. 특히 소수자의 권리, 다양한 문화적 공동체의 공존, 도시화의 급속한 진전 등의 문제들이 강조되면서 새로운 문화적 경향과 욕구에 대응해야 하는 필요성이 제기되었다.

문화다양성 분류체계 및 내용구성은 다음 **표 12-1**과 같다.

표 12-1 문화다양성 분류체계(Dimensions of Cultural Diversity) 및 내용구성

구분	분류영역	내용구성
기본 영역 (1차적 범주)	민족(Ethincity: Race)	한국사회에 이주한 타민족, 타인종 집단으로 외국인근로자, 외국인 유학생, 귀화자 및 결혼 이주자 등
	국적(Nationality)	국내 이주한 집단으로 타국적 소비자로, 외국인 외 외국적 동포, 북한에서 이탈한 새터민 포함
	성별(Gender)	성별에 따라 집단별로 공유되고, 창조되는 문화
	장애문화(Disability)	신체 기능에 장애가 있거나 정신 활동에 결함이 있어 일상생활을 하기 어려운 사람
	성적취향(Sexual Orientation)	일반적으로 통용되는 성적 정체성이 다른 집단으로, 동성애자, 트랜스젠더, 젠더 퀴어 등 포함
	세대(Age)	연령에 따라 세대별로 형성하는 집단문화로, 아동문화, 청소년문화, 노인문화 등
환경 영역 (2차적 범주)	종교(Religion)	다양한 신앙, 교리 및 영적 생활을 수행하는 집단들로, 불교, 기독교, 이슬람교, 원불교 등 포함
	소득(Income)	가계의 경제활동을 통하여 상대적 소득수준의 격차와 분포에 따라 형성된 생활문화 양식
	혼인(Martial Status)	남녀 간 혼인을 이루거나 결혼을 하지 않고 독립 기구를 이루는 등 다양한 가족형태를 보임
	전통(Tradition)	과거로부터 현재까지 전해 내려오는 민족의 고유문화
	지역(Geographic Location)	각 지역이 가진 특색 있는 고유성을 가진 문화
	예술취향(Arts)	기존 문화예술 장르 및 주류예술을 벗어나 다양한 예술형태와 취향을 표현하며, 순수문화, 대안문화, 독립문화, 인디문화 등 포함

출처: 김면, 2017.

2. 문화다양성 협약[2)]

1) 문화다양성의 등장과 발전

(1) 문화다양성 협약 배경과 국제적 논의

1980년대 이후 무역자유화 협정과 단일 시장화가 추진되면서 문화산업에 대한 위협이 증가하였고, EC와 캐나다가 문화상품 및 서비스를 자유무역대상에서 제외시키려는 과정에서 문화적 예외를 주장하였다. 이에 반해 미국은 서비스와 문화 상품에 대한 자유무역 입장을 강력하게 주장하였다. 1995년 WTO 출범 이후 문화와 무역을 둘러싼 논의는 유네스코(UNESCO)로 옮기게 되었다. 창립 이래 유네스코는 문화다양성을 지속적으로 강조했고, 문화다양성 논의를 통해 문화의 개념 자체를 지속적으로 확대하면서 이후 문화와 발전, 문화와 정체성, 문화와 인권 및 민주주의에 대한 다양한 의제를 발전시킬 수 있었다.

문화적 권리는 역사적으로 국제사회에서 크게 주목 받지 못했고, 국가의 통일성에 위협이 될 수 있다는 점에서 외면받았으나 점차 개인 차원의 권리에서 보편적 인권에 해당하는 권리의 범위로 확장되었다. 문화적 권리 및 문화다양성은 세계인권선언(UDHR, 1948), 경제, 사회, 문화적 권리의 국제규약(ICESCR, 1966), 시민, 정치적 권리의 국제 규약(ICCPR, 1966), 소수자 권리에 관한 선언(1992) 등을 통해 논의되어 왔다. 문화다양성의 보호의 중요성 자체는 보편적으로 인정되었지만 다양한 문화적 차이가 상존하는 상황에서 문화다양성의 보장 수준과 범위에 대한 합의에는 이르지 못하고 있었다.

1990년대 이후 세계화와 자유무역이 강화되었고 특히 우루과이라운드 협상에서 문화 분야가 주요 시장 개방 대상이 되면서 유럽과 제3세계의 반발을 가져와 이를 공식적으로 논의하기 위한 개념으로 문화다양성이 등장하게 되었다.

문화다양성 증진을 위한 국제적 노력은 2001년 11월 「유네스코 세계문화다

2) 문화체육관광부(2017, 2018)의 내용을 일부 발췌·인용함

양성 선언(UNESCO Universal Declaration on Cultural Diversity)」을 통해 국제적 합의가 진행되었다. 유네스코 회원국들은 미국이 주도하는 세계화와 자유무역에 대한 대응 차원에서 문화다양성에 대한 논의를 본격화했으며, 각 나라와 지역의 문화적 고유성·다양성 보호와 증진을 목적으로 선언을 채택하였다. 문화다양성을 인류공동의 유산으로 규정하고 문화다양성의 보호와 인간존엄성의 존중, 문화다양성을 존중하는 문화적 권리의 보호, 원주민과 소수집단의 자유와 인권 보장, 문화상품과 서비스의 특수성 인정, 문화산업의 육성, 창의성의 원천인 문화유산 보존, 문화다양성 증진을 위한 공공협력 등을 강조하였다. 문화를 일반 소비품이나 경제상품으로 취급해서는 안 되며, 각 국가는 문화정체성 보호를 위한 다양하고 실질적인 규제나 제도를 채택해야 하고, 문화다양성 보호는 윤리적 의무이자 인간 존엄성과 관련된 것임을 선언하였다.

2005년 10월 파리에서 개최된 제33차 정기총회에서 유네스코는 「문화적 표현의 다양성 보호와 증진에 관한 협약」을 채택하였다. 한국은 2010년 「문화적 표현의 다양성 보호와 증진에 관한 협약」을 승인해 협약의 110번째 비준국이 되었다.

(2) 한국 내 문화다양성의 도입과 발전

한국사회가 문화다양성에 관심을 갖기 시작한 것은 1998년 진행된 한미 FTA부터이다. 한미 FTA 협상과정에서 국내 영화의 보호장치였던 '스크린 쿼터제'에 대한 축소 요구가 이어지면서, 이에 대한 반발 차원에서 문화다양성이 논의되었다. 문화다양성이 새롭게 부각된 것은 다문화 이슈가 부상하면서부터다. 결혼이주여성과 외국인근로자를 중심으로 외국인 수가 급격히 증가하면서 문화다양성은 다문화를 이해하는 핵심으로 등장하였다.

외국인의 한국사회 적응을 위한 다문화정책은 결혼이민자 및 그 자녀, 외국인근로자만을 대상으로 한 동화정책으로 시작되어 복지와 시혜 관점에서의 처우 개선과 한국사회 정착을 지원하는 것에 집중되는 한계를 보여 문화다양성 수용성을 고려하지 못한 문제점이 제기되었다. 따라서 해외이주민 유입 증가에 따른 다문화현상을 인식한 후 이주민 유입에 대응하는 문화수용성 정책을 논의하면서 기존 다문화정책이 가진 동화정책의 한계를 인식하고 공존의 가치를 인정하려는 패러다임 전환이 점차 제시되기 시작하였다.

2010년 한국이 「문화적 표현의 다양성 보호와 증진 협약」 110번째 비준국이 되면서 문화다양성 측면에서 다문화정책 논의 시작되었고, 제3차 다문화가족 정책 기본계획(2018)과 제3차 외국인정책 기본계획(2018)을 통해 문화다양성 강화를 통한 사회통합을 추진하게 되었다.

2014년 11월 문화체육관광부의 「문화다양성의 보호와 증진에 관한 법률」이 제정되면서 문화다양성 정책이 본격적으로 추진되었고, 2017년 '유네스코 문화다양성 협약 아시아태평양 그룹 위원국'으로 선출되었다. 하지만 아직 우리 사회의 문화다양성 강화를 위한 구체적인 정책의 실천이 미흡하며, 정책 추진 시 기관 간 중복이나 조정체계의 개선이 요구되며, 법적·제도적 장치 마련과 개선이 요구되고 있다는 측면에서 향후 추진 전략의 마련과 실천적 대안이 모색되어야 한다.

「문화다양성의 보호와 증진에 관한 법률」의 주요내용은 다음과 같다.

제1조 (목적)
이 법은 국제연합교육과학문화기구(이하 "유네스코"라 한다)의 「문화적 표현의 다양성 보호와 증진에 관한 협약」 이행을 위하여 문화다양성의 보호 및 증진에 관한 정책수립 및 시행 등에 관한 기본사항을 규정함으로써 개인의 문화적 삶의 질을 향상시키고 문화다양성에 기초한 사회통합과 새로운 문화 창조에 이바지하는 것을 목적으로 한다.
제2조 ("문화다양성"과 "문화적 표현"의 정의)
① "문화다양성"이란 집단과 사회의 문화가 집단과 사회 간 그리고 집단과 사회 내에 전하여지는 다양한 방식으로 표현되는 것을 말하며, 그 수단과 기법에 관계없이 인류의 문화유산이 표현, 진흥, 전달되는 데에 사용되는 방법의 다양성과 예술적 창작, 생산, 보급, 유통, 향유 방식 등에서의 다양성을 포함한다. ② "문화적 표현"이란 개인, 집단, 사회의 창의성에서 비롯된 표현으로서 문화적 정체성에서 유래하거나 문화적 정체성을 표현하는 상징적 의미, 예술적 영역 및 문화적 가치를 지니는 것을 말한다.
제9조 (연차보고)
문화체육관광부장관은 매년 문화다양성 보호와 증진을 위한 정책의 추진현황 및 세부이행 평가결과에 관한 보고서를 작성하여 정기국회 개회 전까지 국회에 제출하여야 한다.

출처: 국가법령정보센터(http://www.law.go.kr/)

2018년 문화체육관광부는 '문화비전 2030'을 발표하여 문화다양성 정책을 실천할 계획이다. 국민의 문화적 권리인 「문화기본법」과 개인의 문화적 삶의 질을 향상시키고 문화다양성에 기초한 사회통합과 새로운 문화창조에 이바지하는 「문화다양성의 보호와 증진에 관한 법률」을 통해 다양한 사업과 프로그램을 추진할 계획이다.

'문화비전 2030'의 3대 가치는 다음과 같다.

① 자율성 가치: 개인과 공동체의 자유로운 활동을 보장하고, 개성과 감각의 특별함을 중시하며 개인이 문화 권리의 주체임을 강조 ② 다양성 가치: 다양성은 성별, 종교, 인종, 세대, 지역, 사회적 신분, 경제적 지위, 신체적 조건, 정치적 견해 등에 관계없이 개인과 공동체의 다양한 구성원들을 존중하고 그 문화와 표현을 인정 ③ 창의성 가치: 창의성은 문화, 체육, 관광 분야의 원천일 뿐 아니라 사회 문제해결과 사회혁신을 이끄는 귀중한 능력이자 역량

출처 : 문화체육관광부, 2018.

2) 문화다양성 협약의 내용과 특징

문화다양성 협약은 문화다양성을 보호와 증진을 위한 9개 목적(제1조)과 8개의 원칙(제2조), 당사국의 권리와 의무 조항들, 특히 국가적 수준에서 문화다양성 보호와 증진을 위한 당사국의 여러 국내 조치들(제6조~제8조)을 포괄적으로 규정하고 있다. 협약 당사국은 4년마다 문화다양성의 보호 및 증진을 위해 취한 조치를 유네스코에 보고하며, 이와 관련된 정보를 공유 및 교환하고(제9조), 당사국은 시민사회의 중요 역할을 인정하여 시민사회가 적극적으로 참여할 수 있도록 장려해야 하고(제11조). 국제협력(제12조~제17조), 국제 문화다양성 기금(제18조), 협약의 기관(제22조~제24조)에 관한 규정도 준수해야 한다.

문화다양성을 '인류의 공동유산'으로 간주하고, 문화다양성의 보호를 '인간 존엄성의 존중으로부터 분리할 수 없는 윤리적 책임'으로 명시한 선언의 정신을 담고 있다. 문화상품과 서비스의 특수성을 인정하는 문화다양선 선언 제8조와 공공, 민간, 시민사회간의 협력 강화를 호소한 제11조의 원칙을 구체적으로 실천하고 있다.

문화를 호혜적 방식으로 자유롭게 상호작용할 수 있도록 하는 여건 형성을 중심으로 국가의 주권적 권리를 인정하였다. 자국 문화의 보호·증진과 함께 타국 문화와의 균형 잡힌 교류가 협약을 통해 추구되고 보장되어야 한다는 점을 강조했다.

제6조는 당사국이 국내 차원에서 취할 수 있는 조치사항에 관한 권리가 명시되어 있는데, 문화적 표현의 다양성 보호와 증진을 위한 규제조치, 독립적 문화 산업과 활동에 대한 지원, 공공 기관 설립 지원, 공공 재정 지원, 미디어의 다양성 증진, 예술가 및 관련 종사자 양성 등의 조치가 포함되어 있다.

문화다양성 협약은 제7조, 제8조를 통해 문화적 표현의 증진 및 보호를 위해 당사국이 취해야 할 조치들을 각각 명시하고 있다. 다양한 문화에의 접근, 소외계층의 문화적 권리, 예술가를 비롯한 문화예술종사자에 대한 역할 등을 보장함으로서 문화예술분야의 광범위한 발전에 기여할 수 있는 조항이다.

개발도상국과의 구체적인 협력을 강조해 민간부문, 비정부 기구, 시민단체 간의 파트너십 강화와 공동 제작 및 배급에 관한 협정 체결 장려를 국제협력의 주요 골자로 하였다.

협약에는 국제협력을 증진시키기 위한 당사국의 역할 및 촉진방안(제12조), 개발도상국의 개발을 위한 당사국의 협력지원 활동(제14조), 개발도상국의 기반시설·인적 자원·정책개발에 초점을 둔 혁신적인 협력관계 유지(제15조), 개발도상국 출신의 문화전문가 및 활동가를 우대하여 문화교류 촉진(제16조), 문화적 표현에 대한 심각한 위협 상황에서 당사국의 국제적 협력(제17조), 국제 문화다양성 기금 설치 및 분담(제18조) 등을 명문화하고 있다. 개발도상국 문화산업 강화를 위한 기술적·재정적 지원, 문화 상품 및 서비스, 예술가에게 우선적 대우를 허용할 것을 의무사항으로 하였다. 협약 제20조는 다른 협약과의 관계를 명시해 상호성, 상호지원성, 비종속성을 원칙으로 해서 명확하게 동 협약이나 또 다른 협약의 우위를 인정하지 않는다.

문화다양성의 8가지 원칙은 다음과 같다.

1) 인권과 기본적 자유존중의 원칙
국제법에 의해 보장된 인권을 침해하거나 그 범위를 제한할 목적으로 본 협약의 조항을 인용해서는 안 된다. 문화적 다양성은 표현정보 교환의사소통의 자유를 비롯하여 문화적 표현방식을 자유로이 선택하는 개인의 능력 등과 같은 기본적 자유가 보장될 때에만 보호받고 증진될 수 있다.

2) 주권의 원칙
유엔헌장과 국제법 원칙에 의거하여 국가는 자국의 영토 내에서 문화적 표현의 다양성을 보호하고 증진하기 위한 정책과 방안을 채택할 주권을 지닌다.

3) 모든 문화의 동등한 존엄성과 존중의 원칙
문화적 표현의 다양성을 보호하고 증진하는 일은 소수 민족이나 토착민의 문화를 포함하여 모든 문화가 동등한 존엄성을 지니며 동일하게 존중되어야 한다는 사실을 전제로 한다.

4) 국제적 연대와 협력의 원칙
국제적 협력과 연대는 각국 특히 개발도상국이 초기단계에 있거나 이미 확립된 자국의 문화산업을 포함하여 문화적 표현수단을 형성하고 강화할 수 있도록 하는 국내·외적 노력을 목적으로 해야 한다.

5) 발전의 경제적 측면과 문화적 측면의 상호보완원칙
문화는 발전의 원동력이기 때문에 발전의 문화적 측면은 그 경제적 측면만큼이나 중요하여 개인이나 민족은 이에 참여하고 향유할 기본적인 권리를 지닌다.

6) 지속가능성의 원칙
문화다양성은 개인과 사회에 풍부한 자산이 된다. 현재와 미래세대가 혜택을 누릴 수 있도록 지속가능한 발전을 이루기 위해 반드시 필요한 조건은 문화다양성을 보호하고 증진하는 일이다.

7) 자유로운 접근의 원칙
문화다양성을 높이고 상호이해를 촉진하기 위해서는 누구나 전 세계 각국의 풍부하고 다양한 문화적 표현에 접근할 수 있어야 하고 각 문화가 자문화를 표현하고 널리 알리기 위한 표현수단을 획득할 수 있어야 한다.

8) 개방성과 균형의 원칙
국가가 문화적 표현의 다양성을 지원하는 방안을 채택할 때는 다른 국가의 문화에 대한 개방성을 적절한 방식으로 증진해야 하며 이러한 방안이 본 협약이 추구하는 목적과 부합함을 확인해야 한다.

출처: 유네스코 http://portal.unesco.org/en

3. 문화다양성 정책의 발전 방향[3)]

1) 협력적 문화 거버넌스 지원

문화다양성 정책은 다양한 수요자 집단의 욕구가 정책과정에 반영되어야 한다는 점을 중요시해야 하며, 기존 다양한 관련 분야의 민간기관이나 단체들이 활동에 참여하고 있다는 점을 고려하여 정책영역에서 거버넌스 관점이 필요하다. 문화다양성 정책의 실천을 위해서는 중앙정부와 지방정부 및 민간부문의 거버넌스를 효율적으로 구축할 필요가 있다.

정부부처 간 중복과 같은 부작용을 방지하기 위한 총괄 조정기구의 설립, 지방정부의 문화다양성 정책 개발 및 역할 정립, 민간부문의 참여를 통해 적절한 조정 및 협력체계 구축을 고려하여 국가-지역-민간부문의 역할정립과 조정을 포함하는 포괄적인 거버넌스 체계 확립 전략이 필요하다.

정부는 다양한 역할을 직접 수행하는 동시에 조정을 역할을 담당하여 정책 실행의 적절한 균형을 유지하는 것이 중요하기 때문에 민간부문과 정책대상 집단에게 보다 많은 자율성과 선택권을 제공하는 방향으로 정책을 운영하는 것이 바람직하다.

2) 지역사회의 연결 프로그램 지원 및 교류실천 활성화

정책 추진 시 사회적 소수자와 일반시민을 구분하여 차별적인 환경이 구성되지 않도록 다양한 문화적 배경을 갖춘 주체들이 참여하는 문화·예술연결 프로그램이 요구된다. 특히 사회 내 다양한 소수자에 대한 관심이 점차 증가하고 있다는 점을 고려하여 소수문화를 직접 체험하고 교류할 수 있는 프로그램 지원이 보다 활성화되어야 한다.

---

3) 문화체육관광부(2018)의 내용을 일부 발췌·인용함

소수문화계층이 능동적인 주체로 문화 활동을 확대하고 지역사회 발전의 기여자로 참여 가능한 네트워크 형성으로 통한 지역 내 다양한 문화교류를 촉진을 시도하고, 소수문화의 발굴과 콘텐츠화를 통해 참여 확대의 계기를 마련하고 소수자가 행사의 주체가 될 수 있는 기회를 제공한다.

3) 유네스코 국제기구와의 교류협력 활성화

유네스코는 국제적인 문화 관련 정책과 실천을 담당하는 정부 간 문화기구로서 각국 정부가 국제사회에서 영향력을 높이기 위한 문화정치의 장으로 활동을 강화하며 경쟁하고 있다. 최근 한국이 문화다양성 협약의 정부간위원회 위원국으로 당선됨에 따라 그 문화적 책임을 다해야 한다는 당위성이 있으며. 한국이 문화 분야에서 위상 강화로 인해 유네스코 내의 적극적인 참여와 활동이 요구되고 있다.

국내외 정책 환경과 주요 의제 분석을 통해 국내 문화다양성 정책 수준을 국제적 기준으로 상향하여 문화다양성 관련 사업을 종합적으로 검토하고 추진하되 정책 추진 전반에 대한 정책의 일관성과 지속성을 확보하는 것이 요구된다.

한국의 유네스코 기구에 대한 분담금 비율 상승으로 국제사회에 재정적인 기여도는 높아지고 있지만 국제기구에서 논의되는 이슈들에 수동적 역할에 그치는 수준이다. 유네스코 문화다양성 정책에 있어 국제적인 차원에서 문화부문과 산업부문을 포괄적으로 아우를 수 있는 정책방안을 강구하는 노력을 병행해야 한다. 이를 위해 유네스코 문화다양성 정책 비전과 목표를 검토하여 국가적 차원의 종합정책을 수립하고 전략 과제를 설정하여 실천하기 위한 정책 추진체계를 구조화해야 한다.

특히 산업화와 민주화를 동시에 달성한 한국의 경험이 개발도상국의 모델이 될 수 있다는 점에서 국제교류협력 환경을 조성하여 문화다양성을 바탕으로 한 문화적 역량을 기반으로 한 발전 모델을 제시할 수 있도록 지원하는 것이 요구된다.

4) 문화매개인력의 문화다양성 인식 제고

문화다양성 전문 인력의 양적 확대와 질적 수준 제고를 위해 전문성과 문화 역량에 기반을 둔 육성 체계 및 교육과정 개선이 필요하다.

다양한 문화와 그 대상의 정확하고 깊은 이해를 기반으로 활동해야 하는 문화다양성 전문 인력 양성을 위해 다양한 주체별 특성을 고려한 문화다양성 교육 과정을 개발하고 교육·훈련에 투자를 해야 한다. 특히 소수자 집단이나 사회적 약자를 대상으로 하는 문화다양성 차원의 연구와 정책적 지원이 요구된다.

문화다양성 인력풀 확충, 소수자 그룹 대상 프로그램 개발, 문화시설과 공간 확보 등을 통해 문화다양성 정책의 실천을 위한 전문인력 확보와 문화다양성 인식 제고를 추진하는 것이 요구된다.

5) 법 제도의 인프라 개선

문화다양성의 실천을 위해서는 법·제도의 선언적인 내용보다는 이러한 문화다양성 가치 아래서 구체적으로 무엇을 어떻게 운영하고 관리할 것인가에 대한 기본 틀을 제공하는 것이 중요하다. 이를 위해서는 기존 문화다양성 법률에 대한 개정을 통해 문화다양성의 정의를 명확히 하고, 문화다양성위원회의 역할에 대한 내용 정비, 실태조사와 연차보고를 통한 정책 수립과 실천 과정의 전문성과 실효성을 확보하는 것이 필요하다.

또한 지방자치단체의 조례 제정 활성화를 통해 지역별 특성을 감안하여 차별화된 정책 추진이 가능하도록 한다.

4. 세계시민성에 대한 이해[4)]

1) 세계시민성의 의미

세계화는 국제 사회에서 국가 간의 상호작용이 증가하면서 상호 의존성이 증가되어 세계가 단일 체제로 전환되는 것을 의미한다(김영순, 2017). 세계화가 가속되면서 민족국가의 경계가 약화되고 다문화의 공존과 전지구적 사회 통합이 진행되고 있다. 따라서 세계화는 국경 없는 세계를 기반으로 사회구성원들이 변화하는 세계의 다양한 현상과 문제에 대해 상호작용하며 이루어지게 된다. 이러한 세계화의 추세로 인해 세계 속의 개인들은 세계시민으로서의 역량인 세계시민성을 요구받고 있다.

세계화 시대 속 세계시민이라는 용어를 이해하는 것에서 세계시민성을 정의하는 것이 필요하다. 시민(citizen)은 지역과 국가를 초월해 인류역사를 통해 발전한 보편적인 개념이라고 할 수 있다. 시민 이전에는 '신민' 또는 '국민'이라는 용어가 우선되었다. 신민(subject)은 절대군주 체제하에서 지배를 받아 온 신하라는 의미였고, 국민(nation)은 근대 국가를 전제로 한 구성원을 의미한다. 반면에 시민은 사회적 주체인 동시에 가치 있는 삶을 추구하기 위해 공동체 구성을 위해 노력하고 자신의 결정에 책임지는 존재를 의미한다. 또한 개개인이 가져야 하는 행동 성향을 의미한다(한경구 외, 2015). 시민은 고대 그리스에서는 공동체가 보장하는 모든 권리를 누리는 구성원을 의미했으며, 역사적으로 오랜 기간 동안 성별, 계층, 신분 등의 제약을 바탕으로 일부 특권계급만의 자격으로 제한되었다. 근대 국가 이후 국가에 대한 시민의 저항과 참여로 획득된 정치·경제·사회적 권리를 제도화해 특정 국가 소속 모든 구성원에 부여된 기본권으로 개념이 확대되었다. 근대 사회의 시민권이 국가와 국민간의 긴장관계 속

4) 안진숙(2019), 인천광역시교육연수원·유네스코한국위원회(2015), 조대훈(2016)의 내용은 일부 발췌·인용함

에 규정된 권리라면 현대 사회에서는 민주주의 사회의 구성원으로서 소양과 자질을 갖추고, 역할과 책무를 실천하며, 공동체의 문제해결에 적극적으로 참여하는 주체로서의 시민의 개념이 정의되고 있다(유네스코 아시아태평양 국제이해교육원, 2015). 따라서 한경구 외(2015)는 시민성(citizenship)은 사회와 개인의 상호작용을 통해 형성되며 민주주의 사회의 구성원으로서 시민 소양을 갖추고, 민주정치 과정에 참여할 수 있는 지식과 기능의 총체로 보았다.

개별 국가의 집합체로 보았던 과거의 세계관에서 통합된 하나의 세계로 상호 연계되며 시민성은 국가 차원을 넘어 세계적 차원으로 진화되고 있다. 이전의 시민성이 '국민'에서 시작된 '국가 시민성'으로 제한되었다면 현재는 하나의 국가를 위한 시민의식이 아닌, '세계'라는 사회의 주체이며, 세계 공동체를 위해 노력하는 '세계시민'의 의미를 강조하고 있다(강문지, 2018). 한경구 외(2015)는 세계시민(global citizen) 또는 세계시민성(global citizenship)의 개념을 표 12-2와 같이 정리하였다(박지현, 2018).

표 12-2 세계시민과 세계시민성의 개념

구분	저자(단체)	개념 정의
국제기구	유네스코 (2014)	더 광범위한 전체 공동체와 전체 인류에 소속감을 느끼고, 지역·국가·세계에 대한 열려 있는 시각을 견지하며, 보편적 가치에 기초한 다양성 및 다원성을 존중함에 따라 자신과 타인, 그리고 환경을 포괄적으로 이해하고 행동하는 것
비정부 기구	OXFAM (2015)	더 넓은 세계에 대해 알고 세계시민으로서 자기 역할을 이해하는 사람, 다양성을 존중하고 가치 있게 여기는 사람, 세계가 어떻게 작동하고 있는지를 이해하는 사람, 사회 정의에 열정적으로 헌신하는 사람, 지역 수준부터 글로벌 수준까지 다양한 수준의 공동체에 참여하는 사람, 더 평등하고 지속가능한 세상을 만들기 위해 다른 사람과 협업하는 사람, 자신의 행동에 책임을 지는 사람
	월드비전 (2015)	국적을 넘어 가장 넓은 공동체인 지구마을의 구성원으로서 정체성을 지님. 다양성 존중, 변화하는 세상에 대한 정확한 인지, 세계적 문제에 대한 책임감을 지니고 동참하며 실천할 수 있는 지식, 기술, 가치와 태도를 보유한 자
학계	엄정민	전 세계를 하나의 공동체로 인식하고, 스스로를 그 공동체의 구성원으로 인

구분	저자(단체)	개념 정의
	(2016)	식하면서, 그 공동체 구성원으로서의 권리와 함께 평등하고 조화로우며 지속 가능한 사회를 만들기 위한 구성원으로서의 책무를 인지하는 것과 이를 실천하려는 태도 및 실행력
	송민경 (2014)	인류 및 세계 간의 상호 의존성을 인식하고, 글로벌 이슈와 문화에 대한 복합적인 문제를 이해하는 동기, 태도, 역량을 갖춘 것
	정지현 외 (2015)	문화다양성을 존중하면서 국가 발전에 기여할 수 있는 국가정체성을 지닌 시민 역량과 더불어 국가를 초월한 사회의 다원적 가치를 이해하고 세계와 소통이 가능한 세계시민역량을 함께 보유한 사람
	Hicks (2003)	글로벌 공동체의 시민으로 살아가거나 이를 느끼는 것
	Wierenga (2013)	인류의 삶이 국가적 경계를 넘어 지구적으로 상호 연결되어 있음을 인지하는 것
	Guo (2014)	인간성, 지구, 집단 결정의 영향력에 대한 광범한 이해를 바탕으로 한 인식과 행동을 할 수 있는 시민

출처: 안진숙, 2019.

2) 세계시민성의 등장 배경

세계시민성에 대한 개념은 다중시민성(multiple citizenship)으로부터 유래한 것이다. 다중시민성은 한 개인이 국가에 소속되기도 하지만 지역에도, 세계에도 소속됨으로써 그 정체성이 다중적이라는 현실로부터 비롯되었다(Heater, 2004). 히터(Heater, 2004)에 의하면 개인은 지방(도시), 국가, 대륙, 세계에 대하여 다중적인 정체성을 가지며, 이 중 세계 수준에서의 정체성이 세계시민성의 근거가 된다.

시민성은 원래 멤버십과 시민적 자질을 동시에 의미하는 것으로서 전자를 통해 자유와 권리를 얻고, 후자를 통해 책임과 의무를 다하는 국가와 시민 간 호혜적 관계를 의미한다.

정치, 경제, 문화 간 교류의 증대로 인해 국가 단위에서 세계와 연결되는 초국가적 경험이 현실화되면서 국민국가를 넘어선, 혹은 넘어서려는 행위자가 증가하면서 국가 단위의 시민성이 아닌 세계 속의 시민성을 요구하게 된다.

시민성을 국가 수준을 넘어서 세계 수준에서 설정하려는 시도는 고대 스토아 철학자들로부터 비롯되었다. 스토아학파(Stoicism)는 코스모폴리타니즘을 견지하면서도 우주를 하나의 폴리스로 봄으로써 가장 이상적인 형태의 세계시민주의를 견지했다고 볼 수 있으며, 다른 폴리스의 사람들에게도 동일한 대우를 해야 한다고 주장하였다. 이후 칸트(Kant)는 영구평화론(Perpetual peace)을 통해 국가 간 전쟁을 종식하기 위해서는 자유로운 국가 간 연합(federation)이 요구되면서 세계시민성(world citizenship)이 필요하다고 주장하였다. 하지만 세계시민성은 20세기 전까지는 도덕적 이상이었고, 현실적인 것과는 거리가 있었다. 근대적 국제조약이 존재하기는 했으나 국가 간에는 철저한 이해타산에 의한 관계 형성으로 인해 국가를 넘어선 연대는 구현될 수 없었다. 하지만 제2차 세계대전 이후 국제연합의 활동, 유럽연합의 발전, 세계화, 국제적인 환경협약, 인터넷 및 SNS의 발달 등이 계기가 되어 세계화 경향과 초국가적 실체의 등장 및 글로벌 커뮤니케이션이 등장함으로써 세계시민성이 철학자들의 이상을 넘어 그 현실성을 갖추기 시작했고, 세계시민성의 필요성이 증가되었다.

5. 세계시민교육에 대한 이해[5)]

1) 세계시민교육의 등장 배경

최근 국제사회 교육 패러다임의 중심은 단일국가 기반의 근대적 시민성 개념에서 벗어나 지구촌 전체가 겪고 있는 공통 문제의 해결, 더불어 사는 공생 방안의 모색을 궁극적 목표로 삼는 세계시민교육(global citizenship education)이다. 인종, 국적, 성별, 계급, 종교의 차이에 상관없이 지구촌 사회의 구성원이라는 정체성과 책임감을 가지고 실천 및 행동하는 세계시민(global citizen)을 학교교육

5) 조대훈(2016), 안진숙(2019)의 내용을 일부 발췌·인용함

을 통해 길러내야 한다는 국내·외적 요구가 그 어느 때보다도 높아지고 있다(한경구 외, 2015). 유네스코는 1990년 세계교육회의를 통해 '모두를 위한 교육(Education For All, EFA)'을 핵심으로 하는 저개발국 보편교육의 확대와 양성평등 확대 등을 중심으로 범세계적인 기초교육운동을 출범시켰으며, 2000년 '다카르 세계교육 포럼'을 통해 '다카르행동계획(Dakar Framework for Action)', '새천년개발목표(Millennium Development Goals, MDGs)'로 확장되었다. 2012년 '글로벌교육우선 구상(Global Education First Initiative, GEFI)'과 2015년 '인천 세계교육포럼(WEF)'은 세계시민교육을 국제사회의 새로운 교육의제로 선언했다.

정보·통신기술의 발달과 국제 이주민의 증가는 세계화라는 흐름 속에서 세계시민교육의 필요성을 강조하였다. 새로운 정보·통신기술은 인류를 시간·공간의 제약에서 벗어나 긴밀한 상호작용을 가능하게 했고, 단일국가의 경계를 넘어 지구촌 전체의 개인과 집단들의 다양한 정보·경험을 공유할 수 있게 했다. 가속화된 국제 이주는 개별 국가들의 인종적·문화적 다양성을 증가시켜 이전에는 존재하지 않던 새로운 사회 갈등을 야기하고 있다. 세계화로 인한 부의 불평등, 지속적인 민족·종교 분쟁의 고통, 기후 변화와 환경오염 같은 문제들은 더 이상 단일국가의 시민성에 기초한 시민교육으로는 해결이 불가능하다는 우려를 낳게 되었다. 따라서 세계시민교육은 기존의 전통적 시민교육을 보완하고 대체할 새로운 대안으로 제시되었다.

2) 세계시민교육의 목적 및 핵심역량

세계시민교육은 세계시민성(또는 세계시민의식)을 근간으로 한다. 세계시민성의 개념은 세계시민주의(Cosmopolitanism), 지구시민의식(Planetary Citizenship) 등과 동일한 의미를 지니고 있으며, 법적 지위를 수반하지 않으면서 세계 차원에서 연대감, 집단 정체성, 소통 능력과 인류 공동 번영의 가치를 지지하는 공통점을 지닌다(한경구 외, 2015).

유네스코가 발간한 <글로벌시민교육: 21세기 새로운 인재 기르기(Global

Citizenship Education: Preparing Learners for the Challenges of the 21st Century)>는 세계시민교육을 '더 정의롭고, 평화로우며, 관용적이고, 포용적이며, 안전하고, 지속가능한 세상을 만드는 데 앞장설 수 있도록 필요한 학습자의 지식과 기술, 가치와 태도를 계발'하는 것을 목표로 삼는 교육 패러다임으로 정의하고 있다(유네스코, 2014). 특히 세계시민교육은 인권교육, 국제이해교육, 문화간 이해교육, 반편견교육, 지속가능발전교육 등을 모두 포괄하는 상위의 개념으로 볼 수 있다.

표 12-3은 전통적 시민교육과 세계 시민교육의 주요 차이점을 대조하고 있다(조대훈, 2016).

표 12-3 전통적 시민교육과 글로벌 시민교육의 비교

전통적 시민교육	세계시민교육
학습자는 수동적인 수용자	학습자는 능동적인 교육의 주체
기존의 사회 가치·규범의 전수	변혁적인 교육
지식·내용 이해 중심의 교육	과정·문제해결 중심의 교육
국가가 정한 학교 지식의 습득 강조	실제 세계에서의 행동 및 참여를 강조
시민성에 대한 간접적인 교수-학습	시민성의 반성적 실천 중심의 교수-학습
단기적·공식적 교육과정 위주의 교육	평생교육적·다면적 형태의 교육

출처: 조대훈, 2016.

첫째, 세계시민교육은 학습자를 능동적 교육 주체로 인정하는 교육이다. 학습자가 세계적 문제와 국지적 문제에 대해 동등한 관심을 바탕으로 적극적인 역할이 가능한 능력을 함양하는 것이며, 보다 공정하고 관용적이며 지속가능한 세상을 만드는 것에 주목하고 있다.

둘째, 세계시민교육은 기존 사회에 대한 변혁을 추구하는 교육이다. 세계시민교육은 기성세대의 가치 체계와 규범을 학습자에게 일방적으로 전달하던 전통적 시민교육과 차별화되며, 자신의 권리와 의무를 인식하는 기회를 제공함으로써 세상을 변화시켜 나가고자 한다.

셋째, 세계시민교육은 과정 중심적이고 문제해결 중심적인 교육이다. 단순한

학교지식 습득 위주의 교육을 넘어 필수 지식을 바탕으로 주어진 문제의 창의적 해결을 추구하는 과정 중심 교육을 강조한다.

넷째, 세계시민교육은 참여 중심적이고 실천 지향적인 교육이다. 세계시민교육은 시민성에 대해 배움의 단계를 넘어 실천을 요구하는 교육이다.

다섯째, 세계시민교육은 평생교육적인 접근이 요구되며, 학교의 공식적 교육과정과 시민 사회의 교육과정 모두를 통해 진행되어야 하는 교육이다.

세계시민교육에서 학습자가 체득해야 하는 핵심역량은 다음과 같다.

- 보편적인 핵심가치(예: 평화, 인권, 다양성, 정의, 민주주의, 관용)에 대한 이해와 존중
- 지구촌 이슈와 경향에 대한 지식 및 이해
- 비판적, 창의적, 혁신적 사고, 문제해결 및 의사결정에 필요한 인지적 기능
- 감정이입, 공감능력, 상이한 관점들에 대한 열린 태도
- (나 또는 우리와 다른) 배경과 태생을 지닌 사람들과 네트워킹을 하고 상호작용하는 데 필요한 의사소통 능력과 적성과 같은 비인지적-정서적 기능
- 적극적인 참여 및 행동 능력

출처: 조대훈, 2016.

세계시민교육을 교육적 관점에서 접근하면 안드레오티(Andreotti)와 파쉬비(Pashby)가 제시한 틀을 중심으로 세계시민교육을 표 12-4와 같이 여행자적 관점, 국가주의적 관점, 인도주의적 관점, 비판적·변혁적 관점의 4가지로 구분할 수 있다.

표 12-4 세계시민교육의 4가지 관점

	여행자적 관점	국가주의적 관점	인도주의적 관점	비판적-변혁적 관점
문제의식	• 다른 나라의 사회, 문화관련 지식의 부족	• 세계화 시대에서 생존을 위한 국가경쟁력 강화	• 빈곤문제 • 개발 역량 및 기술 부족 문제	• 구조적, 체계적인 차별과 불평등 • 부정부패
핵심가치	• 다양성 • 상호이해의 정신	• 국가경쟁력 강화 • 수월성 • 리더십	• 인류애 • 조화 • 개발 • 관용	• 정의 • 배려 • 다원성 • 책임감

	여행자적 관점	국가주의적 관점	인도주의적 관점	비판적-변혁적 관점
교육목적	• 문화적 다양성의 이해와 존중	• 글로벌 경쟁력의 강화	• 타인을 배려하고 인류 공영에 기여할 이타적 시민의 역량을 증진함	• 자국 및 타국의 문화와 사회 체제에 존재하는 편견, 불평등, 권력 관계에 대해 비판적 성찰을 수행할 수 있는 역량을 함양함

출처: 조대훈, 2016; Andreotti & Pashby, 2013의 분류를 확장함.

대부분의 시민교육에서는 4가지 관점이 서로 결합되어 교육과정 및 교수–학습 활동을 구성한다고 볼 수 있고, 각 사회의 현실, 교육적 특성, 개별 교사의 주관적–교육적 관점의 차이에 인해 조정될 수 있다.

3) 세계시민교육과 다문화교육

다문화, 세계화 시대에는 세계시민으로서의 역할 수행을 위해 간문화적 능력을 강조하면서 이를 함양하고 신장시키기 위한 교육의 역할을 중요시하였다(허영식, 2012). 차이와 다름을 인정하고 더불어 살아가는 삶을 강조하는 간문화능력을 향상시키는 것을 통해 상호 공존과 상호 협력의 세계를 만들 수 있다고 보았다. 따라서 세계시민성은 다문화의 관점에서 문화적 다양성을 존중하고 문화간 소통을 강조하며, 문화의 상호작용을 통해 문화의 다양성과 전통문화 존중과 같은 문화 간 이해를 강조하며, 시민으로서의 참여와 노력에 관심을 보였다(양성실, 2013).

세계시민성을 갖추기 위한 교육은 다문화교육과 근접한 개념이면서도 차이점도 존재한다. 다문화교육은 인종, 민족, 언어, 종교, 성별, 계층, 장애 등 다양한 차이로 인해 개인과 집단이 차별받지 않도록 하며, 단순히 문화 간 이해 증진 교육을 넘어 평등(equity), 다양성(diversity), 정의(justice)를 핵심 가치로 수용하며 사회변화를 촉구하는 교육이다. 반면 세계시민교육은 국가 차원을 넘어 전

지구적 문제해결을 위해 세계 전체의 연대와 협력을 강조하며, 세계인이 지구 차원의 이슈를 이해하고 참여하는 역량을 키워 비판적 사고력과 참여 능력을 함양시키는 교육이다(김진희, 허영식, 2013). 따라서 다문화교육은 소수집단이나 개인이 주류 사회 속에서 차별과 소외를 받지 않도록 하는 지식과 내용 중심의 사회변혁적 교육을 통해 변화를 유도한다. 반면 세계시민교육은 세계를 하나의 단위로 인식하고 세계 전체가 다양한 문화 및 사람들의 상호의존성을 수용하여 보편적 인류 공영을 목표로 하는 가치지향적 교육이자 그 실천적 역량을 키우는 것을 중요시한다는 점에서 차이점을 가진다. 하지만 다문화교육의 핵심적 가치가 문화다양성의 인정과 인간 존엄성, 보편적 인권에 대한 존중이라는 점을 고려하면 한 국가 차원에서 다양한 문화의 공존을 이해하고 인정하는 것을 국가 단위를 초월하여 세계 수준으로 확장시키는 것이 세계시민교육이 지향하는 바와 같은 의미로 해석될 수 있다. 따라서 다문화교육과 세계시민교육은 글로벌 시대에 살아가는 세계시민이 주체적으로 사고하고 참여하여 사회 전체의 공존과 번영을 추구한다는 공통점을 발견할 수 있다(김진희, 2012).

4) 한국 세계시민교육의 문제점과 개선방향

한국의 경우 시민교육 관련 교육과정(예: 사회과, 도덕과)을 통해 세계화 및 다문화사회화에 대한 교육을 진행해 왔다. 제7차 교육과정 개정 이전의 교육과정에서 한국은 인종적·문화적으로 동질성이 강한 사회로 묘사했지만 제7차 교육과정을 기점으로 다양성의 가치는 더욱 강조되었고, 인종적·민족적·문화적 다양성의 증가에 따른 사회의 변화와 차별·불평등의 양상을 교육에 추가하였다.

그러나 세계시민교육의 관점에서 볼 때, 한국의 국가 교육과정과 교과서는 다음과 같은 몇 가지 문제점을 지니고 있다(조대훈, 2015).

첫째, 한국의 교육과정에는 여전히 민족국가주의, 문화동화주의, 문화 다원주의, 세계시민주의 등의 다양한 이데올로기가 혼재하고 있다. 국가주의적 정서는 특히 남북 관계 및 통일 문제에서 두드러지며, 민족국가주의와 애국주의는 한국사 교과서의 지배적인 이데올로기로 남아 있다. 교육과정 개정 이후 새로운 국가 통치 이념인 다문화주의도 세계화의 실현과 국가 경쟁력의 강화 차원에서만 접근하는 경향이 있다.

둘째, 세계시민교육은 교육과정의 기본 정신이나 원리로 수용되는 것이 아니라 기존 개별 학문 체계의 특정 단원에 일부 내용을 삽입하는 형태로 추진되고 있다. 이로 인해 세계시민교육이 단편적인 지식으로 환원되는 문제점을 내포하고 있다.

셋째, 한국의 세계시민교육 담론은 다문화정책과 유사하게 전형적인 국가 주도적인 하향식 접근법을 채택하고 있다. 이러한 접근법은 세계화 시대 속에서 국가 경쟁력 강화라는 목적 달성을 위한 도구로 변질될 위험을 내포하고 있다.

따라서 향후 세계시민교육의 성공적인 정착을 위한 정책과제를 선정하면 다음과 같다.

첫째, 한국 시민사회의 역사적 환경과 특수성을 고려해 기존 단일국가 기반 시민교육이 가진 한계를 극복할 수 있는 세계시민교육 관련 연구·개발이 필요하다. 따라서 세계시민교육 역량 및 측정 지표 개발, 세계시민교육 교육과정 및 교재 개발이 요구된다.

둘째, 세계시민교육의 학교 내 정착을 위해서는 전통적 수업 내용과 방식의 변화 등 기존 학교의 일상 구조와 체제에 대한 장기적·점진적인 변화가 요구된다. 세계시민교육은 교과서가 아니라 학교 안팎의 현실의 문제를 통해 접근하는 것이 필요하다.

셋째, 세계시민교육을 학교교육과 평생교육 영역에서 기획·실천할 수 있는 세계시민교육 전문가 양성 및 관련 전문가 양성 프로그램 개발이 요구된다. 현행 예비교원 양성 또는 현직교사 직무연수 프로그램에서 세계시민교육을 강화하고, 세계시민교육 전문가 과정 개발 및 세계시민교육 전문가 인증 프로그램을 활성화해야 한다.

Chapter

13

다문화사회의 통합

1. 사회통합에 대한 이해[1)]

1) 사회통합의 개념

사회통합에 대한 정의는 정치학, 사회학 분야 등에서 다양한 연구가 진행되었지만 아직도 사회통합 범위와 차원에 대한 뚜렷하게 합의가 도출된 것은 없다. 1994년 UN이 개최한 세계 사회발전 정상회의(World Summit for Social Development)에서는 사회통합을 두 가지 의미로 정의하는데, 첫째, '배제(exclusion)'와 대비되는 '포용(inclusion)'이라는 의미로 폭넓게 사람들에게 정의, 물질적 복지, 정치적 자유 등의 더 많은 혜택을 주는 것을 의미하고, 둘째, '해체'와 대비되는 '조화와 유대(harmony and solidarity)'라는 의미로 가족이나 공동체 등이 해체되고 범죄나 부패 등으로 사회질서가 와해되는 것을 방지하는 것이라고 정의한다(김희석, 2017). 사회사업 사전(the social work dictionary)에서 통합의 의미를 살펴보면 '통합이란 구성원들이 통합된 하나의 전체로 결합해 가는 과정으로서, 사회학적인 의미에서 통합은 다양한 사회집단이나 인종 집단이 결합하여 조화로운 관계를 형성해 나가는 과정'이라고 정의하고 있다(Barker, 1995).

IOM에서는 '특정 국가의 통합정책은 통일성과 단문화적 (monoculture) 형태를 지향하는 동화정책과 다양한 가치와 문화를 지향하는 다문화정책의 양극단의 연속선상에 위치하는 정책'이라고 정의하고 있다. 한국행정연구원에서는 사회통합에 대해서 사회적 포용(social inclusion), 사회적 배제(social exclusion)를 포괄하는 개념으로 보고, 사회통합 정책은 차이의 인정, 불평등과 사회적 배제의 수준을 감소시키고, 사회적 관계를 통한 상호작용의 연계를 강화하여 사회자본의 수준을 증대하는 방향으로 만들어진다고 본다. '사회적 배제'는 사회구성원에 대한 차별 혹은 불평등과 같은 의미를 말하며, 사회구성원을 각종 사회보장제도·정책에서 제외하는 상황을 말한다. '사회적 포용'은 사회적 배제와는 반대

1) 박은정(2020), 박미정(2015)의 내용을 일부 발췌·인용함

되는 의미로 신뢰 규범과 참여 등의 '사회자본'이 잘 형성된 사회를 지칭한다(김희석, 2017).

「재한외국인처우기본법」 제1조에 따르면 사회통합은 '재한외국인이 대한민국 사회에 적응하여 개인의 능력을 충분히 발휘할 수 있도록 하고, 대한민국 국민과 재한외국인이 서로 이해하고 존중하는 사회 환경을 만드는 것'이라고 정의되어 있다. 사회통합은 이민자뿐만 아니라 그들을 받아들이는 지역사회구성원들이 변화하는 상호적응 과정이면서 개인과 집단이 한 사회에서 함께 완성하고 있는 사회적 유대라는 의미로서 주류·비주류집단 간 갈등의 최소화와 상호 존중의 의미로 사용되기도 한다.

따라서 사회통합은 서로 다른 집단이 동일한 공간에서 충돌과 갈등이 적은 가운데 공존하는 것을 목표로 개인이나 집단이 함께 사회에 적응하며 단일의 집합체로서 통합되어 가는 과정이며, 인종적·민족적·문화적 배경이 다른 이질적 구성요소들의 포용을 통해 한 사회 내에 제한 없이 평등하게 공동체로 진입시키는 과정으로 정의할 수 있다(홍서연 외, 2018).

사회통합을 통일된 하나의 의미로 개념화하여 정의하기란 불가능하다. 이는 어느 국가든지 전통과 문화, 역사가 다르고 사회를 구성하는 구성원들의 가치관, 사상, 이념이 다르기 때문에 시대의 정치, 문화, 사회적 흐름에 따라 적절한 대처와 정책의 수립이 필요하다는 의미로 해석할 수 있다. 다양성이 공존하는 사회에서는 갈등은 피할 수 없기 때문에 다양성을 인정하는 민주사회에서 갈등을 해소하고 완전한 사회통합을 이루겠다는 것은 불가능하지만 지속적으로 발생하는 사회적 갈등으로 인해 초래되는 사회적 현상을 파악하여 다양성은 인정하고 근본적 차이에서 발생하는 간극을 최소화하려는 것이 사회통합의 목표라 할 수 있다.

2) 사회통합의 구성요소

다문화사회 이전의 사회통합은 주로 내국인에 대한 사회복지 분야에 집중되었다. 경제적 취약계층에 대한 주류 사회의 통합을 통해서 진정한 복지사회 구현이 가능하기 때문이다. 사회복지에서는 사회통합을 사회적 포용(social inclusion), 사회적 응집(social cohesion), 사회적 통합(social integration) 등으로 구분하고 있다. '사회적 포용'이 사회보장제도에서 제외된 사람들에 대한 보호라는 관점에서 빈곤, 실업 등 사회적 위험으로부터의 모든 국민에 대한 보호를 의미한다면, '사회적 응집'은 공동체에 대한 소속감을 기반으로 공동의 비전을 공유하며, 다양한 배경의 구성원들이 긍정적 관계를 발전시키는 것을 의미하고, '사회적 통합'은 모든 구성원에게 동등한 권리와 기회를 제공함으로써 통합적 목표를 지향하는 것을 의미한다(노대명 외, 2009).

하지만 다문화사회의 등장으로 인해 사회통합은 넓은 범위에서 내국인뿐만 아니라 다양한 문화적 배경의 이주민까지 포함하게 되었다. 이주민들이 가진 이질적인 문화적 배경을 수용하기 위해 일반적인 사회통합 외에 문화적 측면이 고려되어야 한다. 또한 결혼이민자를 비롯한 다수의 이주민들이 경제적인 취약 계층에 속해 있기 때문에 사회복지적 측면도 고려되어야 한다. 사회통합은 이주민의 주류 사회에 대한 적응만을 추구하는 것이 아니라 내국인과 이주민 간의 인권 옹호와 차별 방지를 통해 사전에 갈등을 예방하고, 취약 계층의 사회·경제적 자립을 지원하며, 내국인과 이주민이 공동체의식을 가진 사회구성원으로서 서로 존중하는 사회를 완성하는 것을 목표로 해야 한다.

사회통합의 의미를 다각적인 차원에서 접근하기 위한 5가지의 통합 차원으로 공통된 가치와 시민문화(common values and civic culture)로서의 사회통합, 사회질서와 사회통제(social order and social control)로서의 사회통합, 사회적 연대와 부의 격차 감소(social solidarity and reductions in wealth disparities)로서의 사회통합, 사회적 관계망과 사회자본(social networks and social capital)으로서의 사회통합, 지역적 소속감과 정체성(Territorial belonging and identity)으로서의 사회통합을 제시했다. 5가지 구성요소는 상호 연결되어 있으면서도 개별 요소가 상호독립적이라고 볼 수 있다(Beauvais & Jenson, 2002).

'공통된 가치와 시민문화'는 구성원이 공통의 목표와 목적을 가지고 공통된 도덕 규범과 행동 원칙과 공유함으로써 사회적·경제적 공동 가치를 추구하는 것을 의미한다. '사회질서와 사회통제'는 기존 사회질서와 체계 안에 심각한 충돌이 없는 상태를 추구한다는 의미이며, 사회적 배제가 야기할 수 있는 기존 질서에 대한 위험을 경고하고 있다. '사회적 연대와 부의 격차 감소'는 사회구성원과 집단 내의 소득 불평등, 실업과 빈곤, 사회적 배제, 정보 사회로부터의 배제 등 사회·경제적 차별에 대한 대안으로 경제적 이익 및 사회적 기회에 대한 공동의 재분배를 통한 조화로운 발전을 추구하는 것을 의미한다. '사회적 관계와 사회적 자본'은 사회구성원 및 집단 간의 사회적 상호작용을 통해 상호호혜성의 실현과 관계 및 규범을 강화하는 네트워크를 형성하는 것을 의미한다. '지역적 소속감과 정체성'은 특정 지역에 대한 강한 애착, 소속에 대한 정체성과 구성원의 정체성 간의 결합이 사회통합에 긍정적인 요인이 된다는 점에서 다양한 개인과 집단에게 소속감과 정체성이 요구한다는 것을 의미한다.

표 13-1 사회통합을 위한 구성요소

연구자	개념	구성요소
Beauvais & Jenson (2002)	사회통합을 공통된 가치와 시민문화, 사회질서와 사회통제, 사회적 연대와 격차 감소, 사회적 관계와 사회적 자본, 지역적 소속감과 정체성의 개념으로 사용할 수 있다고 하였다.	• 공통된 가치와 시민문화 사회질서와 사회통제 • 사회적 연대와 부의 격차 감소 • 사회적 관계와 사회적 자본 • 지역적 소속감과 정체성
EU (2005)	격차를 최소화하고 양극화를 예방함으로써 장기적인 측면에서 모든 사회구성원들의 Well being을 보장할 수 있는 사회의 역량	• 공평한 접근성 • 인간 존엄성 존중 • 개인 및 집단의 자율성 • 지역사회 참여
OECD (2011)	인간의 행동은 환경에 압력을 가하고 사회적 환경 자원과 환경 상태에 영향을 줌, 인간 행동은 사회가 정책적 대응을 통하여 변화에 대응하도록 함	• 사회적 포용 • 사회적 자본 • 사회적 이동

출처: 정해식 외(2016). '사회통합지수개발연구'에서 일부 발췌.

2. 이민·다문화 사회통합[2)]

1) 다문화 사회통합의 논의 배경

국가 간 인구이동은 전 지구적인 현상이며, 복잡하고 다양한 형태로 확대되고 있다. 역사적으로도 이민의 증가를 유발하는 환경적 요소가 확대되어 왔지만 유입국의 사회·경제적 여건의 변화나 정치적 이유 등으로 이민 규제도 함께 진행되었다.

이민자 통합이 이슈가 되는 이유는 이민자 규모의 증가에 따른 이민자들의 현실에 기초하고 있다. 일반적으로 이민자는 선주민에 비해 언어의 제약, 낮은 학력, 경력 형성의 제약 등 인구학적·사회적 특징으로 인해 더 낮은 사회적 위치에 머무를 가능성이 높다. 선주민과 유사한 인적 자본을 갖고 있어도 차별 등으로 인해 노동시장 진입과 임금 등에서 불이익을 받을 가능성이 크기 때문에 이민자 통합을 위한 추가 정책이 필요하다. 반면 선주민 입장에서는 이민자 규모가 커질수록 사회적 갈등요소도 증가할 가능성이 커져서 이민자 통합을 위한 정책대응에 대해 다양한 차원에서의 접근이 요구된다.

그동안 국내의 이민자 통합은 사회통합이라는 정책 방향을 수립하고 있지만 내용상으로는 한국사회 적응교육, 취업지원, 체류지원 중심으로 논의가 이루어져 왔다. 하지만 이는 이민자 통합에 대한 좁은 해석이며, 이민자의 한국사회 적응을 위한 정책 지원의 성격이 강하기 때문에 사회통합에 대한 논의의 확장성을 갖지 못한다는 비판이 있다. 따라서 사회통합은 이민자만을 대상으로 하는 것이 아닌 이민자와 선주민 간의 통합적인 방향에서 다루는 것이 요구된다.

2) 이규용 외(2018), 윤여상, 윤인진(2017)의 내용을 일부 발췌·인용함

2) 이민자 사회통합의 중요성

한국은 3D 업종 노동력과 여성 배우자 부족을 해결하기 위해 받아들인 외국인의 증가로 인해 전체 인구 중에서 외국인 또는 이민자의 비율이 빠르게 증가하여 다민족·다문화사회로 변모하면서 새로운 형태의 사회문제가 발생하고 있다. 건설 및 개인 서비스업과 같은 일부 산업 분야에서는 선주민과 이주민 간의 경쟁과 갈등이 발생하고, 주택, 교육, 안전과 같은 생활영역에서도 이민자가 범죄율을 높이고 지역사회를 게토화한다는 부정적 인식이 확산되는 경향이 있다. 또한 민족과 문화를 다른 이민자들이 거주국의 주류문화에 동화하지 않고 자기들만의 고유한 문화와 정체성을 고집하여 사회를 분열시킨다는 인식이 반이민자 정서와 반이민 운동을 야기하고 있다고 본다.

이민자가 사회의 생산적이고 주체적인 구성원이 되지 못하고 배제되는 상황이 지속된다면 이민자 개인뿐만 아니라 사회 전체의 발전에 장애 요소가 된다. 따라서 이민자가 거주국 사회의 완전한 구성원으로 소속감을 갖고 선주민과 동일하게 사회참여의 기회를 갖고 선주민과 친밀하고 협력적인 관계를 맺는 것은 사회발전을 위해 필수적인 조건이다.

3) 이민자 사회통합의 개념

원론적 수준에서 통합이란 특정한 사람이나 집단들이 단일한 체제에 속해서 소속감을 공유하고 상호간의 유대 관계를 발전시키는 과정으로 정의될 수 있다(Deutsch, 1978). 통합은 단지 정치나 법적인 수준에서의 통합만을 의미하는 것이 아니라 국가정체성, 생활 방식, 공통의 문화와 가치 등에서의 사회통합을 의미한다.

이민자 통합의 개념은 이민자가 거주국 사회에 평등하게 참여하여 사회의 정식 구성원으로서 소속감을 가지고 선주민과의 유대 관계를 발전시키는 과정이라고 할 수 있다. 이때 이민자 통합의 전제 조건은 거주국 사회에 평등하게 참여하는 것(기회 평등), 사회·문화·경제적으로 적응하는 것(사회 적응), 소속감을 갖는 것(소속감)이라고 할 수 있다. 이를 구체화하면 이민자가 거주국 사회에서 기본적인 인권과 생활권을 보장받으며(기본권 보호), 사회의 정식 구성원으로서 소속감을 유지하고(소속감), 사회·문화·경제적으로 적응하고(사회 적응), 선주민과 친밀한 유대 관계를 형성하고(유대 관계), 선주민과 평등하게 사회에 참여하는 (기회 평등) 것으로 세분화될 수 있다(윤여상 외, 2017).

3. 사회통합정책에 대한 이해[3)]

1) 사회통합정책의 개념

사회통합이 이주민들이 인간으로서 기본적 권리를 내국인과 동등하게 향유하는 것을 목표로 한다면 사회통합정책은 이주민의 사회 적응을 지원하는 정책이라고 할 수 있다. 따라서 사회통합정책은 소극적인 측면에서 차별 방지를 통해 이주민들의 인권을 옹호하는 정책과 적극적인 측면에서 사회·경제적 지원은 물론 이주민과 원주민이 상호 이해하고 존중하는 사회 환경을 조성하여 다문화에 대한 이해를 높이는 정책을 의미한다.

사회통합정책 수행의 법적 기반은 2007년에 제정된 「재한외국인 처우기본법」과 2008년에 제정된 「다문화가족지원법」이다. 「재한외국인 처우기본법」의 목적은 결혼이민자나 영주권자를 포함한 재한외국인이 한국사회에 적응하여 개인의 능력을 충분히 발휘할 수 있도록 하고, 국민과 재한외국인이 서로 이해하고 존중하는 사회 환경을 만들어 국가 발전과 사회 통합을 실천하는 것이다. 「다문화가족지원법」 역시 다문화가족구성원의 삶의 질 향상과 사회통합을 실천하는 것을 목적으로 한다. 하지만 현재의 추진 중인 사회통합정책의 의미는 협소할 뿐만 아니라 외국인정책, 이민정책, 다문화정책이란 용어와 혼용되어

3) 박은정(2020), 박미정(2015)의 내용을 일부 발췌·인용함

사용되고 있다.

이민정책은 이민 현상을 대상으로 국경선을 넘나드는 국가 간의 인구이동을 다루며, 내외국인의 출입국관리에 관한 정책, 국내 체류 중인 외국인의 한국사회적응을 돕는 통합정책, 재외동포에 대한 정책 등을 포함하는 개념이기 때문에 범위가 너무 포괄적이고 정책 방향에 대한 오해가 있을 수 있다는 점에서 사회통합정책과는 차이가 있다.

외국인정책은 이민정책의 대상인 이주민과 국민을 모두 포괄하지 못한다는 측면에서 적절하지 않다. 다문화정책도 국내 거주 다문화가정과 그 구성원에 대한 복지정책이라는 성격이 강하므로 광의의 사회통합의 개념을 포괄하기에 적합하지 않다. 그러므로 외국인정책, 이민정책, 사회통합정책, 다문화정책 등의 용어의 혼용보다 표 13-2과 같이 다양한 이주민과 국민 간의 통합과 안전, 인권에 관한 정책은 '사회통합정책'으로 일원화하고, 국경관리, 출입국관리, 체류관리에 관한 정책은 '이민정책(immigration policy)'으로 분류하는 것이 정책 용어의 혼란과 유사 정책의 양적 팽창을 막을 수 있는 방법이다.

표 13-2 사회통합정책의 개념과 범위

정책명	개념	범위
사회통합정책	이주민과 국민이 상호이해하고 존중하는 사회 환경을 조성하기 위한 정책	• 우리 사회구성원인 국민과 결혼이민자, 재외동포, 이주배경청소년, 외국인근로자, 북한이탈주민, 난민 등 모든 이주민 포함 • 이주민과 국민 간의 차별 방지와 인권 보호 • 이주민과 국민 간의 갈등 방지 • 사회 취약계층의 사회경제적 자립 지원 • 사회구성원으로서의 공동체의식 함양 • 상호 이해하고 존중하는 사회 환경 조성

출처: 박미정, 2015.

2) 사회통합정책 유형

사회통합정책은 타문화를 받아들이는 관점, 철학, 원칙에 따라 다양한 유형으로 나뉜다. 이민자 통합정책의 유형은 차별 배제 모형, 동화주의 모형, 다문화주의 모형 등 세 범주로 구분할 수 있다(Castles & Miller, 2003). 표 13-3과 같이 차별 배제 모형과 동화주의 모형 국가에서는 문화적 단일성을 중시하지만, 다문화주의 모형 국가에서는 문화적 다양성을 사회 구성의 기본 원리로 채택해서 다양성 공존과 집단 간 상호존중의 질서가 완성되는 것에 정책의 목표를 둔다.

표 13-3 사회통합정책 유형

	차별 배제 모형	동화주의 모형	다문화주의 모형
정책목표	인종적 소수자의 제거 및 최소화	소수자의 주류 사회 동화	다양성 인정, 공존을 통한 사회통합
국가역할	적극적 규제	제한적 지원	적극적 지원
이주민에 대한 관점	이방인, 위협적 존재	완전한 동화를 전제로 인정	상호존중과 관용
평등개념	차별의 정당성 강조	사회보장 및 기회의 평등	적극적 조치
법적수단	단속 및 추방	비차별의 제도화	제반 권리의 허용
정주화	불가능	비교적 가능	가능
국적부여 원칙	속인주의, 엄격한 조건	속지주의, 용이한 조건	속지주의, 이중국적 허용
정체성	이질화	동질화	이질화
사례국가	독일, 일본, 한국	프랑스, 영국	미국, 캐나다, 호주

출처: 박미정, 2015; 박진경, 2009에서 재구성.

(1) 차별 배제 모형

차별 배제 모형은 유입국이 3D 업종 노동시장과 같은 특정한 경제적 영역에만 이주민을 수용하고, 국적 및 시민권, 복지혜택, 선거권 및 피선거권과 같은 정치적·사회적 영역에서는 이주민을 수용하지 않아 사회적 필요 이상의 이주민 정착에 대한 원칙적 차단을 의미한다. 또한 대다수 이주민을 사회구성원이 아닌 단순한 손님으로 간주해 정책 대상으로 취급하지는 않았다. 반면 엄격한 조건을 통과해 국가 구성원으로서 권한을 부여받은 이주민들에 대해서는 자국의 제도와 가치, 문화에 동화되어 가는 것을 당연한 과정으로 인식함으로써 문화적 단일성을 유지해 나가는 데 초점을 둔다(박성호, 2012b).

차별 배제 모형은 소수 인종·문화를 국민의 단일성을 위협하는 요인으로 인식하고 있으며, 주류 문화 보존을 위해 인종적 소수자의 제거와 최소화를 정책 목표로 설정하고, 국적 취득은 혈통을 강조하는 속인주의를 채택하고 있다. 차별 배제 모형의 외국인근로자 정책은 단기간 취업을 통해 국내의 부족한 노동력을 채우고, 계약 종료 시 본국으로 귀국시키는 교체순환정책을 채택하여 외국인근로자의 정주를 원칙적으로 차단하며, 내국인과 구분되고 분리된 특정 업종에 국한하고 있다(지종화 외, 2009).

차별 배제 모형은 거주국의 국적부여가 매우 제한적인데 대부분 속인주의 혹은 혈통을 기준으로 국적을 부여하고, 귀화가 가능하지만 복잡한 절차와 많은 비용이 들며 조건이 까다롭다. 국적 취득의 엄격한 제한은 결국 이주민에 대한 차별적 배제 수단이 되고 있다. 따라서 차별 배제 모형은 이주민의 최소화를 통해 주류 문화의 기득권 보전과 동일성 유지, 인종적 편견과 차별의 표출이라는 측면에서 바람직한 사회통합 유형이 될 수는 없다.

(2) 동화주의 모형

동화주의 모형(assimilationist model)은 이주민이 출신국의 문화, 언어, 사회적 특성, 습관을 완전히 포기하고 유입국의 주류 사회 속 구성원이 되는 것을 목표로 한다. 일방적으로 이주민을 유입국 사회에 통합시키는 정책 모형이라는 측면에서 이주민에게는 유입국 사회의 문화와 역사를 공유함으로써 주류 사회에 통합되고 융합되는 과정이다(박진경, 2010b).

동화주의를 채택한 국가는 속지주의 정책을 바탕으로 모든 출생자에게 자동으로 국적을 부여하고, 이주민의 귀화 절차도 비교적 간소하다. 이는 단시간 내에 소수집단을 주류 공동체 안에 포함시키려는 의도로 볼 수 있다.

동화는 '흡수 동화'와 '용광로 동화'라는 두 유형으로 구분할 수 있다(Gordon & Milton, 1964). '흡수 동화'는 소수민족집단의 구성원이 지배집단의 생활 방식에 통합되고 적응하는 것을 말한다. '흡수 동화'는 7단계 수준으로 구분된다(김혜련, 2014에서 재인용).

제1수준 '문화 접변'은 소수민족집단 구성원이 자신의 언어, 의복, 음식, 종교, 전통 등 고유문화를 포기하고 지배집단의 문화를 습득한다. 제2수준 '구조적 동화'는 소수민족집단 구성원이 지배집단의 사회적 네트워크와 정책, 제도 속으로 편입된다. 제3수준 '결혼 동화'는 소수민족집단 구성원이 지배집단 구성원들과 결혼하여 아이를 낳는다. 제4수준 '동일시 동화'는 소수민족집단 구성원이 자신을 지배집단과 동일시한다. 제5수준 '태도 수용적 동화'는 소수민족집단 구성원이 지배집단의 구성원으로부터 편견을 전혀 느끼지 않는다. 제6수준 '행동 수용적 동화'는 소수민족집단 구성원이 지배집단의 구성원으로부터 광범위한 차별을 전혀 접하지 않는다. 제7수준 '시민적 동화'는 소수민족집단 구성원이 지배집단의 구성원과 가치 갈등과 충돌이 전혀 없는 수준을 말한다.

1940~1950년대 미국에서 진행된 '용광로 동화'는 소수민족집단 구성원이 주류 사회의 다양한 문화와 가치, 새로운 행동 유형을 받아들이며 문화적으로 융합하는 과정을 말한다. '흡수 동화'가 소수민족집단이 주류 사회에 편입되는 것을 의미한다면, '용광로 동화'는 주류 사회의 문화 속으로 소수민족집단이 섞여 새로운 문화가 만들어지는 것을 의미한다.

(3) 다문화주의 모형

다문화주의 모형(multi-cultural model)은 이주민들의 민족, 언어, 문화, 종교 등 다양성을 인정함으로써 이주민과 거주국 국민의 통합을 찾아가는 모형이다. 다문화주의 추진 국가들은 거주국 사회로의 통합을 지원하고 통합의 중요성을 강조하지만 이주민들에게 이주국가로의 동화를 강요하지는 않는다. 따라서 이주민들은 거주국 국민과 동등한 권리를 부여받으면서도 자신이 가진 다양한 문화를 인정받을 수 있다.

다문화주의 모형은 소수 이주민의 정치적·사회적·문화적 차이를 인정하고 그들에게 정당성을 부여하며, 각 인종·민족의 언어, 문화, 생활습관을 국가가 적극적으로 보호·지원하는 것과 함께 인종차별 금지, 적극적 차별시정 조치를 도입해 각 집단 간의 갈등과 불만을 예방하고자 하는 다양성에 기반을 둔 국민 통합 정책이다(김혜련, 2014).

3) 사회통합정책의 의의

사회통합의 이상적인 목표는 다양한 문화 배경의 이주민들이 주류 사회의 가치·문화에 통합되는 것이지만 실제로는 기존 주류 사회 집단과 이주민 집단 간의 문화 차이에서 오는 갈등과 다양한 사회적 이해관계의 충돌 때문에 현실적인 어려움이 발생한다.

다문화사회로의 변화에서 사회통합정책에 대한 국민적 공감대 형성과 사회적 합의는 반드시 필요하다. 기존 유럽이나 호주 같은 다문화정책 국가에서는 백인 위주의 동화를 기반으로 한 통합정책을 실시해 이주민의 심각한 소요사태로 이어지고, 다문화정책에 대한 부정적 여론이 발생하고 있는 상황이다. 우리나라도 짧은 이민의 역사 속에서 이주자에 대한 배타적 태도와 잠재적 위험요인으로 인식하는 사회적 분위기가 나타나고 있다.

표 13-4와 같이 주류 사회의 선주민은 이주민들의 주류 사회 정착을 지원하지만, 이주민들의 유입에서 발생하는 일상생활에서의 충격, 전통문화와 가치에 미치는 영향, 노동시장에서의 경쟁 심화 등에 대한 우려가 심하며, 이주민들이 주류 사회의 가치와 생활양식을 존중해 줄 것을 요구한다. 이에 반해 이주민들은 주류 사회로부터 차별 없이 동등한 능력·자격에 의해 평가받기를 기대하고, 주류 사회에 진입하려는 강한 욕구를 가지고 있다. 동화 욕구뿐만 아니라 주류 사회 내에서 소수집단의 문화적 정체성을 인정받으며 고유 문화와 가치를 지키려는 보존 욕구를 지니고 있다. 따라서 이주민과 선주민의 욕구가 서로 상충되어 사회갈등으로 확대되지 않도록 이주민의 안정적 정착, 국민과의 조화로운 생활을 목표로 사회통합정책이 추진되어야 한다.

사회통합은 단순히 법, 정치, 제도적 측면의 통합만이 아니라 주류집단과 이주민 집단의 국가정체성, 문화, 생활방식, 경제, 교육 등 사회적 측면의 통합도 함께 포함되어야 한다. 사회통합정책은 이주민의 주류 사회 적응만이 아니라 변화된 사회에 대한 주류집단의 적응도 요구되는 것이다. 따라서 조화로운 다문화사회의 조화를 위해 거주국 국민과 이주민 모두가 장기적인 안목을 바탕으로 공존을 위한 사회통합의 원칙을 찾아내는 것이 요구된다.

표 13-4 사회통합을 제약하는 갈등의 유형

구분	내국인	이주민
동화욕구	이주민들에게 감성적 유대감과 주류 사회에 적응·동화하도록 정착을 지원하는 인간적 동정과 노력	주류 사회로부터 인종과 문화에 관계없이 능력과 자격에 의해 평가받기를 원하며, 주류 사회에 참여하고 성취하기를 기대
보존욕구	이주민들이 선택한 주류 사회의 규칙과 관습, 생활양식을 존중하고 적응할 것을 기대	소수집단의 일원으로서 문화적 정체성을 인정받고, 고유한 문화와 전통을 유지하기를 기대

출처: 강휘원, 2006.

4. 한국의 이민사회 통합정책4)

1) 이민자 통합에 대한 정부의 기존 정책방향

이민자 통합에 대한 정부의 종합적인 정책방향은 정부가 5년마다 수립하고 있는 외국인정책기본계획과 다문화정책기본계획이라고 볼 수 있다. 먼저 법무부의 외국인정책 5개년 계획에 나타난 이민자 통합정책의 기본방향을 살펴보면 다음과 같다(이규용 외, 2018).

제1차 기본계획은 외국인정책위원회를 통해 이민 정책 분야에 대한 추진체

4) 이규용 외(2018), 조영희(2017)의 내용을 일부 발췌·인용함

계 마련, 국제결혼 관련 부작용 최소화를 위한 제도 강화, 국민의 이민 및 다문화 수용성 제고를 위한 다양한 프로그램 개발, 이민자 지원사업에 관한 부처 간 중복 문제해결을 위한 노력 및 일부 개선 등을 성과로 볼 수 있다. 하지만 통합정책의 대상이 결혼이민자에 편중되어 있고, 시혜적 정책성격이 강해 오히려 결혼이민자에 대한 부정적 사회인식을 초래하며, 부처 간 유사정책의 경쟁과 중복이 심하고 부처 간 연계가 미흡하다는 한계가 지적되고 있다.

제2차 기본계획은 사회통합 과정에서 이민자를 지원대상으로만 보는 관점에서 벗어나 이민자의 책임과 자립 강조, 국제결혼 관련 법과 제도 정비, 결혼이민자의 경제적 자립역량 강화 지원 확대, 사회적 약자를 배려한 국적취득제도 개선, 이민배경 청소년의 조기 사회 적응 및 진로·직업교육 지원, 사회통합 프로그램 체계화, 이민자의 사회참여 확대를 위한 정책적 노력 등을 강조하고 있다. 제2차 기본계획은 정책의 대상과 내용이 여전히 결혼이민자에게 편중되고, 이민배경자녀에 대한 정책이 상대적으로 미흡한 점을 지적할 수 있다.

외국인정책 제3차 계획은 이민자 사회통합정책의 추진과제를 크게 네 가지로 제시하고 있다(법무부, 2018).

첫째, 이민단계별 정착 지원 및 사회통합 촉진이다. 안정적 정착을 위한 이민자 친화적 생활환경 개선, 이민의 전 단계를 고려한 유기적 사회통합교육 실시, 이민자 취업 및 직장생활 지원 강화, 결혼이민제도 개선 및 피해자 보호 강화가 주요 내용이다.

둘째, 이민배경 자녀 역량 강화이다. 미래사회에 적합한 글로벌 인재육성, 성장주기별·대상특성별 지원정책 강화가 주요 내용이다.

셋째, 이민자 사회통합을 위한 복지지원 내실화이다. 이민자에 대한 사회안전망 지원, 거주 환경 및 의료 서비스 개선이 주요 내용이다.

넷째, 이민자의 지역사회 참여 확대이다. 적극적 참여 활성화 정책 시행, 지역 서비스 고도화가 주요 내용이다.

여성가족부가 추진하는 다문화정책 기본계획에서도 가장 강조하는 측면은 다문화가족의 장기정착 지원, 결혼이민자의 다양한 사회참여 확대, 다문화자녀의 안정적 성장 지원과 역량 강화, 협력적 다문화가족정책 운영 추진체계 강화, 상호존중 기반의 다문화 수용성 제고이다. 결혼이민자의 다양한 사회참여 확대의 구체적 정책과제는 자립역량 강화, 취업·창업 지원 서비스 내실화, 사회참여 기회 제공 확대를 통한 노동시장 통합지원이 핵심이다. 다문화가족 자녀의 안정적 성장 지원과 역량 강화는 진로지도와 사회진출 지원에 초점을 두고 있어 넓은 의미에는 노동시장 통합지원의 성격을 갖고 있다(여성가족부, 2018). 따라서 이민자 사회통합정책에 대한 정부부처의 핵심적인 이슈는 노동시장에서의 자립 지원과 이민자의 사회안전망 구축으로 요약할 수 있다.

2) 한국의 이민자 사회통합정책의 성과와 한계

(1) 성과

「제 1차 외국인정책기본계획(2008~2012)」은 사회통합의 핵심 목표 중 하나로 결혼이민자의 안정적 정착을 강조한 결과 대다수의 정책이 결혼이민자에 편중된 일방적·시혜적 정책이라는 사회적 논란이 제기되기도 하였다. 따라서 「제 2차 외국인정책기본계획(2013~2017)」은 대한민국의 공동가치가 존중되는 사회통합이라는 목표하에 자립과 통합을 고려한 국적 및 영주제도 개선, 체계적인 이민자 사회통합프로그램을 운영하면서 이민자의 사회통합능력 및 의지를 촉진할 수 있는 사회통합정책으로의 변화가 시도되었다.

2차 시기에 특히 주목할만한 점은 그 동안 부처 간 개별적으로 추진되던 이민자 지원 사업을 범정부 차원에서 추진하고자 하는 노력이 있었으며, 이를 통해 프로그램 중복과 예산 낭비 등의 문제를 일부 개선하는 성과가 있었다.

(2) 한계

사회통합의 정책 대상이 결혼이민자에게 지나치게 편중되어 있어 타 이민자들에 대한 정책적 관심이 상대적으로 매우 취약했다. 첫째, 외국국적 동포의 경우 「제1차 외국인정책기본계획(2008~2012)」에서는 동포의 역량 발휘를 위한 환경 조성이 중점과제로 포함되어 있었지만, 「제2차 외국인정책기본계획(2013~2017)」에서는 동포 대상 사회통합정책이 명시적으로 기본계획에 포함되지 못했다. 그 결과 국내 체류 외국인 규모 내에서 가장 큰 비중을 차지하는 외국국적동포에 관한 사회통합정책은 사각지대에 놓이게 되었다.

둘째, 비정주형 장기체류 외국인 중 큰 비중을 차지하는 비숙련외국인근로자의 경우 한국에 거주하면서 근로자, 납세자, 소비자 등 사회·경제적 역할을 해오고 있기 때문에 정부는 그들의 역할에 부합하는 사회적 권리 제공 차원에서 기본적인 사회통합교육과 적절한 정착지원 서비스를 보다 효율적으로 제공해야 함에도 불구하고 아직까지 정부는 비숙련외국인근로자에 대한 사회통합정책의 범위와 내용을 체계적으로 발전시키지 못했다.

셋째, 난민의 경우 2013년 「난민법」 시행 이후 국내에 장기체류하는 인정난민과 인도적 체류허가자의 수가 지속적으로 늘어나고 있어서 난민에 관한 주무부처인 법무부는 난민의 사회통합을 위한 노력을 해오고 있으나, 아직까지 그들에 대한 사회통합은 최소한의 난민처우 차원에서 다루어 기존의 이민자 사회통합정책에서 본격적으로 포함되어 있지 않다.

넷째, 장기간 여성가족부가 대규모 정부 예산을 확보하여 추진했던 다문화가족지원 정책의 세부추진과제는 기본적으로 이민자를 사회적 약자로 보는 시각에서 정책을 고안함에 따라 취약계층 중 이민자 가족만을 주된 대상으로 삼고 상대적으로 일반 이민자 가정에 대한 사회통합은 소홀하였다. 특히 일반 이민배경 자녀의 인재육성을 위한 정책이 상대적으로 취약했기 때문에 결혼이민자 자녀에게 제공되는 사회통합교육 및 정착지원 프로그램이 시혜적이라는 이미지를 벗어나지 못했고, 오히려 다문화가족에 관한 한국사회의 부정적 인식과 내국인과의 역차별이라는 논란도 촉발하게 되는 결과를 초래하였다.

3) 이민사회 통합정책 추진방안

(1) 이민자 대상 사회통합정책

이민자 사회통합정책은 입국 초기 이민자의 정착·적응 지원이라는 기본적 목표와 국내 이민사회의 통합을 추진하기 위해 지원대상인 이민자의 정의, 지원 내용, 방식, 기간을 명확히 설정해야 한다(이규용 외, 2018).

지원대상 이민자는 합법적 지위를 유지하는 90일 이상 국내 체류자로 규정한다. 합법적 지위를 갖추지 못한 이민자는 정책의 정당성과 설득력을 확보하기 위해 정부가 직접적인 지원주체가 되는 것보다 민간단체의 관련 사업을 통해 지원하도록 한다.

초기정착 지원은 모든 이민자에게 공통으로 진행되며, 한국생활에 필요한 의무와 권리, 한국어, 기초 생활지식을 내용으로 하는 교육과 공공 업무에 대한 다국어 서비스 제공이다. 추가 지원의 경우 특히 직업능력 개발 및 자격증 관련 교육을 일정 횟수 이상 참여 시 교육비 환불제도가 있다. 이민자로서 한국어 능력 부족에 대비해 통역, 자국어 구사 강사, 다국어 교재 마련 등은 운전면허 등과 같이 생존에 필수적인 자격획득에 한해 제공하도록 한다. 기타 교육과정은 한국어로 진행하여 교육과정 및 이수 후에도 직업 관련 한국어를 습득할 수 있도록 한다.

사회통합정책에서 지원기간은 이민자 대상별로 목표와 성격에 맞게 추진되어야 한다. 「재한외국인처우기본법」 제15조는 결혼이민자와 자녀에 대한 지원을 결혼 이민자의 국적 취득 후 3년까지로 명기하고 있다. 2년 후 국적신청이 가능하므로 최단 5년간이다. 하지만 귀화하지 않고 장기 체류하는 경우와 한국 출생 또는 해외 출생 후 입국과 동시에 한국 국적취득이 가능한 경우를 감안하여 귀화 후 3년이 현실적으로 보인다. 다문화가족정책은 입국 전부터 노후까지의 전 생애 맞춤형 지원을 주관하는 여성·가족정책과는 별도로 지속한다는 기조를 유지해 왔기 때문에 기존의 「재한외국인처우기본법」과 제도적 불일치를 개선하는 것도 요구된다.

사회통합정책 대상의 지위를 벗어난 별도의 이민자는 내국인과 다양한 이민배경자와 함께 일반정책의 대상이 된다. 초기 지원 후의 결혼이민여성은 기혼이나 경력단절 등의 국내 여성대상 정책에 해당되며, 다문화가족은 국내 가족정책의 대상이 된다. 현재 기준에서 내국인과 달리 최단 5년 이후에도 이민자로서 겪는 어려움에 대해서는 대부분 개인의 선택 또는 시민사회 부문에서 대처해야 한다. 하지만 한국은 이민사회로의 전개가 처음이기 때문에 다양한 지위의 이민배경자에게 적용될 수 있는 기존 법과 제도의 점검·보완·개정이 요구된다.

기본권의 주체는 '국민' 대신 '사람'으로 대체하고, 사회보장 분야에 대해서는 '국민'을 주체로 하는 방안도 고려될 수 있으나, 추상적이고 논쟁적인 원칙보다 상위법에 저촉되지 않는 범위 내에서 인종·민족 기반의 차별과 혐오를 제한하고 금지할 방안의 마련이 추진되어야 한다.

고용허가제의 출신국별 할당제는 필요 조건에 따라 보완하고 전체 이민자로 확대하는 것이 요구된다. 이민관리정책은 내국인과 이민자의 다양한 이해관계와 국제관계 및 협약의 영향력이 더 크게 작동되기 때문에 이민사회 통합정책보다 조정이 쉽지 않다는 점을 고려하여 한국의 이민사회로의 원활한 진입이라는 목표 달성을 위해 검토와 논의가 필요하다.

(2) 사회통합정책 대상으로서 한국계 외국 국적자 정책

한국계 외국인 대상의 사회통합정책은 결혼이민자나 외국인근로자와는 분명히 다른 내용이어야 한다. 한국어 교육에 대한 필요성은 극히 낮지만 현재 한국사회의 기초 법질서와 시민사회에 대한 이해교육은 반드시 필요하다. 현재 재외 동포 대상으로 법무부 주관 조기적응 프로그램이 시행되고 있지만 재외동포의 체류자격이 다양한 만큼 공통 교육과 국내 활동 관련을 보완한 별도의 교육 세분화가 필요하다.

특히 대다수를 차지하는 한국계 중국인에 대해서는 이민수용국-이민송출국으로서 한국-중국의 특수 관계, 국내 정·관·민·학 네트워크에서 가장 영향력이 높은 이민자 집단이면서 내국인과 민족–국가정체성의 차이에 따른 갈등 유발 가능성이 높다는 점, 대중매체 등에 의해 내국인에게 축적된 사회적 거리감 등을 감안할 때 이들 대상 조기적응 프로그램의 추가 내용과 과정 도입을 검토해야 한다.

(3) 사회통합정책 대상으로 내국인 정책

내국인 대상 사회통합정책 방안의 세분화된 대상, 대상별 정책사업, 운용방안, 최소한의 필요사항들은 표 13-5로 요약할 수 있다.

표 13-5 이민사회통합을 위한 내국인 대상 정책

대상	정책사업	운용방안	비고
내국인 일반	사회통합 실태조사	이민수용성 지표 점수를 관련 정책 평가 및 보완자료로 활용	한국행정연구원의 협조와 협의
정규 교육과정 중의 학생	교육내용 반영	이민배경학생의 규모 및 구성과 각 급별 교육수준에 따른 내용차등화	국내 이민현상과 국제이주 현황 중심
교육·공공기관 종사자	직무연수	한국 이민현상과 정책의 따른 변화 감안, 매 2년 정도 주기로 반복	상기 내용심화, 이민자 법적지위, 한국과 지역의 특성
유관 공무원 및 기관종사자	전문 직무교육	참가자의 업무별 기능별로 공통과 선택과정 세분화	교육과정 개발 및 보고사례분석 연구
교육 및 정책인력 양성	권역별 대학원협동	한국과 지역현실, 현장과 정책과정 이해에 중점/교육비와 진로연계	주관 부처 내 별도위원회에서 관리

출처: 이규용 외, 2018.

내국인에게 국가·민족주의적 성향은 전 생애 동안의 사회화 과정에서 다양한 사회화 기관에 의해 내면화된 가치였다. 정부정책에 의해 전개되어 온 내국인의 역차별 정서나 반다문화 정서를 개선하기 위해서 이민사회에서 요구되는 다문화주의의 채택 여부, 국가·민족주의적 가치의 재구성, 국가·민족주의와 다문화주의의 공존방식 등을 법·제도와 정규 교과과정에 반영해야 한다. 특히 학생에게 정규 교육과정은 가장 본격적으로 한국사회의 지배적 가치에 대한 사회화가 진행되는 시기다. 급격한 다문화사회로의 전환에 따라 각 학교 급별 교과내용에 다문화적 가치를 반영하였지만 사회 전반의 국가·민족주의 담론과 공존의 가치로서 다문화주의를 감안한 교과내용과 과정은 미흡한 상황이다. 따라서 교과과정으로 적합한 주제와 접근방식으로 한국 이민현상과 국제이주의 현실이 이민배경학생의 규모 및 구성과 각급별 교육수준을 감안하여 제공되어야 한다. 각급 교육기관 및 공공기관 종사자들에 대해서도 국가·민족주의적 가치를 다문화주의로 재사회화하기 위해서는 일반 소양교육보다는 직무연수의 일환으로 교육이 진행되는 것이 바람직하다. 또한 유관업무를 담당하는 중앙 및 지방 공무원과 정부지원으로 운영되는 유관 협력기관과 NPO, NGO 종사자들을 염두에 둔 전문교육이 필요하다. 여성가족부 담당, 협력기관과 민간단체 근무자는 소속기관 및 정책고객인 이민자의 이해관계와 관련된 입장과 시각으로 인해 교육에 폐쇄적일 뿐 아니라 공격적인 반면, 그 외 대다수 공무원은 한국사회와 이민 현상 전반에 대한 이해가 미흡하고, 학습의 필요성에 동의하거나 방관적이기도 하다. 이들 유관업무 공무원과 기관종사자는 담당 업무 및 위치에 따라 이해 수준과 관심도가 다를 수밖에 없기 때문에 해당 대상자들의 다양성을 감안한 공통과정별·선택과정별 교육내용과 교육방식 등을 관계 부처와 협력하여 실시해야 한다.

이민·다문화 분야가 강조됨에 따라 교육 및 정책연구인력 양성 차원에서 관련 정책사업을 집행하는 부처, 특히 법무부, 여성가족부, 문화체육관광부 등을 중심으로 정책사업에서 활동할 강사인력을 양성했다. 이민자 대상 사회통합 프로그램 강사 중 다문화사회전문가, 외국어로서의 한국어 강사, 다문화 강사, 여성가족부는 내국인과 결혼이민자 대상의 다문화 강사 양성 등이 있다. 이민다문화 분야에서 가장 체계적인 교육과정을 갖춘 다문화사회전문가라 해도 전문성이 부족하다는 점을 고려하여 다문화사회전문가의 체계적 양성, 전문성 및 역량강화, 전문직업성 강화를 위한 정책이 추진되어야 한다.

4) 추진주체의 조정과 역할분담

(1) 중앙정부와 지자체

중앙정부는 이민관리정책과 사회통합정책의 기본 골격을 구성하고, 지자체는 지역현실에 맞게 사회통합정책을 구체화하면서 집행하는 것이 원칙이다. 이민자가 거주지를 국가단위로 선택하지만 실제 정착과 적응은 지역 혹은 지방에서 진행되기 때문이다. 중앙정부는 유입 이민자의 자격·규모·지위 설정, 이민 관련 국제관계 및 협약 관리, 영토와 구성원에 대한 국경관리, 이민자 출신국과의 협력, 사회통합정책의 기본 기조와 골격을 정한다. 정책의 관점에서는 이민사회통합 기본방향과 정책 제시, 법·제도의 신설과 개정, 이민관리와 사회통합의 정책체계 재정비, 최적의 이민수용을 위한 이민관리, 이민정책 평가방식 구상 등이 있다.

(2) 학계·정부 등 전문가로 구성된 '이민사회 통합정책 평가단' 설치와 운용

정부는 다문화가족정책과 외국인정책에 대해 매 5년마다 기본계획을 수립하고, 해당 기본계획 내에서 매년 시행계획을 발표하고, 전년도 시행계획 평가에 기반해 차년도 시행계획을 발표한다. 두 정책은 지난 정책 성과와 평가, 정책환경 분석, 새로운 계획 제시로 구성되어 있다. 정책평가는 주관부처의 자체 기준에 따라 진행되며, 주관부처 산하 연구기관이나 협력인사들이 평가를 진행되기 때문에 주관부처의 정책기조 내에서의 평가와 정책의 외형적 틀과 계량적 분석에 머무는 한계가 있다.

평가주체의 구성에서도 전달체계와 영향력 확보 및 수탁사업 중심의 관·학·연·민 정책동맹으로부터 독립적인 인사들의 평가가 진행되어야 한다. 이민정책의 체계화를 위해 필요한 작업이므로 학계·정부 등 전문가로 구성된 '이민사회 통합정책 평가단' 설치와 운용이 요구된다.

(3) 이민 관련 연구기능 확대와 제도화

이민사회 전개와 정책적 대응의 중요성에 비해 국내 학계에서 정책연구의 위상이 낮다는 점에서 이민·다문화사회통합 문제에 대응하기 위한 연구기능 확대와 제도화가 시급하다.

별도의 이민정책연구원이 있으나 연구 규모의 한계로 급변하는 국내·외 정세 파악과 국내 이민상황 변화에 시의적절한 정책 대응방안을 생산하기 어렵다. 기타 부처 산하에도 연구원이 존재하나 개별 연구자들의 연구역량과 무관하게 정권의 관심에 따라 이민 관련 연구에 주력하기 어렵다는 점이 있다. 따라서 중앙정부·지방자치단체 차원에서 이민 관련 정책연구를 지원할 방안을 마련해야 한다.

(4) 이민정책 체계화의 로드맵 작성을 위한 한시적 연구협의체 운영

정책결정자의 관심과 자원배분 문제를 고려할 때 연구기능 확대를 위한 현실적인 대안은 이민정책의 체계화를 위해 기존 국책연구원 산하 연구원과 기타 전문 연구원으로 구성된 연구협의체의 운영이다. 연구의 독립성을 보장하고, 연구원을 파견한 연구기관의 인력보완 방안, 파견 연구원의 복귀 보장과 인사상 불이익 금지 같은 운영 세부조항이 마련되어야 한다. 기존 국책연구기관은 관련 부처 간의 이해관계 조정이 어렵기 때문에 별도의 전문 연구기관 설립과 운영을 통해 국정의제를 위한 공동연구와 협력을 강화하는 방안이 요구된다.

참고문헌

강동완(2007). 다문화 수용 관점을 통한 북한이탈주민 정착지원 방안. 서울행정학회 춘계학술회의 발표자료. 서울행정학회.

강문지(2018). 세계시민교육을 위한 초등 미술과 내용 구성에 관한 연구. 경인교육대학교 대학원 석사학위논문.

강성률(2009). 가족 및 사회적 지지가 다문화가정 자녀의 심리사회적 적응에 미치는 영향. 위덕대학교 사회복지학대학원 석사학위논문.

강휘원(2006). 한국 다문화사회의 형성 요인과 통합정책. 국가정책연구, 20(2), 5-34.

곽윤경, 주유선, 우선희(2019). 이민자의 사회적 포용 실태 및 대응 방안. KIHASA(한국보건사회연구원).

구정화, 박윤경, 설규주(2009). 다문화교육의 이해. 동문사.

구정화, 박윤경, 설규주(2010). 다문화교육의 이해와 실천. 동문사.

국가인권위원회(2017). 사이버인권교육 보조교재. 이주민과 인권. 국가인권위원회.

국회미래연구원(2019). 20대의 정책미래선호에 관한 질적 연구-노동이민정책·가족정책·외교안보정책을 중심으로. 연구보고서 19-04. 국회미래연구원.

권숙도(2014). 사회통합의 관점에서 본 북한이탈주민 정책방향 연구. 韓國 政治 硏究, 23(1), 101-126.

권효숙(2003). 아동의 간문화적 경험과 적응교육의 재개념화. 한국초등교육, 14(2), 401-422.

김경란(2006). 다문화가정자녀의 자아정체감과 사회적 지지가 사회적응에 미치는 영향. 국민대학교 행정대학원 석사학위논문.

김경례(2010). 결혼이주여성의 결혼만족도가 임파워먼트에 미치는 영향 연구. 성결대학교 일반대학원 석사학위논문.

김경신(2009). 다문화가족 사업 평가 및 정책 대안. 한국가족학회 춘계학술대회 자료집, 29-40.

김길정(2003). 고등학생의 자아정체감과 진로성숙도와의 관계. 공주대학교 교육대학원 석사학위논문.

김남국(2005). 경계와 시민: 국민국가의 국경통제는 정당한가?. 한국과 국제정치, 21(2), 153-180.

김남국(2005). 다문화 시대의 시민: 한국사회에 대한 시론. 국제정치논총, 45(4), 97-121.

김도혜(2019). 교육수혜자에서 초국적 청년 이주자로. 다문화콘텐츠 연구, 제31집, 39-68.

김면(2017). 문화다양성 정책현황 및 발전방안 연구. 한국문화관광연구원.

김미선(2009). 자아존중감 증진 프로그램이 다문화가정 아동의 자아존중감과 학교생활 적응에 미치는 효과. 숙명여자대학교 교육대학원 석사학위논문.

김미정(2011). 다문화가족의 복지서비스에 관한 연구. 동아대학교 대학원 석사학위 논문.

김민정(2012). 다문화여성의 사회적 관계망 분석. 한국생활과학회지, 21(3), 469-488.

김범수(2008). 민주주의에 있어 포용과 배제: '다문화사회'에서 데모스의 범위 설정 문제를 중심으로. 국제정치논총, 48(3), 173-198.

김범수, 서은주, 손병돈, 정재훈, 조석연, 최현미, 신승연, 최승희(2010). 다문화사회복지론. 양서원.

김선규(2015). 자유주의적 다문화주의에서 문화와 관용의 문제. 다문화콘텐츠연구, 18, 225-254.

김선미(2000). 다문화 교육의 개념과 사회과 적용에 따른 문제. 사회과교육, 4, 63-81.

김선미(2003). 중등 사회과교과서에 나타난 한중일 관계분석: 다문화교육의 관점에서. 사회과교육, 42(1), 109-127.

김성근(2013). 다문화 사회에서의 사회갈등문제 실태분석 및 효과적인 대응방안 연구. 기본연구과제, 2013, 1-377.

김송렬(2020). 이주배경 중도입국 청소년 정체성 형성과정에 대한 연구: 이주민 밀집지역의 영향을 중심으로. 고려대학교 대학원 박사학위논문.

김수영, 테레사편(2016). 대학생의 자아존중감과 문화간 감수성과의 관계에서 문화정체성의 매개효과. 학습자중심교과교육연구, 16(7), 585-607.

김수진(2018). 한국 다문화사회에 관한 고찰: 다문화정책, 사회적 자본 부패 중심으로. 한국부패학회보, 23(1), 95-120.

김수진(2019). 한국 다문화사회의 사회통합에 관한 연구. 동아대학교 대학원 박사학위 논문.

김수희, 전성희(2012). 다문화가정 자녀의 다문화적 특성에 따른 학교생활적응. 아동가족치료연구, 10, 53-67.

김아영(2006). 초등교사의 다문화 인식 실태 조사. 서울교육대학교 교육대학원 석사학위논문.

김애순(2005). 청년기 갈등과 자기이해. 시그마프레스.

김영란(2006). 한국사회에서 이주여성의 삶과 사회문화적 적응 관련 정책. 아시아 여성연구, 45(1), 143-189.

김영란(2013). 다문화사회 한국의 사회통합과 다문화주의 정책. 한국사회, 14(1), 3-30.

김영순(2017). 다문화교육의 이론과 이론가들. 북코리아.

김영순, 김금희, 전예은(2013). 외국인 대학원생을 지도하는 한국인 교수자의 다문화 감수성에 관한 연구. 인문과학연구, 37, 461-488.

김영순, 장은영, 김진석, 장은숙, 김창아, 안진숙, 정지현, 윤영, 최승은, 정소민(2020). 다문화 사회와 리터러시 이해. 박이정.
김영옥, 서현, 박형신, 정상녀, 윤경선, 박미자, 이나영(2010). 유아다문화교육의 이론과 실제. 학지사.
김영인, 설규주(2008). 시민교육론. 방송대출판부.
김영주(2006). 충남 국제결혼가족 실태 및 지원정책방안에 관한 연구. 충청남도여성정책개발원.
김영주(2009). 여성외국인노동자의 생활실태 및 지원정책방안-충청남도 사례를 중심으로. 민족연구, 37, 178-192.
김옥순(2008). 해외체류경험과 외국어 사용 능력에 따른 문화간 감수성 수준의 차이(경기지역 대학생을 중심으로). 미래청소년학회지, 5(1), 45-67.
김옥순, 전성민(2009). 초등 교사의 문화간 감수성 조사연구: 경기도를 중심으로. 한국교원교육연구, 26(1), 59-83.
김왕근(1999). 세계화와 다중 시민성 교육의 관계에 관한 연구. 시민교육연구, 28, 45-68.
김용신(2008). 초등사회과 교육과정의 다문화 개념 분석-2007개정 교육과정 내용체계의 적용 관점에서. 사회과교육, 47(2), 5-22.
김욱동(1998). 다문화주의의 도전과 응전. 미국학논집, 30(1), 29-49.
김유순, 오영숙, 안현화(2012). 국제결혼 한국남성의 결혼생활 어려움과 적응전략. 정신보건과 사회사업, 40(4), 349-378.
김이선, 김민정, 한건수(2006). 여성 결혼이민자의 문화적 갈등 경험과 소통증진을 위한 정책과제. 경제·인문사회연구회 협동연구총서 (Vol. 06-02-07). 한국여성개발원.
김이선, 마경희, 선보영, 최호림, 이소영(2010). 다문화가족의 해체 문제와 정책과제. 연구보고 (Vol. 2010-02). 여성가족부.
김이선, 정해숙, 이정덕(2010). 다민족·다문화사회로의 이행을 위한 정책 패러다임 구축(IV): 생산적 다문화사회 구현을 위한 정책의 질적 도약 기반 구축. 경제 인문사회연구회 협동연구총서 (Vol. 10-27-01). 한국여성정책연구원.
김이선, 최윤정, 윤지소, 이재경, 문희영, 이명진, 양계민(2018). 2018 국민 다문화수용성 조사. 여성가족부.
김이선, 황정미, 이진영(2007). 다민족 다문화 사회로의 이행을 위한 정책 패러다임 구축(I): 한국사회의 수용 현실과 정책과제. 경제 인문사회연구회 협동연구총서 (Vol. 07-19-01). 한국여성정책연구원.
김정규(2010). 미국, 캐나다, 호주의 다문화주의 비교연구. 사회이론, 37, 159-203.
김정원, 남규, 이정아(2013). 유아 다문화교육 프로그램. 공동체.

김지윤, 강충구, 이의철(2018). 닫힌 대한민국 Ⅱ: 한국인의 다문화 인식과 정책. 아산정책연구 Asan Institute for Policy Studies. 이슈브리프 2018-26.

김진희, 허영식(2013). 다문화교육과 세계시민교육의 담론과 함의 고찰. 한국교육, 40(3), 155-181.

김채윤(2014). 집단미술치료가 다문화가정 아동의 정서 순화와 자존감 향상에 미치는 효과. 광주교육대학교 교육대학원 석사학위논문.

김철희, 정태화, 이상돈, 유한구, 임병인, 채재은, 최봉희(2009). 학령인구 감소에 따른 고등교육기관 인력수급체계 개선연구. 교육과학기술부

김태원(2012). 다문화사회의 통합을 위한 패러다임으로서의 유럽상호문화주의에 대한 이론적 탐색, 유럽사회문화, 9, 179-213.

김태환(2015). 다문화사회와 한국 이민정책의 이해. 집사재출판사.

김판준(2013). 다문화사회의 갈등과 기여에 관한 고찰. 현대사회와 다문화, 3(2), 207-237.

김학태(2015). 다문화사회의 사회통합을 위한 법정책 연구: 한국과 EU 의 사회통합 모델을 중심으로. 유럽헌법연구, 18, 127-170.

김현미(2018). 결혼여성이민자의 문화적 역량 증진을 위한 다문화 사회복지실천 방안 연구. 동국대학교 대학원 박사학위논문.

김현선(2006). 국민, 半국민, 非국민-한국 국민형성의 원리와 과정. 사회연구, 12, 77-106.

김현정, 박선화(2016). 다문화정책 관점에서 본 북한이탈주민 문제. 통일인문학, 66, 161-196.

김현철, 모상현(2016). 다문화청소년의 다문화정체성 발달특성 분석. NYPI 청소년 통계 브리프 Vol.26.

김형민, 이재호(2017). 유럽의 상호문화주의. 시민인문학, 32, 9-39.

김혜련(2014). 한국형 이주민 사회통합정책 모형 연구: 재한 중국인의 사례를 중심으로. 전남대학교 대학원 박사학위논문.

김혜리(2013). 다문화가정 아동을 위한 교육정책에 대한 고찰. 동의대학교 대학원 석사학위논문.

김혜순(2007). 한국적 다문화주의의 이론화. 동북아시대위원회 용역과제 07-7. 한국사회학회.

김혜순(2008). 결혼이주여성과 한국의 다문화사회 실험: 최근 다문화담론의 사회학. 한국사회학, 42(2), 36-71.

김혜순(2009). 다문화정책의 주요 쟁점과 입법과제. 국회도서관보, 46(10), 2-12.

김혜연(1997). 다문화 교육에 대한 일반적인 고찰, 제주관광대학 논문집, 3, 220-237.

김혜온(2010). 다문화교육의 심리학적 이해. 학지사.

김혜진(2008). 지역 내 중국유학생 유치 확대방안. 대구경북연구원.

김홍운, 김두정(2007). 한국사회의 다문화 현상과 교육적 과제. 인문학 연구, 34(3), 153-176.

김희석(2017). 다문화시대의 사회통합에 관한 연구: SNS를 활용한 사회자본 형성을 중심으로. 동국대학교 대학원 박사학위논문.

김희정(2007). 한국의 관 주도형 다문화주의: 다문화주의 이론과 한국적 적용. 오경석 외. 한국에서의 다문화주의: 현실과 쟁점, 57-79. 한울아카데미.

노대명, 이현주, 강신욱, 강은정, 전지현, 이은혜(2009). 사회통합을 위한 과제 및 추진 전략. 한국보건사회연구원.

동아시아연구원(2020). 2020 한국인의 정체성: 지난 15년간 변화의 궤적. 동아시아연구원·성균관대 동아시아 공존·협력 연구센터·중앙일보 공동학술회의.

류시조(2010). 다문화사회와 자유권적 기본권. 헌법학연구, 16(2), 71-103.

류우선(2019). 대전지역 외국인 유학생 실태 및 지원방안. 대전세종연구원.

류지호(2020). 난민 수용의 경제적 효과와 난민 정착을 위한 정책 제언. 동아대학교 국제전문대학원 석사학위논문.

문경희(2008). 호주 다문화주의의 정치적 동학. 국제정치논총, 48(1), 267-291.

문미숙, 박창언(2009). 다문화 연구학교 교육과정 재구성 실태 분석. 초등교육연구, 22(1), 363-386.

박경동(2007). 다문화가족 형성과 갈등에 대한 연구 - 한국의 광주전남지역 사례를 중심으로. 전남대학교 대학원 석사학위논문.

박남수, 정수권, 서경석(2007). 초등학생들의 세계시민성 육성을 위한 지역사회 연계 세계교육 모형 및 프로그램 개발. 사회과교육연구, 14(4), 213-240.

박미경, 엄정애(2007). 결혼이민자 가정의 유아를 담당하는 교사가 느끼는 어려움. 한국교원교육연구, 24(1), 5-29.

박미정(2015). 사회통합을 위한 이주배경청소년 정책에 관한 연구: 사회적 지지가 사회적응력에 미치는 영향을 중심으로. 성결대학교 일반대학원 박사학위논문.

박병도, 김병준(2009). 문화다양성과 국제법-문화다양성협약을 중심으로. 일감법학, 16, 377-413.

박선웅, 이민경, 구정화, 박길자(2010). 다문화교육 연구학교의 프로그램에 대한 비판적 분석. 시민교육연구, 42(2), 29-60.

박선홍(2020). 난민인정절차에 관한 법적 연구. 한국방송통신대학교 대학원 석사학위논문.

박선희(2010). 집단미술치료가 다문화가정 아동의 이중문화 스트레스 완화와 또래관계 향상에 미치는 영향. 한국예술치료학회지, 10(1), 25-51.

박성호(2012a). 한국의 다문화 형성과 종교의 역할. 종교와 문화, 22, 157-180.

박성호(2012b). 인본주의에 기초한 한국형 다문화정책 모형의 탐색. 성균관대학교 일반대학원 박사학위논문.

박순철(2011). 초등학생의 다문화 정체성 함양을 위한 교육 방안 연구. 서울교육대학교 교육대학원 석사학위논문.

박신혜(2016). 결혼이주여성 대상 현지사전교육에 관한 연구. 연세대학교 교육대학원 석사학위논문.

박애리(2002). 대학생의 긍정적 자아정체성 향상을 위한 집단상담 사례연구. 한세대학교 대학원 석사학위논문.

박영자(2011). 북한이탈주민의 정체성과 민족가치의 성찰, 그리고 사회통합. 미드리, 5, 6-21.

박용규(2011). 초등영어교육에서의 문화인식 고찰. 호남대학교 대학원 박사학위논문.

박윤경(2008). 다문화교육의 원리와 쟁점들: 교육적 함의. 청주교육대학교 교수논문집, 13.

박은정(2020). 결혼이주여성의 사회통합에 영향을 미치는 요인 연구. 숙명여자대학교 대학원 박사학위논문.

박이분(2018). 한국인의 이주민에 대한 수용성과 결혼이주여성의 적응에 관한 연구. 국민대학교 일반대학원 박사학위논문.

박정윤(2009). 초등학교 고학년 아동의 스트레스 대처능력 향상을 위한 NLP프로그램 개발. 한국교원대학교 교육대학원 석사학위논문.

박종대(2017). 한국 다문화교육정책 사례 및 발전 방안 연구: 상호문화주의를 대안으로. 한국외국어대학교 대학원 박사학위논문.

박지윤(2020). 장기체류 외국인근로자의 한국 내 삶의 경험에 관한 현상학적 연구. 동신대학교 일반대학원 박사학위논문.

박지현(2018). 스토리텔링을 활용한 세계시민교육프로그램의 개발 및 적용. 서강대학교 교육대학원 석사학위논문.

박진경(2009). 한국 중앙정부 공무원의 다문화정책 정향성 영향요인. 이화여자대학교 대학원 박사학위논문.

박진경(2010a). 한국의 다문화주의와 다문화정책의 선택적 적용. 한국정책학보, 19(3), 259-288.

박진경(2010b). 한국 다문화정책의 특성과 발전방향: 다문화정책모형이론을 중심으로. 한국정책학회 하계대회 세미나자료. 171-195.

박진경(2012). 다문화 사회에 대비하는 규제 정비 방안. KIPA 연구보고서 2012-09. 한국행정연구원.

박진우(2015). 다문화가정 청소년의 자아정체성 형성경험에 관한 연구. 중앙대학교 대학원 박사학위논문.

박채복(2007). 독일의 이주자정책: 사회적 통합과 배제의 딜레마. 한독사회과학논총, 17(1), 293-319.

박철희(2007). 다문화 교육 관점에 기초한 초등 사회·도덕 교과서 내용에 대한 비판적 고찰. 교육 사회학연구, 17(1), 109-129.

박하나(2015). 다문화 감수성 관련 연구 동향 분석. 다문화교육연구, 8(2), 47-68.

배상식(2012). 다문화교육에서의 아동의 자아정체성 문제. 대한철학회 논문집, 122, 162-189.

백성준(2015). 우수 외국인 유학생 유치 정책 개선 방향. KDI 국제정책대학원.

서강식, 장원순(2010). 한국 다문화교육의 내용 체계화. 학술정책자료. 한국다문화가족정책연구원.

서문기(2004). 한국의 사회갈등 구조 연구. 한국사회학, 38(6), 195-218.

서윤호(2012). 다문화주의와 문화다양성-다문화법제의 기본개념 분석. 일감법학, 23, 283-321.

서종남(2010). 다문화교육: 이론과 실제. 학지사.

서태열(2004). 세계화, 국가 정체성, 그리고 지역정체성과 사회과교육. 사회과교육, 43(4), 5-29.

서한나, 안현의(2010). 한국인 대학생의 민족정체성이 주관적 안녕감 및 자아존중감에 미치는 영향, 상담학연구, 11(3), 1037-1052.

설규주(2004). 세계시민사회의 대두와 다문화주의적 시민교육의 방향. 사회과교육, 43(4), 31-54.

설규주(2013). 교과서 속 사회적 소수자에 대한 스테레오타입 연구-2009 개정 교육과정에 따른 중학교 사회 교과서를 중심으로. 다문화교육연구, 6(3), 55-83.

설동훈(1996). 한국사회의 외국인 노동자에 대한 사회학적 연구: 외국인 노동자의 유입과 적응을 중심으로. 서울대학교 대학원 박사학위논문.

설동훈(2006). 동북아 "다문화"시대 한국사회의 변화와 통합. 동북아시대위원회 용역과제 06-8. 한국사회학회.

설동훈(2013). 이주민정책 총괄 기구 설치 관련 쟁점 및 과제. 이주민정책 총괄기구 설치방안 발표문. 국회의원 이자스민. 국회입법조사처.

설동훈(2014). 국제결혼이민과 국민·민족 정체성. 경제와 사회, 103, 278-312.

설동훈, 김윤태, 김현미, 윤홍식, 이혜경, 임경택, 정기선, 주영수, 한건수(2005). 국제결혼 이주여성 실태 조사 및 보건복지 지원 정책방안. 보건복지부 용역과제. 보건복지부.

설동훈, 이혜경, 조성남(2006). 결혼이민자 가족실태조사 및 중장기 지원정책방안 연구. 여성가족부 용역과제. 여성가족부.

성해영(2012). 바람직한 다문화 공동체 형성을 위한 종교의 역할 연구. 문화체육관광부.
손주희(2017). 한국 체류 난민의 사회적응에 관한 연구: 난민지원정책의 조절효과를 중심으로. 성결대학교 일반대학원 박사학위논문.
송샘, 이재묵(2018). 다문화사회 이주민의 정치참여 활성화를 위한 민주시민교육. 아태연구, 25(1), 61-91.
송영호(2009). 한국인의 국민정체성과 다문화 수용성. 고려대학교 대학원 석사학위논문.
송유진(2008). 한국, 대만, 일본의 이민자에 대한 태도. 한국인구학, 31(2), 1-20.
신동준(2012). 다문화사회 범죄문제의 사회적 맥락 형사정책연구. 23, 183-217.
신윤진, 윤창영(2010). 기초연구: 다문화가정 아동의 이중문화적응, 또래관계 및 이중문화수용 간의 관계. 놀이치료연구, 14(2), 1-14.
신지원(2011). 이민정책의 이론적 기초와 방향성 연구. IOM이민정책연구원.
심보선(2007). 온정주의 이주노동자 정책의 형성과 변화: 한국의 다문화정책을 위한 시론적 분석. 담론201, 10(2), 41-76.
심양섭(2016). 한국사회의 반다문화 담론의 쟁점과 실제 그리고 대응 - 여론 조사 자료를 중심으로. 한국정치외교논총, 37(2), 137-170.
안진숙(2019). 그림동화책 창작 프로그램에 참여한 다문화가정 청소년의 리터러시에 관한 질적 연구. 인하대학교 일반대학원 박사학위논문.
양계민, 이우영(2016). 북한이탈주민이 다문화 집단에 대해 느끼는 현실갈등인식이 삶의 만족에 미치는 영향: 지각된 차별감의 매개효과를 중심으로. 한국심리학회지, 30(1), 131-152.
양성실(2013). 초등 사회과 교육과정에 나타난 다문화교육과 글로벌교육 내용 비교 분석. 글로벌교육연구, 5(1), 29-53.
양영자(2008). 한국 다문화교육의 개념정립과 교육과정개발 방향 탐색. 이화여자대학교 대학원 박사학위논문.
양정아(2020). 상호문화주의 교육의 정당화: 한국 다문화교육의 방향 탐색. 성균관대학교 일반대학원 박사학위논문.
오경석(2007). 어떤 다문화주의인가? 다문화사회 논의에 관한 비판적 조망. 오경석 외. 한국에서의 다문화주의: 현실과 쟁점, 21-56. 한울아카데미.
오경석(2009). 한국의 다문화주의: 특징과 과제. Homo Migrans, 1(1), 9-32.
오성배(2005). 코시안 아동의 성장과 환경에 관한 사례연구. 한국교육, 32(3), 61-83.
오은순(2010). 다문화가정 학생을 위한 한국어교육 지원 실태 및 요구 분석: 델파이조사를 통한 전문가 인식을 중심으로. 다문화교육연구, 3(2), 37-69.
우삼열(2017). 이주노동자 고용허가제의 현실과 그늘. 충북지역 인권포럼 '충청북도 이주노동자와 이주여성의 인권 어떻게 실현할 것인가' 주제발표. 충북인권연대, 국가

인권위원회 대전인권사무소.
우현정(1998). 이문화(異文化) 이해를 위한 미술교육 방안 연구. 한국교원대학교 대학원 석사학위논문.
원숙연(2008). 다문화주의 시대 소수자 정책의 차별적 포섭과 배제: 외국인 대상 정책을 중심으로 한 탐색적 접근. 한국행정학보, 42(3), 29-49.
유네스코 아시아태평양 국제이해교육원(2015). 유네스코가 권장하는 세계시민교육 교수학습 길라잡이.
유네스코한국위원회(2008). 2008 다문화정책포럼. 유네스코 문화다양성 관련 국제규범과 한국적 다문화정책의 새로운 과제.
윤여상, 윤인진(2017). 국민통합을 위한 탈북민, 다문화가족, 이민자 의식조사. 국민대통합위원회.
윤인진(2007). 국가주도 다문화주의와 시민주도 다문화주의. 한국적 다문화주의의 이론화. 동북아시대위원회 용역과제 최종보고서 07-7. 한국사회학회.
윤인진(2008a). 한국적 다문화주의의 전개와 특성-국가와 시민사회의 관계를 중심으로. 한국사회학, 42(2), 72-103.
윤인진(2008b). 다문화 사회의 도전과 우리의 과제. 시대정신, 봄호.
윤인진, 송영호(2007). 한국인의 소수자 및 다문화 관련 태도의 비교분석. 2007 한국사회학회 후기사회학대회 국제이주/소수자 분과 발표논문. 강원대학교.
윤인진, 송영호(2011). 한국인의 국민정체성에 대한 인식과 다문화수용성. 통일문제연구, 55, 143-192.
윤혜선(2005). 외국인근로자의 생활실태와 사회복지서비스 방안 연구. 대구대학교 사회복지대학원 석사학위논문.
이규용, 김기선, 정기선, 최서리, 최홍엽(2015). 이민정책의 국제비교. 한국노동연구원.
이규용, 김혜순, 성영훈, 최서리(2018). 한국사회의 이민과 통합 연구. 한국노동연구원.
이근매, 조용태, 김용수(2014). 다문화가족 갈등관리의 이론과 실제. 시그마프레스.
이나현(2020). 외국인 유학생의 문화적응 유형에 따른 여가가치체계 연구. 경희대학교 대학원박사학위논문.
이미림, 박춘숙(2014). 대학생의 문화적 민감성에 영향을 미치는 요인에 관한 연구. 사회과학연구, 23, 203-230.
이민경(2008). 한국사회의 다문화 교육방향성 고찰: 서구사례를 통한 시사점을 중심으로. 교육사회학연구, 18(2), 83-104.
이민경, 양계민(2011). 다문화 교육 프로그램 효과성 분석을 통한 다문화 교육 방향성 고찰. 현대사회와 다문화, 1(2), 176-199.
이선미(2010). 서구 이민정책의 이론적 기초. IOM이민정책연구원 Working Paper, 2010-01.

이선주, 민무숙, 신현옥, 이태정(2009). 다민족·다문화사회로의 이행을 위한 정책패러다임 구축(III): 다문화사회의 사회통합과 다각적 협력체계 증진방안(총괄보고서). 경제·인문사회연구회 협동연구총서 (Vol. 09-28-01). 한국여성정책연구원.

이수미(1999). 미술을 통한 유아의 다문화 교육 프로그램 모형 연구. 덕성여자대학교 대학원 석사학위논문.

이수진(2019). 문화다양성에 기반한 유아 다문화교육 프로그램 개발 및 효과. 대구대학교 대학원 박사학위논문.

이수철(2014). 다문화사회와 지역사회의 정책적 대응-다문화주의 정책의 의미연결망분석을 중심으로. 지역사회학, 15(4), 127-152.

이영주(2007). 다문화가정 아동의 심리사회적 적응에 영향을 미치는 요인에 관한 연구. 공주대학교 대학원 박사학위논문.

이영희(2020). 다문화가정 아동을 위한 자기성장 리더십프로그램 개발 및 효과. 목포대학교 대학원 박사학위논문.

이용승(2004). 호주의 다문화주의. 동아시아연구, 8, 177-205.

이용일(2007). 이민과 다문화 사회로의 도전: 독일의 이민자 사회통합과 한국적 함의. 서양사론, 92, 219-254.

이용재(2010). 다문화주의에 대한 이론적 논의. 한국언론정보학회 작은 토론회 3. 한국언론정보학회.

이윤희(2012). 결혼이주여성의 적응을 위한 목회적 돌봄에 관한 연구. 이화여자대학교 대학원 석사학위논문.

이자형, 김경근(2013). 중학생의 다문화수용성 영향요인. 교육사회학연구, 23(1), 53-77.

이자형, 박현준, 김경근(2014). 한국 청소년의 다문화 수용성 영향요인. 한국교육, 41(3), 5-34.

이재분, 김혜원, 변종임, 이해영, 노경은(2009). 다문화가족 역량계발을 위한 통합적 교육지원방안 모색. 한국교육개발원.

이정미(2018). 외국인근로자(E-9)의 불법체류의도 영향요인에 관한 연구. 성결대학교 대학원 박사학위논문.

이정환(2010). 이주자 사회통합 정책교육: Volume IV, 다문화 사회의 시민 교육, IOM 이민정책연구원 이주교육 시리즈 No. 2010-04. IOM이민정책연구원.

이주연, 이동기, 최지훈(2019). 전라북도 다문화가족정책 개선방안: 사회통합 증진을 중심으로. 전북연구원

이진영(2001). 한국의 민족 정체성과 통일을 위한 '열린 민족' 개념에 관한 연구. 통일연구, 5(1), 211-237.

이창원(2017). 이민정책의 세계적 흐름과 과제. 국제사회보장리뷰, 1, 67-81.

이현주(2010). 국제결혼가정 아동의 문화정체감과 심리사회적 적응에 관한 연구. 숙명

여자대학교 대학원 석사학위논문.
이혜경(2005). 혼인이주와 혼인이주 가정의 문제와 대응. 한국인구학, 28(1), 73-106.
이혜경(2007). 이민 정책과 다문화주의. 한국적 다문화주의의 이론화. 동북아시대위원회 용역과제 최종보고서. 한국사회학회.
이혜경(2012). 중앙정부의 다문화 사회통합 정책 평가와 연계 및 조정 방안. 대통령 소속 사회통합위원회 공개 학술토론회. 2012-12 사회통합위원회 용역보고서 한국의 다문화 사회통합 정책: 종합평가와 대안. 대통령 소속 사회통합위원회.
이혜경, 이진영, 설동훈, 정기선, 이규용, 윤인진, 김현미, 한건수(2016). 이민정책론. 박영사.
이희정(2018). 다문화가정 청소년의 정체성 변화과정과 학교 적응. 한국사회학, 52(1), 77-115.
인천광역시교육연수원, 유네스코한국위원회(2015). 2015 세계시민교육 전문과정 연수자료.
인태정(2009). 다문화 사회 지향을 위한 인종의 사회적 거리감과 문화적 다양성 태도 연구: 부산, 울산, 경남 지역 대학생을 중심으로. 국제지역연구, 13(2), 339-370.
임동진(2011). 다문화정책 실태분석 및 개선방안 연구. 기본연구과제, 2011, 1-479.
임성택(2008). 세계시민교육 관점에서의 외국인에 대한 한국학생들의 고정관념 분석. 교육학연구, 41(4), 275-301.
임형백(2009a). 한국과 서구의 다문화 사회의 차이와 정책 비교. 다문화사회연구, 2(1). 161-192.
임형백(2009b). 한국의 다문화사회의 특징과 사회통합을 위한 다층적 접근. 한국사회학회 사회학대회 논문집, 2009(1), 593-609.
임형백(2009c). 한국의 도시지역과 농촌지역 다문화사회 차이와 정책 차별화 연구. 한국지역개발학회지, 21(1), 51-74.
임형백, 이성우, 강동우, 김미영(2009). 한국농촌의 다문화사회의 특징. 농촌 지도와 개발, 16(4), 743-773.
장미혜, 김혜영, 정승화, 김효정, 조소영(2008). 다민족·다문화 사회로의 이행을 위한 정책 패러 다임 구축(II): 다문화 역량 증진을 위한 정책·사회적 실천 현황과 발전방향(총괄보고서). 경제·인문사회연구회 협동연구총서 (Vol. 08-17-01). 한국여성정책연구원.
장서영, 김이선, 이로미, 장인자, 유지영(2009). 여성결혼이민자 취업지원 프로그램 개발을 위한 기초연구. 한국고용정보원.
장영희(1997). 유아를 위한 다문화교육의 개념 및 교수방법에 대한 이론적 고찰. 성신연구 논문집, 35, 295-314.
장은정(2007). 국제결혼한 한국남성의 결혼적응에 관한 연구. 중앙대학교 대학원 박사학위논문.
장은화, 어주경(2013). 아동의 자아개념 및 다문화 경험과 다문화 수용성 간의 관계. 한국가족치료학회지, 21(3), 289-305.
장인실(2003). 다문화교육이 한국 교사 교육과정 개혁에 주는 시사점. 교육과정연구, 21(3), 409-431.
장인실, 유영식(2010). 다문화 교육 모형과 교과서에 근거한 다문화 교육과정 개발 방법의 효과성 연구. 초등교육연구, 23(1), 141-161.
장지표(2008). 사회통합프로그램 이수 인센티브제. 다문화 사회통합프로그램 구축 방안 마련을 위한 공청회 발표 논문. 한국외국어대학교.
장혜미, 김혜영, 정승화, 김효정(2008). 다민족·다문화사회로의 이행을 위한 정책 패러다임 구축(Ⅱ): 다문화 역량 증진을 위한 정책·사회적 실천 현황과 발전 방향(총괄보고서). 경제·인문사회연구회 협동연구총서 (Vol. 08-17-01). 한국여성정책연구원.
전광희(2014). 한국의 인구와 이민정책: 인구감소시대의 활로로 이민정칙이 나아갈 방향. 이민정책, 1, 8-13.
전병주(2014). 다문화가족 청소년의 국민정체성에 관한 연구: Heater의 이론을 적용하여. 디지털융복합연구, 12(4), 33-41.
전숙자, 박은아, 최윤정(2009). 다문화사회의 새로운 이해. 그린.
전영평(2008). 다문화시대의 소수자운동과 소수자 행정: 담론과 과제. 한국행정학보, 42(3): 9-27.
전재호(2005). 세계화 시대 한국 국민정체성의 변화: 국민정체성의 법적 규정과 관련 정책을 중심으로. 신아세아, 12(1), 131~165.
전해영(2010). 잠재성장률 2%p 제고를 위한: 국내 다문화사회의 특징과 시사점. VIP Report, 38, 1-25.
정기선(2016). 외국인정책 정책용어 개념논란과 이해. 이슈브리프 No. 2016-08. IOM이민정책연구원.
정기선, 김석호, 박원호, 윤광일(2012b). 체류외국인 실태조사: 영주권자와 귀화자를 중심으로. 법무부.
정기선, 김영혜, 박경은, 이은아, 박지혜, 이승애, 이지혜(2007). 경기도 내 국제결혼 이민자가족 실태조사. 정책보고서 2007-02. 경기도가족여성개발원.
정기선, 김혜진(2015). 이주민통계 국제비교 현황과 시사점. 통계브리프 No. 2015-01. IOM이민정책연구원.
정기선, 오정은, 김환학, 최서리, 신예진(2012a). 이주민의 지역사회 정착과 사회통합 정책연구보고서. 행정안전부.
정기선, 전광희, 은기수, 김석호, 강동관, 이정우, 최서리(2011). 인구구조 변화 등에 대비한 이민 및 사회통합정책방향 연구. 법무부.
정미경(2010). 다문화사회를 향한 한국기독교 이주민선교의 방향과 과제. 성결대학교 신학전문대학원 박사학위논문.
정봉수(2016). 외국인근로자의 고용허가제 변천. 노동법률, 7월호 Vol. 302, 102-103.
정상기(2009). 다문화가족 지원사업의 효과적 운영방안: 다문화가족지원센터를 중심으로. 한국행정학회 학술대회 발표 논문.
정상준(1995). 문화적 다양성과 다문화주의. 외국문학, 1995년 여름호 43호, 79-95.
정유리(2014). 결혼이주여성의 생활만족도와 정체성의 변화: 대구광역시 동구, 경상북도 청도군을 사례로. 대구대학교 대학원 석사학위논문.
정유리(2016). 초국가적 이주에 따른 결혼이주여성의 지역정체성과 생활 변화에 관한 연구. 한국지역지리학회지, 22(1), 180-194.
정정순(2011). 결혼 이주여성의 임신·출산과 문화적응. 인제대학교 대학원 박사학위논문.
정정희(2006). 결혼 이주여성 자녀교육 프로그램 개발과 교육지원 방안. 경북대학교 연구보고서.
정철균, 이광희, 황규대(2007). 외국인근로자 적응의 사회문화적 요인에 대한 연구. 조직과 인사관리연구, 31(2), 1-28.
정해식, 정홍원, 구혜란, 김성근, 김성아, 우선희(2016). 사회통합지수 개발 연구. 한국보건사회연구원.
조경자, 안진숙, 조은미(2017). 유아 교사를 위한 다문화교육의 이해. 정민사.
조기제(2002). 다문화사회에서의 민주시민교육: 심의민주주의 교육의 필요성. 한국민주시민교육학회보, 7, 95-108.
조대훈(2015). 글로벌·다문화 한국의 '시민'과 '시민교육'. 교육과학연구, 17(1), 1-18.
조대훈(2016). 세계시민교육이란무엇인가. 서울교육 특별기획 Vol.225, 겨울호. 서울특별시교육청 연구정보원.
조영달, 윤희원, 박상철, 최인영(2006). 다문화가정의 자녀교육 실태조사 연구보고. 교육인적자원부.
조영희(2017). 이민자 맞춤형 사회통합교육 및 사회정착지원을 위한 연구. 법무부.
조지영, 서정민(2013). 누가 다문화사회를 노래하는가?. 한국사회학, 47(5), 101-137.
조현희(2012). 문화 간 감수성 발달을 위한 사회과 다문화 교육과정의 설계 및 적용: Bennett의 다문화 교육과정 모델을 중심으로. 이화여자대학교 대학원 석사학위논문.
주미연(2010). 국제결혼 이주여성의 이혼의사 결정요인 분석. 호남대학교 대학원 박사학위논문.
주재학(2010). 단일문화가정아동과 다문화가정아동의 학교생활화 비교 연구. 대구대학교 대학원 석사학위논문.
주재홍(2007). 세계사 교과서에서 주류 담론의 한계. 교육과정연구, 25(2), 171-195.
지은구, 장현숙, 김민주, 이원주(2015). 최신사회문제론. 학지사.
지종화, 정명주, 김도경(2009). 한국의 다문화 국가 현상과 새로운 정책모형, 지방정부연구, 13(2), 109-136.
천오성, 박계숙(2012). 다문화가정 자녀의 학교생활에 관한 연구. 현대사회와 다문화, 2(2), 416-444.
천정웅, 남부현, 김태원, 한승희, 박주현(2015). 현대사회와 문화다양성 이해. 양서원.
최명민, 이기영, 최현미, 김정진(2015). 다문화사회복지론. 학지사.
최선애(2017). 다문화가정 고등학생의 진로교육에 관한 연구. 한국교원대학교 교육정책전문대학원 석사학위논문.
최선화, 박광준, 황성철, 안홍순, 홍봉선(2014). 사회문제와 사회복지. 양서원.
최성보, 임지은, 주현준(2011). 다문화인식에 영향을 미치는 변인간의 구조분석. 한국교원교육연구, 28(4), 305-330.
최성환(2008). 다문화주의의 개념과 전망. 철학탐구, 24, 287-310.
최슬기(2012). 어머니 나라의 동화를 통한 다문화 교육 프로그램 연구: 필리핀 어머니를 둔 다문화가정 아동을 대상으로. 건국대학교 대학원 석사학위논문.
최승은(2020). 국내 외국인 유학생의 문화적응 경험에 관한 현상학적 연구. 열린교육연구, 28(1), 143-167.
최영은, 남상문(2014). 다문화사회화 요인이 국가 정체성에 미치는 영향에 관한 연구. 교육문화연구, 20(4), 241-279.
최종렬(2009). 탈영토화된 공간에서의 다문화주의: 문제적 상황과 의미화 실천. 사회이론, 35, 47-79.
최종렬, 김정규, 임운택, 최인영(2008). 다문화주의의 이론적 패러다임과 국가별 유형비교 경제·인문사회연구회 협동연구총서 (Vol. 08-17-02). 한국여성정책연구원, 한국사회학회.
최지혜, 조민효(2020). [한국인의 정체성] 한국인의 생활세계: 결사체, 다문화, 일과 삶, 소통-한국인 다문화 인식의 다면성. EAI 워킹페이퍼, 1-27.
최진우(2012). 유럽 다문화사회의 위기와 유럽통합. 아시아리뷰, 2(1), 31-62.
최홍, 이동원, 박준(2010). 다문화사회 정착과 이민정책. CEO Information (Vol. 756). 서울삼성경제연구소.
추병완(2009). 초등 도덕과에서 다문화교육의 실천 방안. 초등도덕교육, 31, 179-198.
하숙현(2000). 다문화 교육에 대한 부모의 인식 및 양육실제 연구조사. 성균관대학교 교육대학원 석사학위논문.
하예랑(2017). 일반고용허가제(E-9)로 입국 외국인근로자의 직장만족도 및 생활만족도에 대한 영향 요인. 이화여자대학교 대학원 석사학위논문.
한경구, 김종훈, 이규영, 조대훈(2015). SDGs 시대의 세계시민교육 추진방안. 유네스코 아시아태평양 국제이해교육원.
한경구, 한건수(2007). 한국적 다문화 사회의 이상과 현실: 순혈주의와 문명론적 차별을 넘어. 한국사회학대회 한국적 '다문화주의'의 이론화 발표 논문. 한국사회학회.
한국노동연구원(2020). 월간 노동리뷰 2020년 4월호 통권 제181호. 한국노동연구원.
한국다문화교육연구학회(2014). 다문화교육 용어사전. 교육과학사.
한선희, 박지원(2013). 다문화가정 이주여성들의 문화정체성과 스포츠 활동을 통한 이중문화 적응. 한국체육정책학회지, 11(4), 57-74.
한승준(2008). 우리나라 다문화정책의 거버넌스 분석. 한국행정학회 학술발표논문집, 2008, 1-19.
허준영(2017). 국가발전과 통합제고를 위한 이민행정체계 구축방안. 기본연구과제, 2017, 1-22.
홍규호(2016). 이주노동자가족 인권실태와 복지사각지대 해소를 위한 방안. 월간 복지동향, 209, 35-38.
홍기원(2008). 이주민 관련 문화프로그램의 현황 분석과 개선방안에 대한 연구. 한국문화관광연구원.
홍기원, 백영경, 노명우, 이재은, 정보원(2006). 다문화정책의 방향과 문화적 지원 방안 연구. 한국문화관광정책연구원.
홍서연, 손병덕, 손주희(2018). 국민의 다문화 인식이 사회통합정책 수용에 미치는 영향에 관한 연구: 수도권거주 국민을 중심으로. 다문화와 평화, 12(3), 300-324.
홍영숙(2007). 탄력성의 개념적 이해와 교육적 방안. 특수교육학연구, 41(2). 45-67.
홍원표(2011). 글로벌·다문화 시대에 적합한 정체성 교육의 내용영역 구안 및 교과교육과의 연계방안 탐색. 교육과정평가연구, 14(3), 1-23.
황갑진(2015). 한국 다문화사회의 특성과 사회적 갈등-인터넷 신문에 나타난 차별 내용을 중심으로. 사회과교육연구, 22(3), 13-29.
황복선(2019). 중도입국청소년의 진로 의사결정 영향 요인에 관한 연구: 사회 통합정책을 중심으로. 성결대학교 일반대학원 박사학위논문.
황인태(2008). 글로벌경제 대이동. 미래비즈.
황정미(2010). 한국인의 다문화 수용성 분석: 새로운 성원권의 정치학(politics of membership) 관점에서. 아세아연구, 53(4), 152-184.
황정미(2015). 결혼이주여성의 가정폭력에 피해에 대한 재고찰. 한국여성학, 31(4), 1-39.
황정미, 김이선, 이명진, 최현, 이동주(2007). 한국사회의 다민족·다문화 지향성에 대한 조사연구. 한국여성정책연구원.

관계부처 합동(2018). 제2차 북한이탈주민 정착지원 기본계획(2018~2020).
관계부처 합동(2020). 2020년도 북한이탈주민 정착지원 시행계획.
교육부(2020). 2020 다문화교육 지원계획.
난민인권센터(2018). 난민인권센터 통계자료집.
문화체육관광부(2017). 2017 문화다양성 정책 연차보고서.
문화체육관광부(2018). 2018 문화다양성 정책 연차보고서.
법무부(2018). 제3차 외국인정책 기본계획(2018~2022년).
여성가족부(2018). 제3차 다문화가족정책 기본계획.
여성가족부(2019). 2018년 전국다문화가족실태조사 연구.
여성가족부(2020). 2020년 다문화가족정책 시행계획.
출입국·외국인정책본부(2020). 출입국·외국인정책 통계월보 2020년 6월호.
통계개발원(2008). 한국의 사회동향 2008.
통계개발원(2017). 한국의 사회동향 2017.
통계개발원(2019). 한국의 사회동향 2019.
통계청(2016). 장래인구추계 : 2015~2065.
통계청(2019). 2019년 장래인구특별추계를 반영한 세계와 한국의 인구현황 및 전망.
통계청(2019). 2019년 다문화 인구동태 통계.
통계청(2020). 2019년 장래인구특별추계를 반영한 내·외국인 인구전망: 2017~2040년.
통계청(2020). 2019년 다문화 인구동태 통계.
통계청(2020). 2019년 혼인·이혼 통계.
통계청(2020). 2019년 인구주택총조사 결과.
통계청, 법무부(2019). 2019년 이민자 체류실태 및 고용조사 결과.
통계청, 여성가족부(2020). 2020 청소년 통계.
한국교육개발원(2019). 2018-2019 간추린 교육통계.
한국교육개발원(2020). 교육통계서비스.
한국보건사회연구원(2013). 한중일 인구동향과 국가 인구전략.
행정자치부(2015). 2015년도 지방자치단체 외국인주민 현황.
행정안전부(2020). 외국인주민현황조사.

Adler, P. S.(1977). Beyond Cultural Identity: Reflections on Cultural and Multicultural Man. Intercultural Communication: A Reader. Belmont, California: Wadsworth Publishing, 262-380.

Alibhai-Brown, Y.(2000). After multiculturalism. Foreign Policy Centre.

Alibhai-Brown, Y.(2004). Beyond multiculturalism. Canadian Diversity/Diversité Canadienne, 3(2), 51-54.

Andreotti, V. D. O., & Pashby, K.(2013). Digital democracy and global citizenship education: mutually compatible or mutually complicit?. In The Educational Forum, 77(4), 422-437. Taylor & Francis Group.

Banks, J. A.(1984). Teaching Strategies for Ethnic Studies(3rd ed.). Boston, MA: Allyn & Bacon, Inc.

Banks, J. A.(1991). The dimensions of multicultural education. Multicultural Leader, 4, 5-6.

Banks, J. A., & Banks, C. A. M.(Eds.).(1993). Multicultural education: Issues and perspectives. Boston: Allyn & Bacon.

Banks, J. A.(2003). Teaching Strategies for Ethnic Studies(6th ed.). Boston, MA: Allyn and Bacon.

Banks, J. A.(2004). Multicultural Education: Historical Development, Dimensions, and Practice. In J. A. Banks, & C. A. M. Banks(Eds.), Handbook of Research on Multicultural Education(2nd ed.), 3-29. San Francisco, CA: Jossey-Bass.

Banks, J. A.(2004). An introduction to multicultural education(4th ed.). Boston: Pearson Education.

Banks, J. A.(2006). Cultural Diversity and Education: Foundation, Curriculum, and Teaching. Boston: Pearson Education.

Banks, J. A.. & Banks, C. A. M.(Eds.).(2007). Multicultural education: Issues and perspectives(6th ed.). New York: Wiley.

Banks, J. A.(2008). 다문화교육 입문(모경환, 최충옥, 김명정, 임정수 공역). 아카데미프레스.

Banks, J. A.(2008). An Introduction Multicultural Education(6th ed.). Boston: Pearson Education.

Banks, J. A.(2009). Globalization, multicultural society, and education. Seoul: The Korean Association for Multicultural Education.

Banks, J. A.(2016). 다문화교육의 세계동향(방명애, 김혜인 역). 시그마프레스.

Barker, R. L.(1995). The Social Work Dictionary. Washington DC: NASW Press.

Beauvais, C., & Jenson, J.(2002). Social Cohesion: Updating the State of the Research, CPRN Discussion Paper(No. 22). Canadian Policy Research Networks.

Bennett, C. I.(2007). Comprehensive Multicultural Education: Theory and Practice. Boston: Alyn & Bacon.

Bennett, C. I.(2009). Comprehensive multicultural education: Theory & practice (6th Ed.). Boston: Alyn & Bacon.

Bennett, C. I.(2011). Comprehensive Multicultural Education: Theory & Practice (7th

Ed.). Boston: Allyn and Bacon.

Bennett, C. I.(2007). Comprehensive Multicultural Education: Theory and Practice. Boston: Alyn & Bacon.

Bennett, C. I.(2009). 다문화교육 이론과 실제(김옥순, 김진호, 신인순, 안선영, 이경화, 이채식, 전성민, 조아미, 최상호, 최순종 역). 학지사.

Bennett, M. J.(1993). Towards ethnorelativism: A developmental model of intercultural sensitivity. In R. Paige (Ed.), Education for the intercultural experience, 21–71. Yarmouth, ME: Intercultural Press.

Berry, J. W., & Sam, D. L.(1997). Acculturation and adaptation. In J. W. Berry, M. H. Segall, & C. Kagitcibasi (Eds.), Handbook of cross-cultural psychology(2nd ed.), Vol. 3, 291–326. Boston: Allyn and Bacon.

Berry, J.W.(1980). Acculturation as varieties of adaptation. In Padilla, A. (Ed.), Acculturation: Theory, models and some new findings, 9–25. Boulder, CO: Westview.

Berry, J. W.(1997). Immigration, acculturation, and adaptation. Applied psychology, 46(1), 5-34.

Berry, J. W.(2001). A Psychology of Immigration, Journal of Social Issues, 57(3), 615-631.

Bhawuk, D. P. S. & R. W. Brislin.(1992). The measurement of intercultural sensitivity using the concepts of individualism and collectivism. International Journal of Intercultural Relations, 16, 413-436.

Bogardus, E. S.(1959). Social Distance. Los Angeles: University of Southern California Press.

Bogardus, E.S.(1949). The Sociology of William I. Thomas, Sociology and Social Research, 34, 34—48.

Bourhis, R. Y., Moise, L. C., Perreault, S., & Senecal, S.(1997). Towards an interactive acculturation model: A social psychological approach. International Journal of Psychology, 32(6), 369–386.

British Department for Education and Skills.(2005). Developing the global dimension in the school curriculum. Britain: DfES.

Brown, G. W., Andrews, B., Harris, T., Adler, Z., & Bridge, L.(1986). Social support, self-esteem and depression. Psychological Medicine, 16, 813–831.

Castles, S., & Miller, M. J.(2003). The age of migration: international population movements in the modern world(3rd ed.). N.Y.: The Guilford Press.

CHATHAM HOUSE.(2017). Understanding public attitudes toward refugees and migrants. London, UK: CHATHAM HOUSE. Working Paper, 512.

Chen, G. M.(1997). A review of the concept of intercultural sensitivity. Paper presented at the Biennial Convention of the Pacific and Asian Communication Association. Honolulu, Hawaii.

Clark, K. B., & Clark, M. K.(1947). Racial identification and preference in Negro children. in T. M. Newcomb & E. I Hartley (Eds.), Reading in social psychology, 169-178. New york: Holt, Reinhart & Winston.

Creemers, D. H., Scholte, R. H., Engels, R. C., Prinstein, M. J., & Wiers, R. W.(2012). Implicit and explicit self-esteem as concurrent predictors of suicidal ideation, depressive symptoms, and loneliness. Journal of Behavior Therapy and Experimental Psychiatry, 43(1), 638-646.

Cumings, B.(2005). Korea's Place in the Sun: A Modern History. New York: W. W. Norton & Company.

Curriculum Corporation.(2008). Global perspectives: A framework for global education in Australian schools. Australia: Australian Government.

Derman-Sparks, L., & the Task Force.(1989). The Anti-Bias Curriculum: Tools for Empowering Young Children. Washington DC: NAEYC.

Deutsch, K. W.(1978). The Analysis of International Relations(2nd ed). New Jersey: Prentice Hall.

Dignan, M. H.(1965). Ego identity and maternal identification. Journal of Personality and Social Psychology, 1(5), 476-483.

Dong, Q., Gundlach, D., & Phillips, J.(2006). The impact of bicultural dentity on immigrant socialization through television viewing in the United States. Intercultural Communication Studies, 15(2), 63-74.

Edensor, T.(2008). 대중문화와 일상, 그리고 민족 정체성(박성일 역). 이후.

Edmonds, C., & Killen, M.(2009). Do adolescents' perceptions of parental racial attitudes relate to their intergroup contact and cross-race relationships? Group Processes & Intergroup Relations, 12(1), 5-21.

Erikson, E. H.(1968). Identity: Youth and Crisis. No. 7. New York: Norton.

European Monitoring Center on Racism and Xenophobia(EUMC).(2005). Majorities' attitudes towards minorities: Key findings from the Eurobarometer and the European social survey. Vienna, Austria: EUMC.

Franck, E., & De Raedt, R.(2007). Self-esteem reconsidered: Unstable self-esteem outperforms level of self-esteem as vulnerability marker for depression. Behaviour Research and Therapy, 45(7), 1531-1541.

Gaudelli, W.(2001). Identity discourse: Problems, presuppositions, and educational practice. International Journal of Sociology and Social Policy, 21(3), 60-81.

Gay, G.(1992). The state of multicultural education in the United States. In Adam Moodley, K.(ed.), Education in plural societies: International perspectives. Calgary, Alberta, Canada: Detseling.

Gordon, M. M.(1964). Assimilation in American life: The role of race, religion, and national origins. New York: Oxford University Press

Hall, S.(1992). Modernity and its Futures. London: Open University Press.

Hanvey, R.(1976). An attainable global perspective. New York: Center for Global Perspective.

Heater, D.(2004). Citizenship: The civic ideal in world history, politics and education. Manchester University Press.

Hong, W. P., & Halvorsen, A. L.(2010). Teaching Asia in US secondary school classrooms: A curriculum of othering. Journal of Curriculum Studies, 42(3), 371-393.

Inglis, C.(1996). Multiculturalism: New policy responses to diversity (Vol. 4). United Nations Educational, Scientific and Cultural Organization.

International Organization for Migration(IOM). 2015. How the World Views Migration. Geneva: IOM.

IOM.(2010). 이주용어사전 제2판(IOM 국제이주법 시리즈 26호). 국제이주기구.

Jahoda, G.(1984). Do We Need a Concept of Culture? Journal of Cross Cultural Psychology, 15, 139-151.

Jary, D., & Jary, J.(1991). The Harper Collins Dictionary Sociology. New York: Harper Collins Publishers, Ltd.

Joppke, C.(2004). The Retreat of Multiculturalism in the Liberal State: Theory and Policy. British Journal of Sociology, 55(2), 237-57.

Kendall, F. E.(1983). Diversity in the classroom. New York and London: Columbia University.

Kim, J. K.(2011). The politics of culture in multicultural Korea. Journal of Ethnic and Migration Studies, 37(10), 1583-1604.

Kim, Seokho., & Yang, Jonghoe.(2013). Pattern of Citizenship and Political Action in Korea, Germany and the United States: An Analysis of the 2004 ISSP. in Citizenship and Migration in Europe and Asia: The Flow of Migrants and the Perception of Citizenship. Gewerbestrasse: Springer.

Koopmans, Ruud, Paul Statham, Marco Giugni, & Florence Passy.(2005). Contested Citizenship: Immigration and Cultural Diversity. Minneapolis: University of

Minnesota Press.

Kymlicka, W.(1995). Multicultural Citizenship: A Liberal Theory of Minority Rights. New York, NY: Oxford University Press.

Kymlicka, W.(1995). 현대정치철학의 이해(장동진 외 역). 동명사.

Kymlicka, W.(2004). Multucultural States and Intercultural Citizens. Theory and Research in Education, 1(2), 147-169.

Kymlicka, W.(2007). Multicultural Odysseys: Navigating the New International Politics of Diversity. Oxford: Oxford University Press.

Kymlicka, W.(2012). Multiculturalism: Success, Failure, and the Future. Washington, DC: Migration Policy Institute.

Lazarus, R. S.(1976). Patterns of adjustment(3rd ed.). McGraw-Hill.

Leone, B.(1993). 민족주의(김호성 역). 인간사랑.

Le Kieu Trang(2016). 상호문화주의 관점에서 본 베트남의 문화다양성교육에 대한 연구. 인하대학교 대학원 석사학위논문.

Linton, R.(1936). The Study of Man: An Introduction. New York: Appleton-Century.

Marcia, J. E.(1966). Development and validation of ego-identity status, Journal of Personality and Social Psychology, 3, 551-558.

Martyn-Nemeth, P., Penckofer, S., Gulanick, M., Velsor-Friedrich, B., & Bryant, F. B.(2009). The relationships among self-esteem, stress, coping, eating behavior, and depressive mood in adolescents. Research in Nursing & Health, 32(1), 96-109.

Matsumoto, D., & Juang, L.(2004). Culture and Psychology(3rd ed). Wadsworth, Thomson Learning, Belmont.

McCarthy, C., & Dimitriads, G.(2000). Governmentality and the sociology of education: Media, educational policy and the politics of resentment. British Journal of Education, 21(2), 169-185.

Miller, M. J., & Castles, S.(2013). 이주의 시대(한국이민학회 역). 일조각.

Mitchell, K.(2004). Geographies of identity: multiculturalism unplugged. Progress in human geography, 28(5), 641-651.

Mussen, P. H., Conger, J. J., & Kagan, J.(1974). Child development and personality (4th ed.). New York: Harper and Row.

Mӓhönen, T., Jasinskaja-Lahti, I., Liebkind, K., & Finell, E.(2011). Perceived importance of contact revisited: Anticipated consequences of intergroup contact for the ingroup as predictors of the explicit and implicit ethnic attitudes of youth. Group Processes & Intergroup Relations, 14(1), 19-30.

Na, I. S.(2008). Affecting Factors on the Stress among Foreign immigrant Women by marriage in Korea. Journal of Nonprofit research. 7(1), 97-136.

New Zealand Ministry of Education.(2007). The New Zealand Curriculum. New Zealand: Ministry of Education.

Nussbaum, M.(1997). Cultivating humanity: A classical defense of reform in liberal education. MA: Harvard University Press.

Ong, A.(1999). Flexible citizenship: The cultural logics of transnationality. N.C.: Duke University Press.

Park, R., & Burgess, E.(1924). Introduction to the science of sociology(2nd ed.). Chicago, IL: University of Chicago Press.

Phinney, J. S.(2003). Ethnic identity and acculturation. In K. M. Chun., P. B. Organista., & G. Marín (Eds.), Acculturation: Advances in Theory, Measurement, and Applied Research, 63-82. Washington, DC: American Psychological Association.

Phizacklea, A.(1983). In the front line. In A. Phizacklea(Ed.), One way ticket, 95-112. London: Routledge.

Ramsey, P., & Derman-Sparks, L.(1992). Multicultural education reaffirmed, Young Children, 47(2), 10-11.

Ramsey, P. G.(1987). Young children's thinking about ethnic differences. In J. S. Phinney & M. J. Rotheram (Eds.), Children's ethnic socialization: Pluralism and development, 56-72. Newbury Park, CA: Sage Publications.

Rice, F. philip (2003). 청소년 심리학(정영숙, 신민섭, 설인자 역). 시그마프레스.

Rohner, R. P.(1984). Toward a conception of culture for cross-cultural psychology. Journal of Cross-cultural psychology, 15(2), 111-138.

Romero, A. J., Carvajal, S. C., Valle, F., & Orduna, M.(2007). Adolescent bicultural stress and its impact on mental well-being among Latinos, Asian American, and European Americans. Journal of Community Psychology, 35(4), 519-534.

Rosenberg, M.(1965). Society and the Adolescent Self-Image. Princeton, NJ: Princeton University Press.

Rosenberg, M., & Owens, T. J.(2001). Low self-esteem people: A collective portrait. In T.J. Owens, S. Stryker, & N. Goodman (Eds.), Extending self-esteem theory and research: Sociological and psychological currents, 400-436. Cambridge, UK: Cambridge University Press.

Sleeter, C. E., & Grant, C. A.(2003). Making Choices for multicultural education: Five approaches to race, class, and gender. New York: John Wiley & Sons, Inc.

Spitzberg, B. H., & Brunner, C. C.(1991). To ward a theoretical integration of context and competence inference research, Western Journal of Speech Communication, 55,

28-46.

Stillman, S., Gibson, J., McKenzie, D., & Rohorua, H.(2015). Miserable migrants? Natural experiment evidence on international migration and objective and subjective well-being. World Development, 65, 79-93.

Storey, J.(1996). Cultural Studies and the Study of Popular Culture: Theories and Methods. Edinburgh: Edinburgh University Press, Paperback.

Suárez-Orozco, M. M.(2005). Rethinking education in the global era. Phi Delta Kappan, 87(3), 209-212.

Sue, D. W., & Sue, D.(2011). 다문화상담: 이론과 실제(하혜숙, 김태호, 김인규, 이호준, 임은미 역). 학지사.

Tajfel, H.(1982). Social psychology of intergroup relations. Annual Review of Psychology, 33(1), 1-39.

Taylor, C.(1992). Multiculturailsm and The Politics of Recognition. Princeton, NJ: Princeton University Press.

Taylor, Charles.(1994). Multiculturalism: Examining the Politics of Recognition. Princeton, NJ: Princeton University Press.

Teske Jr, R. H., & Nelson, B. H.(1974). Acculturation and assimilation: A clarification. American Ethnologist, 1(2), 351-367.

Triandis, H. C.(1972). The analysis of subjective culture. Oxford, England: Wiley.

Troper, H.(1999). Multiculturalism. Encyclopedia of Canada's Peoples, ed. Paul Robert Magocsi. Toronto: University of Toronto Press, 997–1006.

Tropper, H.(1999). Theorizing Multiculturalism: A Guide to the Current Debate. New York: Blackwell.

Tylor, E. B.(1871). Primitive culture: Researches into the development of mythology, Philosophy, religion, art and custom (Vol. 2). J. Murray.

Verkuyten, M., & Thijs, J.(2002). Racist victimization among children in the Netherlands: the effect of ethnic group and school. Ethnic and Racial Studies, 25(2), 310-331.

Vertovec, S.(1996). Multiculturalism, culturalism and public incorporation. Ethnic and racial studies, 19(1), 49-69.

Vertovec, S.(2010). Towards post-multiculturalism? Changing communities, conditions and contexts of diversity. International social science journal, 61(199), 83-95.

Watson, I.(2010). Multiculturalism in South Korea: A critical assessment. Journal of Contemporary Asia, 40(2), 337-346.

Žižek, S.(1997). Multiculturalism, or, the cultural logic of multinational capitalism.

Ljubljana: New Left Review 1, 225.
関根政美.(1996). 国民国家と多文化主義. 初瀬龍平(編).「エスニシティと多文 化主義」. 東京: 同文館.
田巻松雄(2011).『外国人労働者問題の日韓比較に関するノート』. 宇都宮大学国際学部研究論集. 第32号. 84-86.

OECD(2006). Education at a glance.
OECD(2018). Education at a glance.
OECD(2019). Education at a glance.
UN(1951). 난민 지위에 관한 협약(Convention relating to the Status of Refugees).
UNESCO Institute for Statistics (UIS)(2006). Global Education Digest.
UNHCR(2018). UNHCR Global Report 2017. UNHCR.
UNHCR(2019). UNHCR Global Report 2018. UNHCR.
IOM(2015). How the World Views Migration.

IOM iom.or.kr/이민
나무위키 namu.wiki/w/문화
에듀넷 www.edunet.net/문화
온라인행정학사전 www.kapa21.or.kr/epadic/print.php?num=612/다문화정책
위키백과 ko.wikipedia.org/wiki/대한민국의난민수용논란
위키백과 ko.wikipedia.org/wiki/대한민국의난민수용논란
위키백과 ko.wikipedia.org/wiki/문화
위키백과 ko.wikipedia.org/wiki/한국의외국인노동자제도
한국민족문화대백과사전 encykorea.aks.ac.kr/문화

김병수. "[난민, 세계의위기] ① 폭증하는 난민, 글로벌 최대 이슈로 부상". 연합뉴스, 2018년 07월 03일.
김태종, "외국인 150만명시대 가속화하는 다문화사회 明과 暗", 연합뉴스. 2013년 06월 10일.
여성가족부. "정세균 국무총리 제18차 다문화가족정책위원회 주재,「이주배경아동·청소년 지원 내실화 방안」등 심의", 보도자료 2020년 6월 25일.
이덕주, 김덕식. "이민자에게 싸늘해진 시선-유럽 다문화정책최대위기". 매일경제, 2015년 01월 10일.
임춘호. "내년외국인근로자(E-9) 도입규모 56,000명 확정". 중소기업뉴스, 2019년 12월 18일.

최희석, 이종화. “외국인인력 쓰는 공장 90%가 생산차질”. 매일경제, 2020년 06월 22일.
추왕훈. “다문화사회는 유럽의 ‘자살’인가”. 매일경제, 2020년 03월 20일.

교육부 블로그/문화란 무엇인가?
https://m.blog.naver.com/PostView.nhn?blogId=moeblog&logNo=220394723290&proxyReferer=https:%2F%2Fwww.google.com%2F
교육부 블로그/문화를 이해하는 태도 https://if-blog.tistory.com/6293
http://easylaw.go.kr/CSP/CnpClsMain.laf?popMenu=ov&csmSeq=3&ccfNo=2&cciNo=1&cnpClsNo=2 찾기쉬운 생활법령정보/외국인근로자 도입규모 및 업종
http://www.index.go.kr/potal/main/EachDtlPageDetail.do?idx_cd=1501 e-나라지표/고용허가제 고용동향

저자소개

안진숙
인하대학교 대학원 다문화학과 다문화교육전공 교육학 박사
서정대학교 글로벌융합복지학과 교수

[저서]
다문화 사회와 리터러시 이해(공저)
유아교사를 위한 다문화교육의 이해 (공저) 외

조경자
중앙대학교 아동복지학과 박사수료
미국 His University 심리학 박사과정
서정대학교 유아교육과 교수

[저서]
아동권리와 복지(공저)
특수교육의 이론과 실제(공저) 외

한국사회의 다문화현상 이해

초판 1쇄 발행 / 2021년 2월 25일
초판 2쇄 발행 / 2022년 2월 28일

•

공저자 / 안진숙 · 조경자
발행인 / 이 중 수
발행처 / **동 문 사**

•

서울특별시 서대문구 홍제원 1길 12
(홍제동 137-8)
Tel : 02)736-3718(대), 736-3710, 3720
Fax : 02)736-3719
등록번호 : 1974.04.27 제9-17호
가격 : 25,000원

•

ISBN : 979-11-6328-254-9 (93330)
E-mail : dong736@naver.com
www.dongmunsa.com